中华人民共和国反垄断法详解

王晓晔　主编

知识产权出版社

内容提要

本书由我国反垄断法权威学者组织撰写，阐述了《反垄断法》的立法背景、意义、内容，执法前景以及存在的问题，具有知识性、实用性和研究性。本书对我国竞争政策的决策、反垄断执法以及反垄断法学术研究具有重要的参考价值。是政府部门、高等院校、律师界和企业界人士学习和研究反垄断法的重要参考资料。

责任编辑：李　琳　龚　卫　　**责任校对**：韩秀天
封面设计：璇　子　　**责任出版**：杨宝林

图书在版编目（CIP）数据

中华人民共和国反垄断法详解/王晓晔主编．—北京：知识产权出版社，2008.1

ISBN 978-7-80198-818-8

Ⅰ．中…　Ⅱ．王…　Ⅲ．反托拉斯法－法律解释－中国　Ⅳ．D922.295

中国版本图书馆 CIP 数据核字（2007）第 197494 号

中华人民共和国反垄断法详解

王晓晔　主编

出版发行：知识产权出版社

社　址：北京市海淀区马甸桥马甸南村 1 号院　　邮　编：100088

网　址：http：//www.ipph.cn　　邮　箱：bjb@cnipr.com

发行电话：010-82000893　82000860 转 8101　　传　真：010-82000893

责编电话：010-82000887　82000860 转 8120　　责编邮箱：gongwei@cnipr.com

印　刷：知识产权出版社电子制印中心　　经　销：新华书店及相关销售网点

开　本：720mm×960mm　1/16　　印　张：21.75

版　次：2008 年 2 月第 1 版　　印　次：2008 年 2 月第 1 次印刷

字　数：410 千字　　定　价：42.00 元

ISBN 978-7-80198-818-8/D·550

作者简介

王晓晔：德国汉堡大学法学博士，中国社会科学院法学研究所研究员、博士生导师，全国人大、国务院反垄断法起草小组顾问；出版专著有：《企业合并中反垄断问题》、《竞争法研究》、《欧共体竞争法》和《竞争法学》等，主编作品：《反垄断法与市场经济》、《竞争法与经济发展》、《经济全球化下竞争法新发展》、《经济法学》、《反垄断立法热点问题》和《中华人民共和国反垄断法详解》等，合著10多部，以中、英、德文发表学术论文200篇；为第9届和第10届全国人大常委会做过反垄断法制讲座。

吴玉岭：南京大学法学博士，中国社会科学院法学研究所博士后、副研究员；美国IOWA大学访问学者。出版专著有：《扼制市场之恶：美国反垄断政策解读》和《契约自由的滥用与规制》，合著3部，发表学术论文40余篇。

文学国：中国社会科学院研究生院法学博士，中国社会科学院研究生院教授；美国芝加哥大学访问学者；出版专著有：《滥用与规制——反垄断法对企业滥用市场优势地位行为之规制》，主编：《市场经济法律概论》，发表学术论文10多篇。

黄　晋：中国社会科学院研究生院法学博士，中国社会科学院国际法研究中心助理研究员；日本早稻田大学、美国哥伦比亚大学和荷兰莱顿大学访问学者；研究方向为国际经济法、竞争法、投资法；发表学术论文10多篇。

聂孝红：中国社会科学院研究生院法学博士，中国社会科学院工业经济研究所应用经济学博士后；研究方向为竞争法、竞争战略和企业制度；出版专著有：《WTO竞争政策研究》，合著5部，发表学术论文10余篇。

李国海：武汉大学法学博士，中国社会科学院法学研究所博士后，中南大学法学院教授；研究方向为竞争法、经济法和公司法；出版专著有：《反垄断法实施机制研究》和《英国竞争法研究》，发表学术论文50多篇。

前 言

第10届全国人大常委会第29次会议通过了《中华人民共和国反垄断法》。作为一位从事竞争法研究并为中国反垄断立法呐喊了近20年的学者，我的心情可想而知。中国反垄断立法的过程很复杂，也很曲折。但我一直坚信，中国需要反垄断法，也会颁布反垄断法。中国之所以需要反垄断法，决定它的是经济体制。一个国家如果要以竞争机制和市场机制作为配置资源的手段，它就得反垄断，就得制定反垄断法，就得为企业营造一个公平自由的竞争环境。反垄断法是中国社会主义市场经济内在和本能的要求。这个法律的颁布不仅是中国法制建设中的一件大事，对建立和完善中国社会主义市场法律体系有着极其重要的意义，而且也是中国经济建设中的一件大事，是中国经济体制改革的里程碑。

一、中国反垄断立法的历史回顾

新中国成立以来，长期实行计划经济。在计划经济体制下，“竞争”一词被带上了意识形态的色彩，被视为资本主义的洪水猛兽。例如直至1980年，我国比较权威的《政治经济学辞典》将竞争解释为“私有制条件下商品生产者之间争夺经济利益的斗争”，认为竞争是资本主义生产无政府状态的根源，指出“只有在以生产资料公有制为基础的社会主义条件下，国民经济才能有计划按比例地发展，竞争和生产无政府状态规律也就失去了作用。”❶ 1978年，中国共产党第十一届三中全会吹响了经济体制改革的号角。这个改革不仅逐步解决了我国国有企业生产效率普遍低下的问题，给我国计划经济体制带来了活力，而且也解放了人们的思想，改变了传统的反竞争观念。1992年以来，我国加快了经济体制改革的步伐。中国共产党第14次全国代表大会的报告指出，“我们要建立的社会主义市场经济体制，就是要使市场在社会主义国家宏观调控下对资源配置起基础性作用，使经济活动遵循价值规律的要求，适应供求关系的变化；通过价格杠杆和竞争机制的功能，把资源配置到效益较好的环节上去，并给企业以压力和动力，实现优胜劣汰；运用市场对各种经济信号反应比较灵敏的优点，促进生产和需求的及时协调。”这就充分肯定了市场机制、价格机制和竞争机制这些市场经济制度下的基本范畴同时也是社会主义市场经济

---

❶ 许涤新．政治经济学辞典［M］．（上册）．北京：人民出版社，1980：597－599．

的基本范畴，肯定了价格调节和市场竞争是社会主义市场经济条件下一种本能的经济秩序，肯定了竞争对于深化我国经济体制的改革和建立社会主义市场经济体制的重要意义。1993 年修订后的《中华人民共和国宪法》第十五条明确指出："国家实行社会主义市场经济。"这即是向世人宣告，我国要告别以行政手段管理经济的计划经济体制，代之建立以市场配置资源的经济制度。在这种情况下，我国就有必要建立一个维护公平和自由竞争的市场秩序。

我国涉及反垄断最早的法规是国务院 1980 年发布的《关于开展和保护社会主义竞争的暂行规定》。它指出："在经济生活中，除国家指定由有关部门和单位专门经营的产品外，其余的不得进行垄断，搞独家经营。""开展竞争必须打破地区封锁和部门分割，任何地区和部门都不准封锁市场，不得禁止外地商品在本地区、本部门销售。"随着这个暂行规定，我国在反垄断领域还以不同形式发布了很多法规和政策，比较重要的有以下内容。

1. 禁止限制竞争协议

如 1997 年颁布的《价格法》第十四条第一款规定：经营者不得"相互串通，操纵市场价格，损害其他经营者或者消费者的合法权益。"1993 年颁布的《反不正当竞争法》第十五条规定：投标者不得串通投标，抬高标价或者压低标价。投标者和招标者不得相互勾结，以排挤竞争对手的公平竞争。

2. 控制企业合并

如 1987 年国家体改委和国家经委发布的《关于组建和发展企业集团的几点意见》指出："组建企业集团，必须遵循鼓励竞争、防止垄断的原则"，"在一个行业内一般不搞独家垄断企业集团，鼓励同行业集团间的竞争，促进技术进步，提高经济效益。"随着加入世界贸易组织和国内市场的进一步开放，原外经贸部与国家工商总局等单位 2003 年 3 月联合发布了《外国投资者并购境内企业暂行规定》。在此基础上，商务部和国家工商行政管理总局等 6 部委在 2006 年发布了《外国投资者并购境内企业规定》，规定外国投资者并购境内企业出现下列情形时，应向商务部和国家工商行政管理总局进行报告：（1）并购一方当事人当年在中国市场营业额超过 15 亿人民币；（2）1 年内并购的国内关联行业的企业累计超过 10 个；（3）并购一方当事人在中国的市场占有率已经达到 20%；（4）并购导致并购一方当事人在中国的市场占有率达到 25%。虽未达到前款所述条件，但是应有竞争关系的境内企业、有关职能部门或者行业协会的请求，商务部或国家工商行政管理总局认为外国投资者并购涉及的市场份额巨大，或者存在其他严重影响市场竞争等重要因素的，也可以要求外国投资者作出报告。上述并购一方当事人包括与外国投资者有关联关系的企业。此外，这个规定的第五十三条还对影响我国市场竞争的境外并购的管辖权作出规定。

3. 禁止滥用市场支配地位

如我国《反不正当竞争法》第六条规定：公用企业或者其他依法具有独占地位的经营者，不得限定他人购买其指定的经营者的商品，以排挤其他经营者的公平竞争。国家工商行政管理总局1993年发布的《关于禁止公用企业限制竞争行为的若干规定》还列举了公用企业限制竞争的各种表现，包括限定用户购买由其指定的产品；搭售；对不接收其不合理条件的用户拒绝供应；滥收费用等。《反不正当竞争法》第十一条和第十二条还分别规定："经营者不得以排挤竞争对手为目的，以低于成本的价格销售商品；经营者不得违背购买者的意愿搭售商品或者附加其他不合理的条件"。此外，某些行业立法也有禁止滥用的规定，如国务院2000年发布的《电信条例》第十七条规定："主导的电信业务经营者不得拒绝其他电信业务经营者和专用网运营单位提出的互联互通要求"。

4. 禁止滥用行政权力限制竞争

随着国家经济体制的改革，我国发布了很多禁止滥用行政权力限制竞争的法规。如1984年《中共中央、国务院关于严禁党政机关和党政干部经商、办企业的决定》指出："各级党政领导机关特别是经济部门及其领导干部更要正确发挥领导和组织经济建设的职能，坚持政企职责分开、官商分离的原则……。决不允许运用手中的权力，违反党和国家的规定去经营商业、兴办企业，谋取私利，与民相争。"国务院2001年《关于禁止在市场经济活动中实行地区封锁的规定》第三条指出："禁止各种形式的地区封锁行为。任何单位或者个人违反法律、行政法规和国务院的规定，以任何方式阻挠、干预外地产品或者工程建设类服务进入本地市场，或者对阻挠、干预外地产品或者服务进入本地市场的行为纵容、包庇，限制公平竞争。"第五条指出："任何地方不得制定实行地区封锁或者含有地区封锁内容的规定，妨碍建立和完善全国统一、公平竞争、规范有序的市场体系，损害公平竞争环境。"我国《反不正当竞争法》第七条还指出："政府及其所属部门不得滥用行政权力，限定他人购买其指定的经营者的商品，限制其他经营者正当的经营活动；政府及其所属部门不得滥用行政权力，限制外地商品进入本地市场，或者本地商品流向外地市场。"

然而，尽管有上述反垄断法律法规，相关政府部门在反垄断执法中也取得了一定成效，但是我国反垄断法还存在着以下问题。

首先一个问题是缺乏完整的体系。根据美国、德国、日本、欧共体等国家和地区的经验，反垄断法在反对私人垄断方面至少应当规定三个方面的任务：

禁止垄断协议，禁止滥用市场支配地位和控制企业合并，这三个方面也被称为反垄断法的三大支柱。但是，我国在上述三个方面都没有完善的规定。例如，1998年彩电业生产显像管的八大企业联合限产是严重损害市场竞争的行为，但我国对此没有禁止性的规定。我国也没有禁止地域卡特尔的规定，尽管这种行为会严重损害消费者的利益，限制企业的生产规模，影响规模经济。除了《反不正当竞争法》第六条关于公用企业的规定，我国也没有禁止滥用市场支配地位的一般规定。因此，尽管微软公司捆绑销售的行为在很多国家被视为滥用行为，被提起反垄断诉讼，我国消费者面对这样的滥用行为却无能为力。此外，我国也没有控制企业合并的一般规定。1986年《关于组建和发展企业集团的几点意见》虽然提出“一个行业一般不搞全国性的独家垄断企业集团”，但这只是表达了政府的反垄断意向，实践中却没有可操作性。商务部和国家工商行政总局等6部委发布的《外国投资者并购境内企业规定》明显是为了遏制跨国公司在我国的市场势力。然而，从发展的眼光看，这个专门针对外商投资的规定是没有生命力的。因为企业并购不仅是企业组织结构的调整，而且也是企业提高自身竞争力的手段，是一种竞争方式。如果国家在这个方面仅是限制外商投资，而不限制境内企业的并购活动，这一方面不利于维护我国市场的有效竞争，另一方面也会被外国投资者视为歧视性待遇，违背了世界贸易组织提出的国民待遇原则。

第二个问题是我国《反垄断法》对行政限制竞争行为制裁不力。我国现在处于从计划经济向市场经济转轨的过程中，政企不分的情况比较严重，因此，制止行政垄断是我国《反垄断法》中一项极其重要和迫切的任务。但是，根据我国《反不正当竞争法》第三十条的规定，滥用行政权力的法律后果是由其上级机关责令改正。这种做法是不妥的。一方面，因为这里的上级机关不是一个确定的机关，更不是一个确定的司法机关，上级机关的工作人员不一定具有很强的反垄断意识。另一方面，如果授权上级机关纠正下级机关的违法行为，法律上就应当就立案、调查、听证、裁决等一系列程序作出规定，从而也需要国家投入相当大的人力和财力。鉴于《反不正当竞争法》中禁止行政垄断的规定既没有效力，也缺乏可操作性，全国人民普遍希望通过反垄断法的制定，在制止行政垄断方面作出有效规定。

第三个问题是缺乏一个统一和独立的反垄断执法机关。由于反垄断法被分散在《价格法》、《反不正当竞争法》、《招投标法》以及众多行政性法规之中，缺乏一个统一和系统的规定，我国从而也缺乏一个统一、独立和比较权威的反垄断执法机关。反垄断法与一般民商法不同，与反不正当竞争法也不同，它的任务不仅要同大企业集团或者垄断企业限制竞争的行为作斗争，而且还要同政府滥用行政权力限制竞争的行为作斗争，这就要求反垄断执法机关具有相当大的独立性和足够大的权威性。特别是行政性限制竞争案件，往往有着盘根错节的复杂关系，调查难度大，如果反垄断执法机关没有相当大的独立性和权威性，它的审案工作就会受到其他政府部门的干扰和影响，不利于依法作出裁决。因此，全国人民不仅企盼一部全面和系统的反垄断法，而且企盼一个统一、独立和比较权威的反垄断执法机构。

实际上，随着1993年《反不正当竞争法》的颁布，反垄断法在1994年就被列入第8届全国人大常委会的立法规划，后来又连续被列入第9届和第10届全国人大常委会立法规划。我本人作为竞争法专家，曾荣幸地给第9届和第10届全国人大常委会讲授过反垄断法。但是，由于意识形态的影响，特别是由于不成熟的市场条件，我国反垄断立法的进程比较缓慢。直到2004年，商务部作为一个起草部门才将《反垄断法（草案)》提交给国务院法制办。经过两年审议，国务院法制办于2006年6月向全国人大常委会提交了草案。2006年6月，第10届全国人大常委会第22次会议对《反垄断法（草案)》进行了第一次审议。2007年6月，第10届全国人大常委会第28次会议进行了第二次审议。随之在2007年8月24日召开的第10届全国人大常委会第29次会议上进行了第三次审议，并于8月30日获得通过。根据该法第五十七条，《反垄断法》将于2008年8月1日开始实施。

我国《反垄断法》的颁布是我国经济体制改革近30年来巨大成就的展示和标志。颁布《反垄断法》虽然是我国加入世界贸易组织时对国际社会所作的承诺，但从根本上说，这是我国建立社会主义市场经济本能和内在的要求。即通过30年的经济建设和经济体制改革，我国在计划经济条件下的价格垄断制度已经彻底被打破；企业所有制结构已经实现了多元化；国有企业已经享受到比较充分的经营自主权，成为独立的市场主体；特别是随着实行对外开放的政策，我国经济已经彻底融入国际经济，我国市场已经国际化。在这种情况下，我国的法律制度就应当现代化，特别是建立反对垄断和保护竞争的法律制度，为我国市场上的企业营造一个自由和公平的竞争环境。因此，《反垄断法》的颁布标志我国配置资源的方式已经从政府的行政命令转变为市场机制和竞争机制，我国经济制度已经基本上从计划经济转变为社会主义市场经济。

二、我国《反垄断法》的基本内容和特点

反垄断法的经济学原理是，一个企业如果取得垄断地位或者市场支配地位，它势必抬高产品价格，减少对市场的供给。因此，我国《反垄断法》的目的是预防和制止垄断行为。保护市场公平竞争，提高经济运行效率，维护消费者利益和社会公共利益，促进社会主义市场经济健康发展。为了实现这个目的，我国反垄断法借鉴其他国家，特别是借鉴竞争政策和竞争法发达国家和地区的经验，在实体法方面规定：（1）禁止垄断协议（第二章）；（2）禁止滥用市场支配地位（第三章）；（3）控制经营者集中（第四章）。出于国情的考虑，我国《反垄断法》还禁止行政性限制竞争行为（第五章）。此外，还规定了执法机构（第九、第十条），调查程序（第六章）和法律责任（第七章）。

与其他国家或者地区的反垄断法相比，我国《反垄断法》的特点首先是它鲜明地立足于国情，例如关于行政垄断的规定。此外，《反垄断法》第四条规定，国家制定和实施与社会主义市场经济相适应的竞争规则，加强和完善宏观调控，健全统一、开放、竞争、有序的市场体系。这说明我国反垄断法虽然毫无疑问应当促进市场竞争，但是还必须从国情出发，使这部法律与社会主义市场经济相适应。出于这个考虑，该法第五条规定：经营者可以通过公平竞争、自愿联合，依法实施集中，扩大经营规模，提高市场竞争能力。第七条规定：国有经济占控制地位的关系国民经济命脉和国家安全的行业以及依法实行专营专卖的行业，国家对其经营者的合法经营活动予以保护，并对经营者的经营行为及其商品和服务的价格依法实施监管和调控，维护消费者利益，促进技术进步。这些规定说明，我国在制止滥用市场势力损害消费者利益的同时，还鼓励关系国家安全和国民经济命脉的重要行业和关键领域的国有企业做大做强，以提高它们的国际竞争力。这些协调竞争政策与产业政策以及与其他经济政策关系的规定说明，竞争政策固然很重要，但它不是国家惟一的经济政策。特别在当前经济转型时期，我国立法者确有必要考虑很多问题。因此，一部法律体现多个立法目的甚至相互冲突的目的是可以理解的。反垄断法是经济法，但它绝不仅仅是经济方面的法律手段，同时也是一个政治方面的法律武器。人们可能提出这样一个问题，即在竞争政策和产业政策发生冲突的情况下，哪一个政策应当优先。这个问题只能由未来的反垄断执法机关来解答，且这个答案相当程度上取决于反垄断执法机构的地位、权威和独立性，也取决于国家的经济发展和整个社会的大环境。

我国《反垄断法》作为一部21世纪产生的法律，它有条件站在他人的肩膀上。因此，我国《反垄断法》第二个特色就是它在很多方面借鉴了竞争政策发达国家和地区的先进经验，特别是借鉴了美国法和欧洲法的经验。例如第二条规定了反垄断法的域外适用。这即是说，一个在外国订立的价格卡特尔或者一个在外国发生的并购活动，如果能够对我国市场竞争产生严重的不利影响，我国反垄断法对之有管辖权。鉴于卡特尔的严重危害和隐蔽性，我国《反垄断法》第四十六条第二款借鉴美国反托拉斯法中的宽恕政策，规定经营者能够主动向反垄断执法机构报告垄断协议的有关情况并提供重要证据的，可以酌情减免处罚。这个规定有利于分化瓦解违法者联盟，提高反垄断执法的效率。我国《反垄断法》第四十五条借鉴欧盟《竞争法》中的承诺制度，规定被调查的经营者如果承诺采取具体措施消除垄断行为后果的，如反垄断执法机构认为接受承诺可以解除它对限制竞争的担忧，就可以把接受承诺作为解决限制竞争问题的办法。我国《反垄断法》还借鉴了很多德国法的经验，如豁免卡特尔的规定、认定市场支配地位的因素以及关于市场支配地位的推断等。借鉴世界各国反垄断立法潮流，我国《反垄断法》与1993年的《反不正当竞争法》相比，还大幅度提高了行政罚款的金额，对实施垄断协议和滥用市场支配地位的行为可处违法者上一营业年度市场销售额10%以下的罚款，这大大提高了反垄断法的威慑力。

三、我国《反垄断法》的意义

《反垄断法》是针对企业市场行为的一种法律制度，它的颁布毫无疑问地会对中国市场上的企业产生直接的和重大的影响。这即是说，市场经济条件下的企业即便享有充分的自主权，它们没有权利可以随意限制市场竞争。《反垄断法》禁止企业以结成价格联盟、共同限制数量或者分割市场的方式排除、限制竞争，损害消费者的利益；不允许企业通过并购手段消灭竞争对手，导致垄断性市场结构；也不允许那些通过各种方式例如通过国家授权或者凭借知识产权取得市场支配地位的企业滥用其市场势力，随意盘剥消费者，或者妨碍竞争对手。可以预见，随着《反垄断法》的颁布，我国企业将会在更大程度上感受市场竞争的压力。然而，这种压力同时也是企业不断适应市场和不断完善自己的动力，从而也会提高它们的生产效率和市场竞争力。

《反垄断法》的颁布也将毫无疑问地对各级政府机构有着重大影响。《反垄断法》第八条规定："行政机关和法律、法规授权的具有管理公共事务的职能的组织不得滥用行政权力，排除、限制竞争。"此外还在第五章详细列举了滥用行政权力排除限制竞争的行为。尽管《反垄断法》没有把行政垄断的管辖权交给反垄断行政执法机关，这使反垄断法面对行政垄断有点像一只没有牙齿的老虎。但是，《反垄断法》关于行政垄断的规定仍然意义重大，因为它表明我国立法者对行政垄断持坚决反对的态度，表明反对行政垄断是全国上下的主流观点。而且，作为一种对政府行为具有法律约束力的规范，它毫无疑问地可以提高各级政府机关及其工作人员的反垄断意识，培育和发展他们的竞争文化，这从长远来说有利于推进我国的经济体制改革和政治体制改革，也有利于促进我国的政企分离。

我国《反垄断法》的颁布对消费者也将产生极其重要的影响，因为《反垄断法》所保护的市场竞争会强迫企业不断地向消费者降价让利，强迫他们在产品的质量、数量以及花色品种方面不断地满足市场需求。我国经济体制改革近30年来的实践已经证明，只有市场竞争才能使消费者真正成为“上帝”，只有市场竞争才能真正提高消费者的社会福利，因此我们可以说，《反垄断法》是一部实实在在的“消费者权益保护法”。

概括地说，《反垄断法》对我国国民经济发展至少可以产生以下几方面的影响。

第一，有利于提高企业竞争力。为了提高企业竞争力，我国经济界人士提出过各种各样的政策性建议，如兼并、重组、股份制、债转股、抓大放小、搞活搞死等。然而，从根本上和从长远的眼光看，要提高企业的竞争力，最重要的是国家应当在国民经济各个领域引入竞争机制。经济学最基本的原理是，只有在市场竞争的压力下，企业才会努力降低产品的价格，改善质量，改善售后服务，从而就会不断开发新技术、新产品、新工艺，努力改善经营管理。因此，市场竞争的过程就是企业不断适应市场的过程。从企业的角度看，这是提高了企业的经济效益和市场竞争力；从社会的角度看，这是优化配置了资源。在当前，打破部门垄断和地方封锁对于我国建立健全统一、开放、竞争、有序的现代市场体系有着特别重要的意义。因为只有打破部门垄断和地方封锁，才能真正实现优胜劣汰的竞争机制，改变当前许多部门和地区因重复建设和重复投资而形成的“大而全”和“小而全”局面。对于企业来说，它们才能摆脱形形色色的行政干预，通过优胜劣汰的竞争机制提高经济效益，扩大生产和经营规模，实现规模经济。

第二，有利于遏制跨国公司的垄断势力。随着我国实行经济体制改革和对外开放的政策，跨国公司在我国的投资已经有了相当规模，在电子和通讯设备制造业，跨国公司基本上取得了市场支配地位。因为跨国公司一般不仅拥有雄厚财力和世界驰名的品牌，有着势力强大的销售网络和广告宣传，而且在资金和生产技术方面可以得到母公司的帮助，从而可以迅速在我国市场上取得支配地位，甚至取得垄断地位。为了避免形成跨国公司垄断市场的局面，为了避免占市场支配地位的企业滥用市场势力，我国就需要制定一个恰当的竞争政策。而在这个方面，《反垄断法》是最重要的法律武器。当然，任何国家的反垄断法都不仅仅为了遏制外国的垄断势力，而是运用竞争这个优胜劣汰的机制，实现资源的优化配置。因此，不管是本国企业还是外国企业，是国有企业还是私人企业，它们在市场竞争规则面前应当是平等的。然而，与国内一般企业相比，跨国公司因为在资金和技术方面占有明显优势，甚至取得了市场支配地位，在这种情况下，《反垄断法》在一定程度上就会起到保护民族工业的作用。

第三，我国有利于改善国家财政和宏观调控。国内外实践表明，任何国家对国有垄断企业都存在补贴的情况。亏损的多补一点，盈利的少补一点。不管明补还是暗补，补贴全部来自国家财政。我国对国有企业更是普遍存在各种形式的补贴。打破垄断则不仅可以提高国有企业的经济效益，减少国家对它们的财政补贴，而且随着私人投资进入国家垄断经营的经济领域，这还可以减少国家对这些部门的投资。这样，国家一方面减少了补贴和投资，另一方面增加了税收，国家财政状况自然可以得到改善，从而有能力干一些想干的事情，如发展教育和医疗卫生事业、改善社会保障。另一方面，因为打破垄断可以提高国有企业的生产效率，降低价格，增加产出，这从长远看也有利于改善国家的宏观调控。即便打破垄断可能出现一些社会问题，例如失业问题，但是随着市场开放和新的经营者进入市场，这些也可以为社会创造新的就业机会。

四、我国《反垄断法》的地位

反垄断法在市场经济国家有着极其重要的地位。它在美国被称为“自由企业的大宪章”，在德国被称为“经济宪法”，在日本被称为“经济法的核心”。反垄断法在市场经济国家的地位是由市场经济的本质决定的。因为在市场经济条件下，经营者必须把他们的产品或者服务带到市场上接受消费者的检验和评判，这个过程就是市场竞争的过程。因此，我们可以说，市场经济就是竞争的经济，市场经济就建立在竞争的基础上。

《反垄断法》在我国法律体系中的地位取决于我国的经济体制。在计划经济条件下，制定和颁布反垄断法在我国是不可想象的。在社会主义市场经济体制下，因为市场机制和竞争机制在我国配置资源中起着基础性的作用，是发展国民经济的根本手段，而且实践表明，绝大多数的垄断包括企业垄断和行政垄断都是不合理的现象，其本质不过是限制价格机制调节社会生产和优化配置资源的功能。从短期看，垄断导致产品价格上涨和质量下降，损害消费者利益；从长期看，垄断导致企业生产效率低下和国家经济短缺。更重要的是，垄断会遏制一个国家和民族的竞争精神，而竞争精神才是国家经济发展的真正动力。因此，《反垄断法》在我国法律体系中也有着极其重要的地位，是我国的经济宪法，是经济法的核心。

谈到《反垄断法》在我国法律体系中的地位，有必要谈谈反垄断法与私法的关系。在我国起草《反垄断法》的过程中，有些民商法学者担心《反垄断法》会影响民法的合同自由原则和保护所有权制度。合同自由和保护所有权确实很重要，它们是市场经济制度的两项基本原则。然而，这两项原则不是绝对的。我们可以想象，如果一个国家提供电信服务的只有一家企业，面对这个企业霸王条款的老百姓将如何感受合同自由！所以，市场经济倡导合同自由的同时，还倡导反垄断，以保障消费者的选择权。这即是说，合同自由得以市场竞争为条件。同样，市场经济对所有权的保护也不是绝对的。美国历史上拆散过很多大垄断企业，如美国法院在其 1982 年的判决中拆散了电信垄断企业 AT&T，并强迫它向竞争者开放网络，这实际就是对私人所有权的限制。欧共体初审法院在其 2007 年 9 月 17 日的判决中，强制微软公司许可其竞争对手的产品与其视窗操作系统相兼容。这个判决也告诉我们，市场经济体制下关于知识产权的保护也不是绝对的。当知识产权保护和保护市场竞争发生了冲突的情况下，反垄断法一般处于优先适用的地位。这些案件说明，市场经济制度的基本原则不是两个而是三个：即合同自由、保护所有权和竞争自由，它们三者相辅相成，共同构成市场经济的三大支柱，因此，我们可以毫无疑问地说，竞争法所保护的竞争不仅是国家配置资源的手段，同时也是市场经济的本质、内涵和根本属性。

五、我国反垄断执法面临的挑战

我国《反垄断法》虽然将对国家经济生活和所有经济部门产生重要影响，对企业的市场行为和消费者产生重要影响，是一部规范国家经济秩序和市场竞争秩序的基本法律制度。但是，因为中国经济转型的任务尚未彻底完成，再加上《反垄断法》本身存在这样或者那样的不完善之处，可以预见，反垄断初期执法会遇到严重的挑战。

我国《反垄断法》的最大问题是缺乏一条关于执法机关的明确规定。根据第十条规定，国务院规定的承担反垄断执法职责的机构依照本法规定，负责反垄断执法工作。这说明，我国反垄断法将会维持现有几家机构分头执法的局面。多家政府机构分头执法毫无疑问地会影响反垄断法的效力和权威，因此，人们普遍希望国家建立一个统一和比较独立的反垄断执法机关。虽然按照国务院法制办的解释，第十条的规定为反垄断执法机构今后的调整和变化留有余地，但在统一的反垄断执法机构建立之前，我国反垄断执法工作需要多家机构的有效合作和相互配合。

我国反垄断执法面临的第二个挑战是行政垄断。《反垄断法》关于行政垄断的规定虽然表明我国立法者对行政垄断持坚决反对的态度，且通过第五十一条的规定将反对行政垄断的任务交给了各级政府机构，但是，我国行政垄断的普遍存在对反垄断执法仍然构成严峻的挑战。因为在企业普遍寻求政府保护或者通过政府“寻租”的社会环境下，反垄断执法机构不易倡导竞争文化，反垄断法也难以得到有效执行。

还有一个问题是反垄断执法与行业监管的关系。《反垄断法》的任务是制止垄断行为，理应关注电信、电力、邮政、铁路等行业的大垄断企业。广大消费者也迫切希望反垄断执法机关能够在垄断企业面前保护他们的利益。然而，由于国有大垄断企业都有一个监管机构，反垄断执法机构与行业监管之间的关系就成为一个敏感话题。《反垄断法（草案）》曾规定：“对本法规定的垄断行为，有关法律、行政法规规定应当由有关部门或者监管机构调查处理的，依照其规定。”现在通过的《反垄断法》虽然取消了这个规定，但这不表明这一问题已经得到解决。如果反垄断执法机构在被监管行业不能执行反垄断法，中国反垄断法与其“经济宪法”的权威和地位就极不相称。

最后，《反垄断法》作为一个规范市场竞争秩序的基本法，还需要尽快建立相关的配套法规。例如《反垄断法》规定：“经营者滥用知识产权，排除、限制竞争的行为，适用本法。”但是，何谓滥用知识产权排除、限制竞争的行为？这就需要法律解释。总之，在《反垄断法》规定非常原则的情况下，垄断协议、滥用市场支配地位以及控制经营者集中等各方面的规定都需要释义性配套法规。可以预见，国务院即将建立的反垄断委员会和反垄断执法机构在这些方面任重而道远。可以说，《反垄断法》的颁布不是中国反垄断立法的结束，而是刚刚走完的第一步。

目　　录

[1] 全国人大常委会通过的反垄断法文本中各条没有标题。本标题只是为便于读者查阅而由作者编制的。

第一章　总　　则

引　言

一部法律的总则，顾名思义就是一部法律的纲领性内容，从而也是这部法律最突出和最重要的内容。2007 年 8 月 30 日颁布的《中华人民共和国反垄断法》的总则共有 12 条：第一条规定了我国反垄断立法宗旨，第二条规定了这部法律在地域方面的适用范围，第三条明确了垄断行为，第九条规定了国务院反垄断委员会在组织、协调和指导反垄断工作方面的职权，第十条规定了反垄断执法机构，此外在第十二条解释了反垄断法的两个基本概念，即经营者和相关市场。上述这些规定是任何一部反垄断法都不可或缺的内容。

鉴于我国经济生活中，人们对某些垄断行业的霸王条款或者滥涨价行为的反映十分强烈，某些在我国市场上占支配地位的跨国公司也存在滥用行为，《反垄断法》除"第三章关于滥用市场支配地位"的规定外，在"总则"中的第六条还强调："具有市场支配地位的经营者，不得滥用市场支配地位，排除、限制竞争。"鉴于行政性限制竞争行为对市场竞争有着严重的不利后果，是我国目前扭曲市场竞争最严重的行为，我国《反垄断法》除第五章禁止滥用行政权力排除、限制竞争的行为外，"总则"第八条规定："行政机关和法律、法规授权的具有管理公共事务职能的组织不得滥用行政权力，排除、限制竞争。"鉴于行业协会在维护市场竞争秩序方面的重要作用，"总则"第十一条强调："行业协会应当加强行业自律，引导本行业的经营者依法竞争，维护市场竞争秩序。"上述这些规定是在强调我国《反垄断法》的某些实体法方面，表现出我国立法者对某些限制竞争行为的特别关注。

我国《反垄断法》"总则"中引人注目的还有几条与产业政策相关的规定：第四条规定我国竞争政策应与社会主义市场经济相适应；第五条鼓励企业依法实施集中，扩大经营规模；第七条在禁止国有经济占控制地位的关系国民经济命脉和国家安全的行业以及依法实行专营专卖的行业的经营者不得利用其控制地位或者专营专卖地位损害消费者利益的同时，还提出国家对这些经营者的合法经营活动予以保护。这些规定在一般反垄断法中都是没有的，它们表现出我国《反垄断法》的特色，说明我国《反垄断法》是一部立足于国情和与社会主义市场经济相适应的竞争规则。

第一条 立法宗旨

为了预防和制止垄断行为，保护市场公平竞争，提高经济运行效率，维护消费者利益和社会公共利益，促进社会主义市场经济健康发展，制定本法。

《反垄断法》第一条明确指出这部法律的立法宗旨，即宏观地回答，《反垄断法》在社会主义市场经济体制下要起什么样的作用。

一、反垄断立法的宗旨

不管任何法律，其立法宗旨都非常重要，因为它不仅是法律的重要属性，是立法者立法中必须明确的问题，而且对于法律的解释和执行有着至关重要的作用。这即是说，任何法律都不可能对它应该规范的行为作出全面规定，当一个行为在法律上没有明确规定的时候，当人们对一个行为无法判断其合法还是违法的时候，就可以求助于立法宗旨。立法宗旨有着非常重要的实践意义。

关于反垄断立法宗旨，人们出于不同理念、不同经济政策和不同的法律文化，往往有不同的看法。因此，关于反垄断立法的宗旨，几乎是一个没有定论的争论。在世界各国反垄断法学界，德国学者是最坚定的一元派。他们认为，德国的反对限制竞争法只是用来保障竞争自由，消除对自由竞争有严重损害的市场势力或垄断势力，即“反对限制竞争”。美国 20 世纪 80 年代曾爆发过一场关于反托拉斯立法之目的的大辩论，辩论的主角被分为一元派和多元派。一元派认为，美国反托拉斯法惟一的目的是提高经济效率，其他所谓的目的不过是浅薄文人的胡说八道。多元派指责一元派是摇唇鼓舌，是对反托拉斯法的误导，是在损害反托拉斯法的灵魂。其实，关于美国反托拉斯法的宗旨，美国最高法院 1945 年一个判决中已经指出：“谢尔曼法依据的前提是，不受限制的竞争将产生最经济的资源配置，最低的价格，最高的质量和最大的物质进步，同时创造一个有助于维护我们民主的政治和社会制度的环境”。可见，美国反托拉斯法至少追求以下三个目标：（1）优化配置资源，因为不受限制的竞争将产生最经济的资源配置；（2）提高社会福利，因为不受限制的竞争将产生最低的价格、最高的质量和最大的物质进步；（3）提高社会民主化程度，因为不受限制的竞争将创造一个有助于民主政治和民主社会制度的环境。

总体上说，经过一百多年的发展，无论反不正当竞争法还是反垄断法，它们都不仅具有保护经营者的功能，而且还具有保护消费者和社会公共利益的功能。欧共体法院在 1988 年 Höchst 一案的判决中指出：竞争法的实体法和程序法都是“出于公共利益、企业利益和消费者的利益而保护竞争不受扭曲”。这说明，欧共体竞争法的直接目的是保护竞争不受扭曲，其最终目的是保护经营者、消费者和社会公共利益。欧共体竞争法除上述目的外，还有一个重要目的是建立统一的共同体大市场。为了建立共同体大市场，欧共体条约不仅规定了商品、人员、服务和资金在欧共体内自由流动的原则，而且规定共同体内必须建立“竞争不受扭曲的制度”，以保证共同体内的商品、人员、服务和资金的自由流动不受人为的限制。这说明，竞争虽然不能代表欧共体大市场，但是没有竞争，就没有欧共体大市场。

我国《反垄断法》第一条规定：“为了预防和制止垄断行为，保护市场公平竞争，提高经济运行效率，维护消费者利益和社会公共利益，促进社会主义市场经济健康发展，制定本法。”这说明，我国反垄断立法目的也不是一元化，而是多元化，即其直接目的是预防和制止垄断行为，保护市场公平竞争，其最终目的是提高经济运行效率，维护消费者利益和社会公共利益。这里强调的是，提高经济效率、维护消费者利益、维护社会公共利益和促进社会主义市场经济的健康发展，都是以反对垄断和保护市场公平竞争为条件的。简言之，国家经济的高效率和社会的高福利是建立在市场竞争的基础上，而不是建立在政府行政命令和国家统治经济的基础上。

二、经济效率

关于经济效率，人们可能有各种各样的理解。但是，对于竞争机制和市场机制，人们在经济效率方面的期待主要有两个，一是从宏观的角度看，通过市场竞争能够使社会资源得到最有效率的配置和利用；二是从微观的角度看，通过市场竞争能够使企业实现低成本和高产出，从而提高生产效率。

市场竞争首先可以在优化配置资源方面起重要的作用。因为市场经济不是中央集权的经济，因此在资源配置方面，起决定性作用的不是政府部门的计划，而是市场上各种变化不定的因素，其中价格因素对经营者的生产或者经营计划有着决定性的意义。例如，一种产品的价格上涨，这就是一个鼓励企业向该产品进行投资的信号；相反，一种产品的价格下降，这就促使企业从这个产品市场抽出资本，转移到其他产品或者其他经济部门中去。这就是价格机制优化配置资源的功能。然而，要使价格机制能够发挥调节社会生产和优化配置社会资源的功能，就必须要求市场至少满足两个前提条件，一是企业可以自由定价，二是保持市场开放。这即是说，经营者之间要能够开展竞争。实际上，价格机制发生作用的过程就是市场上经营者开展竞争的过程，价格机制就是竞争机制。只有当市场上存在着竞争，企业才能够灵活地适应不断变化的市场情况，即根据需求者的愿望配置资金和生产资料，社会资源才能实现优化配置。

市场竞争也可以提高企业的生产效率。因为在竞争的作用下，企业为了至少在一段时间取得垄断地位，获得一些额外利润，它们就会努力降低生产成本和价格，以便用最少的投入，获得最大的产出，从而推动企业不断开发新技术、新产品和新工艺，努力改善经营管理，以便生产质量更好和成本更低廉的产品，并在生产或销售领域保持领先地位。竞争是一个生气勃勃的过程。一旦有一个企业因为开发了新产品，获得了竞争优势，其他生产同类产品的企业为了获得同样的市场地位和取得同样丰厚的利润，就会仿照新产品或者研制其他新产品。这正如熊彼特所说的："在竞争的作用下，富有朝气的企业家就如同开路先锋。"改革开放近30年来，我国企业的技术水平和生产能力普遍有了很大提高。特别在家电行业，涌现出一大批资金雄厚、技术先进和经济效益十分显著的企业。这些企业靠的就是市场竞争。竞争使企业有了巨大的压力，同时也使它们产生了巨大的创新动力，这就为它们的发展创造了条件。因此可以说竞争是发展生产力的强大推进器，是国家经济活力的源泉。

上述资源配置效率和生产效率的实现都是通过个人主义。然而，正如亚当·斯密所指出的，市场竞争如同一只看不见的手，它在为个人创造幸福的时候，同时也创造了整个社会的福利。

三、消费者利益

市场竞争的一个重要功能是保护消费者。人人都知道的一个道理是，如果没有竞争，消费者对产品就没有选择的权利。其结果就是，市场供应商不仅不会在产品的质量、规格和品种等方面考虑消费者的愿望，而且为了获得高额利润，他们还随意将价格定得很高。竞争则指挥生产者和经营者在产品质量、数量方面尽量满足市场需要，在规格和花色品种上尽量考虑消费者的选择。而且，由于竞争压力，他们也不能将其产品价格定得过高，这就可使一些日常需用的大众产品形成一个适当的价格水平。市场竞争给消费者带来的好处是有目共睹的。如我国家电领域，新产品越来越多，产品质量越来越好，价格却是一降再降。再以电信设备为例，20世纪90年代初，我们买一部手机大约需要3万元，现在手机价格已经降到两三千元，甚至几百元。这里靠的也是竞争。我们可以说，竞争使消费者成为"上帝"，竞争给消费者带来了巨大社会福利。

现在，随着社会物质生活越来越丰富，随着市场竞争越来越激烈，各国法律制度在保护消费者方面的意识也越来越强，很多国家都制定了反不正当竞争法和反垄断法。与反不正当竞争法的不同之处是，反垄断法中的消费者利益主要体现在消费者有选择商品和自主交易的权利。因为在垄断和限制竞争的市场条件下，消费者选择商品的权利实际上受到了限制，或者根本没有选择。因此，我们可以说，反垄断的任何制度都是消费者权益保护法。例如，禁止卡特尔的规定有利于降低产品的价格，扩大消费者的选择；控制企业合并可以保证市场的竞争性，有利于维护消费者自主交易的权利；《反垄断法》关于禁止滥用市场支配地位的规定，目的也是制止滥用市场势力的行为，保护消费者。

四、反垄断和保护竞争是反垄断法的精髓

我们已经谈到，只有在市场竞争的条件下，社会资源才能得到优化配置，企业才能具有创新和发展的动力，消费者才能得到较大的社会福利，因此，市场竞争是市场经济体制不可缺少的机制。然而，市场经济本身却没有维护公平和自由竞争的机制。恰恰相反，为了减少竞争压力和逃避竞争风险，企业总是想方设法限制竞争。就在第10届全国人大常委会第29次会议审议《中华人民共和国反垄断法（草案）》的时候，人们还遇上世界拉面协会中国分会在组织、策划和协调方便面涨价的事件。此前我国也出现多起企业联合限价或者限产的事件。如1999年5月，我国生产电视机显像管的八大企业在京联盟，共同实施了为期一个月的停产保价措施。康佳、创维、TCL等彩电生产企业也曾召开过所谓“峰会”，提出实行彩电最低限价。中央电视台《新闻联播》还报道过多家旅行社联合对新、马、泰旅游实行最低限价，据说这个最低限价还是为了保护消费者的利益！这些事实说明，尽管市场竞争机制是人们渴望的，市场本身却不可能通过自我调节来实现这个机制。因此，市场经济国家需要政府出面干预市场，反对垄断和保护市场竞争。随着我国加入世界贸易组织和国内市场进一步对外开放，外国资本、外国企业和外国商品已经全方位进入我国。这些情况说明，制定一部比较完善的反垄断法，不仅有利于我国建立公平自由的市场竞争环境，有利于提高我国资源配置效率和企业生产效率，提高消费者社会福利，而且也有利于我国实施全方位的对外开放政策，有利于实现我国市场规则和经贸法制与世界接轨，从而有利于提高我国在国际社会的威望和地位。

谈到反对垄断和保护市场竞争，我们有必要考虑我国反垄断法所追求的市场竞争模式。世界各国在这方面有很多理论，如自由竞争的理论、完善竞争的理论、垄断或不完善竞争的理论、有效竞争的理论以及当前流行的芝加哥学派。[1] 这里仅简单介绍一下有效竞争理论和芝加哥学派。

1. 有效竞争理论

有效竞争理论是20世纪40年代由美国学者克拉克提出来的，他当时在《美国经济评论》发表了一篇“关于有效竞争概念”的文章。按照克拉克的观点，如果一种竞争在经济上是有益的，而且根据市场现实条件是可以实现的，这种竞争就是有效竞争。因此，有效竞争是将竞争与规模经济协调的一种竞争。这种理论是从完善竞争理论的难题出发的：如果市场结构真像完善竞争理论设想的那样，长期下来，竞争就不可能激发人们的积极性和进取心，也不能推动经济发展。而要通过竞争实现经济和技术进步，就不可避免地会出现垄断地位和限制竞争。克拉克认为，经济进步必须和垄断因素相联系，从而就必须在竞争自由和经济进步的冲突中决定哪个目标占优先地位。

作为法律上可以操作的目标模式，其关键是确立一个评价市场竞争是否有效的标准。因为影响市场竞争的因素主要是市场结构和市场行为，市场行为是一个多样化和复杂的画面，人们很难从个别企业的市场行为判断一个市场的竞争是否有效，因此，欧美国家竞争法和竞争政策领域的学者提出，建立有效竞争的目标模式主要应从规范竞争性市场结构出发。如德国经济学家康森巴赫提出：要建立“优化的市场结构”，就应当使市场保持多个竞争者，他们的商品有适度差异性，市场透明度不高。这样的市场结构之所以优化，一方面因为这种市场结构条件下，竞争者数目不是很大，因此企业规模比较大，企业有能力开发新技术和新产品。另一方面，这种市场结构下的竞争者数目也不是太小，企业可以感受到足够大的竞争压力，从而有开发新技术和新产品的动力和愿望。[2] 为了建立有效竞争的市场结构，康森巴赫还提出政府应采取以下经济政策：在竞争强度过大，即市场上只有少数竞争者时，改变市场结构，如拆散大企业；在不可能改变市场结构的情况下，限制或者干预大企业限制竞争的可能性，即对大企业进行监督和管制；而在竞争不足的情况下，应当采取推动企业联合的政策，这一方面可以扩大企业规模，提高生产效率，另一方面可以减少市场上竞争者的数目，提高竞争强度；而在推动企业联合的同时，还应当对企业合并进行控制，防止合并规模过大，形成垄断性市场结构。

由于市场竞争是非常复杂的过程，各个市场是否存在最优市场结构，这是人们迄今还没有弄明白的一个问题。逻辑上讲，任何一个市场至少需要两个竞争者。然而经验表明，在竞争者很少的市场上，竞争强度过大，而在竞争强度

[1] 王晓晔．企业合并中的反垄断问题［M］．北京：法律出版社，1996.

[2] E. Kantzenbach, Die Funktionsfaehigkeit des Wettbewerbs, 2. Aufl. Goettingen 1967, S. 16 – 19.

过大的市场条件下，企业倾向于协调他们的市场行为，以减少竞争压力，减少从市场上被淘汰的危险，并且由此可以提高和稳定收益。但是，高额的垄断收益是以消费者被迫支付高价和被迫接受恶劣的交易条件为代价的。因此，人们就提出这样的问题，即从什么集中度开始，集中对竞争是明显有害的。这也是竞争法上争论最多的问题。

我国《反垄断法》没有提出我国市场竞争的模式。但在立法过程中，鉴于我国经济体制改革的目标和现实的市场条件，很多学者提出我国竞争政策和反垄断目标模式应当是“有效竞争”。[1] 即一方面，为了改进生产技术，提高整体经济效率和国民经济综合实力，我国应适度扩大企业规模，实现规模经济；另一方面，为了保持市场结构的竞争性，应当使市场上保持一定数目的竞争者。选择有效竞争作为我国竞争政策的目标模式，这一方面是考虑竞争对优化配置资源的重大意义，从而大力推动竞争；另一方面考虑规模经济对发展国民经济的重大意义，从而允许市场存在一定程度的垄断因素。从经济政策上说，规模优势是一个需要认真考虑的因素，因为它不仅节约个别企业的成本，提高个别企业的生产效率，同时也会节约社会成本，提高整体经济的效率。这种为整体经济带来的成本优势可称为“真正的经济”。在当前，强调规模经济对我国有着十分重要的意义。因为受计划经济体制下“大而全”和“小而全”经济结构的影响，我国很多产业的规模经济水平总体上比较低。针对这个问题，我国《反垄断法》第五条规定：“经营者可以通过公平竞争、自愿联合，依法实施集中，扩大经营规模，提高市场竞争能力。”这说明，我国竞争政策在推动市场竞争的同时，也注重企业间横向联合，扩大企业经济规模。因此，我国《反垄断法》的目标模式是市场有效竞争。

2. 芝加哥学派

芝加哥学派是美国20世纪70年代发展起来的一个由经济学家和法学家组成的学派，代表人物是博克（R. H. Bork）、德姆塞兹（H. Demsetz）、波斯纳（R. A. Posner）和斯狄格勒（G. J. Stigler）等。芝加哥学派与有效竞争理论的最大不同之处是，它们不承认在市场结构、市场行为和市场绩效之间存在某种联系，从而反对政府对企业合并进行规模上的干预。20世纪80年代以来，芝加哥学派对美国竞争政策产生了显著影响，一定程度上成为美国反托拉斯政策的基本原则。

---

[1] 经济学界对有效竞争的市场模式有许多论述，如王慧炯主编、陈小洪副主编：《产业组织及有效竞争》，中国经济出版社，1991年；陈秀山：《我国竞争制度与竞争政策目标模式的选择》，《中国社会科学》，1995年第3期。

芝加哥学派的主要观点是，反托拉斯政策的最终目的是最大限度地保护消费者利益。因此，反托拉斯机构评价一个反竞争案件时，应当只考虑两方面的效率：一是资源配置效率，即国民经济的资源是否实现了优化配置；二是生产效率，即生产企业的资源是否得到了有效利用，例如是否使用了规模经济，是否节约了交易成本等。因为企业的生产效率是决定性的，生产效率的损失是最大损失，人们就不应当把注意力放在企业的市场行为方面，而是应当注重它们的生产效率。芝加哥学派还认为，提高企业生产效率是建立在扩大企业规模的基础上，只有通过规模生产，才能使企业生产效率得到显著改善。因此，芝加哥学派反对美国通过法律判决将反托拉斯法和企业合并控制不断强化的做法。他们认为，在没有法定进入障碍的条件下，产业组织结构可以反映产品的成本要求，即产业结构本身就是不同生产效率的企业长期较量的结果，因此，市场高集中度是大企业有高效率的结果。总之，芝加哥学派关于竞争政策的基本观点是，市场结构是市场内部各个力量对比的反映，在没有国家干预的条件下，市场上最后生存下来的企业是最好的企业。因为不干预经济的政策会导致一个较好的结果，国家应当减少对经济的干预，或只限于有限范围的干预，如社会秩序。❶

但是，芝加哥学派的竞争理论也有明显的错误，表现在以下方面。

第一，该学派认为，市场本身有着自我调节即自愈的能力，这是十分错误的。实践已经表明，市场虽然有着合理调节生产和优化配置资源的功能，但市场本身也存在不可避免的缺点和错误，特别是不受干预的竞争会导致垄断，垄断则会窒息竞争。例如，在集中度过高的市场结构条件下，垄断企业往往操纵市场和价格，以追求利润最大化的原则制定垄断高价。另一方面，垄断还会引起生产和技术的停滞，因为在不存在市场压力的条件下，企业缺乏创新的动力。

第二，芝加哥学派反对政府干预经济，认为在没有政府干预的条件下，自由竞争能够产生最好的经济效益，这也不符合事实。实际情况是，出于自身利益的考虑，人们对竞争一般是自相矛盾的态度。例如，竞争有利时，企业一般赞成竞争，特别是希望向其供货的销售商之间有竞争；竞争不利时，他们希望逃避竞争，特别希望自己所占领的销售市场能够避免竞争。老百姓对竞争一般也是矛盾的心态。当他们作为消费者考虑竞争可以降低价格和改善质量时，他们对竞争持欢迎的态度；当竞争导致企业破产甚至威胁自己的就业机会时，他

---

❶ R. A. Posner, The Chicago School of Antitrust Analysis, University of Pennsylvania Law Review 127 (1979); R. H. Bork, The Antitrust Paradox: A Policy at War with Itself, New York 1978.

们希望逃避竞争和限制竞争。这就是说，因为几乎所有人和所有社会团体出于自身既得利益的考虑，都有限制竞争的自然倾向，国家就应当出面保护竞争，制定竞争政策，协调不同社会集团的利益。

第三，芝加哥学派的竞争理论是从少数大企业的利益出发的，它所指的生产效率只是大企业的效率。由于芝加哥学派一味鼓吹限制竞争可以提高大企业生产效率，认为最后生存下来的企业是最好和效率最高的企业，而不管它们采取什么竞争手段，也不管它们的市场行为，这就不可能把竞争作为调节生产和维护市场秩序的一种手段。当然，限制竞争总可以使个别企业得到某种好处，但个别企业的好处与整体经济的好处不总是一回事。芝加哥学派没有认真考虑如何协调个别经济与整体经济的利益，他们所谈的效率本质上就只是个别企业的效率。

五、反垄断法与社会公共利益

根据《反垄断法》第一条，我国预防和制止垄断、保护市场公平竞争的最终目的除了提高经济效率和维护消费者的利益外，还有一个目的是维护社会公共利益。与消费者利益不同，社会公共利益中“利益”二字的归属很不明确。有人说，社会公共利益是指消费者利益；有人说是指国家利益。总而言之，社会公共利益是一个比较有争议的概念，比较模糊不清的概念，从而也是一个比较灵活的概念。字面上讲，公共利益不是个别人的利益，也不是个别企业或者个别集团的利益，而是普遍的和社会的利益。另一方面，社会公共利益不限于经济利益，它可以是经济的，也可以是非经济的，例如政治或者社会的利益。

我国《反垄断法》中有很多关于社会公共利益的规定。例如，第十五条规定：当事人可以以实现节约能源、保护环境、救灾救助等“社会公共利益”为辩护理由，要求反垄断执法机构对一个排除或者限制竞争的垄断协议给予豁免。这里提到的公共利益主要是社会的利益。《反垄断法》第二十八条规定：当事人可以“社会公共利益”为辩护理由，要求反垄断执法机构对一个具有排除或者限制竞争影响的经营者集中给予豁免，这方面的公共利益主要表现为生产合理化或者提高企业在国际市场上的竞争力，这种利益主要是经济利益。

需指出的一个问题是，企业要求豁免而提出的“社会公共利益”，大多是一种短期利益。1829 年当铁路作为一种新运输工具刚刚问世的时候，美国纽约州州长伯伦（Martin Van Buren）上书杰克逊总统，反对铁路与运河相竞争。他说：“如果允许铁路取代运河中的船舶，这会导致严重的失业问题。船长、厨师、驾驶员、小旅馆老板、修理工等很多人都将因没有生计被迫离开运河，更不用说被雇来为马匹种植饲草的无数农民。”[1] 现在人们一般都不会同意伯伦的这种观点。因为竞争作为优胜劣汰的机制，它虽然可以导致低效率企业减少工作岗位，甚至导致企业破产，但同时也可创造更多的就业岗位。总体上说，竞争可以降低产品和服务的价格，其结果就是提高消费者的实际收入，扩大市场对商品和服务的需求，增加市场供给，提高社会就业率。例如，随着各国电信领域引入了竞争机制，竞争一方面大幅度降低了电信服务的价格，另一方面改善了电信服务的质量，其结果就是大幅度推动了消费者对电信服务的需求。

总而言之，《反垄断法》所保护的社会公共利益、消费者利益以及它致力提高的经济效率，本质上是一致的，相互间没有冲突。然而，因为我国反垄断法有很多产业政策的规定，例如第七条提出要保护国有经济，即“国有经济占控制地位的关系国民经济命脉和国家安全的行业以及依法实行专营专卖的行业，国家对其经营者的合法经营活动予以保护”，第四条提出：“国家制定和实施与社会主义市场经济相适应的竞争规则”，这就可能出现竞争政策与产业政策的冲突。

维护经营者的合法权益，甚至保护国有大企业的合法利益，这在理论上没有错，因为合法利益都应当得到保护。然而，如果《反垄断法》同时维护经营者利益和消费者利益，当两者利益发生冲突的时候，执法者就面临这样的问题：消费者利益优先还是经营者利益优先？全国人大常委会第二次审议的《反垄断法（草案）》取消了维护经营者利益的规定，是很明智的。但是通过的法律保留了“维护社会公共利益”的规定，且“社会公共利益”和“消费者合法权益”是并列概念，这就很难保证《反垄断法》完全出于保护消费者的利益。例如，消费者希望有选择商品或者服务的权利，希望市场上有多个竞争者，但是，《反垄断法》第二十八条提出经营者集中符合社会公共利益的，执法机构可以作出不予禁止的决定。这种情况下，保护消费者和保护公共利益的两个不同目的就可能发生冲突。当然，不同目的的矛盾和冲突在其他反垄断法中同样存在，如欧共体委员会 2005 年 12 月发布的《欧共体条约第 82 条适用于滥用性排他行为的讨论稿》指出：“第 82 条之目的是保护市场竞争作为提高消费者福利和保障资源有效配置的工具。”[2] 这里就存在一个问题：欧共体竞争法是保护竞争，还是把竞争作为提高消费者福利和提高经济效率的工

[1] Patrick Massey, Reform of EC Competition Law: Substance, Procedure and Institutions, in: 1996 Corporate Law Institute, International Antitrust Law & Policy, Fordham University School of Law, p. 93.

[2] DG Competition's Discussion Paper on the application of Article 82 to exclusionary abuses emphasizes that "The objective of article 82 is the protection of competition on the market as a means of enhancing consumer welfare and of ensuring an efficient allocation of resources".

具？因为欧共体委员会一向比较严格地执行竞争政策，立法目的之争不影响欧共体竞争法的执行。然而，我国反垄断立法目的之争却至关重要，这一方面因为我国《反垄断法》本身存在浓厚的产业政策色彩，反垄断执法机构审理垄断协议或者审批企业并购的时候都会同时考虑竞争政策和产业政策，法律也没有明确规定竞争政策是否优先于产业政策；另一方面，我国目前的反垄断执法机构缺乏独立性，当消费者利益和国有大企业的利益发生冲突的时候，反垄断执法机构能否站在消费者立场上反对垄断和保护竞争，这需要时间的检验。

我国《反垄断法》提出维护“社会公共利益”，这一方面是基于我国的国情，另一方面也是借鉴了其他国家的经验，如德国《反对限制竞争法》中也有社会公共利益和整体经济利益的规定。然而在实践中，德国的企业很少因为“社会公共利益”而得到《反对限制竞争法》的豁免。这是因为反垄断法本身就是从社会最大利益出发的，因为实践表明，绝大多数的垄断都是不合理的现象，其本质不过是限制价格机制调节社会生产和优化配置资源的功能。短期看，垄断导致产品价格上涨和质量下降，损害消费者利益；长期看，垄断导致企业生产效率低下和国家经济短缺。但是尽管如此，我国《反垄断法》中“社会公共利益”的规定是完全必要的。因为经济非常活泼，《反垄断法》作为规范国家经济秩序和市场秩序的法律制度，作为一部几乎影响所有行业和所有企业的法律制度，它应当有灵活性，以保障法律的执行能够与我国社会主义市场经济相适应。

总而言之，法律是上层建筑，是国家经济生活的反映。在我国经济体制转型时期，我国的《反垄断法》不可能不打上时代的烙印。另一方面，《反垄断法》是经济法，但立法者制定这部法律的时候不可能仅仅出于经济的考虑，他还可能考虑政治的和社会的各种因素。因此，《反垄断法》体现多个立法目的甚至相互冲突的目的是完全可以理解的。这种情况下，人们势必提出这样一个问题，即在竞争政策和产业政策发生冲突的情况下，哪一个政策应当优先。这个问题只能由未来的反垄断执法机关来解答，且这个答案相当程度上取决于反垄断执法机构的地位、权威和独立性，也取决于国家的经济发展和整个社会的大环境。

第二条 适用范围

中华人民共和国境内经济活动中的垄断行为，适用本法；中华人民共和国境外的垄断行为，对境内市场竞争产生排除、限制影响的，适用本法。

一、概述

这一条性质上是冲突规范。即指出我国《反垄断法》不仅适用于我国境内发生的垄断行为，而且也适用于我国境外发生但对我国市场竞争能够产生排除、限制竞争影响的垄断行为。随着第一条的实施，我国《反垄断法》就会产生两个重要后果：一是该法适用范围扩大到了那些在外国有其住所或者营业场所的企业，如果它们在国外策划或者实施的限制竞争对我国市场竞争有限制性影响；二是该法对国际市场上从事生产经营活动的中国企业的适用受到了限制，如果它们的限制竞争活动对我国市场竞争没有影响。简言之，我国《反垄断法》只适用于我国市场上产生的或者将要产生的限制竞争，而不管行为人的国籍、住所，也不管限制竞争行为的策源地在哪个国家。

反垄断法具有域外适用效力，这主要因为反垄断法与国际经贸活动，特别是与跨国公司的活动有着密切联系。第二次世界大战之后，随着国际经济贸易的发展，商品、资本、技术和劳务的跨国流动成为国际普遍现象，跨国公司随之成为国际经济活动中十分活跃的经济组织。由于跨国公司在财力上可以得到母公司的帮助，在生产技术和产品销售方面与国际市场有着广泛和深厚的联系，与一般企业相比，跨国公司在东道国的市场竞争中常常占据优势地位。跨国公司对东道国的经济和竞争可以起到积极影响，特别在东道国市场结构处于垄断或寡头垄断的情况下，外国企业技术先进和价格低廉的产品无疑可给死气沉沉的市场注入活力。但另一方面，跨国公司也会给东道国的经济和竞争带来不利影响，特别当跨国公司利用其竞争优势成为限制竞争的市场势力时，它们就可能给东道国的经济和技术发展带来不利影响。为了扼制跨国公司的垄断势力，维护本国市场有效竞争，市场经济国家不仅无例外地将反垄断法适用于本国市场上的外国企业和跨国公司，而且还适用于国外产生但对本国市场具有不利影响的限制竞争。反垄断法适用于境外发生的限制竞争行为，这一般称为反垄断法的域外适用。

反垄断法的域外适用非常重要，因为在缺乏反垄断法域外适用的情况下，一国市场的竞争可能会受到来自国外限制竞争的影响，反垄断法所要保护的自由和公平竞争就会成为空话。因此，反垄断法域外适用是反垄断法的一个重要特征或者属性。世界各国反垄断法一般都有域外效力的规定，如德国《反对限制竞争法》第130条第2款规定："本法适用于发生在本法适用范围内的所有限制竞争行为，即使限制竞争行为系本法适用范围以外的原因所致，亦同。"欧共体委员会1997年也曾依据欧共体竞争法的域外效力，干预过美国波音公司与麦道公司之间的合并。

反垄断法域外适用的理论依据是国际法上被广泛认可的效果原则（effect doctrine）。因此，我国《反垄断法》第二条的实施也将受到国际法的制约，即执行《反垄断法》的实体法、程序法以及行政制裁都需要考虑国际公约、条约以及国际上被广泛认可的一般原则，特别是“直接、重大和可预见效果”的原则和“国际礼让”原则。我国《反垄断法》刚刚颁布，在域外适用方面既没有实施细则，也没有相关司法实践。因此，在这个问题上，我们有必要了解其他国家的相关制度。

二、国际法确定管辖权的标准

管辖权一般是指国家规定和实施其权利和义务以及管理自然人和法人等方面的法律权力。世界上大约有 180 多个国家和地区，它们都得与其他国家或者地区发生联系，相互免不了产生经济、民事甚至刑事纠纷。如果当事国对同一案件都要行使管辖权，这肯定会出现立法、司法以及执法方面管辖权的冲突。国际法的一个重要任务就是正确划分国家间对某些问题的管辖权。根据国家与被管辖客体之间的联系，国际法确定管辖权的主要原则是属地原则、属人原则和效果原则。

1. 属地原则

国家的物质要素主要是两个：一是确定的地域范围，二是定居的居民。因此，国家可以凭借其领域行使管辖权。即原则上，国家可以对其领土之上所有的人、财产和行为享有管辖权，这即是属地管辖权或者地域管辖权。属地管辖权是国家领土主权的体现。国家行使这种管辖权的时候，其领土范围特别重要。

然而，实践中经常会出现的一个问题是，当国家对一个行为例如对一个犯罪活动行使属地管辖权时，与这个犯罪活动相关的因素不都是在该国的领土上发生的。这种情况下，适用绝对的地域管辖原则就不能合理地解决国际争端。随着越来越多的跨国经济活动，例如在 A 国订立合同、B 国交货、C 国付款、合同争议规定在 D 国法院解决的情况下，这个经济活动因为同时与多个国家有着较为密切的联系，绝对的地域管辖原则就不可避免地会产生法律冲突和管辖权冲突。

2. 属人原则

国家领土上的居民是组成国家的另一基本物质要素。因此，国家对拥有其国籍的居民享有管辖权。这即是说，不管他们暂时居住在哪个国家，他们的国籍所属国都对之享有管辖权。除自然人之外，船舶和公司也拥有自己的国籍，即它们可以通过注册登记取得一个国家的国籍。然而，某些情况下，属人管辖原则也会引起争议。例如，一个人可能具有双重国籍甚至多重国籍。一个跨国公司或者一艘船舶虽然在A国进行了注册登记，但是如果它们是由B国母公司组织的，这个公司或者船舶实际就会受到B国母公司的操纵和管理。这种情况下，如果A国作为公司注册地国对之行使管辖权，B国以经营管理权作为行使管辖权的依据，这些国家对这个公司或者船舶的管辖权就会产生纠纷。因此，对于美国干预其外国子公司的行为，英国人指责说："即便国籍是主张域外管辖权的合法基础，美国子公司也得服从东道国的法律和政策。"美国的反应是："美国不允许本国公司通过技术手段，即通过注册地或者东道国不稳定的政策，来规避它们依据美国法应承担的责任。"❶ 随着经济国际化，特别是随着跨国公司在世界各地广泛开辟活动场所，公司的属人原则已经越来越不重要。例如，当麦当劳餐厅出现在王府井或者西单商场附近，人们很难想到这是一家美国公司。

3. 效果原则

国际常设法院1927年关于Lotus一案的判决说明，A国领土上实施的某种行为可能对B国产生不利影响，因此，绝对的属地原则不能解决管辖权方面的国际争端。国际常设法院的判决指出：这种情况下，B国有权依据本国法对A国领土的犯罪行为进行审讯和作出判决，这个原则在国际法中被称为客观地域管辖原则，或者效果原则。效果原则说明了国际法的可塑性，即"地域"二字的含义可以扩大到行为后果地。国际法院的这一判决还指出："许多国家的法院从这个意义解释刑法，即诸因素中只要有一个因素，特别如行为后果发生在该国领域，该国对这个行为就有管辖权。"这说明，效果原则是建立在地域管辖原则的基础上。

现在，效果原则同地域管辖原则一样，已成为各国确定管辖权的基本依据。我国《刑法》第六条规定："犯罪的行为或者结果有一项发生在中华人民共和国领域内的，就认为是在中华人民共和国领域内犯罪。"美国对外关系法重述明确规定，在反托拉斯案件中，企图发生的后果和事实上的后果都是一国行使管辖权的法律依据。这说明，反垄断法依据效果原则具有域外适用的效力，这在理论上不存在法律障碍。

三、美国反托拉斯法的效果原则（effects doctrine）

1. 效果原则的产生

在世界各国反垄断法中，最早依据"效果原则"主张域外管辖权的是美

❶ Joseph P. Griffin, Foreign Governmental Reactions to U. S. Assertions of Extraterritorial Jurisdiction, E. C. L. R. 2/1998, p. 68.

国法院 1945 年关于美国诉美国铝公司的判决，[1] 这个案件也被简称为 Alcoa 案。这个案件之前，凡涉及谢尔曼法的案件，美国法院都是根据属地原则确定管辖权。如最高法院 1909 年关于美国香蕉公司诉联合水果公司的判决中指出："一个行为是否合法，只能根据行为地国家的法律来判断。" 1945 年 Alcoa 案中，美国第 2 巡回法院汉恩德（Learned Hand）法官指出：谢尔曼法适用于外国企业在美国境外订立的协议，如果其"意图是影响对美国的出口，且事实上影响了对美国的出口。"汉恩德法官当时依据的是习惯法，即"任何国家都有权规定，即便不属于本国的臣民，也不得在其境外从事受该国谴责且对境内产生不良后果的行为。"[2] 这就确立了美国反托拉斯法域外适用的效果原则。根据这个原则，凡发生在美国境外且与美国反托拉斯法精神相抵触的行为，不管行为者的国籍，也不管行为的实施场所，只要它对美国的市场竞争产生不良影响，美国法院对之就有管辖权。这个原则在美国法院已成为一个普遍适用的原则。

2. "效果原则"的限制

效果原则是美国反托拉斯法域外适用的理论根据。这里存在的一个问题是，反托拉斯法是否可适用于所有对美国市场有不利影响的限制竞争，而不管其影响的程度？这个方面，美国第 9 巡回法院 1976 年 Timberlane Lumber 诉美洲银行一案的判决有重要意义。该判决指出，不考虑另一国合法利益的效果原则是不完善的。[3] 据此，美国法院在反托拉斯案件中行使域外管辖权时，应考虑下列三个问题：第一，这个限制竞争是否影响或者是否企图影响美国的对外贸易？第二，这个限制竞争对美国对外贸易的损害程度是否非常严重？第三，依据国际礼让，美国对这个案件应当主张域外管辖权吗？[4] 由此可以看出，美国反托拉斯法域外适用是依据"合理管辖原则"。

（1）对国内市场有直接、重大和可预期的影响

美国 1982 年《对外贸易反托拉斯修订法》反映了美国国会对反托拉斯法域外管辖权问题的关切，阐述了美国对违反《谢尔曼法》和联邦贸易委员会的外国当事人行使管辖权的态度。然而，这部法律没有提及国际礼让的问题，因此这个问题得由法院来决定。《对外贸易反托拉斯修订法》关于反托拉斯法域外适用的前提条件已成为《谢尔曼法》第 7a 条和《联邦贸易委员会法》第 45（a）（3）条。

---

[1] United States v. Aluminum Co. of America, 148 F. 2d 416, 65 U. S. P. Q. 6 (2d Cir. 1945).

[2] United States v. Aluminum Co. of America, 148 F. 2d 416, 444, 443 (2d Cir. 1945).

[3] Timberlane Lumber Co. v. Bank of America, 549 F. 2d 597 (9th Cir. 1976).

[4] William C. Holmes, Antitrust Law handbook 2001 Edition, p. 709.

《对外贸易反托拉斯修订法》区别了进口、出口以及在外国的贸易活动。据此,《谢尔曼法》和《联邦贸易委员会法》可对出口贸易以及美国境外贸易活动行使管辖权的前提条件是:被告的行为对(1)美国国内贸易;或者(2)美国进口贸易;或者(3)美国出口企业的出口活动有着“直接、重大和可合理预期的影响”。因为《对外贸易反托拉斯修订法》关于反托拉斯法域外适用的前提条件仅考虑一个限制竞争对美国国内贸易以及美国进出口贸易影响的性质、程度及其是否具有可预见性,它已经抛弃了美国法院1945年Alcoa案和1976年Timberlane Lumber案关于当事人主观意图的分析。在1999年Access电信公司诉MCI电信公司一案中[1],原告是一家为墨西哥国际电信服务提供输送线路的美国电信企业,是《对外贸易反托拉斯修订法》意义上的“出口商”。原告指控被告墨西哥电话公司妨碍它和其他电信服务商进入墨西哥电信市场,构成限制竞争行为。因为原告的年市场销售额超过300万美元,美国第5巡回法院认定被告的限制竞争行为达到了“重大的”程度。因为被告妨碍原告以及其他竞争者进入墨西哥电信市场,该行为也符合了《对外贸易反托拉斯修订法》规定的“直接的”和“可预见的”效果的特征。因此,美国第5巡回法院认为,美国反托拉斯法对这个案件有管辖权。[2]

鉴于1982年《对外贸易反托拉斯修订法》只提及《谢尔曼法》和《联邦贸易委员会法》,美国司法部和联邦贸易委员会依据《对外贸易反托拉斯修订法》的原则,修订了美国司法部1977年的《反托拉斯法国际适用指南》。根据1995年4月修订后的《反托拉斯法国际适用指南》第3.14条,第三国企业间的合并如果对美国国内以及美国出口贸易或美国企业的出口机会产生直接、重大和可合理预见的影响,得根据《克莱顿法》第7条决定是否批准合并。

(2)国际礼让

国际礼让是对美国反托拉斯法域外适用的另一个重要限制。据此,美国反托拉斯法的域外适用,应当考虑相关外国主权国家的利益。特别当一个限制竞争是一个主权国家的行为,或者是主权国家采取的措施,美国反托拉斯法不能予以适用。1979年美国第9巡回法院法官乔伊(Choy)在关于国际石油卡特尔(OPEC)的判决中指出:“虽然国内法将限制贸易的共谋行为视为非法行为,国际上还没有就谴责卡特尔、利润分配协议以及生产数量协议达成一致意见。美国和其他国家一样,承认对自然资源享有的国家最高主权原则。因为OPEC国家不同意将它们的行为视为违法行为,我们也不想在一个没有国际协

[1] Access Telecom, Inc. v. MCI Telecommunications Corp., 197 F. 3d 694 (5th Cir. 1999).

[2] William C. Holmes, Antitrust law Handbook 2001 Edition, West Group, p. 712.

议的领域进行司法干预。”❶ 美国在其他案件中也考虑到国际礼让，如1997年关于新西兰奶制品一案的判决。这个案件中，法院考虑到新西兰奶制品公司向美国出口产品的价格受到了国家干预，考虑到新西兰有权制定强制性的法律，考虑到国际礼让原则，认定新西兰奶制品公司固定价格的行为不受美国反托拉斯法的管辖。❷

然而，美国最高法院1993年关于哈特福德火灾保险公司（Hartfort Fire）一案的判决对“礼让原则”作出了重大限制。该案涉及一个再保险协议，协议是由英国哈特福德再保险公司应几家美国再保险公司的请求而订立的，目的是协调它们在北美市场上订立再保险合同应采取的政策，特别是取消某些险种的法律责任。作为被告之一的哈特福德再保险公司认为，根据国际礼让原则，美国法院对这个案件没有管辖权，因为英国议会关于伦敦再保险市场通过了一个管理制度，这些再保险公司订立的协议完全符合英国的政策和法律。然而，美国最高法院驳回了被告请求，理由是英国法不是“强制”企业进行共谋行为，因此美国法和英国法关于这个再保险协议没有真正的法律冲突。根据这个判决，美国反托拉斯法域外适用中所采取的礼让原则，仅适用于特殊情况，即外国法明确规定企业必须进行与《谢尔曼法》相背离的行为，以致企业不可能同时遵守本国法和美国反托拉斯法。

美国最高法院关于哈特福德一案的判决引起许多国家的批评，它们批评这个案件的判决是轻率的，无视国际公法对管辖权的限制，没有考虑“国际礼让”原则。美国华盛顿大学法学院教授埃利斯（Ellis）指出：“美国19世纪大法官马歇尔曾告诫人们，美国联邦法的解释应避免与国际法相冲突。马歇尔理论虽仍然是美国法律解释的一个重要原则，但这仅是口头的，而不是实践中得到了遵守的原则。美国反托拉斯法域外适用的实践表明，美国在这个领域不再适用习惯国际法的管辖权原则。”❸ 美国最高法院关于哈特福德火灾保险公司判决的重要意义是，它排除了美国反托拉斯法域外适用的所有障碍。

考虑到外国政府对美国最高法院关于哈特福德火灾保险公司一案判决的批评，美国司法部和联邦贸易委员会在1995年4月《反托拉斯法国际适用指南》中指出，被审查的案件即便没有真正的法律冲突，反托拉斯机构也应进行国际礼让分析，并把国际礼让称为合理的管辖权原则。该指南指出：“反托拉斯主

❶ Joseph P. Griffin, Foreign Governmental Reactions to U. S. Assertions of Extraterritorial Jurisdiction, E. C. L. R. 2/1998, pp. 65 – 66.

❷ Trugman – Nash, Inc. v. New Zealand Dairy Bd., 954 F. Supp. 733 (S. D. N. Y. 1997).

❸ Dorsey D. Ellis, Extraterritorial Criminal Enforcement of U. S. Antitrust Laws, presented at the International Conference “APEC Competition Policy and Economic Development”, July 2001, Tokyo.

管机关执行反托拉斯法应考虑国际礼让。礼让反映平等主权国家相互尊重的广泛涵义，并确定在‘一国允许在本国领域承认他国的立法、行政和司法活动’中重要作用。因此，在确认管辖权并对案件进行调查、起诉或者寻求特殊救济时，美国各主管机构须考虑与案件相关的外国主权国家的重大利益是否受到影响。”该指南还提出美国当局进行礼让分析所要考虑的相关因素：（1）与在外国的这种行为相比，该行为是否比较严重地违反了美国法；（2）当事人以及受害人的国籍；（3）该行为是否存在影响美国消费者、市场以及出口商之意图；（4）与对外国的影响相比，该行为是否比较严重地影响了美国，且该影响是否可以预见；（5）是否可合理预见该行为推动产生或者妨碍产生的后果；（6）与外国法或者外国经济政策冲突的程度；（7）与当事人相关的另一国家执法活动的范围，包括因这些活动引起的司法救济的范围；（8）外国强制执行与美国相比的效率。该指南指出，上述各种因素的重要性取决于具体案件的具体情况。

四、效果原则的具体适用

1. 概述

上述说明，美国反托拉斯法的域外适用一般有两个前提条件，一是考虑国外发生的限制竞争是否对美国国内市场有着“直接、重大和可预期的影响”，二是考虑“国际礼让”即其他相关国家的重大利益。这两个基本原则基本得到了其他国家或者地区反垄断法的认可。如在德国，一个在外国引起的限制竞争是否适用德国反对限制竞争法，决定性的因素是这一限制竞争是否在德国境内能够产生重大和直接的不利影响。一个在外国发生的限制竞争对德国市场如果只是一种遥远和间接的影响，反对限制竞争法不可能予以适用。[1] 1991年《美利坚合众国政府和欧洲共同体委员会关于适用竞争法的协定》第6条也指出，为避免法律冲突，缔约一方应从自身重大利益出发，在反垄断诉讼程序的各个阶段，考虑缔约另一方的重大利益。这个条款实际就是传统的“国际礼让”原则，是对反垄断法域外适用的限制。根据该条第3款，缔约一方提起反垄断诉讼时，应事先根据一系列因素，评价这个诉讼对另一方的影响。在实践中，反垄断法的域外适用主要见于国际卡特尔和跨国并购两个方面。

2. 国际卡特尔

大多数国际卡特尔是由一国出口企业组成的。即为了推动产品在国外的销售，这些企业相互订立协议，商定产品的价格，或者分割在进口国的销售市

---

[1] Volker Emmerich, Kartellrecht, 8 Auflage, S. 25.

场。可以看出，受出口卡特尔限制竞争影响的是外国市场，而不是出口国。因此，出口国的反垄断法可以不适用于出口卡特尔，或者对出口卡特尔给予反垄断法豁免。我国《反垄断法》第十五条“为保障对外贸易和对外经济合作中的正当利益”豁免的卡特尔，一般就是出口卡特尔。

除了出口卡特尔，国际卡特尔的另一个含义就是参与国际贸易的跨国公司订立的限制竞争协议或者协调行为，其内容主要是固定价格、串通投标、限制生产数量，或者通过分配市场份额、客户、供货商、划分地域或者销售渠道而分割国际市场。[1] 1998 年经济合作与发展组织（OECD）通过的《执行卡特尔法一揽子推荐意见》，把这种卡特尔称为 Hard Core Cartel，中文一般译为“核心卡特尔”。

随着经济全球化和贸易自由化，国际卡特尔案件在近几年大大增加了。欧共体委员会在一个关于石墨电极国际卡特尔的决定中指出，这个国际卡特尔在欧共体市场上的价格与竞争性市场的价格相比，至少高出 50%。[2] 2001 年，欧共体对参与国际卡特尔的 56 家企业共计征收了 18.36 亿欧元的罚款，其中 18 家企业是非欧共体企业。WTO 贸易与竞争政策工作小组的报告指出，国际卡特尔对发展中国家的危害最大。这一方面是国际卡特尔，特别是维他命、石墨电极、柠檬酸等国际卡特尔在全球销售商品；另一方面因为很多发展中国家没有反垄断法，受到卡特尔剥削的消费者得不到法律救济。在打击国际卡特尔方面，美国走在世界各国的前面，而且也是打击国际卡特尔受益最大的国家。1999 年，美国对瑞士一家企业征收了 5 亿美元的罚金，这是美国司法部迄今征收的最大数量罚金。

3. *跨国并购*

国外发生的企业并购能够对本国市场产生重大影响的，主要有两种情况。第一种是本国企业与外国企业在外国发生的并购。如欧共体 1996 年 Gencor/Lonrho 合并案。委员会认为南非的 Gencor 和英国的 Lonrho 合并后，它们共同在世界白金市场的份额可达到 44%。鉴于俄罗斯白金生产下降的趋势，它们的市场份额还可能提高到 60%。由于合并已经实施，欧共体委员会曾考虑拆散合并后的企业。这种情况下，Gencor 被迫作出承诺：一是将取得 Lonrho 的股份由 24.98% 降为 9.99%；二是在一定期限内，将取得的其余股份出售给第三方。委员会认为这个条件下的合并不会损害共同体的利益，便于 1997 年 4 月作出有条件批准合并的决定。

第二种是外国企业在外国市场上发生的并购。这种情况下，这些外国企业

---

[1] JOHN M. CONNOR, Global Price Fixing [M]. Kluwer Academic Publishers, 2003: 84.

[2] Report on the Meeting of 1 ~2 July 2002, WT/WGTCP/M/18, 20. September 2002.

实施管辖的国家一般都有分公司或者子公司。如欧共体委员会2001年禁止通用电器公司与霍尼韦尔公司（Honeywell）的合并。通用电器和霍尼韦尔公司都是美国公司。根据协议，通用电器收购霍尼韦尔公司的全部股票，交易金额高达420亿美元，是美国历史上迄今最大的企业收购案。尽管美国司法部附条件同意了合并，欧共体委员会在2001年7月对此发布了禁令。欧共体委员会的理由是，美国司法部批准合并所附加的条件不足以消除欧共体委员会的担心，即这个合并将加强通用电器公司在喷气发动机国际市场上的支配地位。

五、反垄断法域外适用存在的问题

如果一个在国外发生的限制竞争对我国市场有严重不利影响，我国反垄断执法机构对这个案件就有国际管辖权。管辖权问题在国际卡特尔案件中非常重要。因为尽管一个价格卡特尔会抬高产品价格，损害我国消费者的利益，我国反垄断执法机构对这个价格卡特尔能否行使管辖权，还取决于许多客观条件。例如，卡特尔成员企业是否在我国有子公司或者分公司。因反垄断法产生的国际管辖权一般不能通过当事人的协议被排除，它是一种强制性管辖权。反垄断法还会涉及国家豁免问题，即一个限制竞争如果是国家主权行为，反垄断法一般没有管辖权。

如果我国反垄断执法机构对一个国外发生的限制竞争有管辖权，反垄断行政程序和罚款程序就会出现类似涉外民事诉讼的问题，即首先需要对外国企业送达文书。如果外国企业在我国有代表机构，或者有分公司或子公司，文书可以在国内直接送达，或者通过委托书的方式在国内进行。如果国内不能送达，就应当通过我国与外国订立的司法协助协定以及我国加入的1965年《民商事案件中司法和司法外文书国外送达公约》在国外送达。如果不能通过法律协助进行，那就应当依据民事诉讼法的规定在国内通过公告进行送达。反垄断行政审理程序中也有必要在国外收集包括证言、资料在内的各种证据。国外收集证据一般通过外国的司法协助。我国在这方面是1970年《民商事案件国外调查取证公约》的成员国，此外还与许多国家订立了司法协助的双边条约。

需指出的是，反垄断法的域外适用因为对外国当事人不利，反垄断执法机构在国外调查取证的活动往往会受到另一个国家的抵制。例如，在1955年美国诉瑞士钟表制造商信息中心一案中，瑞士政府就美国法院干预瑞士钟表制造商出口卡特尔的做法向美国政府提出了强烈抗议，认为这损害了瑞士的经济利益，侵犯了瑞士主权。[1] 英国、加拿大和澳大利亚还禁止本国人向外国法院或

---

[1] U. S. v. Watchmakers of Switzerland Information Center, 133 F. Supp. 40 (S. D. N. Y. 1955).

外国当局提供有关反垄断案件的资料或其他帮助，不承认和不执行外国法院对本国公司所作的此类判决。英国 1980 年《保护贸易利益法》明确规定，外国法院或者代表外国法院提出在联合王国取证的请求，如果该请求侵犯了联合王国的管辖权或者有损联合王国的主权，联合王国的法院不得根据《1975 年证据（在外国诉讼）法》的规定，发布执行该项请求的命令。该法还规定，联合王国的法院不得执行外国法院关于金钱损害赔偿的判决，如果赔偿的数额是两倍、三倍或者数倍受害人所受的损害。❶

六、我国现行《反垄断法》中的域外适用

世界各国都把反垄断法域外适用视为维护本国市场竞争秩序的法律武器，因此，我国也有相关规定。例如，由商务部为首的国家 6 部委 2006 年发布的《外国投资者并购境内企业规定》第五十三条，境外并购有下列情形之一的，并购方应在对外公布并购方案之前或者报所在国主管机构的同时，向商务部和国家工商行政管理总局报送并购方案：（1）境外并购一方当事人在我国境内拥有资产 30 亿元人民币以上；（2）境外并购一方当事人当年在中国市场上的营业额 15 亿元人民币以上；（3）境外并购一方当事人及其关联企业在中国市场占有率已经达到 20%；（4）由于境外并购，境外并购一方当事人及其关联企业在中国的市场占有率达到 25%；（5）由于境外并购，境外并购一方当事人直接或者间接参股境内相关行业的外商投资企业将超过 15 家。

我国《反垄断法》作出域外适用的规定，这是国家主权行为。但是，根据美国、欧盟等国家或者地区的司法实践，反垄断法的域外适用常常会产生管辖权冲突和法律冲突，甚至引发国家间纠纷。因此，反垄断法域外适用应当非常慎重。即一方面，反垄断法没有域外适用的效力肯定不行，因为这种情况下，国家不能有效防范来自境外的限制竞争；另一方面，反垄断法过度域外适用也不行，因为这不仅给相关企业带来不必要的经济负担，而且也会产生国家间的摩擦，影响正常的国际经济贸易活动。此外，还应考虑反垄断执法机关的承受能力。可以设想，如果因为可口可乐公司在我国有生产经营活动，我国《反垄断法》就要求该公司在全世界任何地方的并购活动都向我国反垄断执法机构进行申报，我国反垄断执法机构肯定承受不了这样大的负担。

为了减少国家间对跨国并购管辖权的冲突，国际竞争网络（ICN）在 2002 年 9 月发布了一个《关于合并申报程序的推荐意见》。据此，主张管辖权的国

---

❶ 见英国 1980 年《保护贸易利益法》第 4、5 条。

家应与被审查的企业合并有恰当的地域联系。[1] 推荐意见还指出，一国不应要求跨国并购对之进行申报，除非该交易对该国产生重大、直接且即刻发生的经济影响。

随着我国《反垄断法》的实施，《外国投资者并购境内企业规定》中的反垄断审查将失去效力。因为企业合并控制是反垄断法域外适用最重要的方面，我国应当在合并申报方面制定一个适当的标准，既有效制止境外发生但对我国市场竞争有严重不利影响的限制竞争，又要避免干预对我国市场没有实质性或者没有直接影响的合并。此外，我国《反垄断法》也应域外适用于对我国市场竞争有严重不利影响的国际卡特尔和滥用市场优势行为，而不管行为发源地是在哪个国家。例如，在涉及 DVD 专利联营的案件中，尽管联营协议是在外国订立的，如果这些协议严重损害我国被许可人的利益，损害我国消费者的利益，即它们对我国市场竞争的不利影响是重大的、直接的，而且也是可预期的，我国《反垄断法》对它们就享有域外管辖权。

第三条　垄断行为

本法规定的垄断行为包括：

（一）经营者达成垄断协议；

（二）经营者滥用市场支配地位；

（三）具有或者可能具有排除、限制竞争效果的经营者集中。

一、概述

本条是关于《反垄断法》中“垄断行为”一词的解释，即什么样的行为可被视为垄断行为。要解释垄断行为，有必要说明什么是“垄断”。严格地说，垄断和垄断行为都不是法律概念，而是一种经济现象。当一个企业在市场上占有百分之百的份额时，我们可以说这个企业是一个垄断企业，也可以说这个市场或者这个行业是垄断性的。因此，垄断的涵义就是独占，其对应的英文是 Monopoly。

因为在垄断性市场条件下，人们必须支付垄断高价，而且因为没有选择权，人们还不能享受优质产品或者接受优质服务，为了避免或者减少市场垄断

[1] Recommended Practices for Merger Notification Procedures [OL]. www. international competition network. org/aboutus. html.

的情况，市场经济国家都先后制定了反垄断法。世界上最早的反垄断法是美国1890年的《谢尔曼法》。美国国会参议员谢尔曼对以其名字命名的法规说明时指出："如果我们不能忍受作为政治权力的皇帝，我们也不能忍受统治我们各种生活必需品的生产、运输和销售的皇帝。我们不能屈服于一个皇帝，我们也不能屈服于以势力阻碍竞争和固定各种商品价格的贸易大亨。"[1] 这说明，美国反托拉斯法立法的目的是抵制托拉斯的产生，控制私人经济势力，保护自由竞争。

需指出的是，我国《反垄断法》的名称尽管有"垄断"二字，第三条所描述的垄断行为包括垄断协议、滥用市场支配地位以及具有或者可能具有排除、限制竞争效果的经营者集中，并不一定达到了市场独占的程度。但是，这些行为毫无疑问都具有限制竞争的影响。德国反垄断法名称就是《反对限制竞争法》，因为限制竞争可能导致市场垄断，损害消费者的利益。另一方面，即便市场上出现了垄断，这个垄断也未必就是违法。恰恰相反，市场上绝大多数的垄断都是合法的。因此，反垄断法的任务实际上是反对限制竞争，防止市场上出现垄断，并在合法垄断存在的情况下，对垄断企业加强监督，以防止它们滥用市场优势地位。

从美国《谢尔曼法》问世至今，反垄断法已经有了100多年的历史。在这期间，世界上已经有一百多个国家颁布了反垄断法。这些反垄断法虽然基于不同的经济制度和法律文化从而有着差异，但它们的基本内容或者被称为实体法的规范却基本都是三大块：即禁止垄断协议、控制经营者的集中和禁止滥用市场支配地位，这三方面的内容也被称为反垄断法的三大支柱。如韩国1980年颁布的《垄断管制和公平交易法》明确指出："该法目的是制止企业滥用市场支配地位，防止经济力的过度集中，制止企业的限制竞争行为和不公平交易行为，促进市场的公平和自由竞争，推动企业的创造性活动，保护消费者的利益，实现国民经济的平衡发展。"我国《反垄断法》的"总则"明确指出三种垄断行为，这实际上也是明确我国《反垄断法》在制止垄断和保护竞争方面的三大任务。

二、垄断协议

根据对市场竞争影响的方式和程度，反垄断法中的垄断协议被分为横向协议和纵向协议两种类型。

[1] 21 Congressional Record 2456 (1890).

1. 横向协议

横向协议即是指竞争者之间的协议，例如方便面生产企业商定联合涨价的协议。这种协议在反垄断法中通常被称为卡特尔（Cartel）。经济学家亚当·斯密曾经说过，生产同类产品的企业很少聚集在一起，如果他们聚集在一起，其目的便是商讨如何对付消费者。因此，横向协议与纵向协议相比，它们损害竞争的程度比较严重，从而受到反垄断法更大程度的关注。例如，生产电视机的10家企业如果联合限价，协议规定每台电视机的价格是3000元，如果这些产品具有同质性，这个联合限价的结果就是市场上出现了一个垄断者。反垄断法上把这种排除价格竞争的卡特尔称为价格卡特尔。为了维护产品的高价，竞争者之间也可以通过协议限制生产或者销售数量，如1998年我国彩电业生产显像管的八大企业联合限产。这种卡特尔被称为数量卡特尔。此外，生产同类产品的企业还可以通过协议划分销售市场，这种卡特尔被称为地域卡特尔。

上述这些卡特尔对市场竞争的损害是严重的。以价格卡特尔为例。因为被固定的价格一般大大超过有效竞争条件下的价格水平，这种卡特尔自然会严重损害消费者的利益。此外，在价格被固定的情况下，效益好的企业因为不能随意降价，不能根据市场的情况扩大自己的生产规模，它们从而也就不能扩大自己的市场份额。分割销售市场也是对竞争的严重损害。因为在这种情况下，参加卡特尔的企业各自在其销售地域都有着垄断地位，这一方面使消费者失去了选择商品的权利，另一方面使市场失去优胜劣汰的机制，即效益差的企业不能被淘汰，效益好的企业不能扩大生产规模，这就会严重损害企业的竞争力，使社会资源不能得到优化配置。

在各国反垄断法中，这些严重损害竞争的协议一般得适用“本身违法”的原则，即不管它们是在什么情况下订立的，都得被视为违法。根据美国《谢尔曼法》，这种情况下对公司的罚款可以达到1亿美元，对个人罚款可以达到100万美元，此外还可处10年以下的刑事监禁。但在具体案件中，美国司法部根据美国刑法的规定，早已大幅度提高了反垄断案件的罚金。如1999年维他命卡特尔一案中，瑞士Hoffman-La Roche公司被罚款5亿美元，成为反托拉斯历史上对一家企业罚款的最高纪录。2005年，韩国三星和其美国子公司因参与了固定DRAM芯片价格的卡特尔，被罚款3亿美元，成为美国反托拉斯法历史上第2个最大的罚款。在这个案件中，韩国的Hynix和德国的Infineon也分别被罚款1.85亿和1.6亿美元。

需指出的是，一个国家是否反对企业订立垄断协议，反对价格卡特尔，这与这个国家的法律文化有着非常密切的关系。如果一个国家的把企业利益看得高于消费者利益，价格卡特尔就会被视为正常的现象。但在美国这样崇尚竞争的国家，价格卡特尔则被视为窃贼和强盗，而且在这方面有许多具有历史意义的判决，例如美国最高法院1927年关于“川通陶瓷案”的判决。这个案件涉及美国82%陶瓷产品的市场销售。这些陶瓷主要用于浴室和厕所。被告提出，这个被固定的价格是合理的，因为其目的是防止竞争者进行“毁灭性的价格战”。被告还发问：如果这个被固定的价格只是产生正常的利润，难道不能认为是合理的吗？法院的观点是，价格是否合理必须通过竞争来判断。如果竞争受到了限制，那就可以断定这个价格不合理。法院还指出：除了竞争这个尺度，没有其他任何标准可以来判断一个被固定的价格是否合理，“由于经济和商业的变化，一个今天看来合理的固定价格，也许明天就会变为不合理。”而且“只有维护竞争，才能最有力地保护公共利益不受垄断和价格操纵之害。”[1]

反垄断法虽然禁止经营者之间达成垄断协议，但是各国反垄断法都承认，企业间的某些限制竞争协议对经济是有好处的，例如统一产品规格或者型号的协议，适用统一的生产、交货以及支付条件的协议，或者中小企业之间的合作协议，等等。因为这些协议虽然一方面限制了竞争，但是另一方面有利于推动其他方面的竞争，或者有利于降低企业生产成本，改善产品质量，提高生产率，从而很多情况下应当被视为是合理的限制，可以得到反垄断法的豁免。我国《反垄断法》第十五条在这方面作出了规定。

2. 纵向协议

纵向协议也称为垂直协议，即不同生产阶段的经营者之间达成的限制竞争协议，这种协议一般都是买方和卖方之间的协议，例如生产商在销售商之间分割销售市场的协议，这种协议也被称为排他性销售的协议。根据现在的经济学理论，因为不同生产阶段的经营者达成的协议一般不是出于限制竞争的目的，恰恰相反，它们往往是出于扩大生产或者扩大销售的目的，这种协议在经济上往往具有合理性，不适用禁止垄断协议的规定。例如，同类产品的生产者之间如果划分销售地域，这会导致每个生产者在其地域内都是一个垄断者。然而，如果一个生产商对其销售商划分销售市场，只要该生产商不是一个占市场支配地位的企业，即只要该产品不是垄断性的，这个划分销售市场虽然会限制同一品牌销售商之间的竞争，但是因为这样可以避免销售商之间相互“搭便车”，这就可以扩大生产商产品的销售，同时也就推动不同品牌之间的竞争。

我国《反垄断法》根据人们一般接受的经济学理论，在关于纵向协议的第十四条只是禁止固定转售价格的协议和限定最低转售价格的协议。在实践

[1] 马歇尔.C.霍华德.美国反托拉斯法与贸易规则［M］.孙南申，译.北京：中国社会科学出版社，1991：78.

中，这两种协议都会推动价格上涨，损害消费者的利益。然而，需指出的是，2007年6月28日，在Leegin Creative Leather Products，Inc. v. PSKS，Inc. 一案中[1]，美国最高法院9名大法官以5∶4通过的一个决定中推翻了一个近百年的判例，即美国最高法院1911年关于Dr. Miles Medical Co. v. John D. Park & Sons Co. 一案的判决[2]。在这个判决中，美国最高法院指出，固定最低转售价格的协议得适用本身违法的原则。2007年6月27日的判决是美国最高法院关于纵向限制竞争协议的最新发展，这个判决不仅对美国各级法院和反垄断行政执法机构将产生重要的影响，而且也将对世界各国的反垄断立法与司法产生重要的影响。

还需指出的一个问题是，根据反垄断经济学分析，如果生产商的排他性纵向安排能够强化品牌之间的竞争，它就会在生产商所处的市场上产生积极影响。如果生产商的排他性纵向限制能够把竞争者排挤出市场，产生或者加强市场支配地位，这个纵向限制就会在市场上产生消极影响。一个纵向协议到底对市场竞争产生什么影响，取决于生产商在其相关市场上的地位，也取决于相关市场的具体情况。为了加强法律稳定性，为使当事人对其法律行为后果有可预见性，欧共体委员会20世纪80年代以来对很多类型的纵向限制竞争协议发布了集体豁免条例，这些条例大都被1999年第2790号条例所取代。[3] 我国《反垄断法》关于纵向协议的规定只是原则性规定，需要反垄断委员会和相关执法机构在实践经验的基础上，制定细则性规定或者发布相关的指南，以说明当事人市场地位对纵向限制协议的影响，说明什么情况下的纵向协议可能封锁市场以及纵向协议与滥用市场支配地位行为在逻辑上的联系等。[4] 总之，关于纵向限制竞争协议的立法，应当重视企业的市场份额。

三、滥用市场支配地位

尽管反垄断法需要预防和制止垄断，因为垄断者会人为地抬高产品或者服务的价格，损害消费者的利益。然而，在实践中，企业可以通过合法的方式取

---

[1] Leegin Creative Leather Products，Inc. v. PSKS，Inc.，http：//supreme. justia. com/us/new - cases/06 - 480. pdf.

[2] Dr. Miles Medical Co. v. John D. Park & Sons Co.，220 U. S. 373（1911）.

[3] Regulation 2790/1999 Applied to Vertical Agreements and Concerted Practices.

[4] 德国2005年7月之前的《反对限制竞争法》第2章是纵向限制竞争协议的规定。与关于横向协议的第1章不同，第2章没有总则性规定，也没有普遍禁止的原则。除第14条对纵向价格约束以及其他交易条件的约束作出禁止性规定外，对于其他的排他性约束包括限制使用商品、独家销售、独家购买以及搭售，它都是通过第16条采取了滥用监督的法律措施。即仅当排他性约束使相关市场的竞争受到实质性损害，联邦卡特尔局才会宣布此类协议在法律上无效。

得市场支配地位，甚至垄断地位。例如，国家授权一个企业在某个行业享有独家经营的权利，这个享有特权的企业自然就是一个垄断企业。企业也可以通过自身良好的经营管理，通过远见卓识，特别是通过知识产权如专利、版权等竞争优势而取得市场支配地位。例如，微软公司就是通过知识产权在全世界的软件市场上取得了95%的份额，成为一个占市场支配地位的企业。

反垄断法虽然不反对合法的垄断，但因为合法垄断者同样不受竞争的制约，它们就非常可能滥用其市场优势地位，损害市场竞争，损害消费者的利益。因此，《反垄断法》的第三项任务就是监督那些在市场上取得了垄断地位或者市场支配地位的企业，目的是制止它们的滥用行为。就在我撰写这一章的时候，布鲁塞尔传来了欧共体初审法院对微软公司一案的判决。这个判决驳回了微软公司关于欧共体委员会阻止微软公司市场经营战略的指控，指出微软公司不得利用其视窗操作系统市场上的支配地位，在其他软件市场上谋取新的垄断地位。欧共体法院通过以下决定全面地肯定了欧共体委员会2004年4月对微软公司作出的裁决：（1）确认欧共体委员会2004年对微软公司征收创纪录的4.97亿欧元的罚款是合理的；（2）认定欧共体委员会的指控是正确的，即微软公司滥用其在视窗操作系统市场上的支配地位，通过捆绑销售排挤软件市场上的竞争对手。因此，微软公司今后不得捆绑销售。（3）认定欧共体委员会反垄断的措施是正确的，即微软公司必须向其竞争者公开与其视窗操作系统相兼容的信息。欧共体初审法院的这一判决不仅是向全世界再次表述了欧共体的竞争政策，从而对欧共体市场和欧共体竞争法有着重大的意义，而且对世界其他市场和世界各国的反垄断法都有着巨大的影响。

欧共体初审法院关于微软公司的判决是一个禁止滥用市场支配地位的判决，这个判决说明，像微软公司这样取得了市场支配地位的企业不得滥用其市场地位。关于滥用行为，我国《反垄断法》第三章第十七条作出了列举，包括以不公平高价销售商品或者以不公平低价购买商品；没有正当理由，以低于成本的价格销售商品；没有正当理由，拒绝与交易相对人进行交易；没有正当理由，限定交易相对人只能与其进行交易或者只能与其指定的经营者进行交易；没有正当理由搭售商品，或交易时附加其他不合理的交易条件；没有正当理由，对条件相同的交易相对人在价格等交易条件上实行差别待遇等。这些行为之所以被视为滥用行为，是因为行为人不正当地利用了他的市场势力，特别是不正当地利用其市场势力在排挤竞争对手。

禁止滥用市场支配地位的规定也说明，反垄断法因为其目的是反垄断，它对待大小企业的态度是不同的。这即是说，如果一种限制竞争行为发生在小企业的身上，它可能是合法的；但是发生在占市场支配地位企业的身上，它可能就是违法的。例如，消费者购买长虹电视机时，如果销售商要求消费者必须同时购买一台长虹牌收录机或者其他产品，消费者一般不会接受销售商这种无理的要求，而会转向选择海尔、TCL或者其他品牌的电视机。这说明，在竞争性市场上，经营者的不合理高价行为、拒绝交易行为、强制交易行为、搭售行为、歧视行为等，一般都不会对消费者造成严重的不利后果。然而在垄断性的市场上，因为消费者没有选择商品或者服务的权利，例如消费者安装电话时，如果电话局要求他们购买指定的电话机，否则就不给装电话，这种搭售就会对市场、对消费者造成严重的不利影响。因此，反垄断法中关于市场行为的管制主要是针对垄断企业或者占市场支配地位的企业。

在我国，滥用市场支配地位的行为主要发生在公用企业的身上。例如，邮电局强行为用户配发电话机，电力部门强迫用户购买其指定的配电箱，自来水公司强迫用户购买其指定的给水设备，煤气公司强迫用户购买其指定的煤气灶和热水器等。实践表明，尽管反垄断法中的滥用监督很重要，但是由于这种监督成本很高，效果非常有限，例如微软公司产品的价格很高，但没有哪个反垄断执法机构可以要求微软公司降低其产品的价格，所以，竞争法学者一致认为，最好的滥用监督机制是在垄断行业引入市场竞争机制。正是在这样的理念下，世界上很多国家从20世纪80年代开始实施一种新的经济政策，即在所谓自然垄断的行业实施放松管制的政策，目的是在这些行业引入竞争机制。

四、排除、限制竞争的经营者集中

在市场经济条件下，企业并购是经常发生的，而且绝大多数的企业并购对经济是有利的。特别在我国当前，企业并购有利于改变我国企业过度分散和规模过小的状况，有利于促进企业间的人力、物力、财力以及技术方面的合作，从而有利于提高企业的生产效率和竞争力。然而另一方面，市场经济下的企业本身就有着扩大规模和扩大市场份额的自然倾向，如果对合并不加控制，允许企业无限制地购买或者兼并其他的企业，这就不可避免地会消灭市场上的竞争者，导致垄断性的市场结构。我们说，自由竞争会导致垄断，就是这个道理。出于维护市场竞争的需要，各国反垄断法都有控制合并的规定。这种控制的不是限制企业的绝对规模，而是为了保证市场上有竞争者。

1. 横向合并

根据并购方与被并购方之间的关系，反垄断法上的经营者集中或企业并购分为三类，即横向合并、纵向合并和混合合并。横向合并是指相同或者相似产品的生产者或者经营者通过并购活动成为一个统一的竞争体，但这并不意味两个法律上和经济上相互独立的实体一定被消灭而成为一个新的实体。横向合并是反垄断法最为关注的企业合并方式。因为这种合并的好处尽管非常明显，特别是它有利于提高企业的规模经济，降低单位产品成本。但是，另一方面，这种合并对竞争的不利影响也很直观，因为这种合并直接减少甚至可以消灭市场上的竞争者。当市场上的竞争者数目过少，以至市场集中度过高的时候，市场的有效竞争就会受到威胁。因此，在几乎所有的反垄断法中，企业的横向合并都会受到比较严格的控制。

美国司法部和联邦贸易委员会1992年发布的《横向合并指南》对企业横向合并与市场竞争的关系作了比较深刻的分析。该指南指出：一个企业取得另一个企业或者两个企业间进行合并，这本身并不构成限制竞争的行为。但在一定市场条件下，由于合并会扩大企业的市场势力，从而提高了企业在市场上滥用市场优势的可能性，这样就会影响市场竞争。根据该指南，横向合并可能带来的反竞争效果主要表现在以下两个方面：第一，过度合并将引起经济集中，从而导致企业间的协调。这即是说，在其他市场条件不变的情况下，企业合并可以提高市场集中度，即使市场上有独立地位的企业数目越来越少。在少数企业共同占据很高市场份额的条件下，他们为了实现垄断利润，便可能通过公开的或者秘密的手段，共同就产品的价格达成某种协议。这一方面是因为随着市场上企业数目的减少，企业间的竞争变得更加尖锐，为了避免竞争中两败俱伤，这些大企业便觉得有必要相互协调或者进行联合，建立卡特尔。另一方面，在企业数目减少的条件下，企业间的协调一般能够成功，协调活动不存在很大困难。第二，过度的合并可以导致一个企业取得市场支配地位，从而有能力进行单方涨价。这即是说，如果合并后的企业认为，它凭借自己的市场势力和通过单方涨价可以获得更大的利润时，它就无需与其他企业达成协调性限制竞争协议。当然，这并不是说，合并可对市场立即产生这样的影响，但这些影响的确是存在的，它们是一种长期性的影响，潜在的影响。

2. 垂直合并

垂直合并也称为纵向合并，它是指就相同产品而处于不同生产阶段的企业间的合并，典型表现是工商联手。这种合并一方面可使供应方稳定销售渠道，另一方面使购买方稳定原材料、半成品或者产品的来源，从而可以节约交易费用，提高企业生产效率。垂直合并也称为纵向合并，它是指就相同产品而处于不同生产阶段的企业间的合并。典型表现是工商联手。垂直合并的好处显而易见，一方面它可以稳定供应方的销售渠道，另一方面可以稳定购买方的原材料、半成品或者产品的来源，从而可以节约交易费用，提高企业生产效率。垂直合并对市场竞争的不利影响主要是封锁市场的可能性，即可能减少未参与合并的企业的交易机会，即再不能进入通过垂直合并而关闭了的市场。如果参与合并的企业中有一方占市场支配地位，这个合并就会给其他企业带来严重的不利影响，而且大大提高了第三方企业进入市场的障碍。德国的反垄断法权威梅斯特梅克教授指出，这种危险在于使竞争者处于剪刀差的境地。因为垂直联合的企业一方面是作为生产方决定生产费用，另一方面是作为另一个生产阶段的竞争者，决定销售价格，这样，一个企业的市场势力就通过杠杆的作用，转移到了另一个市场上。

垂直合并虽然对市场竞争有一定影响，但这种影响往往是不易察觉的，不像横向合并那样立即会消灭竞争者。所以，各国反垄断法对垂直合并一般不采取严格的态度。在美国，随着芝加哥学派对美国的竞争理论产生越来越大的影响，垂直合并一般被视为对经济和竞争没有不利影响的合并，很少受到反垄断机构的干预。在德国，一个垂直合并是否受到联邦卡特尔局的干预，决定性的因素是参与合并企业的市场地位。如果参与合并的一方或者双方在市场上已经取得了支配地位，合并将受到制止。否则，特别在中小企业进行垂直合并的情况下，合并将被视为改善了市场竞争条件。

3. 混合合并

混合合并是指参与合并的企业来自完全不同的市场，即它们既不是竞争者，又不存在买卖关系。混合合并一方面不会显著改变市场结构，另一方面可以使不同产品的企业通过共同销售或者共同研发新产品中得到好处，而且，这种合并还可以改善企业间的资金流通，通过多样化生产减少企业的市场风险。总之，这种合并对市场竞争一般没有影响，如果不是通过合并产生或者加强了市场支配地位，这样的合并一般不会出现反垄断的问题。

第四条　宏观调控

国家制定和实施与社会主义市场经济相适应的竞争规则，完善宏观调控，健全统一、开放、竞争、有序的市场体系。

一、竞争政策应与社会主义市场经济相适应

竞争政策作为市场经济国家为保护和促进市场竞争而制定和实施的一项经济政策，其根本目的是确保竞争机制在市场上发挥优化资源配置的功能，并且由此提高企业生产效率，增大消费者的社会福利。

竞争政策虽然是市场经济国家的一项基本经济政策，在很多国家甚至被视为“经济宪法”，但其内容并不是一成不变的。以美国反托拉斯法为例。在

1962年布朗鞋（Brown Shoe）一案中，美国联邦最高法院甚至认定共同仅占5%市场份额的两个企业的合并违反了反托拉斯法，因为当时美国法院的观点是，与弘扬美国的政治民主、经济民主和社会民主相比，企业合并所带来的经济效率仅占次要地位。从20世纪80年代起，随着里根政府将芝加哥学派的几个重要人物任命为联邦法院的法官，芝加哥学派的思想在美国反托拉斯政策中就起着重要作用。其结果是，反托拉斯法的判决现在基本是以经济效率为导向，政府不再干预或者很少干预企业间的纵向合并和混合合并。这说明，美国反托拉斯法的执行在不同年代呈现出不同的画面。

我国的竞争政策毫无疑问地会受到国家其他经济政策特别是产业政策的影响。尽管反垄断法的制定和实施是我国社会主义市场经济本能和内在的要求，是确认国家对经济生活中限制竞争行为进行干预的法律制度，但其内容不会像一般民商法那样，只是为了设立和保障当事人的某种权利，而是应当反映国情，反映我国不断发展变化的经济生活的需要。因此，在全国人大常委会第二次审议《反垄断法（草案）》的期间，“草案”增加了现在《反垄断法》的第四条：“国家制定和实施与社会主义市场经济相适应的竞争规则，完善宏观调控，健全统一、开放、竞争、有序的市场体系。”

我国竞争政策应当与社会主义市场经济相适应。这即是说，我国《反垄断法》一方面要符合国际惯例，禁止各种排除和严重限制竞争的行为，努力培育和发展市场竞争机制。另一方面，也应当考虑我国当前仍处于社会主义的初级阶段，市场主体不成熟，市场竞争不充分，各类企业的发展不平衡，企业的市场竞争能力亟待提高等各种客观情况，在制度上宽严适度，兼顾国家现行的各种产业政策，特别是促进经济结构调整的经济政策。例如，《反垄断法》第五条规定：“经营者可以通过公平竞争、自愿联合，依法实施集中，扩大经营规模，提高市场竞争能力。”第七条规定：“国有经济占控制地位的关系国民经济命脉和国家安全的行业以及依法实行专营专卖的行业，国家对其经营者的合法经营活动予以保护，并对经营者的经营行为及其商品和服务的价格依法实施监管和调控，维护消费者利益，促进技术进步。”这说明，我国在制止滥用市场势力损害消费者利益的同时，还鼓励关系国家安全和国民经济命脉的重要行业和关键领域的国有企业做大做强，以提高它们的国际竞争力。这些协调竞争政策与产业政策以及与其他经济政策的规定说明，竞争政策固然很重要，但它不是国家惟一的经济政策。特别在当前经济转型时期，我国立法者确有必要考虑很多问题。因此，一部法律体现多个立法目的甚至相互冲突的目的是可以理解的。反垄断法是经济法，但它绝不仅仅是一个提高经济效率的法律手段，而且也是一个政治方面的法律武器。人们可能提出的问题是，在竞争政策和产业政策发生冲突的情况下，哪一个政策应当优先适用。这个问题只能由未来的反垄断执法机关来解答，且这个答案相当程度上取决于反垄断执法机构的地位、权威和独立性，也取决于国家的经济发展和整个社会的大环境。

为使我国反垄断法与社会主义市场经济相适应，这部法律只是确立了反垄断的基本原则和基本制度，这就给反垄断执法机构留下了很大的空间，为它们提供了可以依据变化了的经济情况适时进行法律调整的机制。因此，我国反垄断法与社会主义市场经济相适应的基本原则，这在将来还体现在反垄断执法机构的执法工作方面。我国反垄断法将来的修改和完善，很大程度上也建立在执法机构实践经验的基础上。

二、国家需要完善宏观调控

宏观调控是指国家为实现经济总量的平衡而对国民经济总体活动进行的调节和控制。在市场经济体制下，市场机制非常重要，在配置资源中发挥基础性的作用。但是，市场不是万能的，有些事情是市场机制调节不了或者调节不好的。如市场机制不能完全解决某些产品或者服务的缺位问题。特别如铁路、码头、民航等部门因投资过大，回收投资时间过长，如果单纯依靠市场机制，有时难以满足社会生活的需要，政府从而有必要出面组织这方面的经营活动，或者通过税收优惠或者其他手段，鼓励私人向这些领域进行投资。市场机制也不能完全解决企业的外部效应问题。外部效应是指某些经营活动虽然能给他人带来好处或者带来损害，但它们不能得到相应的报酬或者受到相应的惩罚，从而出现“溢出”效应。前者如企业的研发活动可以给整个社会带来好处，后者如污染环境的生产活动可以对整个社会产生负面影响。对于这些单凭市场机制解决不了的问题，国家应当采取宏观调控手段。总之，在市场经济体制下，国家经济和社会发展战略目标的实现，经济总量的平衡，重大产业结构和布局的调整，收入分配中的公平与效率的兼顾，以及资源和环境的保护等，都需要国家对经济进行宏观调控。

宏观调控制度的特点是，它们不是直接针对企业的市场行为，而是通过某些经济杠杆来影响企业的市场行为。如国家通过税收制度，鼓励企业向某个领域或者某个地区投资，以实现产业结构或者地区经济发展的平衡；通过出口退税制度，鼓励企业将其产品出口，以实现国家外贸平衡和国际收支平衡；国家可以通过财政补贴，鼓励企业的研发和创新活动，以提高国家竞争力；或者通过征收环境税的手段，遏制污染环境的生产经营活动，等等。我国当前仍处于从计划经济向市场经济体制转轨的过程，宏观调控尤为必要。特别随着社会主义市场经济体制的确立，在一大批国有企业因不能适应市场需求不得不进行转产、重组甚至退出市场的情况下，国家的宏观调控在整顿经济秩序、维护经济和社会稳定、实现供求平衡、产业结构平衡以及地区发展平衡等方面承担着非常重要的作用。

需指出的是，宏观调控尽管非常重要，但它不能取代市场机制在资源配置中的基础性作用。十七大报告也指出："要深化对社会主义市场经济规律的认识，从制度上更好发挥市场在资源配置中的基础性作用，形成有利于科学发展的宏观调控体系。"这即是说，作为市场经济，国家配置资源的基本手段是市场机制和竞争机制。仅是对于市场解决不了的问题，或者单凭市场解决不好的问题，才需要国家通过发展规划和产业政策为企业提供导向，以便企业的生产经营活动更加有利于社会经济的发展。另一方面，宏观调控的内容相当程度上具有主观性，为了保证政府经济决策的科学性，保证宏观政策的相对稳定性和有效性，防止决策者滥用权力，宏观调控应纳入法制轨道，特别是经济决策要符合法定程序，调控行为应接受司法机关和监督机关的监督和检查，并应当承担相应的法律责任。宏观调控法的主要内容是组织法和程序法，如《中华人民共和国价格法》规定了价格调控的手段，《中国人民银行法》规定了货币政策委员会的组成和工作程序。总之，宏观调控应当依法进行。

三、健全统一、开放、竞争、有序的市场体系

我国《反垄断法》第四条提出的"健全统一、开放、竞争、有序的市场体系"，这是中共中央第十六届三中全会提出的关于完善社会主义市场经济体制的重要任务之一，也是十七大报告中"彰显社会主义市场经济的强大生机活力"的表现。

市场体系，简单说就是各类市场相互联系和相互制约中形成的一个市场有机整体。市场有多种分类，最基本的分类是商品市场和生产要素市场。商品市场简单分为消费品市场和生产资料市场。生产要素市场简单分为资本市场、土地市场、劳动力市场、技术市场等。这些市场与市场之间存在着高度的关联性。商品市场是市场体系的基础。没有商品市场的存在，要素市场就不会得到发展。但是，要素市场的发育程度相当程度上可以制约商品市场的发展，特别是资本市场，对商品市场和其他要素市场的发展具有极其重要的影响，从而成为现代市场体系的核心。我国改革开放近30年的经验表明，建立健全现代市场体系是发挥社会主义市场机制的基本条件，而现代市场体系的特征则是它的统一性、开放性、竞争性和有序性。

市场统一性是指市场空间结构的高度完整和统一，即各种商品和生产要素能够在全国范围不受限制地自由流通。市场的统一性非常重要，因为在没有统

一市场的条件下，企业的生产经营规模会受到严重限制，消费者的选择也会受到严重限制。这即是说，没有统一市场，我国的社会资源不能实现优化配置，企业的生产效率不能得到很大提高，消费者的社会福利也不能得到很大的改善。在目前，影响我国市场统一性的主要问题是行政性限制竞争，包括部门垄断和地方保护主义。特别是我国的地方保护主义，当前仍然十分严重。它主要表现为地方政府禁止外地商品进入本地市场，或者阻止本地原材料销往外地。有些地方政府甚至对外地商品拒办批发和营销执照，随意没收或者罚款，甚至设置关卡或者围追堵截，由此使全国本应统一的市场分割成了一个个狭小的地方市场。因此，加快建设全国统一市场和强化市场的统一性应当成为建设我国现代市场体系的主要任务。《反垄断法》中关于反对行政性限制竞争的规定相当程度上就是为了推进我国市场的统一性。

市场的开放性与市场统一性有着密切的联系。没有市场的开放性，就不会有市场的统一性，例如在地方保护主义的问题上。但是，市场的开放性尤其表现为过去只对国有经济开放的部门和领域现在要对私人经济进行开放。国务院2005年2月《关于鼓励支持和引导个体私营等非公有制经济发展若干意见》中提出："允许非公有资本进入垄断行业和领域。加快垄断行业改革，在电力、电信、铁路、民航、石油等行业和领域，进一步引入市场竞争机制。对其中的自然垄断业务，积极推进投资主体多元化，非公有资本可以参股等方式进入；对其他业务，非公有资本可以独资、合资、合作、项目融资等方式进入。在国家统一规划的前提下，除国家法律法规等另有规定的外，允许具备资质的非公有制企业依法平等取得矿产资源的探矿权、采矿权，鼓励非公有资本进行商业性矿产资源的勘查开发。"十七大报告再次提出："推进公平准入，改善融资条件，破除体制障碍，促进个体、私营经济和中小企业发展。"这些都是我国要进一步开放市场的表现。除了对私人经济开放市场，市场的开放性还表现在对外国商品和外国资本开放国内市场。我国自十一届三中全会以来实施了对外开放的经济政策和2001年加入世界贸易组织，这些都为我国企业进一步利用国际国内两个市场和国际国内两种资源创造了条件。

市场的竞争性是发挥市场机制不可缺少的前提条件。只有在竞争性的市场条件下，社会资源才能通过价格机制实现优化配置，企业才能具有创新的动力，消费者才能有选择商品和服务的机会。市场的竞争性是以市场的开放性和统一性为条件的，在我国特别是以民营经济是否能够公平地参与市场竞争为条件。在当前，我国只是在经济政策上明确了民营企业可以进入垄断性的行业和领域，但在市场准入、资质审查、经营活动等方面仍然存在制度性的障碍。十七大报告在提出"毫不动摇地巩固和发展公有制经济"的同时，还提出"毫不动摇地鼓励、支持、引导非公有制经济发展，坚持平等保护物权，形成各种所有制经济平等竞争、相互促进新格局”，这有利于在我国培育市场竞争机制，推动市场竞争，从而也有利于提高企业和国家的竞争力。

市场有序性是指市场的秩序性。市场经济虽然是竞争性的经济，但这种经济不是无序和自由放任的，而是有秩序的。市场有序性表现在很多方面，例如市场结构平衡、市场运行稳定以及市场主体行为的合理性。市场的有序性从根本上是通过市场本身实现的，例如价格机制有助于实现产品结构的平衡和市场供求平衡。但是，因为企业有趋利的动机，如果仅仅依靠企业自律和市场自身调节，市场可能会导致垄断和无序。因此，市场经济国家都需要建立国家对经济宏观调控的制度和市场监管制度，包括反对垄断和保护竞争的反垄断法律制度。

概括起来，现代市场体系所表现的市场统一、开放、竞争和有序等四个特征是相互依存的关系，任何一个特征或者条件都不可能脱离其他条件而独立存在。为了建立健全现代市场体系，国家一方面应当大力发展和培育各类市场主体，尤其是深化国有企业的改革，建立健全现代企业制度；另一方面应当为市场主体建立一个公平和自由竞争的环境。总而言之，建立现代市场体系，实现市场统一性、开放性、竞争性和有序性，都需要国家通过民主立法和科学立法建立制度性的保障。

第五条 依法实施集中

经营者可以通过公平竞争、自愿联合，依法实施集中，扩大经营规模，提高市场竞争能力。

一、概述

我国《反垄断法》第四条规定：“国家制定和实施与社会主义市场经济相适应的竞争规则，完善宏观调控，健全统一、开放、竞争、有序的市场体系。”《反垄断法》第五条就体现了我国《反垄断法》是一个与社会主义市场经济相适应的竞争规则，而不是完全照搬欧美国家的反垄断法。

总体上说，《反垄断法》第五条是从国情出发的，即我国一方面需要通过市场机制和竞争机制来提高配置资源的效率和企业生产效率，提高广大消费者的社会福利，维护社会公共利益；另一方面我国也需要考虑当前各行业集中度普遍不够高和缺乏国际竞争力的现状，需要鼓励企业开展经济联合，扩大生产经营规模，提高市场竞争力。因此，作为一条总则性的规定，《反垄断法》第五条指出："经营者可以通过公平竞争、自愿联合，依法实施集中，扩大经营规模，提高市场竞争能力。"我国《反垄断法》中的其他条款也反映了立法者的这一思想，如根据第十五条，经营者之间的协议如果是为了提高中小经营者的经营效率，增强中小竞争者竞争力的，可以获得豁免；根据第二十八条的规定，经营者如果能够证明该集中对竞争产生的有利因素明显大于不利因素，或者符合社会公共利益的，国务院反垄断执法机构可以作出对经营者集中不予禁止的决定。

然而，需要指出的是，我国当前的经济政策尽管是鼓励企业间的横向联合，扩大企业的生产规模，但随着我国《反垄断法》的颁布和我国竞争政策的实施，除了个别情况下可以获得豁免的例外情况，经营者集中不得导致市场垄断，排除、限制市场竞争。

二、经营者集中与市场竞争

在市场经济条件下，买卖企业或者企业并购事件是经常发生的。有些并购可能出于"敌意兼并"的目的，即吃掉竞争对手。然而，大多数企业并购活动则是出于这样一个事实，即大小企业不同程度的内部增长可以使大企业在成本方面较小企业占有很大的优势，即市场上竞争不力的小企业能够被迅速地淘汰掉。

大企业相对小企业的优势主要是来自成本的优势，即通过使用规模大和效率高的设备，在产出增加的情况下，可以降低单位产品的生产成本。流水线作业就是一个很好的例子。此外，在企业扩大规模和提高生产数量的情况下，企业可以通过较细的劳动分工来提高工人的生产熟练程度，从而可以降低对生产人员的培训费用。其结果是，一方面减少了废品数量，另一方面缩短了单位产品的生产时间。这两种规模经济的区别是，前一种规模经济是来自单位时间的产出数量，后一种规模经济则表现在提高了整个产出。规模经济在钢铁、汽车等行业的效应十分显著。1985 年，我国汽车行业的劳动生产率为 1. 13 辆/人，美国汽车行业（1980 年）劳动生产率为 12 辆/人，日本则为 41 辆/人。这除了技术设备等各方面的原因，规模经济也是一个重要原因。

规模经济不仅表现在同类产品的生产企业中，还可以表现在生产不同但属亲缘产品的生产企业中。例如石化企业可同时生产汽油和燃料油，汽车厂可同时生产轿车和卡车，这种因多样化生产可降低生产成本的优势被称为范围经济或者组合经济的优势，或者多样化生产的优势。有时候，企业甚至可以通过经营完全不同的产品来降低生产成本，这即是所谓的"多产品企业经济优势"。

这是因为经营多产品的企业比经营单一产品的企业更容易适应市场，在企业经营条件或者市场需求发生变化时，企业可以以较低的费用从一种产品的生产迅速转向另一种产品的生产，即它们与经营单一产品的企业相比在市场上存在较小的经营风险，相反却有着较强的应变能力和生存能力。从经济政策上说，这些规模优势都是对社会有利的，因为它们不仅能够节约个别企业的成本，提高这些企业的经济效益，同时也是节约整个社会的生产成本，提高整个社会的经济效益。

然而，规模优势除了可为整体经济带来成本优势外，有时还存在着与整体经济利益或者与社会公共利益不协调的优势，即因优越的市场地位或者财力而在市场竞争中获得的不公平优势，或者被称为“财政地位上的优势”。例如，当一个大企业在某种原材料购买市场上占据了支配地位，当它为降低原材料价格而使用自己的市场势力时，这个企业虽然由此降低了自己的生产成本，但是这种降低成本是以提高卖方的负担作为表现形式的，这从而是对国民收入的不公平和不合理的分配。同样，当某个企业在某种产品的销售市场上占据了支配地位时，这个企业就会通过产品涨价来提高自己的收益。这种提高个别企业的收益对整体经济同样没有好处，因为这是将社会财富不合理地从买方手中转移到了卖方手中，是不公平的剥夺。因此，如果市场集中程度过高、企业规模过大乃至产生了市场支配地位的时候，企业的规模经济就可能为整体经济带来不利之处，这就是对企业合并进行控制的哲学基础。

三、反垄断法与规模经济

1987 年 8 月，国务院法制局成立了反垄断法起草小组，1988 年就提出了《反对垄断和不正当竞争暂行条例草案》。1993 年 9 月第八届全国人大常委会第三次会议通过了《中华人民共和国反不正当竞争法》，反垄断法却未能同期出台。反垄断立法被搁浅的主要原因是立法者和学术界对现阶段国家是否有必要制定反垄断法有不同的看法。其中比较普遍的一种看法是，我国颁布反垄断法为时过早，因为现阶段我国处于市场经济初始阶段，市场垄断行为表现得尚不充分，特别是企业平均规模过小，企业横向联合和企业集团刚刚在发展，如果现在把限制企业联合规定在反垄断法中，势必会影响国家当前的产业政策。1989 年中国企业评价中心发表了对我国 1987 年最大 100 家工业企业和 9 行业的评价，其中以市场销售额为标准，对我国和美国最大 100 家工业企业的规模作了比较。根据这个报告，在我国 100 家最大工业企业中，三分之二企业的市场销售额仅为 5 亿至 15 亿元，按当时汇率约合 1. 34 亿至 4 亿美元。即便我国当时最大的工业企业即大庆石油管理局，年市场销售额也仅为 63 亿元，约合

17 亿美元。而同年美国最大工业企业即通用汽车公司的市场销售额为 1 017 亿美元，100 家中的最小企业 Smithkline Beckman 的市场销售额也达到了 43 亿美元。该评价中心由此得出的结论是，我国的企业规模太小，规模经济还没有实现，因此现在进行反垄断立法是不明智的。事实上，即便在今天，有些人仍然存在这样的观点，即认为我国企业规模过小，国家不宜制定反垄断法。因此，这里有必要谈谈反垄断法与规模经济的关系。

第一，企业的规模经济是有限度的。这即是说，规模经济虽然是以企业的生产规模为条件，但这并不意味生产规模和生产效率始终成正比。就是在确定的行业和确定的优化企业规模的条件下，现实的企业规模除了需要考虑规模经济的因素外，还要考虑企业本身的一系列条件，特别是经济和技术条件，如专业化生产和基础设施状况。要考虑企业的生产环境，例如对采矿企业来说，若矿藏储量大，企业的规模就可以大一些，否则就会浪费生产资源。此外，企业规模还得考虑企业生产的外部条件，特别是市场的需求和成熟程度。一般来说，市场建立的时间越短，社会对产品的需求越大，企业就越是可以进行规模经营。相反，如果市场老化，需求接近饱和，以规模经济为尺度建立的大企业就会出现生产能力过剩的情况。

德国经济研究所 1984 年曾对全国 18 个行业进行过企业规模与经济效率之间关系的调查。结果表明，这些行业绝大多数的企业没有达到优化最低规模标准。例如在卡车、拖拉机、电冰箱、彩电、录像机等行业，事实上仅有三个或者三个以下的企业达到了优化最低规模标准。而在小轿车、轮胎、钢铁、石油产品、化学原料生产等行业，如果从规模经营的角度出发，每个行业最多只需要 10 个企业。德国反垄断委员会在一个评价报告中指出，如果真正进行规模生产和实现规模经济，德国各行业只需要极少数的企业。然而，由于以下一系列因素，规模经济就显得不十分重要：第一，在所调查的行业中，差不多三分之二的行业如娱乐性家电产品、石油产品、啤酒、香烟等行业，规模经济的优势很小，即在规模生产的条件下，单位产品成本费用的降低幅度不到百分之十。所以，这个优势很容易被其他因素所抵消。第二，在某些行业，例如水泥和啤酒行业，运输费用的负担限制了企业生产规模的发展。第三，国内消费和需求的波动，也会限制企业的生产规模。因为在这种情况下，企业大规模生产的产品在市场上卖不出去，企业为实现规模经济而扩大的规模就没有现实意义。相反，企业规模越大，它们在市场上就越不灵活，不能迅速适应变化了的

市场。❶

实际上，任何行业都不存在绝对和普遍适用的优化企业规模。任何企业都只是在一定条件下，即根据自己所处的生产环境、技术条件、管理水平、市场大小和消费者需求，来决定企业的生产规模。因此，那种把中国的企业规模与外国的企业规模相比来认定中国企业规模大小的做法，对于建立中国社会主义市场经济不仅没有意义，而且还是有害的，因为它不利于建立我国竞争性的市场结构。那种仅仅从机械化生产出发而确定的优化企业规模，由于完全不考虑市场条件，不考虑产品的运输条件和消费者的多样化需求，实际上它们对生产者和经营者来说也并不总是真正的优化规模。

第二，企业的经营规模也不等于企业竞争力。在国内外实践中，许多企业合并只是财务账户合并或者资产负债表规模的扩大，而不是创建一体化的企业，这在企业内部就容易形成小集团主义，各个部门会力争保留它们在财务或者技术方面的自主权，极力抵制外来的思想或者外来的做法，这在一定程度上会减少企业的抗风险能力。此外，企业规模大，企业内部的规章手续势必就多，企业作出决策的时间就很长，这不利于企业及时适应市场的需求和变化。此外，企业规模大还容易在企业内部产生官僚政客，导致企业管理机构的臃肿和庞大，结果就是企业的迟钝、缓慢、懒惰和浪费。世界上许多大企业都存在着这个问题，这在日本企业中被称为“大企业病”。

1997 年，盛极一时的日本八佰伴（Yaohan）股份公司破产了。《经济日报》的一篇评论文章指出，对于国内那些期待“一股就灵”、“一大就赢”和缺乏危机意识的企业来讲，八佰伴是个前车之鉴。❷ 恐龙之虞，盛极而衰。大企业垮台绝不仅仅是八佰伴一家。据统计，世界 500 家大企业的排名榜上，每 10 年就有 1/3 的企业被淘汰出去。除了几家特殊企业，30 年前的世界 500 家大企业中，至今保持其地位的已经寥寥无几。这种现象很值得国内一些拼命做大的企业进行认真研究。可以肯定，企业的生存和发展取决于多种因素，而不仅仅是企业规模。

第三，企业的优化规模是在竞争中形成的。即是说，竞争不仅是提高企业经济效益的手段，而且也是优化企业规模的有效手段。诚然，我国企业的平均规模与国外一些大企业相比是小了些，但这不是我国企业的问题，而是政府行政干预的结果。可以想见，如果不是因为计划经济体制下的部门垄断和地方封

---

❶ Sechstes Hauptgutachten der Monopolkommission 1984/1985, Gesamtwirtschaftliche Chance und Risiken wachsender Unternehmensgroesse, Tz. 595 ff.

❷ 卡林．从八佰伴破产说开去［N］．经济日报，1997－10－22.

锁，我国汽车行业决不会出现几十家甚至上百家汽车组装厂，企业的专业化协作程度也不会像现在这样低。因为在市场竞争条件下，为了减少市场竞争压力，企业在本能上就存在着扩大市场占有额的愿望。为了扩大生产和经营规模，它们一方面会通过内部积累的方式扩大投资，另一方面也会通过企业并购的方式进行外部扩张。市场经济是竞争的经济，在优胜劣汰的机制下，劣质产品和经济效益不好的企业自然会被淘汰出去。因此，在市场经济条件下，企业破产或者兼并就如同兵家胜败一样，是完全正常的事请。许多人注意到，外国有些企业的规模的确很大，如美国通用汽车公司、德国西门子公司、日本松下电器等。但是，这些大企业或大企业集团都是在竞争中自然形成的，即是在企业有了一定的市场、规模和经济实力后，自然地通过购并和重组形成的。

然而，我国的企业合并或者兼并很多是由政府出面，通过自上而下的方式推动的，有些甚至是“拉郎配”。这些在政府干预下形成的企业集团，表面看来很大，但其资产营运水平、经营管理能力未必能够适应这种大规模的经营，到头来只会徒有其名，甚至适得其反。目前，我国许多企业的生产率还比较低，但这不能普遍以我国企业的规模过小来解释，主要原因是技术条件和管理水平。然而，在我国企业与发达国家企业相比普遍存在技术落后和管理水平低下的状况，这是不能普遍地通过企业并购，更不能普遍地通过“拉郎配”手段可以解决了的。

还应当指出的是，优化企业规模的过程并不单纯表现为规模的增大。实践表明，市场上竞争力最强的企业并不一定就是规模最大的企业。根据美国的统计，20 世纪 70 年代以来，美国工业经济中一方面存在着企业合并和联合的趋势，但同时另一方面也不断出现转让和出售企业的风潮。1971 年，美国出售和转让企业的金额为 167 亿美元，1984 年上升为 294 亿美元。企业转让资产的一个重要原因是，一些 60 年代和 70 年代为追求多样化生产而进行混合合并的企业在后来发现，这些混合合并对企业的生产和经营没有好处。因此，它们现在不再把注意力放在多样化的生产上，而是放在自己最具竞争优势的生产领域。例如，美国的食品和饮料巨头百事可乐公司 1997 年把塔克贝尔（Taco Bell）、必胜客（Pizza Hut）和肯德基炸鸡（KFC）等速食业分割出去。该公司指出，速食业虽然非常赚钱，前途远大，但与包装食品差异甚大，需要两种截然不同的经营方式，因此需要重新设定百事可乐的经营方针。[1] 这个事实也表明，企业的经营规模大不等于企业的竞争力就强。

第四，《反垄断法》与推动规模经济不是对立的。我们通过反垄断法可以

[1] 百事可乐准备分家［N］. 参考消息，1997 - 1 - 30.

看出，反垄断法不是禁止所有的垄断协议，更不是禁止所有的企业联合。根据《反垄断法》第二十八条的规定，《反垄断法》只是禁止那些可能具有排除、限制竞争效果的合并，这里所指的限制竞争应当是严重的限制。此外，这一条还有对经营者集中的豁免，即经营者如果能够证明该集中对竞争产生的有利影响明显大于不利影响，或者符合社会公共利益的，国务院反垄断执法机构可以作出对经营者集中不予禁止的决定。这些规定说明，我国《反垄断法》与我国支持中小企业联合、扩大企业平均规模和实现规模经济的经济政策并不矛盾。它们是建立有效竞争的市场结构必须同步进行的两个方面。另一方面，说我国企业规模过小也不完全是事实。实际上，我国有些行业通过企业联合或者行政手段组建企业集团，垄断或者寡头垄断的市场结构已经出现，如汽车行业和家电行业等。

总之，为了维护市场竞争，我国《反垄断法》应当控制企业的合并。这种控制不是控制企业的绝对规模，而是要塑造一种竞争性的市场结构，即要在市场上保持一定数目的竞争者。因为在没有竞争压力的市场条件下，企业虽可能通过规模生产提高经济效益，但这种经济效益不会造福于广大消费者。相反，垄断企业为了长期维护自己的垄断地位，攫取最大的垄断利润，它们往往会利用限制生产数量的办法维护产品的高价，即以向消费者转嫁负担的方式攫取高额的垄断利润。

第六条 禁止滥用市场支配行为

具有市场支配地位的经营者，不得滥用市场支配地位，排除、限制竞争。

一、概述

与禁止垄断协议和控制经营者集中这两个反垄断法的实体法相比，我国《反垄断法》“总则”突出了“具有市场支配地位的经营者，不得滥用市场支配地位，排除、限制竞争”，这足以说明立法者对滥用市场支配地位行为的高度重视。

我国1993年《反不正当竞争法》已经有禁止滥用市场势力的规定。该法第六条规定：“公用企业或者其他依法具有独占地位的经营者，不得限定他人购买其指定的商品，以排挤其他经营者的公平竞争。”这说明，我国消费者已经感受在电信、邮政、铁路、电力等行业凭借其垄断经营特权而滥用其市场势力的公用事业企业。国家工商行政管理总局1993年12月还发布了《关于禁止公用企业限制竞争行为的若干规定》，进一步指出公用企业限制竞争的各种表现，即除了限定用户购买由其指定的商品外，还包括强制用户购买其提供的不必要的商品及配件；强制用户购买其指定的经营者提供的不必要的商品；以检验质量、性能为借口，阻碍用户购买、使用其他经营者提供的符合技术标准要求的其他商品；对不接收其不合理条件的用户拒绝供应、中断或者削减供应相关商品，或者滥收费用等。

我国某些行业立法也有禁止滥用行为的规定。如国务院2000年发布的《电信条例》第十七条规定："主导的电信业务经营者不得拒绝其他电信业务经营者和专用网运营单位提出的互联互通要求。"该条例第七十二条还规定："电信业务经营者强迫用户使用自己的电信服务，或者对不同电信业务进行不合理的交叉补贴，或者出于排挤竞争对手之目的，低于成本提供电信业务或者服务，信息业管理机构可处以10万元以上100万元以下的罚款；情节严重的，责令停业整顿。"此外，我国1995年颁布的《电力法》也有禁止拒绝交易、禁止歧视以及禁止滥收费用等规定。

然而，禁止滥用市场支配地位的规定仅仅围绕公用企业是远远不够的。随着我国对外开放的进一步扩大，进入我国市场的跨国公司越来越多。2004年5月，国家工商行政管理总局公平交易局反垄断处在《工商行政管理》上发表了《在华跨国公司限制竞争行为表现及对策》的调查报告，指出某些跨国公司在我国市场上有着明显的市场优势地位，有的甚至占据了垄断地位，如微软公司操作系统软件和利乐公司无菌包装产品。报告列举了跨国公司滥用市场优势地位的各种行为，包括搭售和附加不合理条件、价格歧视、掠夺性定价、拒绝交易、独家交易等。但是，因为我国当时没有禁止滥用市场支配地位行为的法律规定，我们对跨国公司滥用市场优势地位的行为事实上无能为力。

现在，我国《反垄断法》的颁布使反垄断执法机关在禁止滥用市场支配地位方面终于有法可依。第三章规定了滥用市场支配地位的行为，规定了认定市场支配地位的因素，而且根据市场份额规定了三个关于市场支配地位的推断。第六章关于程序法（对涉嫌垄断行为的调查）的规定也适用于滥用市场支配地位的行为。在关于法律责任的第七章中，除第四十七条的专门规定外，第四十九条、第五十条、第五十二条和第五十三条也适用于滥用市场支配地位的行为。与《反不正当竞争法》规定对公用企业及其他具有独占地位企业的滥用行为最多可处以20万元以下的罚款相比，我国《反垄断法》借鉴其他国家和地区的立法经验并且考虑国际趋势，将违法者市场销售额10%以下作为行政罚款的幅度，这大大提高了我国《反垄断法》的威慑力。此外，滥用市场支配地位的行为大多是侵权行为。在这种情况下，根据我国《反垄断法》第五十条的规定，受害者可以要求民事损害赔偿。此外，作为认定市场支配地位的前提条件，我国《反垄断法》总则规定中的第十二条第二款提出了相关市场的概念。

需指出的是，禁止滥用市场支配地位是反垄断法的三大支柱之一，但我们不应对这个制度作过高的估价。因为在企业占据了垄断地位或者市场支配地位的情况下，监督滥用是非常艰难的任务，特别对大企业的价格监督，尤其是一项艰难的任务。实践证明，最好和最有效的制止滥用行为的方式是引入市场竞争机制。因为在存在市场竞争的条件下，企业自然就会努力降低产品或者服务的价格。因此，自20世纪80年代以来，世界上很多国家在电信、电力、邮政等过去被视为自然垄断的行业实行了放松管制的政策，引入了市场竞争机制。我国自20世纪90年代以来也开始在这些行业进行经济体制改革。近年来，随着知识产权在市场竞争中发挥着越来越大的作用，禁止滥用市场支配地位的案件很多与知识产权相关。欧共体初审法律在2007年9月关于微软公司的判决可被视为这个领域迄今最重要和影响最大的判决。

二、具有市场支配地位的经营者

首先需指出的是，市场支配地位，这既不是企业固有的特征，也不是一个法律上的概念。事实上，市场支配地位是一种经济现象。欧共体委员会在其1972年关于大陆罐一案的裁决中指出："一个企业如果有能力独立地进行经济决策，即决策时不必考虑竞争者、买方和供货方的情况，它就是一个处于市场支配地位的企业。如果一个企业通过与市场份额相关的因素，例如技术秘密、取得原材料和资金的渠道以及其他重大的优势如商标权，能够决定相关市场一个重大部分的价格，或者能够控制它们生产和销售，这就存在着市场支配地位。市场支配地位不是说这个势力必然剥夺市场上全体参与者的经营自由，而是强大到总体上可保证这个企业市场行为的独立性，即便这个势力对市场的不同部分有着强度不同的影响。"❶

这个判决至少说明了两个问题：第一，占市场支配地位的企业不一定是垄断企业。这即是说，占市场支配地位的企业和垄断企业是有区别的。垄断企业从经济学的角度就是一种产品或者服务的惟一供货商，即在它所生产的产品或者提供服务的市场上没有替代品。这种情况下，垄断企业就达到了完全支配市场的程度。在现实的市场经济条件下，特别是在实施竞争政策的国家，市场很

❶ Continental Can, (1972) C. M. L. R. DII, para. II. 3.

少有形成百分之百独占的情况，除非国家对个别行业或者个别经济部门授权某个企业独家生产或者独家经营，在这种情况下，法律上存在着进入市场的障碍。第二，市场支配地位反映了企业与市场竞争的关系。即拥有这种地位的企业基本上不受竞争的制约，从而可以不必考虑竞争者或者交易对手的反应就可以自由定价或者自由作出其他的经营决策。这即是说，不是竞争支配这些企业，而是这些企业支配着市场竞争。

美国反托拉斯法通常不使用“市场支配地位”的概念，而是使用垄断势力（monopoly power）或者市场势力（market power）。因为垄断势力一般也是被理解为相关市场上“控制价格或者排除竞争”的一种力量，这些概念与德国法或者欧共体法中的“市场支配地位”基本是一致的。

认定一个滥用行为的前提条件是行为人拥有市场支配地位。而要认定一个企业是否拥有市场支配地位，决定性的是要界定一个相关市场。我国《反垄断法》第十二条规定：“本法所称相关市场，是指经营者在一定时期内就特定商品或者服务进行竞争的商品范围和地域范围。”因为这个关于相关市场的概念过于简单，可操作性不强，我国反垄断委员会有必要在这方面发布类似欧共体关于界定相关市场的通告。[1]

三、滥用市场支配地位限制竞争的行为

根据我国《反垄断法》第十七条的规定，滥用市场支配地位的行为基本上可以被分为两类：剥削性的滥用和妨碍性的滥用。

1. 剥削性滥用

市场支配地位企业对市场的支配权，主要表现在它们对产品的定价权上。经济学的一个基本原理是，当一个企业在市场上占有过大市场份额的时候，这个企业就会抬高产品的价格，而且为了维护产品的高价，它也会减少对市场的供给。美国司法部和联邦贸易委员会1992年的《横向合并指南》也曾分析过企业涨价的市场条件。它指出：当一个企业的市场份额至少占到35%的条件下，这个企业就有能力在对产品进行涨价的同时降低产量。因为在这种情况下，这个企业因涨价损失了的市场销售额可以通过对产品的涨价得到弥补。[2]

这个情况说明，垄断和竞争的最大区别是，在垄断或在市场存在支配地位的情况下，产品的价格会大大高于边际成本。其具体表现就是，占市场支配地

[1] Commission Notice on the Definition of the Relevant Market for the Purpose of Community Competition Law, OJ C 372 on December 9, 1997.

[2] 美国司法部和联邦贸易委员会《1992年横向合并指南》第2.22节.

位的企业以不公平的高价销售产品，或者以不公平的低价购买原材料或者半成品。这在经济学上的角度是资源配置无效率，在竞争法的角度上就是剥削性的滥用行为，即剥削消费者，剥削买方，使社会收入不能得到合理的分配。

然而，对垄断企业或者占市场支配地位企业的价格管制中，最大的难题是确定正常的和在有效竞争市场条件下应有的价格水平。欧共体法和德国法在这个方面都是使用比较市场的方法，即从产品的角度、空间的角度或者时间的角度找出一个有可比性的市场。[1] 此外，还可以考虑垄断企业或者占市场支配地位的企业在事实上索取的价格与它们的产品或者服务的成本相比较的正常价格之间的差距。然而这在实践中的一个问题是，在一个企业生产几十种、上百种甚至上千种产品的情况下，一般仅在个别甚至是偶然的情况下，才能准确测定某种产品的生产成本。此外还有一个问题是，政府对企业价格监督的结果往往就是政府对企业的限价。人们对此可以提出的问题是，如果政府限价导致企业破产，谁应当为企业承担责任；即便企业没有破产，谁又为企业扩大生产所需的资金负责。总之，实践表明，对占市场支配地位企业的价格管制是一个艰难的任务，实践中往往没有很大成效。

2. 妨碍性滥用

市场实践已经证明，企业即便是以合法的方式取得了市场支配地位，拥有这种地位的企业对市场竞争也存在潜在的威胁，因为它们出于本能，会想方设法地把竞争者排挤出市场，而且惯用的手段就是利用已经取得的市场支配地位。我国《反垄断法》第十七条列举了 5 种滥用行为：即以低于成本的价格销售产品，拒绝交易，强制交易，搭售或者附加其他不合理的条件，歧视。但是这些列举的行为前面都有一个修饰：即它们都是没有正当理由的行为，在经济上是不合理的。

在 2007 年 9 月欧共体初审法院关于微软公司一案的判决中，法院重申了欧共体委员会 2004 关于微软公司一案的裁定，要求微软公司公开其视窗操作系统与计算机软件相兼容的信息。这个法律措施实际上就是针对微软公司拒绝交易的行为，即拒绝竞争者进入视窗操作系统的平台，与微软公司的软件相竞争。因此，这个救济措施可以为竞争者开放市场，使它们能够在微软公司视窗操作系统提供的平台上与微软公司的软件相竞争。欧共体初审法院关于微软公司一案的判决中还要求微软公司停止捆绑销售行为。微软公司的捆绑销售不仅会将竞争者排挤出市场，窒息市场竞争，而且这种行为在本质上是不正当、不公平的，因为微软公司在这里是其在视窗操作系统市场上取得的市场支配地位

---

[1] 王晓晔．欧共体竞争法［M］．北京：中国法制出版社，2001：242－245．

作为一种经济杠杆，通过捆绑销售行为，将这个市场支配地位辐射到其他的软件市场上。原则上，市场竞争只应该是经济效益的竞争，即比价格，比质量，比售后服务等，而微软公司在这里是凭借视窗操作系统市场上的支配地位来打击竞争对手，是在排挤市场竞争，因此被欧共体委员会和欧共体初审法院认定为非法的行为。可以说，微软公司一案是对滥用市场支配地位行为的最好解说。

在微软公司一案中，微软公司违法行为的一个构成要件是它在世界软件市场上占据了95%的市场份额，是一个占市场支配地位的企业。因为滥用监督的法律制度只是针对占市场支配地位的企业，其后果就是反垄断法对市场上有着不同竞争地位的企业实施了差别待遇。很明显，微软公司所实施的捆绑销售行为如果发生在一个小企业的身上，这种行为可能会被视为合法，适用"合同自由"的原则。这即是说，占市场支配地位的企业虽然原则上可以与其他企业一样参与经济交往，有权根据合同自由原则订立合同，但是，如果它们凭借其市场地位限制竞争，那就是滥用了交易自由或者合同自由原则，应被予以禁止。这也说明，私法自由的前提条件是竞争。某些交易行为在竞争性市场条件下是合法的，但在垄断或者存在市场支配地位的条件下却失去其合法性。

就欧共体初审法院关于微软公司一案的判决，不同的人们可能有不同的观点。有人可能会说，垄断企业或者占市场支配地位的企业虽然会抬高产品的价格，导致资源配置的无效率，但这些企业资金充足，经济实力和技术力量雄厚，它们有能力扩大生产，开发新技术和新产品，从而也有利于提高企业的经济效益。因此，他们可能认为，欧共体初审法院的判决是在打压创新性的企业。然而，真实的情况是，企业的任何经济效益都必须和竞争相联系。在市场上不存在竞争或者没有实质性竞争的条件下，大企业不仅不会产生很高的经济效益，有时甚至还会产生负效益，即人们通常所说的X非效率。这种负效益的产生一方面是因为有着市场势力的企业客观上不存在市场竞争的压力，从而失去了为不断适应市场而开发新技术、改善产品质量、增加产品品种等积极性。另一方面，这些企业既然可以通过涨价和限制生产数量轻易获得高额利润，它们也就失去了改善经营管理和降低生产成本的动力。这种负效益在本质上当然也是资源的不合理配置。

3. 核心设施理论（essential-facilities-doctrine）

在我国《反垄断法（草案）》中，曾一度把占市场支配地位企业拒绝进入核心设施的行为列为滥用行为。我国通过的《反垄断法》虽然最终没有采纳这个理论，但因为实践中这个理论非常重要，欧共体委员会以及欧共体初审法院之所以强迫微软公司向竞争者开放其视窗操作系统的平台，即要求它向竞争者公开其视窗操作系统与计算机其他软件兼容的源代码，这在很大程度上就是依据这个理论。

核心设施理论最早出现在美国反托拉斯法的判例中。在 1912 年美国诉终端铁路协会一案中，美国最高法院就提出了基础设施理论。[1] 适用这个理论的前提条件是，一个垄断者或者一个近乎垄断的企业控制了基础性（essential）设施或者资源，这些设施或者资源是那么地重要，以致其他企业如果不使用这些设施或者资源就不可能和这个垄断者或者占市场支配地位的企业开展竞争。根据这个理论，处于这种情势下的垄断者如果不合理地拒绝其他企业使用这个设施或者资源，例如在对方提供合理报酬的情况下仍然拒绝对方使用，而且垄断企业拒绝对方进入设施并没有重大的合理性，这种行为就构成垄断行为。

近二十年来，随着电信、电力、天然气、铁路、飞机场等一些与网络或者与基础设施相关的部门逐步开放市场，这些部门占支配地位的企业拒绝竞争者进入网络或者进入基础设施的行为便成为突出的限制竞争问题。在这种情况下，各国的电信法、能源法、反垄断法等纷纷引入了美国反托拉斯法中的“基础设施理论”，即把不公平地拒绝入网或者拒绝使用基础设施的行为定为滥用行为。如德国 1998 年第 6 次修订后的《反对限制竞争法》第 19 条第 4 款第 4 项规定，一个占市场支配地位的企业作为一种商品或者服务的供方或者需方，如果拒绝对之支付适当报酬的另一个企业进入其网络或者其他基础设施，而另一企业出于法律或者事实的原因，不进入这个网络或者基础设施就不可能在这个占市场支配地位企业的上游或者下游市场与这个占市场支配地位的企业开展竞争，除非这个占市场支配地位的企业能够证明，因经营条件的限制或者出于其他原因，进入网络或者使用基础设施是不可能或者不合理的要求。[2]

美国反托拉斯法适用基础设施理论迄今最有名的判例是 1982 年美国诉 AT&T 公司案以及与此相关的 1983 年 MCI 公司诉 AT&T 公司案。[3] 在这些判决中，美国法院明确提出，根据基础设施理论认定一个图谋垄断的行为需要下列 4 个前提条件：

---

[1] United States v. Terminal R. R. Ass'n，224 U. S. 383（1912）.

[2] 出于安全生产经营之目的，德国在一些与网络或者基础设施相关的部门大都颁布了专门法，如铁路法、电信法、能源法等，专门法中大多有反垄断条款。《反对限制竞争法》中禁止滥用占市场支配地位的规定不影响专门法的效力，且特殊法有优先适用的地位。立法者认为，《反对限制竞争法》把某些情况下的拒绝入网和拒绝进入基础设施定为滥用行为，这有利于逐步废除反垄断法的部门化。因为《反对限制竞争法》具有基本法的性质，一旦电信法之类的部门法被废除之后，《反对限制竞争法》中的规定便可对付滥用行为。见 Hermann－Josef Bunte，Kartellrecht，Munchen，2003，S. 208.

[3] MCI Communications Corp. v. AT&T Co.，708 F. 2d 1081，1132（7th Cir. 1983），cert. denied，464 U. S. 891（1983）.

（1）垄断者控制了基础设施

基础设施是一种设施或者资源，它们之所以被称为是基础性的，是因为企业如果不能进入这种设施或者资源就不可能为其客户提供服务。因为这种设施是参与竞争所必要的条件，现实中的这种设施又是绝无仅有，这种设施从而被称为“瓶颈设施”。在实践中，基础设施一般指为不同地区提供服务的网络，如电信网络、电力网络、天然气管道等，它也可能是飞机场、轮船码头、足球场等与竞争有关的重要基础设施。在1984年关于滑雪场的一个判决中，法院认定一个山坡滑雪场是基础设施。[1]

（2）基础设施不能重复建设

在美国诉终端铁路协会一案中，法院认为，被视为“瓶颈”的铁路终端是不能重复建设的，竞争者们必须共同使用这个设施。[2] 如果一个案件中的基础设施可以重复建设，或者原告可以通过其他渠道提供服务，这个案件就不能适用基础设施理论。

（3）竞争者被拒绝使用基础设施

拒绝进入网络作为一种滥用行为，其前提条件还必须包括在竞争者支付合理使用费的情况下，垄断者拒绝对方进入网络。这个所谓的合理费用应当是根据经济核算，即包括相关的可变成本和不变成本。此外，网络经营者还应当得到一个合理的收益。如果一个垄断者没有拒绝其竞争者使用其基础设施，或者是因为竞争者拒不交付网络使用费而拒绝其使用，这种情况不能适用基础设施理论。

（4）竞争者使用基础设施是可行的

这即是说，垄断者拒绝竞争者进入基础设施是不合理的。相反，如果垄断者出于自身经营条件的限制，或者出于其他某个合理的原因而不能向竞争者提供网络或者基础设施，这就不能适用基础设施的理论。在各种可能的原因中，网络或者基础设施的运营能力是最重要的。此外，在向竞争者开放网络或者基础设施的情况下，如果垄断者自己的生产经营活动将受到严重阻碍，垄断者不向竞争者提供基础设施也是合理的行为。因为不管任何情况下，让人们以自身损失为代价来为其竞争者牟取好处是不合理的。如美国第10巡回法院在1992年一个判决中认定，一个天然气运输公司拒绝竞争者使用自己管道不是垄断行为。因为案件表明，如果天然气运输公司同意为竞争者运输天然气，它就得自己承担由此而产生的费用。在这种情况下，该公司拒绝竞争者使用管道的行为

[1] Aspen Highlands Skiing Corp. v. Aspen Skiing Co., 738 F2d. 1509 (10th Cir. 1984).

[2] United States v. Terminal R. R. Ass'n, 224 U. S. 383 (1912).

是合理的。❶

我国反垄断执法机构将来也有可能会适用核心设施的理论。因为在一些与管道或者网络相关的市场竞争中，限制竞争行为主要表现为占市场支配地位的运营企业拒绝向竞争者开放网络，或以不合理的条件开放网络，如索取不合理的费用。在这种情况下，反垄断执法机关一方面可以考虑适用“没有正当理由，拒绝与交易相对人进行交易”的规定，另一方面可以依据第十七条第一款第七项的规定，即“国务院反垄断执法机构认定的其他滥用市场支配地位的行为”，适用核心设施理论。

第七条 国有企业

国有经济占控制地位的关系国民经济命脉和国家安全的行业以及依法实行专营专卖的行业，国家对其经营者的合法经营活动予以保护，并对经营者的经营行为及其商品和服务的价格依法实施监管和调控，维护消费者利益，促进技术进步。

前款规定行业的经营者应当依法经营，诚实守信，严格自律，接受社会公众的监督，不得利用其控制地位或者专营专卖地位损害消费者利益。

一、概述

我国是一个社会主义国家，国有经济在关系国民经济命脉和国家安全的行业以及国家实行专营专卖的行业占控制地位。由于这些行业的经营者一般在其相关市场上占支配地位甚至垄断地位，不受市场竞争或者很少受到市场竞争的制约，国家就应当对这些经营者加强监督和管理。因此，《反垄断法》第七条指出国家对这些行业经营者的合法经营活动予以保护的同时，还提出对它们的经营活动特别是对它们的商品和服务的价格实行监管，以维护消费者的利益，促进技术进步。此外，《反垄断法》第七条还强调，这些行业的经营者应当依法经营，诚实守信，严格自律，接受社会公众的监督，不得利用其控制地位或者专营专卖地位损害消费者利益。因此，这一条在内容上可以概括为以下几点：（1）国家保护与国民经济命脉和国家安全相关行业以及实行专营专卖行业的国有经济；（2）国家对这些行业的经营者实行监管；（3）这些行业的经

❶ City of Chanute，Kansas v. Williams Natural Gas Co.，955 F. 2d 641（10th Cir. 1992）.

营者不得滥用其市场支配地位或者专营专卖地位。

二、关系国民经济命脉和国家安全的行业

《反垄断法》第七条强调国有经济在关系国民经济命脉和国家安全的行业占控制地位，一定程度上反映了国务院2006年12月转发国务院国有资产监督管理委员会《关于推进国有资本调整和国有企业重组的指导意见》。根据这个指导意见，国家应进一步“推进国有资本向重要行业和关键领域集中，增强国有经济控制力”。胡锦涛同志在党的第十七次全国代表大会所作的《高举中国特色社会主义伟大旗帜　为夺取全面建设小康社会新胜利而奋斗》的报告中也提出：“优化国有经济布局和结构，增强国有经济活力、控制力、影响力。”这即是说，出于国家经济安全、政治安全和社会安全的考虑，国有经济要在我国的重要行业和关键领域占控制地位。

根据《关于推进国有资本调整和国有企业重组的指导意见》，重要行业和关键领域主要指涉及国家安全的行业、重大基础设施和重要矿产资源、提供重要公共产品和服务的行业以及支柱产业和高新技术产业中的重要骨干企业。国资委负责人还就该指导意见中“国家安全和国民经济命脉的重要行业和关键领域”作出了更为明确的解释，即它们是指军工、电网电力、石油石化、电信、煤炭、民航、航运等七大行业。然而，涉及国家安全和国民经济命脉的重要行业虽然应由国有经济占控制地位，但这不是说，这些行业是百分之百的国有经济。按照该指导意见，在推进国有资本向关系国家安全和国民经济命脉的重要行业和关键领域集中的同时，也要加快国有大型企业股份制改革，完善公司法人治理结构，大力发展国有资本、集体资本和非公有资本等参股的混合所有制经济，实现投资主体多元化，使股份制成为公有制的主要实现形式。这说明，除极个别企业因为涉及国家安全从而必须由国有独资企业经营外，大部分企业是作为国有资本控股的企业，这种控股可以根据行业和企业的具体情况表现为绝对控股和相对控股的情况。根据胡锦涛同志在党的第十七次全国代表大会所作的报告，为了完善我国基本经济制度，健全现代市场体系，我国“坚持和完善公有制为主体、多种所有制经济共同发展的基本经济制度，毫不动摇地巩固和发展公有制经济，毫不动摇地鼓励、支持、引导非公有制经济发展，坚持平等保护物权，形成各种所有制经济平等竞争、相互促进新格局。”这说明，我国即便在关系国民经济命脉和国家安全的重要行业，也不是对非公有制经济一概采取排斥的态度，而只是要在这些行业维护国有经济的控制地位，对这些行业经营者合法经营活动予以保护。

然而，从国家竞争政策的角度，人们对国有经济占控制地位行业可能提出

的一个问题是，是否因为这些行业关系国民经济命脉和国家安全，这些行业整体上实行垄断经营的制度？胡锦涛同志在十七大报告中已经明确指出：“要深化对社会主义市场经济规律的认识，从制度上更好发挥市场在资源配置中的基础性作用”，特别还指出：“深化垄断行业改革，引入竞争机制”。这些理念和思想尤其应当引入国有经济占控制地位的行业。这即是说，有些行业尽管国有经济占控制地位，但是如同私有经济不能保证市场的竞争性一样，国有经济也并不一定表现为国家在这些行业实行垄断经营的制度。因为在国有企业享有经营自主权的条件下，国有企业之间也能够相互开展竞争。总而言之，出于优化配置资源、提高企业经济效率和提高消费者社会福利的考虑，特别是出于我国近 30 年经济体制改革的经验：竞争可以给消费者带来最低的价格、最高的质量和最大的物质进步，国家应尽可能地在所有的行业和部门引入竞争机制。

三、国家对垄断性行业实行监管

世界各国在经济方面的法律制度大致可分为两类，一类是适用于社会上所有的人或者所有经济组织的法律制度，如合同法、税法、消费者权益保护法。另一类则是适用于某些特定的行业或者产业，如电信法、铁路法、电力法、煤炭法、银行法、保险法等，这些法律制度就是国家对特定行业的监督和管理，具有浓厚的国家干预色彩。这即是说，在这些行业中，市场作为一只“看不见的手”，让位于政府这只“看得见的手”。例如我国 1995 年颁布的《电力法》对供电业的垄断企业作出很多约束性的规定。2005 年国务院发布的《电力监管条例》还规定了电力行业监管的任务和原则，监管机构的职责和监管措施以及法律责任等。在我国，受到特殊监管的行业大多是国有经济占控制地位的行业，因为这些行业关系国民经济命脉和国家安全，特别是在电信、电力、天然气等行业的基础设施包括输送管道和网络不宜重复建设和多家经营的情况下，这些行业不同程度地存在垄断经营的情况。此外，我国也有一些传统上实行国家专营专卖的行业，如烟草业和盐业。因为这些行业是垄断经营，即这些行业的经营者基本上感受不到市场竞争的压力，他们就非常可能滥用其市场优势地位，损害消费者的利益。所以，国家应当对这些行业进行监管。

需要指出的一个问题是，国家对某些行业实行监管，这一般不是因为所有制的问题，即因为国有经济在这些行业占控制地位。其实，在美国以及某些其他国家，私人企业也有可能从事垄断经营活动，例如 1984 年之前的美国电话电报公司（AT&T）在美国电信业就是一个私人垄断企业。因为不管私人垄断还是国有垄断，垄断企业都可能凭借其市场优势地位损害消费者的利益，国家就需要对这些垄断经营的企业和行业进行监管。政府的各种行业监管可能出于不同的目的。例如，对属于公用事业的行业，政府监管主要是出于在位垄断企业的考虑；对于银行、保险或者制药业，政府监管主要是出于信息不对称的考虑；对于石油或者航空运输业，政府监管可能主要出于防止过度竞争的考虑，等等。而且，即便对同一个行业，政府监管的内容也会随着时间或者时代的不同有很大的差异。但总的来说，行业监管的目的是出于整体经济和社会公共利益，监管的内容主要是市场准入、产品或者服务的价格以及服务质量。

市场准入监管是指政府在企业进入市场方面设立的许可制度或者审批制度。如果申请企业没有得到批准，则不得进入市场。因为企业能否进入市场直接涉及企业能否有参与市场竞争的机会，市场准入制度对市场竞争有重大的影响。在我国要保证国有经济在关系国民经济命脉和国家安全的行业占控制地位的情况下，这些行业都应当设立市场准入制度。在市场准入方面设立监管制度的典型行业是一些以网络为特征的行业，如电信、电力以及交通运输部门。

国家对垄断经营的行业或者企业一般都实行价格监管。这是因为在市场准入受到了法律或者事实上限制的情况下，即第一个进入者既不存在竞争者也不存在潜在竞争者的情况下，在这些市场上实现提高企业生产效率的目标和实现资源配置效率的目标往往存在着严重的冲突。这即是说，在没有政府管制的情况下，垄断者因为普遍有着谋取垄断利润的动机，他们非常可能抬高产品的价格；而且为了维持垄断高价，同时也会减少对市场的供给。这就使社会收入不公平地从消费者手中转移到了垄断者的手中。因此，一个市场一旦成为垄断性的，政府应当监管在位企业的市场行为，特别是监管它们的定价行为。根据我国《价格法》第十八条，下列商品和服务价格，政府在必要时可以实行政府指导价或者政府定价：(1) 与国民经济发展和人民生活关系重大的极少数商品价格；(2) 资源稀缺的少数商品价格；(3) 自然垄断经营的商品价格；(4) 重要的公用事业价格；(5) 重要的公益性服务价格。

我国的价格监管制度主要采取成本加合理收益的方式。如《电力法》第三十六条规定：制定电价，应当合理补偿成本，合理确定收益，依法计入税金，坚持公平负担，促进电力建设。但是，由于企业和管制机构之间的信息不对称，监管机构所获取的有关企业生产成本的信息未必都是真实的。这种情况下，经管制机构批准的价格未必就是合理的价格。我国目前对垄断行业的价格监管也不是十分有效，因为我国普遍存在垄断行业收入过高、垄断产品或者服务价格上涨过快、垄断行业只顾自身利益而不顾消费者利益的情况。

产品或者服务质量监管也是行业监管的重要内容。在垄断经营的情况下，因为经营者没有竞争的压力，它们一般也不会有改善其产品或者服务质量的动力。这即是说，如果没有质量监管，经营者提供的产品或者服务可能达不到安全、健康、环境保护等各种有利于社会公共利益的标准。因此，政府有必要在这些方面对经营者提出一定的要求，建立一定的技术标准或者质量标准，以保证垄断性的产品和服务能够符合社会的需要。

需要指出的是，人们在过去是从合理配置资源的目的出发，承认某些行业的自然垄断地位和这些行业在位垄断企业的独占权。然而，实践证明，几乎所有的垄断企业都是以高成本、低效率以及在技术革新方面的因循守旧和保守主义为特征。垄断企业为了取得最大的垄断利润，常常将价格提到大大高于成本的水平，从而使部分社会收入不合理地从消费者手中转移到自己的手中。垄断企业为了维护垄断高价，还往往降低生产数量，减少对市场的供给，从而导致社会资源配置的严重扭曲。基于对国有垄断企业的这种认识，西方国家近年来提出了“管制失灵”的理论，纷纷将国有公用事业企业逐步改制为股份化或者民营化的企业，特别在电信、电力等行业实行了打破垄断的经济政策，目的就是在这些行业引入竞争机制。我国自20世纪90年代，也开始在这些垄断行业探索体制改革，努力引入竞争机制。如国务院2002年发布的《中华人民共和国电信条例》第四条规定：“电信监督管理遵循政企分开、破除垄断、鼓励竞争、促进发展和公开、公平、公正的原则。”尽管这些行业改革的方向是打破垄断，但这决不意味政府管制在这些行业无用武之地。因为事实早已证明，政府管制可以实现一些市场竞争难以实现的目标，比如通过政府制定的政策，人们可以普遍享受某些基本的服务，从而可以更好地利用网络经济效益。此外，因为这些行业存在诸多结构性的缺陷及市场失灵的现象，这些也提醒政府不能轻言放松管制。所以，世界各国包括欧美经济发达国家，电信、电力、铁路等自然垄断性较强的行业仍然存在着政府管制。

四、国有经济占控制地位的企业不得滥用市场优势

与其他国家反垄断法相比，我国《反垄断法》尤其关注滥用市场支配地位的行为。即除以“滥用市场支配地位”为题的第三章和“总则”中第六条“具有市场支配地位的经营者，不得滥用市场支配地位，排除、限制竞争”的规定外，《反垄断法》第七条还规定：国有经济占控制地位的关系国民经济命脉和国家安全的行业以及依法实行专营专卖的行业的经营者应当“依法经营，诚实守信，严格自律，接受社会公众的监督，不得利用其控制地位或者专营专卖地位损害消费者利益。”

这里与反垄断法比较密切的内容是“不得利用其控制地位或者专营专卖地位损害消费者利益”。这即是说，这些行业的企业尽管关系国民经济命脉和国家安全，从而被授予垄断经营权，但是它们滥用其控制地位或者专营专卖地

位损害消费者利益的行为得到反垄断法的豁免。上述规定非常重要，因为在反垄断立法过程中，有些公用事业企业曾主张电信、电力、铁路、邮政等部门整体上豁免适用反垄断法。《反垄断法》第七条第二款的规定则说明，这些行业的企业如果以不公平的高价销售商品或者以不公平的低价购买商品；或者没有正当理由，以低于成本的价格销售商品；或者没有正当理由，拒绝与交易相对人进行交易；或者没有正当理由，限定交易相对人只能与其进行交易或者只能与其指定的经营者进行交易；或者没有正当理由搭售商品，或者在交易时附加其他不合理的交易条件；或者没有正当理由，对条件相同的交易相对人在交易价格等交易条件上实行差别待遇时，它们可能会被反垄断执法机构认定为实施了滥用市场支配地位的行为。

第八条　禁止行政垄断

行政机关和法律、法规授权的具有管理公共事务职能的组织不得滥用行政权力，排除、限制竞争。

一、概述

传统反垄断法的任务是预防市场势力，禁止私人垄断。这是因为自由竞争会导致垄断，充分和不受限制的合同自由会产生不合理的经济和社会后果。因此，国家必须在竞争中充当裁判员的角色，规范和维护市场竞争秩序，保护广大经营者和消费者的利益。然而，现实经济生活表明，限制竞争的力量并不仅仅来自企业，还有很多是来自行政机关以及法律、法规授权的具有管理公共事务职能的组织。特别因为我国当前仍然处于经济体制转轨过程中，政企不分的现象仍然大量存在，所以我国《反垄断法》很有必要规制行政性限制竞争行为。

我国《反垄断法》在制止行政性限制竞争方面，除了总则中的第八条，还有第五章全章和第七章中的第五十一条。尽管这些规定在当前的法律环境下不一定能够有效地遏制行政垄断，特别是《反垄断法》没有把行政垄断的管辖权交给反垄断行政执法机关，这使《反垄断法》面对行政垄断像一只没有牙齿的老虎。但是，我国《反垄断法》规制行政垄断的意义仍然十分重大，这不仅表明我国立法者对行政垄断持坚决反对的态度，从而有利于提高各级政府机构的反垄断意识，而且也表明反对行政垄断是全国上下的主流观点，从而有利于在我国倡导和培育竞争文化。

二、滥用行政权力排除、限制竞争的主体

《反垄断法》第八条规定：“行政机关和法律、法规授权的具有管理公共事务职能的组织不得滥用行政权力，排除、限制市场竞争。”这说明，这条规定适用的对象有两种，一是行政机关；二是法律、法规授权的具有管理公共事务职能的组织。

1. 行政机关

行政机关是指依法享有行政职权，能够以自己的名义代表国家进行行政管理活动，并且承担由此产生的法律后果的行政组织。行政机关在法律上和实践中也被称为政府，是国家权力机关的执行机关，可以以国家授予的行政权力，通过强制和非强制手段，对国家的经济、政治、教育、科技、文化、卫生、国防等事务进行组织和管理。国家行政机关是国家机构的重要组成部分，其体制、职权由宪法和法律规定。

国家行政机关包括最高国家行政机关和地方国家行政机关，最高国家行政机关即是指国家行政机关的核心——中央政府。这在我国是指国务院。我国的地方国家行政机关分为省（自治区、直辖市）、州或县（市、区）和乡镇三级人民政府。各级国家行政机关都是经由本级人民代表大会产生，对本级人民代表大会及其常委会负责并报告工作，受其监督。下级国家行政机关受上级国家行政机关的领导，地方各级国家行政机关服从国务院的统一领导。

然而，《反垄断法》第八条意义下的行政机关应该是一个有限的范围，即不包括代表主权国家行使行政职权的中央政府。因为即便反垄断法非常重要，是规范国家经济秩序和市场竞争秩序的法律制度，但它也没有资格评判国家的主权行为是否构成权力滥用。即便在十分崇尚竞争的美国，美国反托拉斯法也没有资格要求主权者遵守反托拉斯法。美国最高法院在其1943年Parker v. Brown一案判决中指出：“国会不要求国家服从《谢尔曼法》。国家可以自己的名义，以私人不被允许的反竞争方式从事管理或者行为。”[1] 这即是说，美国反托拉斯法的任务虽然是反对垄断，反对限制竞争，但它不反对主权国家选择的限制竞争政策，也不反对国家本身从事限制竞争的行为。

因此，我国《反垄断法》第八条所指的行政机关，不应包括有权代表中央政府的行政机关，因为这些行政机关实际是在行使国家的职权，它们的行政行为是代表主权者的行为，《反垄断法》对这些行为不享有管辖权。

---

[1] Parker v. Brown, 317 U. S. 341, 350 – 51 (1943).

2. 法律、法规授权具有公共事务管理职能的组织

要明确法律、法规授权具有公共事务管理职能的组织，首先应当了解公共事务和公共事务管理职能。公共事务是指伴随社会发展而产生的关系到国家、集体、个人共同利益的社会性事务，如公共物品、公共服务的生产与供给等。因为管理公共事务的任务是任何个人或者任何私人团体都不能承担的，这个任务自然就落在了国家的肩上。因此，管理公共事务是国家的权力，也是一种政治权力。

伴随公共事务的产生，这个方面就出现了两种不同的社会分工：一是生产公共物品和提供公共服务的机构，这主要指各类社会公益组织；另一种是公共管理机构，即为了实现公共利益，运用公共权力管理公共事务的机构。我国目前管理公共事务的机构大致分为六类：（1）国家机关；（2）执政党；（3）工会、妇联、共青团等群团组织；（4）法律、法规授权处理公共事务的各类事业单位；（5）政府指导下的基层群众自治组织；（6）社会团体和民办非企业组织。除了国家机关，这里最重要的是法律、法规授权管理公共事务的各类事业单位。

理论上说，公共事务管理职能是由各级政府行政机关承担的。但在实践中，由于行政编制紧张，机构总量有限，再加上工作效率等问题，如果把纷繁复杂的公共事务管理全部交给政府行政机构承担是不现实的。这种情况下，一种变通办法就是将部分公共事务管理的职能交由事业单位，如证监会、轻工协会、广播电视局、新闻出版局、旅游局、档案局、畜牧水产局、公用事业局、房地产管理局、环卫管理局、知识产权局等。这些机构虽然管理公共事务，但它们不属于政府行政机关。应当说，这种授权或者委托是一种过渡性和临时性的措施，但因行政编制等问题一直存在，经法律、法规授权具有管理公共事务职能的组织就形成了一个庞大的体系。

总而言之，这些经法律、法规授权的具有管理公共事务职能的组织尽管在人员编制管理方面与政府机关有一定差别，但其工作性质与行政机关基本相同，即管理社会公共事务。在这种情况下，它们就有可能利用手中的行政权力，排除、限制竞争。因此，《反垄断法》第八条对这些管理公共事务的组织与行政机关作出了相同规定。

三、滥用行政权力的行为

《反垄断法》第八条明确规定："行政机关和法律、法规授权的具有管理公共事务职能的组织不得滥用行政权力，排除、限制竞争。"这说明，《反垄断法》反对的是滥用行政权力限制竞争的行为，而不是反对政府实施的所有

限制竞争行为，更不是反对主权者的限制竞争行为。

在政府行政行为中，如果一个行为被称为滥用，这个行为肯定是一个越权行为。越权行为是指行为人违反授权者授予其权力的目的和要求而行使行政权力。从法律的角度看，认定一个行为是否构成越权，决定性的是该行为是否符合国家的法律或者国务院制定的行政法规。如果国家法律明确禁止政府及其所属部门从事某种行为，而政府违背法律从事了这种行为，这就构成滥用。例如，国家三令五申地反对地方保护，我国《反不正当竞争法》第七条还明确禁止地方保护和政府实施的强制交易行为，国务院在这个方面也发布了很多行政性规章。在这种情况下，地方政府出于地方企业的利益，发布地方性文件，要求地方企业和老百姓喝“爱乡酒”，这种行为就是滥用行政权力限制竞争。

总之，滥用行政权力限制竞争的行为既不属于政府为维护社会经济秩序而实施的经济管理，也不属于政府为实现国民经济宏观调控而采取的产业政策、财政政策等各种经济政策或者社会政策。也即是说，这种行为超越了政府授予它的权限范围。因为《反垄断法》的任务是维护市场竞争秩序，如果政府的行政行为事实上导致对市场参与者的不公平待遇，或者导致对某些企业、行业或者地区的不公平歧视，而国家在这些方面又没有明确的法律规定或者明确的政策允许政府部门这样做，这种行为一般可被认定为是滥用行政权力限制竞争。

四、我国经济生活中的行政性限制竞争

我国学术界一般将滥用权力限制竞争的行为概括为行业垄断和地方保护主义，或者形象地称之为条条垄断和块块垄断。

条条垄断是指在纵向行业内，政府主管部门批准设立行政性公司，它们是一些集行政管理和生产经营于一体的“翻牌公司”，承担着管理行业任务的大企业集团以及作为“嫡系”挂靠这个局、那个部享受优惠待遇的企业。由于政府的授权，这些企业就有着其他企业不能具有的竞争优势，就某些产品的生产、销售或者原材料的采购处于人为的垄断地位，从而不公平地限制了竞争。这种现象也被称为是“权力经商”。

块块垄断则是指横向的行政区域之间的地方保护主义，其主要表现为地方政府禁止外地产品进入本地市场，或者阻止本地原材料销往外地，由此便使全国本应统一的市场分割成了一个个狭小的地方市场。经济体制改革以来，随着中央和地方政府在财政上的“分灶吃饭”，各地区有了相对独立的利益，地方与地方间的矛盾扩大了，地方保护主义随之就发展到了登峰造极的地步。有些地方政府对外地产品拒办批发和营销执照，随意没收或者罚款，甚至发展到八

方设卡或者围追堵截的地步。有些地方政府为阻止外地商品进入本地市场，还发布地方性文件指出："为了保护本县化肥生产，禁止任何单位和个人（包括供销合作社系统）从外地购进碳铵，违者除没收商品和非法所得外，还要按有关法规予以重处，并追究乡镇人民政府和管理部门主要领导的行政和经济责任。"❶

行政性限制竞争还表现为企业合并中的"拉郎配"，即政府强迫企业加入某个企业集团，或者强迫经济效益好的企业接受某些经济效益不好的企业。"拉郎配"可以认定为是行政性限制竞争，这是因为它违背了市场交易中应当遵循的"自愿、公平、等价有偿、诚实信用"的基本原则，损害了企业的经营自主权和市场竞争力。

此外，由于政府管理经济和管理企业方面的职能没有完全分开，我国某些企业实施的限制竞争也往往带有行政性限制竞争的色彩。例如，原经贸委1998年8月出台的《关于部分工业产品实行行业自律价的意见》，明显是以行政干预为手段，强迫企业按照行业协会规定的最低限价销售产品。最先倡导实行行业自律价的中国农机工业协会农用运输车分会还以不执行行业自律价为由，对山东时风集团进行了罚款。这种"价格自律"实际是强制性的"价格卡特尔"，因为与真正的价格卡特尔相比，行业自律价格不是征求了同行业所有企业的意见。

行政性限制竞争行为不管表现为什么方式，它们的本质是一样的，即偏爱个别企业，排斥其他企业，或者偏爱个别地区，排斥其他地区，对市场经济条件下有着平等法律地位的市场主体实施了不平等的待遇。滥用行政权力限制竞争的后果是保护了落后，妨碍市场的公平竞争，阻止建立全国统一、开放和竞争的大市场，使"优"不能胜，"劣"不能汰，社会资源得不到合理和有效的配置。由于滥用行政权力限制竞争行为特点是行政权力对市场交易活动的直接干预，常常表现为"官商勾结"，这就一方面为那些滥用权力操纵市场的行政官员以权谋私和权钱交易提供了机会，在很大程度上引发了社会腐败，损害了政府的形象。另一方面是使那些受到行政权力庇护的企业可以逃避市场竞争的压力，从而在推动价格上涨或者滥用市场优势中较一般经济性的垄断企业更加有恃无恐，对提高产品质量、降低成本以及改善售后服务缺乏热情，其结果不仅影响了市场的公平竞争，而且也损害了广大消费者的利益。

---

❶ 李必达．中国的反不正当竞争、反垄断行政执法［C］//中国反垄断法国际研讨会论文．1997．

五、禁止滥用行政权力限制竞争

因为行政性限制竞争行为会严重地损害市场竞争，损害消费者的利益，我国《反垄断法》明确地禁止这种行为。其实，国务院早在1980年10月发布的《关于开展和保护社会主义竞争的暂行规定》中，就提出了反对行政垄断的任务。该暂行规定指出："开展竞争必须打破地区封锁和部门分割，任何地区和部门都不准封锁市场，不得禁止外地商品在本地区、本部门销售。"为了反对权力经商，强调政企分开，中共中央和国务院1984年还发布了《关于严禁党政机关和党政干部经商、办企业的决定》，指出各级党政领导机关特别是经济部门及其领导干部不得"运用手中的权力，违反党和国家的规定去经营商业、兴办企业，谋取私利，与民相争。"国务院还多次发布了反对地方保护主义的行政法规，如1990年11月《关于打破地区间市场封锁 进一步搞活商品流通的通知》。尤其需要指出的是，我国《反不正当竞争法》第七条规定："政府及其所属部门不得滥用行政权力，限制他人购买其指定的经营者的商品，限制其他经营者正当的经营活动。政府及其所属部门不得滥用行政权力，限制外地商品进入本地市场，或者本地商品流向外地市场。"鉴于对政府滥用行政权力查处难度较大的问题，该法第三十条规定："政府及其所属部门违反本法第七条规定，限定他人购买其指定的经营者的商品、限制其他经营者正当的经营活动，或者限制商品在地区之间正常流通的，由上级机关责令其改正；情节严重的，由同级或者上级机关对直接责任人员给予行政处分。"

我国《反垄断法》是否规制行政垄断，这在反垄断立法中一直是一个热门争论的话题。在国务院法制办2005年11月的"草案"中，反对行政垄断的专章曾一度被删掉过。但是，国务院2006年6月提交全国人大常委会的"草案"又恢复了这一章，说明反对行政垄断仍然是全国上下的主流观点。当然，因为我国《反垄断法》没有把行政垄断的管辖权交给反垄断行政执法机关，我国行政垄断能否得到有效遏制还需要时间的检验，但是，关于行政垄断的专章规定毕竟是我国《反垄断法》的重大特色，表现了我国立法者对行政垄断的重视程度，也表现出我国将继续深化经济体制改革和进行政治体制改革的决心。

当然，反对行政垄断不仅对中国是一个难题，对其他国家也是一个难题，因为这是政府自己在限制自己。因此，这不是一部反垄断法就能够完成的任务。事实上，这个任务只能是随着我国政治体制改革和经济体制改革的不断深化，特别得在政府职能的彻底转变和政企不分的状况改变后才能完成。也即是说，只有当政府的经济政策只是在宏观上发生作用，即政府既不偏爱某些企业而排斥其他企业，也不偏爱某些地区而排斥其他地区，全国才能真正建立统一的市场，实现公平竞争和优胜劣汰的机制。这种机制是促使生产要素自由流动和优化配置的机制，是激发个人、企业和区域积极参与竞争和不断提高与改善自身经济效益的机制。这种机制就是有效竞争的机制。因此，我国的反垄断本质上是政府和各个经济部门的任务。然而，由于完成这个任务需要人们在思想意识方面的根本转变，特别是需要深刻理解保护竞争是维护市场经济秩序的核心，此外，由于社会主义市场经济体制须得在各级政府部门及其领导人的大力推动下才能建立和发展，国家就有必要通过反垄断法，加大对滥用行政权力干预市场交易行为的查处力度，并要组织一批熟悉经济和法律的人士建立一个独立的、有效的和权威性很高的反垄断执法机构。

最后还需要指出的一个问题是，出于下列原因，反垄断法在反对行政性限制竞争方面只能起到有限的作用：第一，一个国家是否将一种行为视为滥用，决定性是这个国家的反垄断意识。如果国家认为，推动建立大企业是提高国家竞争力的惟一手段，它就可能通过行政手段将一个行业的企业联合起来组建本国的航空母舰。在这种政策的引导下，政府强迫企业加入企业集团虽然会严重损害竞争，但它是国家鼓励的行为从而得被视为是合法的行为。第二，界定一个行为是否构成滥用，还取决于国家的其他法律和政策。任何一个国家都有很多目的不同的法律制度和经济政策，它们会不同程度或不同范围地影响国家的竞争政策和竞争法。例如，有些国家对某些被视为自然垄断的行业仍然实行管制的政策，或者对某些行业实行优惠的产业政策，或者实行保护国内市场的政策，或者实行过度保护知识产权的政策等。这些制度或者政策因为不是专门用来保护市场竞争，它们就可能与竞争政策和竞争法产生冲突。以知识产权法为例，如果国家认为知识产权保护是惟一或者绝对的目的，它就会容忍某些企业凭借知识产权不合理限制竞争的行为。

尽管竞争政策不是国家惟一的政策，尽管竞争法在制止行政垄断方面的作用是有限的，但是任何一个实行市场经济体制的国家都必须高度重视行政性限制竞争的问题。这一方面是因为市场竞争机制与政府的行政手段相比是配置资源更好的方式，因为只有在市场竞争的压力下，企业才会努力降低价格，改善质量，改善服务，改善经营管理，这从企业的角度是提高了市场竞争力，从社会的角度是优化配置资源；另一方面，政府限制竞争对市场竞争的影响在程度、范围等方面都会大大超过企业限制竞争的行为。这正如古典经济学派指出的，无论过去、现在还是将来，政府的限制竞争都是对竞争危害最甚的行为。因此，任何一个以开放市场和建立公平自由竞争机制为目的的反垄断法都不可能把其注意力仅仅投向企业的行为。

第九条　反垄断法委员会

国务院设立反垄断委员会，负责组织、协调、指导反垄断工作，履行下列职责：

（一）研究拟订有关竞争政策；

（二）组织调查、评估市场总体竞争状况，发布评估报告；

（三）制定、发布反垄断指南；

（四）协调反垄断行政执法工作；

（五）国务院规定的其他职责。

国务院反垄断委员会的组成和工作规则由国务院规定。

一、概述

如何设置我国的反垄断执法机构，这是直接关系我国《反垄断法》能否有效得到实施的大问题，也是人们普遍关心一个问题。根据国务院法制办曹康泰主任的解释，我国反垄断法执法机构的设置主要考虑两个问题，一是现实可行性，即要维持有关部门分别执法的现有格局，保证《反垄断法》公布后的实施；二是要有前瞻性，即要为今后的机构改革和职能调整留有余地。出于上述考虑，特别是考虑到我国当前有多家政府机构承担反垄断执法任务，我国《反垄断法》第九条规定，国务院设立反垄断委员会，负责组织、协调、指导反垄断工作，并履行下列职责：（1）研究拟订有关竞争政策；（2）组织调查、评估市场总体竞争状况，发布评估报告；（3）制定、发布反垄断指南；（4）协调反垄断行政执法工作；（5）国务院规定的其他职责。

我国《反垄断法》设置反垄断委员会，这完全出于我国的国情，因为其他国家的反垄断法大都没有类似我国反垄断委员会的机构，而是将我国反垄断委员会的职责全部赋予反垄断执法机构。例如 1991 年生效的《波兰反垄断法》第 19 条规定，波兰反垄断局应履行下列职责：（1）监督反垄断的法律和行政法规的遵守情况；（2）调查在限制竞争条件下的价格形成机制；（3）根据反垄断法，作出禁止经营者联合的决定并对参与者处以罚款；（4）将市场份额超过 80% 的经营者登记注册；（5）研究经营者集中的状况，并出于市场结构的考虑对相关经营者的经营活动提出建议；（6）起草或建议起草反对垄断和促进市场竞争的法律；（7）向政府提出与竞争政策相关的建议；（8）本法或者其他法律规定的其他职责。[1]

然而，在我国存在多家执法机构的情况下，《反垄断法》第九条规定的任务，特别是研究拟订有关竞争政策，组织调查、评估市场总体竞争状况和发布评估报告，以及制定、发布反垄断指南的任务，既不宜交给这些机构中的某个机构，也不宜交给全体机构。这种情况下，国家就有必要建立反垄断委员会，由这个委员会来负责组织、协调、指导反垄断工作。

需指出的是，根据《反对限制竞争法》，在德国除了反垄断执法机构即联邦卡特尔局，还有一个垄断委员会。但这个垄断委员会的职权远不及我国反垄断委员会的大，因为我国反垄断委员会是一个制定竞争政策和竞争法的机构，也即是一个关于国家竞争政策的决策机构。德国垄断委员会虽然也被视为是在德国执行反对限制竞争法的一个机构，但是这个机构只是负责关于德国境内市场集中状况的评估。也即是说，这个机构虽然也可对国家的竞争政策发表意见，但它终归只是发表意见，而不能进行决策。德国垄断委员会有 5 名成员，他们分别是在国民经济管理、企业管理、社会政策、技术工艺和竞争法领域知识经验非常丰富的专家。委员会的成员由联邦政府提名，总统任命。为了维护委员会的独立性，委员会的成员既不得就职于政府，也不得与企业或者行业协会有经济利益关系。因此，这个委员会的成员基本都是研究机构或者大学的教授。

二、国务院反垄断委员会的职责

在反垄断行政执法权被分割的情况下，尽管国务院反垄断委员会不是一个具体处理反垄断案件的机构，它也是一个权限很大、职责非常重要的机构。它的主要职责如下：

1. 研究拟订有关竞争政策

竞争政策是市场经济国家为保护和促进市场竞争而实施的一项基本经济政策。竞争政策的目标是保护和促进市场竞争，确保竞争机制在市场上能够发挥优化资源配置的作用，并且由此提高企业的生产效率，增大消费者的社会福利。出于上述目标，各国竞争政策和竞争法一般都在以下几个方面对企业行为进行规范：（1）禁止企业间订立限制竞争的协议和相互协调市场行动，特别是禁止竞争者之间订立商定产品价格、限制生产或者销售数量或者分割销售市场的协议；（2）禁止滥用市场支配地位的行为，包括掠夺性定价、拒绝交易、价格歧视、搭售或者附加其他不合理条件等；（3）控制企业合并，以防止市

[1] 尚明．主要国家（地区）反垄断法律汇编［M］．北京：法律出版社，2004：165.

场过度集中，维护竞争性市场结构。

竞争政策一个比较突出的特点是，与国家的货币政策、财政政策等其他经济政策相比，竞争政策一般是以具体的法律制度为基础，也可以说竞争法就是国家竞争政策的内容。因此，竞争政策是一种法律化的经济政策。

除了反垄断法，竞争政策也体现在国家对某些在过去被视为自然垄断或者由国家垄断经营的行业或者部门实行放松经济管制和促进自由竞争的政策。自20世纪80年代以来，很多国家在电信、电力、邮政甚至铁路等领域实行了放松管制的政策，引入了竞争机制。这种情况下，这些行业一般便不再能够从反垄断法中得到豁免。然而，由于这些向社会提供电信、电力、自来水、天然气等服务的行业与固定的管道或者线路相关，从规模经济出发，这些行业即便引入了竞争机制，竞争也是不充分的。因此，国家仍然有必要授权政府对这些行业进行监管。这即是说，这些行业一方面因为已经引入了市场竞争，它们需要执行国家的竞争政策，但另一方面，这些行业仍然有特殊性，因此仍然存在着行业监管。行业监管法虽然有很多具体规定，但监管的目的是促进和培育市场竞争，因此，这种监管应体现无歧视、透明度和程序公正原则。无歧视即指所有符合市场准入条件的企业有平等参与市场竞争的权利；透明度原则至少要求有公开监管的法律和规章，以使市场主体对其法律行为有可预见性；程序公正则应当保证在当事人对监管机构裁决不服的情况下有得到法律救济的权利，即监管机构的行政裁决有得到司法审查的可能性。

2. 组织调查、评估市场总体竞争状况，发布评估报告

掌握市场总体竞争状况不仅是制定国家竞争政策的基础和前提条件，而且也是执法机构恰当执行反垄断法的基础和前提条件。因此，《反垄断法》第九条赋予反垄断委员会一个职责就是：组织调查、评估市场总体竞争状况，发布评估报告。

鉴于市场竞争与市场结构有着非常密切的关系，反垄断委员会在调查和评估市场总体竞争状况时，尤其应当重视企业集中的情况和市场集中度。根据德国《反对限制竞争法》的经验，德国垄断委员会除了对竞争政策其他方面的现实问题发表意见外，最重要的是对德国市场上企业集中的现状和发展前景作出评估，包括对德国联邦卡特尔局适用《反对限制竞争法》中关于企业合并控制法律规定的情况作出评估。我国《反垄断法》没有对反垄断委员会发布评估报告的时间作出规定。德国法的规定是，垄断委员会每两年发布一次评估报告。

鉴于反垄断委员会关于市场竞争状况的评估报告是它研究和拟定国家竞争政策的基础，评估报告应尽可能地反映市场客观情况。另一方面，因为在评估

报告基础上制定的竞争政策要对企业的市场活动产生影响，委员会的评估报告应当由委员会自己独立完成，即不应受到个别企业或者个别企业集团的影响。因此，反垄断委员会为评估市场竞争状况所收集的各种信息原则上不应来自个别企业，而是应当来自反垄断执法机构以及其他政府机构所掌握的信息。

我国《反垄断法》没有明确规定，国务院反垄断委员会是向谁提交关于市场竞争总体状况的评估报告，而只是规定“发布评估报告”。这说明，这个报告应向社会公告。向社会公告市场竞争总体状况，有利于提高我国竞争立法的透明度。

3. 制定、发布反垄断指南

我国在2007年8月30日通过的《反垄断法》只有57条。因此，大多数规定非常简单，可以说只是原则性的规定。另一方面，无论是反垄断的制定，还是反垄断法的执行，它们的专业性都非常强。这即是说，即便我国的《反垄断法》有着比较详细的规定，它也不可能满足反垄断执法中的需要。因此，我国《反垄断法》赋予反垄断委员会的第三个职责就是制定和发布反垄断指南。

《反垄断法》的指南一般是出于使法律具有可操作性的目的，对适用反垄断法的各种情况进行分析，或者是对反垄断法中一些概念进行解释。反垄断法的指南非常重要，因为这一方面可以给反垄断执法机构的执法工作提供指导，另一方面可以给市场主体即企业的生产经营活动提供指导，能够使它们认识到，什么情况下的市场行为可能会违反《反垄断法》，也即是使它们对其法律行为的后果有可预见性。需要指出的，因为反垄断委员会是一个行政机构，由它制定和发布的反垄断指南对法院一般不具有法律的约束力。但在另一方面，因为反垄断委员会制定反垄断指南应该是建立在对市场、对企业的竞争行为等相关因素进行科学分析的基础上，这些分析不仅与国家现有的法律、法规相关，而且还与经济学相关，这些指南至少可以为法院适用《反垄断法》的执法活动提供指导。

世界各国反垄断法一般都有很多配套的实施性细则或者适用指南。例如在美国反托拉斯法中，除了《谢尔曼法》、《克莱顿法》、《联邦贸易委员会法》等反托拉斯基本法、法院判例以及《对外贸易反托拉斯改进法》、《全国合作性研究和生产法》、《国际反托拉斯执行援助法》等由国会通过的法律外，美国司法部和联邦贸易委员会在这个领域还发布了很多指南，如1992年的《横向合并指南》、1995年的《知识产权转让反托拉斯指南》、1995年《国际经营中反托拉斯执行指南》、2000年《竞争者之间合作的反托拉斯指南》等等。这些反托拉斯指南虽然不具有法律的效力，对法院不具约束力，但它们表明了美国政府的反托拉斯政策，对反托拉斯执法机关有重要的指导意义。

4. 协调反垄断行政执法工作

我国《反垄断法》没有明确规定应当由哪个部门承担反垄断执法工作，而只是规定“国务院规定的承担反垄断执法职责的机构依照本法规定，负责反垄断执法工作”，这说明根据我国的现实情况，可能会有多家行政机构执行《反垄断法》。这种情况下，我国反垄断的行政执法就可能存在执法不统一的问题，例如关于某种限制竞争行为的合法或者违法的定性问题上，或者行政处罚的程度上，特别如罚金的确定问题上，存在着差异。为了在我国建立统一、开放、竞争、有序的市场体系，我国《反垄断法》赋予国务院反垄断委员会的第四个职责就是协调反垄断行政执法工作。

反垄断行政执法的协调工作应当表现在很多方面。《反垄断法》第九条中规定了反垄断委员会有权拟定竞争政策、有权制定和发布反垄断指南，这其实是非常重要、也可以说最重要的反垄断协调工作。一方面，因为在没有统一竞争政策以及在反垄断执法方面缺乏统一指南的情况下，多家行政执法机构的执法工作完全不可能得到协调。但在另一方面，即便反垄断委员会制定了统一的竞争政策和执法指南，由于执法机构的工作人员对竞争政策的理解和认识可能存在着差异，在这种情况下，我国反垄断行政执法机构之间仍然需要一个协调机构。特别是因为反垄断执法一般都是涉及对一个行业或者一个市场有着重大影响的限制竞争行为，如果执法机构之间存在着意见分歧，这不仅会影响这些机构对案件的审理，而且会影响我国《反垄断法》的效力和权威。因此，我国反垄断执法机构之间的协调活动是非常必要的。

根据我国的现实情况，国务院反垄断委员会的协调工作不仅会涉及商务部、国家工商行政管理总局、国家发展改革委员会在反垄断法领域的行政执法工作，而且还可能涉及关于电信、电力、邮政、铁路、银行、保险等领域或者部门行业监管的行政执法工作，因为这些行业的改革方向是打破垄断和引入竞争机制，因此这些监管机构的监管工作就可能涉及市场竞争。在这种情况下，反垄断委员会可能就需要协调反垄断行政执法机构和行业监管机构在这些行业的执法工作，以保证这些行业的竞争执法工作与国家的竞争政策以及产业政策相协调。

5. 国务院规定的其他职责

除了上述四项职责，国务院可能出于实际工作的需要，赋予反垄断委员会在其他方面的职责。在我国反垄断立法中，人们对反垄断执法机构寄予很大的期望，如国务院法制办2005年关于《反垄断法》的“征求意见稿”中，曾规定反垄断执法机构有对其他部门拟定的涉及《反垄断法》事项的政策和规章提出修改建议的权力，此外还有与国外反垄断主管机关和国际组织进行交流合作以及进行竞争政策双边、多边国际协定谈判的任务。由于反垄断行政执法现在被分割在多家机构的手中，上述权限不宜交付某个具体的行政执法机构，但是在必要情况下，它们可以交付国务院反垄断委员会。

三、国务院反垄断委员会的组成和工作规则

我国《反垄断法》没有明确规定国务院反垄断委员会的组成。但是，根据国务院提交全国人大常委会的《反垄断法（草案）》，这个委员会是由国务院有关部门、机构的负责人和若干专家组成。这些部门和机构应当被理解为是与执行反垄断法相关的机构，但不排除也包括某些与国家竞争政策关系密切的机构，尽管它们不是执行《反垄断法》的机构。

我国《反垄断法》也没有明确国务院反垄断委员会的工作规则，只是规定这些规则由国务院规定。因为反垄断委员会基本上是一个拟定国家竞争政策的机构，这些政策对于指导企业的市场行为有着极其重要的意义，这个机构的工作规则以及它的议事方式应当体现透明度和程序公正的原则。

第十条　反垄断执法机构

国务院规定的承担反垄断执法职责的机构（以下统称国务院反垄断执法机构）依照本法规定，负责反垄断执法工作。

国务院反垄断执法机构根据工作需要，可以授权省、自治区、直辖市人民政府相应的机构，依照本法规定负责有关反垄断执法工作。

一、概述

反垄断法如何设置执法机构，这是关系到反垄断法能否得到有效实施的根本问题，从而是人们普遍关心的问题。根据国务院法制办曹康泰同志关于《反垄断法（草案）》的说明，我国反垄断法执法机构的设置主要考虑两个问题：一是现实可行性，即要维持有关部门分别执法的现有格局，保证《反垄断法》公布后的实施；二是一定的前瞻性，以便为今后机构改革和职能调整留有余地。因此，国务院提交的《反垄断法（草案）》只是规定了反垄断执法机构的职责及其工作程序，对具体承担反垄断执法职责的机构由国务院另行规定。这种情况下，我国《反垄断法》第十条规定："国务院规定的承担反垄断执法职责的机构（以下统称国务院反垄断执法机构）依照本法规定，负责反垄断执法工作。"此外，为了协调反垄断执法，保证反垄断执法的统一性、公正性和权威性，而且也是为了给今后机构改革和职能调整留有余地，《反垄断法》的第九条规定："国务院设立反垄断委员会，负责组织、协调、指导反垄断工作，……"为了便于严格和统一执法，《反垄断法》第十条还规定："国务院反垄断执法机构根据工作需要，可以授权省、自治区、直辖市人民政府相应的机构负责有关反垄断执法工作。"这说明，我国与反垄断行政执法的机构在结构上有三层：（1）国务院反垄断委员会；（2）国务院规定的承担反垄断执法职能的机构；以及（3）经国务院反垄断执法机构授权的省、自治区、直辖市人民政府相应的机构。严格地说，国务院反垄断委员会不是一个行政执法机构，而是一个组织、协调和指导反垄断工作的机构，因此可以说是领导反垄断行政执法的机构。《反垄断法》第九条对国务院反垄断委员会作了专门规定。

《反垄断法》第十条关于反垄断执法机构的规定只涉及反垄断的行政执法。除了行政执法，《反垄断法》第五十三条还规定："对反垄断执法机构依据本法第二十八条、第二十九条作出的决定不服的，可以先依法申请行政复议；对行政复议决定不服的，可以依法提起行政诉讼。对反垄断执法机构作出的前款规定以外的决定不服的，可以依法申请行政复议或者提起行政诉讼。"这说明，人民法院在我国《反垄断法》的实施过程中也将发挥重要的作用。实际上，出于程序公正的考虑，行政执法机构的行政决定应当接受司法审查已经成为法治国家的一项基本原则。因此，《反垄断法》中的司法审查制度也是《反垄断法》的一项基本制度。现在，各国反垄断法一般都规定了二审终审制的司法审查制度。如有权审理联邦德国卡特尔局行政裁决是位于杜塞尔夫的高级州法院。当事人如果对这个高级州法院的判决不服，可以向联邦法院提出上诉。在欧共体，有权对欧共体委员会所作竞争案件的裁决进行司法审查的是欧共体初审法院。当事人如果对欧共体初审法院的判决不服，可以到欧共体法院进行上诉。但是，德国联邦法院和欧共体法院所进行的司法审查只是法律审，而不是事实审。考虑到反垄断法的专业性和技术性，有些国家还就反垄断案件的司法审查设立了专门法院，例如南非设立了"竞争上诉法院"（Competition Appeal Court），英国设立了"竞争上诉法庭"（Competition Appeal Tribunal）。

我国《反垄断法》刚刚通过，人民法院在反垄断法领域尚未发挥重要作用。在反垄断立法过程中，人民法院参与的力度也不大。但是，随着《反垄断法》的实施，特别是随着反垄断司法审查的案件逐步增加，人民法院毫无疑问将成为执行我国《反垄断法》的一支十分重要的力量。

二、反垄断中央执法机构

根据我国当前与反垄断相关的法律法规，在我国《反垄断法》颁布后初期执法阶段，将有国家商务部、国家工商行政管理总局和国家发展改革委员会三家机构分头执行《反垄断法》。

商务部享有反垄断执法权的主要依据是2006年以商务部为首的6部委共同发布的《外国投资者并购境内企业的规定》。根据这个规定的第十条，商务部对外资并购境内企业享有审查权，包括反垄断审查的权力。在商务部审查的外资并购活动中，引人注目的有美国凯雷收购中国的徐工案，法国SEB集团收购中国的苏泊尔案。2006年，法国SEB收购中国苏泊尔的反垄断调查是商务部启动的第一个反垄断调查。《反垄断法》颁布之后，商务部对外资并购的反垄断审查权会扩大到所有的企业并购活动。目前，商务部执行《反垄断法》的下属机构是“反垄断调查办公室”。2007年3月，这个办公室还发布了《外国投资者并购境内企业反垄断申报指南》。可以预期，商务部反垄断调查办公室将会大幅度增加预算和人员编制，以适应反垄断执法的需求。

国家工商行政管理总局享有反垄断执法权的依据主要是1993年颁布的《反不正当竞争法》。这部法律规范不正当竞争行为，也规范某些限制竞争行为，如第六条规定：“公用企业或者其他依法具有独占地位的经营者，不得限定他人购买其指定的商品，以排挤其他经营者的公平竞争。”国家工商行政管理总局于1993年12月还发布了《关于禁止公用企业限制竞争行为的若干规定》，列举了公用企业限制竞争的种种行为。1994年8月，国家工商行政管理总局成立了公平交易局，其任务是监督检查市场主体的交易行为，贯彻实施《反不正当竞争法》、《消费者权益保护法》等有关市场交易行为的法律。根据以往工作经验，国家工商行政管理总局公平交易局的反垄断执法活动将集中于禁止滥用市场支配地位的行为。此外，它还有权监管不涉及价格问题的垄断协议。

国家发展改革委员会（其前身为国家计划委员会）享有反垄断执法权的主要依据是我国1997年颁布的《价格法》。该法第十四条第一款规定：经营者不得“相互串通，操纵市场价格，损害其他经营者或者消费者的合法权益。”根据该法第五条，国务院价格主管部门统一负责全国的价格工作，包括执行《价格法》第十四条第一款的任务。因此，国家改革发展委员会执行《反垄断法》的机构主要是其下属的价格司，其任务主要是禁止价格卡特尔以及涉及价格的其他垄断行为。国家发展改革委员会2003年发布过《制止价格垄断行为暂行规定》，依法查处过一些串通价格的行为。在全国人大审议《反垄断法》期间，它还制止过方便面协会的价格卡特尔行为。

三、地方反垄断执法机构

出于建立全国统一、开放和竞争性大市场的需要，我国《反垄断法》把反垄断执法作为中央事权，明确规定由国务院规定的承担反垄断执法职责的机构负责反垄断执法工作。这即是说，地方各级人民政府及其有关部门均不享有《反垄断法》的行政执法权。然而，考虑到我国疆域辽阔，人口众多，如果所有的案件全部由国务院反垄断执法机构来处理，工作量势必太大，这个反垄断执法机构事实上就不可能有足够的时间进行反垄断调查，反垄断法的执法工作也就会成为一句空话。因此，《反垄断法》第十条第二款规定："国务院反垄断执法机构根据工作需要，可以授权省、自治区、直辖市人民政府相应的机构负责有关反垄断执法工作。"这即是说，省、自治区、直辖市人民政府的相关机构虽然没有执行《反垄断法》的职责，但是它们可以在国务院反垄断执法机构授权的范围执行《反垄断法》，例如授权处理在省、自治区、直辖市行政区域具有限制竞争影响的案件。

因为反垄断执法的中央机构不是统一的机构，这些机构授权的地方反垄断执法机构也将不是一个统一机构。这即是说，在省、自治区和直辖市行政区域内，根据授权，执行反垄断法的任务可能是由与国家商务部、国家工商行政管理总局和国家发展改革委员会有垂直关系的相关机构来承担。

四、反垄断执法机构的权限

反垄断法一般都规定反垄断行政执法机构的权限。因为反垄断法是规范国家经济秩序和市场秩序的法律制度，它的目的是反垄断和保护竞争，为此有很多国家的反垄断法赋予行政执法机构相当大的权力。如俄罗斯 2002 年 10 月第 8 次修订的《关于商品市场的竞争和禁止垄断行为法》规定：俄联邦反垄断委员会（GAK）不仅有权制止企业的限制竞争行为，而且有权制止政府行政机关滥用权力限制竞争的行为，即除了国家杜马和俄联邦理事会，俄联邦行政机构、俄联邦各部门行政机构以及地方政府机构都受制于反垄断法。因此这个法律规定，这些行政机构所作的关于企业设立、重组以及停业等经济政策如果与市场竞争相关，或它们在俄联邦法令未明确规定的情况下授予某些企业特权，它们的决定或者授权都必须得到反垄断委员会的批准。

匈牙利 1996 年修订后的《禁止不正当和限制性市场行为法》也授予反垄断执法机构相当大的权限。为了避免其他政府发布的行政规章与国家的竞争政策和竞争法相冲突，这个法律授权反垄断执法机关有向其他政府机构提供关于市场竞争咨询意见的权力。根据这个法律，其他政府机构所有涉及或者影响市场竞争（特别是限制经营、限制进入市场、保护专有权或者影响价格或者销售条件）的法律、法规草案都必须征求竞争局的意见。根据统计，匈牙利竞争局在1999年收到要求提供咨询意见的法规草案300多件，竞争局对其中三分之一的草案提出了自己的意见。[1]

就我国反垄断执法机构的职权而言，因为我国要在国务院下面建立反垄断委员会，反垄断委员会不仅要组织和协调几个反垄断行政执法机构的执法工作，而且还承担研究拟定有关竞争政策、组织调查和市场竞争状况以及制定和发布反垄断指南等方面的任务，我国反垄断执法机构的主要任务就是发动反垄断调查程序，审理案件，并且有权对案件作出行政裁决。因此，我国反垄断行政执法机构是一个准司法机构，在反对垄断和保护竞争方面有着很大的权限。

五、反垄断执法机构的地位和独立性

反垄断执法机构的地位和独立性主要体现在该机构与执行国家其他经济政策的政府机构之间的关系方面。实际上，竞争政策不是国家惟一的经济政策，任何国家除了竞争政策之外，还有其他各种各样的经济政策，如环境保护、推动中小企业发展、稳定货币、提高就业率、推动社会保障、推动地区间经济协调和经济融合，等等。然而，在竞争政策与其他各种经济政策的关系方面，特别是与产业政策的关系方面，市场经济国家一般给予竞争政策以优先适用的地位。如德国《反对限制竞争法》尽管授予联邦经济部长可以豁免某些卡特尔或者某些企业合并的特殊权利，但该法明确规定："仅当限制竞争的程度不危及市场经济秩序的情况下，方可予以批准。"欧共体竞争政策也明显较其他经济政策处于优先适用的地位。欧共体条约第98条规定："成员国和共同体得依据开放和自由竞争的市场经济基本原则进行活动，且由此推动资源的有效配置……"第105条第1款规定："欧洲中央银行制度得与开放和自由竞争的市场经济基本原则相一致"。条约第157条还强调：关于欧共体产业的竞争力的规定"不应为共同体实施任何可能导致竞争扭曲的措施提供基础。"这些规定说明，欧共体大市场所要实现的商品、人员、服务和资本的自由流动，是通过共同体内的自由和开放的竞争政策而实现的，因此，欧共体的竞争政策与其他经济政策相比就有着优先适用的地位。

正是因为竞争政策在市场经济国家有着优先适用的地位，很多国家授权反垄断执法机关向政府部门提供有关市场竞争的咨询意见。如匈牙利1996年修

---

[1] Hungary, www. oecd. org/dateoecd/32/27/2404607.

订后的《禁止不正当的和限制性市场行为法》规定，所有涉及或者影响市场竞争（特别如限制经营、限制进入市场、保护专有权或者影响价格或者销售条件）的法律、法规草案必须征求竞争局的意见。匈牙利竞争局在1999年收到过要求提供咨询意见的法规草案300多件，竞争局对三分之一的草案提出了自己的意见和看法。[1] 俄罗斯1995年的《关于竞争和在商品市场中限制垄断活动的法律》也赋予俄联邦反垄断执法机构极大的权力。根据该法第12条，俄联邦反垄断执法机构不仅有权向联邦行政权力机构、联邦各部门的行政权力机构和市政当局提出取消专有权、取消配额等各种建议，而且有权对这些机构发布禁令、制止它们违反反垄断法的行为或者撤销、变更它们与反垄断法相抵触的合同。

在经济全球化的今天，各国反垄断行政执法机构还承担着在反垄断领域进行国际合作的任务，包括与外国执法机关进行信息交流或者执法协助，此外还负责竞争事务的双边或者多边协定的谈判和订立。在当前，除经济合作与发展组织（OECD）、联合国贸发会（UNCTAD）等一些国际机构在推动竞争政策外，国际上在2001年还建立了一个国际竞争网络（ICN），其成员是各国和地区执行竞争法的政府机构。这个国际竞争网络非常活跃，短短几年内已经对关于核心卡特尔、企业并购、市场支配地位以及电信、电力、天然气等领域的行业管制等问题进行了大量研究工作，发布了很多推荐意见。这个情况说明，随着经济全球化和在竞争领域的国际立法活动，反垄断法执行机构在本国应当是一个有地位、有权威的机构，否则它在国际舞台上的声音就很弱，甚至无权代表本国政府。

反垄断法执法机构必须有其独立性，这是由反垄断法的特殊任务决定的。反垄断法与一般民商法不同，与反不正当竞争法也不同，其任务是禁止各种严重限制竞争的垄断协议、禁止滥用市场支配地位和控制过大规模的企业合并。这即是说，反垄断法所干预的限制竞争行为一般来说其影响都很大，往往涉及整个市场或者整个行业。例如，禁止滥用市场支配地位的规定一般会涉及大公用企业或者大跨国公司，如欧共体委员会2004年4月关于微软公司的决定。在这种情况下，如果反垄断执法机关不具独立性和权威性，其他政府部门的意见就会左右这个机构的裁决，反垄断法就不可能得到认真的执行，反垄断法也会成为一纸空文。此外，根据国情，我国《反垄断法》还应同政府部门滥用行政权力限制竞争的行为作斗争。我国现行《反垄断法》虽然没有把滥用行政权力限制竞争行为的管辖权全部交给反垄断行政执法机构，但它至少规定：

[1] Hungary, www. oecd. org/dateoecd/32/27/2404607.

“反垄断执法机构可以向有关上级机关提出依法处理的建议。”因为行政性限制竞争行为涉及行政权力，其背后一般都有保护某些地方企业或者保护某些国有大企业的经济动机，政府和企业的关系盘根错节，调查难度很大。如果反垄断执法机关没有相当大的独立性和权威性，它就不具备足够大的权威向有关上级机关提出依法处理的建议。

出于反垄断执法机关应具备高度独立性的考虑，世界银行2002年的一个报告建议，反垄断执法机关的第一把手应当由国家议会来任命，这个机构应当有自己独立的财政预算。根据这个报告对50个发达国家的调研资料，63%的国家有独立的反垄断执法机构，即该机构不附属于任何政府部门。[1] 如美国联邦贸易委员会、日本公平交易委员会、韩国公平交易委员会等。

有些反垄断执法机构附属于政府部门，如德国联邦卡特尔局在编制上属于德国经济部。然而，联邦卡特尔局在业务上完全独立于经济部，即经济部长无权干预联邦卡特尔局对案件的审理和裁决。根据2005第7次修订后的《反对限制竞争法》第42条，联邦经济部长的权限仅是在例外情况下，即出于整体经济和社会公共利益的考虑，对某些限制竞争的企业合并给予特殊批准。然而，因为联邦经济部长的这一权力是《反对限制竞争法》授予的，法律只是出于不同经济政策的考虑授予经济部长这一特殊的权力，经济部长不得被视为是一个高于联邦卡特尔局的机构。事实上，尽管德国联邦经济部长有豁免严重限制竞争协议或者企业合并的权力，但经济部长很少使用这个权力。1989年，联邦经济部长豪斯曼附条件地批准了戴姆勒-本茨公司和MBB公司的合并。由于这个合并规模过大，这个批准不仅受到法律界和经济界人士的严厉批评，而且还导致联邦经济部长豪斯曼的下台。

我国反垄断行政执法机构附属于商务部、国家工商行政管理总局和国家发展改革委员会，这种多头执法是人们不愿意看到的一种安排。这不仅因为就同一职能设置多个机构与设置单一机构相比，其执法成本高而效率低，这些机构之间还不可避免地会产生争执和摩擦。例如，按照现行执法权限划分，公用企业的滥用行为由工商部门监督管理，价格垄断行为由价格部门监督管理，那么公用企业的价格垄断行为该由谁管呢？另一方面，在几个政府部门分割执行《反垄断法》的情况下，它们之间即便不存在管辖权的冲突，实践中有时也难以操作。例如，一个占市场支配地位的企业同时实施了操纵价格的行为和强制交易行为，按照执法权限，前一行为应由价格部门管，后一行为应由工商部门

[1] Michael J. Trebilcock and Edward M. Iacobucci, Designing Competition Law Institutions, World Competition 25 (3) 2002, p. 365.

管。这种情况下，即便两个部门没有管辖权冲突，两个机构审理一个企业的违法行为也明显存在执法资源配置不当的问题。

三足鼎立的行政执法还有一个致命弱点是，它们均附属于国务院部委下面，这不仅导致反垄断行政执法机构的级别不高，权威不大，而且由于其主管部门特别是国家发展改革委员会是制定和执行国家宏观经济政策的重要机构，作为其下属机构的反垄断执法机构就很难保持其独立性。例如，国家发展改革委员会发布过很多与竞争政策不相协调的法规，如 1998 年《关于制止低价倾销工业品的不正当价格行为的规定》和 1999 年《关于制止低价倾销行为的规定》，这些规定的目的都是限制企业间的价格竞争，强调在企业个别成本无法确认的情况下，由政府价格主管部门按照行业平均成本确定企业的销售价格，由此限制了企业的价格自主权。

因此，出于我国反垄断立法宗旨考虑，即有效地预防和制止垄断行为，保护市场公平竞争，提高经济运行效率，维护消费者利益和社会公共利益，促进社会主义市场经济健康发展，我国应建立一个统一、权威和比较独立的反垄断执法机构。

第十一条 行业协会

行业协会应当加强行业自律，引导本行业的经营者依法竞争，维护市场竞争秩序。

一、概述

这一条是强调行业协会应在维护市场竞争秩序中发挥积极的作用，即加强行业自律，引导本行业的经营者依法竞争。这一规定在我国经济生活中有重要的现实意义，因为实践表明，行业协会作为实现同行业企业共同经济利益的组织，对本行业企业间的竞争有着重大影响。行业自律对市场竞争既可发挥正面和积极的影响，也可发挥负面和消极的影响。因此，行业自律应以国家竞争政策为导向，行业协会应当推动本行业企业间的公平和自由竞争，提高企业的市场竞争力。

二、行业协会的一般作用

行业协会是指相同或相近的行业经济组织、个体工商户、农业劳动者等市场主体自愿组成，经法定程序注册登记，实行行业自律管理和相关市场服务的非营利性社会团体法人。简言之，行业协会即是同一行业的企业或者个体劳动者为实现共同经济利益而建立的长期性组织。在法律上，行业协会需经注册登记取得合法地位之后，方可按其章程的规定开展活动。

行业协会是一种古老的社会团体。封建社会商品经济发展到一定程度，各行业或者经济部门就会出现这样的组织，它们被称为“行会”、“帮会”、“行帮”、“同业公会”、“联合会”、“同盟”或者“合作社”等等。在市场经济条件下，行业协会主要起两个作用：一是通过协会组织的服务机构，向本行业的企业提供法律咨询，通过对市场的分析或者调研向企业提供相关的信息，目的是推动本行业企业的生产发展，实现协会成员共同的经济利益。二是相对于国家、其他经济组织以及社会公众，它们有权作为本行业企业的代表，维护本行业企业的利益。例如，当国家制定涉及行业利益的法律、法规、公共政策、行政措施、技术标准、技术认证或者行业发展规划时，应当听取行业协会的意见。行业协会对外代表协会成员的利益，其内部就需要一套组织机构来组织本行业企业的活动，或者为本行业的企业提供服务。此外，它还需要通过协会的章程建立一套内部约束机制，来规范本行业企业的市场行为，以实现行业内部的秩序，这种秩序一般就称为行业自律。

由于行业协会是同行业的企业在自愿基础上建立的组织，行业协会的决定就会影响市场竞争，从而成为反垄断执法机构关注的对象。例如在欧共体，行业协会的信息交流常常成为欧共体委员会的审查对象，这种信息交流有时被视为企业间的协议，有时被视为企业集团的决议，更多情况下被视为企业间的协调行为。欧共体委员会在其 1968 年关于企业间合作协议的通告中指出，企业原则上可以通过信息交流在更加透明化的市场上得到好处，但信息交流必须得保证企业在市场上能够自由和独立地开展经营活动。如果信息交流成为企业协调市场行为的手段，这种交流是违法的。[1] 委员会在其 1978 年关于欧共体竞争政策的第 7 个报告中还明确了合法信息交流与非法信息交流的界限。报告指出，信息交流是否合法取决于两个因素：一是交流的信息内容；二是信息交流涉及的市场结构。委员会认为，信息交流如果涉及当前或者今后的经营信息，这比交流历史的或者统计性的数据对市场竞争有更大的不利影响。一个关于某种产品、某个国家或者某个时期的综合性市场信息包括成本和价格信息，只要它不涉及具体的经营者，这种信息交流原则上是合法的。一个综合性的信息交流是否达到涉及具体经营者的情况，这取决于参与信息交流的企业数目。关于第二个因素，委员会认为，在寡头垄断的市场上，企业有协调其市场行为的强

[1] O. J. C 84/14 (1968).

烈愿望。这种情况下，如果交流的是敏感信息，这就可能出现共谋。所以，竞争性市场上一些合法的信息交流而在寡头垄断的市场条件下就会成为违法的行为。

我国过去实行计划经济，企业没有经营自主权。因此，行业协会在我国尚属一种新生事物。但是，我国目前组建的行业协会或者商会基本上是官方机构，或者由官方机构转化而来的半官方机构，而不是企业真正自主建立的自律性组织。另一方面，我国尚未颁布关于行业协会的法律制度，现在的行业协会大多各自为政，自行其是，没有真正为其成员在信息、咨询和职业教育等方面提供有效的服务。此外，目前的行业协会大多带有行政主管部门的色彩，一定程度上还代表地方政府的利益，在实践中搞地方保护，甚至纵容成员企业从事不正当竞争或者限制竞争行为。这种情况下，我国《反垄断法》很有必要对行业协会作出专门规定，加强对行业协会的监督。根据《反垄断法》第十一条以及其他有关条款，行业协会不得组织本行业的企业从事反垄断法禁止的限制竞争行为，行业协会有责任有义务维护本行业内部的竞争秩序，维护市场竞争秩序。

需指出的一个问题是，行业协会的目的是维护本行业企业的经济利益，因此，行业协会应当是开放的，即符合一定条件的企业都有权加入协会。如果行业协会不正当地抵制个别企业加入协会，这不仅构成对这些企业的歧视，会严重损害它们的利益，而且也是对市场竞争秩序的损害，是严重的限制竞争行为。

三、行业自律与市场竞争

企业的市场行为是竞争行为。近年来，随着企业经营自主权的落实，特别是随着市场竞争越来越激烈，以维护市场竞争秩序为主要内容的企业自律或者行业自律在社会上提得越来越响。企业自律是指参与市场竞争的主体严格要求自己，自查自纠，自我约束，特别是在市场竞争中要自觉遵守商业道德和国家制定的法律规则。1997 年，荣事达集团向社会公布了我国第一个企业竞争自律宣言，包括企业竞争自律总则、企业竞争道德、企业对外行为自律准则、企业对内行为自律准则、企业自律准则的检查与监督等。然而，因为企业自律缺乏第三者的监督和检查，对企业是一种软约束，它们在维护市场竞争秩序方面的作用是有限的。

行业自律是约束本行业企业市场行为的规则，这种规则绝大部分是市场竞争规则。因为行业协会是竞争者之间的组织，行业协会关于市场竞争所作的决议或者规则就可能是反竞争的。亚当·斯密在其名著《国富论》中指出：“同业组合及其大部分组合规则的设立，目的是通过限制自由竞争而阻止价格的下降，进而阻止工资以及利润的下降——因为自由竞争势必引起价格下降。”为了保证行业自律规则具有法律效力，即对协会成员具有法律约束力，这些自律性规则原则上必须符合国家法律的规定，特别是不得违反国家禁止性的法令。

在德国，行业竞争规则一般就是国家竞争政策在本行业的具体化，特别是关于反不正当竞争法和反垄断法在本行业的具体适用，或者对国家法规中的难点进行解释或者说明，这样的规则显然有利于推动和维护市场公平竞争。如果行业自律规则规定，本行业的企业不得使用对比广告销售商品，或者规定本行业企业不得相互开展价格竞争，这种规则显然是在限制竞争，违背市场经济的基本原则。有些行业规则虽然不是明确限制企业间的价格竞争，但如果要求企业定期向行业协会提供商品价目表，这就会给企业的生产经营活动带来不利影响。因为在企业相互公开商品价格的情况下，价格不再是它们之间相互竞争的手段。

为了保证行业自律规则符合国家法律的规定，有些国家要求行业的自律性规则须经政府有关部门的审查和批准。如德国《反对限制竞争法》规定，经济联合会或者行业协会可向卡特尔局提出要求承认其竞争规则的申请。申请书包括下列内容：(1) 经济联合会或者行业协会的名称、法律形式和通讯地址；(2) 代表人的姓名和通讯地址；(3) 竞争规则的适用范围；(4) 竞争规则。申请书还应附上经济联合会或者行业协会的章程，附上参加以及未参加经济联合会或者行业协会的相关企业、供货方联合会、购货方联合会以及相关行业在不同经济阶段的全国性组织的名单，目的是了解行业竞争规则对社会的影响。必要时，卡特尔局还组织对行业竞争规则有不同意见的双方进行辩论，给予他们陈述意见的机会。

行业自律性竞争规则一经政府有关部门的批准，这对行业协会的成员便具有法律约束力。这即是说，即便某些竞争行为根据国家法律是合法的，它们也可能因为行业自律而受到禁止。例如，国家法律一般允许企业开展广告竞争。如果行业自律规则规定，企业的广告费不得超过一定数额，相关企业在广告方面就得接受这个规则的约束。在国家法律没有明确规定的情况下，认定一个竞争行为是否正当有时不是容易的事情，这要求审查竞争规则的政府官员具有相当的竞争法知识和理论水平。

行业竞争规则因为是在企业自愿的基础上订立的，而且制定过程中一般都是大企业在发挥作用，这些规则一般都是出于维护行业中大企业的利益，因此，行业自律不可能在反垄断和维护市场竞争方面发挥很大的作用。例如，在行业不景气时，行业自律一般不可能阻止行业中大部分企业要求联合限价或者联合限产的行为。行业自律规则也不可能阻止行业中大企业的滥用市场优势地位的行为，因为这些企业不可能在其他企业（即行业中中小企业）不受某种约束的情况下，自觉自愿地服从仅约束它们的某些规则。这即是说，对行业竞争自律规则不应作太高的评价。在实践中，对市场竞争有着比较大影响的行业自律主要涉及两个方面，一是产品或服务的价格，二是产品或者服务的行业标准。

四、行业价格自律问题

在经济利益的驱动下，同一行业的经营者往往会通过行业协会，共同操纵市场价格。例如，上海市黄金饰品协会在2004年曾出台《上海黄金饰品行业黄金、铂金价格自律暂行办法》，要求其成员企业遵守协会制定的基准价，上下浮动不得超过3%，否则将给予业内通报批评、媒体曝光等处罚。2007年七八月间，世界拉面协会中国分会也多次召开价格协调会议，组织和策划方便面涨价的幅度、步骤和时间，并通过《中国面制品》杂志向全行业的企业公告会议纪要，传递龙头企业上调价格的信息，发布方便面涨价的信息，致使部分地区出现了群众排队抢购方便面的情况。这些现象说明，即便在社会主义市场经济条件下，不受约束的行业协会也可能成为中世纪的“行帮”，通过“行规”操纵市场，损害消费者的利益。

由于行业价格自律是经营者操纵市场价格的重要手段，各国反垄断法对行业价格自律甚至包括行业协会的价格推荐都是持坚决反对的态度。欧共体委员会在其1974年关于玻璃容器生产商的决定中指出：“一个生产商如果与其竞争者交流与价格相关的敏感信息如价格目录、价格折扣、价格变动幅度、价格变动时间以及对某些客户的特殊价格，这就违反《欧共体条约》第81条第1款。因为一个企业只有在与竞争者达成了协议的情况下，而且是在图谋实施同一价格政策的情况下，才会向竞争者通告其价格信息。”[1] 在1978年羊皮纸一案中，欧共体委员会禁止欧共体羊皮纸协会向其成员企业推荐比利时、卢森堡、荷兰以及丹麦市场上的涨价幅度。在这个案件中，尽管有些成员企业不是在协会规定的时间进行涨价，或者涨价幅度小于协会规定的幅度，委员会仍然认为出席这个价格协调会的所有企业都违反了《欧共体条约》第81条第1款。委员会指出：出席价格协调会议就意味这些企业在市场上从事限制竞争行为，不管它们是否遵守了决议，也不管它们什么时候开始遵守协议，以及多大程度上遵守协议。[2]

---

[1] Agreement between Manufacturers of Glass Containers，Commission Decision，O. J. L 160/1（1974）.

[2] Vegetable Parchment，Commission Decision，O. J. L 70/54（1978）.

五、行业标准问题

按照标准化国际组织（ISO）的定义，标准是一种或者一系列具有强制性或者指导性功能，内容上含有细节性技术和有关技术方案的文件，目的是使相关产品或者服务达到一定的安全标准或者进入市场的要求。反垄断法总体上对行业标准持积极的评价。因为企业的生产采用统一标准或者统一型号虽然限制企业的竞争自由，甚至一定程度上减弱质量竞争，但同类产品的统一标准或者型号可以提高这些产品间的可替代性和兼容性，从长远来说有利于推动同类产品生产商之间的竞争；另一方面，对于消费者或者用户来说，不同产品的统一标准和型号也有利于提高市场的透明度，可以使他们通过这些产品的相互比较，选择更适合自己的产品。

标准的产生主要有两种方式。一是市场选择的标准，即事实标准（de facto standard），如微软公司的Windows操作系统。另一类是由专门组织针对某项技术或者某个产品制定的标准。国家机关有时承担这个任务，但更多情况下是由行业内部参加标准化组织的成员企业共同承担的。如果行业内部的标准化组织或者机构对标准所涉及的专利没有任何限制，这就可能出现专利权人控制某项标准的情况，使行业标准成为限制竞争和其他企业进入行业的障碍。根据欧美国家与行业标准相关的实践，当一个专利成为行业标准时，权利人可以继续享有专有权，但它得承诺以合理和非歧视的条件许可其他企业通过使用其专利技术进入市场。这即是说，应当在保护知识产权和保护市场竞争两者之间寻找一个平衡点。为了减少进入市场的障碍，参与行业标准化组织的成员企业有义务披露与标准相关的专利情况，甚至这项义务被扩展到申请中的专利。如果行业标准化组织的成员企业未能履行标准制定过程中的专利披露义务而在标准制定后主张专利权，这就会出现违反反垄断法的情况。

第十二条　经营者和相关市场的定义

本法所称经营者，是指从事商品生产、经营或者提供服务的自然人、法人和其他组织。

本法所称相关市场，是指经营者在一定时期内就特定商品或者服务（以下统称商品）进行竞争的商品范围和地域范围。

这一条解释《反垄断法》两个基本概念，一是经营者，二是相关市场。

一、《反垄断法》中的经营者

《反垄断法》第十二条第一款规定："本法所称经营者，是指从事商品生产、经营或者提供服务的自然人、法人和其他组织。"因为《反垄断法》中"经营者"的概念只是服务于反垄断法的目的，事实上所有参与市场竞争的经济实体都可以被称为是经营者，而不管它们的法律形式是什么。《反垄断法》中经营者的概念尤其适用于国有大企业以及国家授予专有权或者特权的企业。如果政府以经营者的方式参与了经济活动，反垄断法可直接适用于政府。

1. 经营者的特征

在市场经济条件下，参与市场活动的主体，一般被称为"经营者"或者"企业"。我国《反垄断法》将参与市场竞争的主体称为"经营者"，有的反垄断法如德国的《反对限制竞争法》和欧共体竞争法则称它们为"企业"。不管被称为经营者还是企业，它们都是指从事商品生产或者提供服务的自然人、法人或者其他经济组织。而且出于反对垄断和反对限制竞争的目的，《反垄断法》中"经营者"或者"企业"的概念可能与商法中"经营者"或者"企业"的概念存在不一致的情况。出于反对垄断和反对限制竞争的目的，《反垄断法》中的"经营者"具有以下特征：

（1）参与市场经济活动

反垄断法中的经营者首先应当是参与生产经营活动的主体。欧共体法院的判决中曾指出：任何从事经济活动的实体包括自然人和法人，不论其法律形式和筹资方式，也不论其是否有营利动机以及根据其国内法是否具有法律行为能力，它们一律可被称为企业。德国联邦法院在判决中还提出"功能性企业"的概念，即一个组织是否可被称为企业，决定性的不是参与组织的人员，也不是组织的法律形式，而是它参与的活动类型，即是否是参与经济活动。据此，我们可以说，所有在市场上从事商品生产或者提供服务的，都可被称之为"经营者"。因此，经营者的概念涵盖所有参与市场经济活动的主体，包括法人，也包括不是法人的经济组织如合伙，还包括从事生产经营活动的自然人。

（2）法律上和经济上具有独立性

除了参与市场经济活动，"经营者"还有一个重要特征是它们享有经营自主权，即在市场经营活动中具有独立性。这即是说，一方面，经营者不仅是由人员和财产（包括有形财产和无形财产）构成的一个组织，而且有着长期的经营目的，在法律上和经济上有其独立性。法律上不具有独立性的企业部分，如工厂、分厂或者销售网点，不能被视为经营者。另一方面，一个经济组织如果在法律上有其独立性，但经济上没有独立性，不能独立参与经济活动，这个组织就不能被视为反垄断法上的经营者。例如，康采恩中法律独立但经济上不独立的子公司应与其母公司一起被视为同一企业或者同一个经营者。欧共体委员会在其1972年“Teerfarbe II”一案裁决中指出：康采恩内部的子公司因为经济上依附母公司，它们在与第三方企业的关系中得被视为一个经济实体。根据这个理论，欧共体委员会曾将外国母公司纵容其子公司在共同体市场上从事的限制竞争行为视为外国母公司在共同体市场上的限制竞争行为。欧共体法院的判决也认可了委员会的这一观点，即通过合同关系建立的经济统一体应被视为竞争法上的企业，即使这个经济统一体在法律上是由众多自然人或者法人组成的。❶

在实践中，可被称为“经营者”或者“企业”的除各种工商企业如有限责任公司、股份公司、合伙等，还包括各种自由职业者、专利所有人等自然人以及审计公司、足球协会等形形色色的机构和社团。企业雇员因为不是从事独立的经济活动，不能称之为反垄断法上的经营者。但是，企业雇员如果除了雇佣关系，他还从事独立的经济活动，他本人也可被称为经营者。公司股东参与企业管理，一般情况下不能被称为经营者。但是，如果除了企业管理，公司股东对企业的计划和管理有着决定性的影响，这个股东可被视为经营者。

自然人参与经济活动如购买商品或者服务如果只是为了满足自己的生活需要，他不能被视为经营者。自然人组织的消费者团体如消费者协会，因其目的只是为了保护消费者的利益，而不为了从事生产或者经营活动，消费者组织不是经营者。

反垄断法中的经营者应当包括国有企业以及国家授予专有权或者特权的企业。德国《反对限制竞争法》第130条第1款规定：“本法适用于全部或者部分属于国家所有或者由国家管理或者经营的企业。”在这里，企业的法律形式同样也不重要，因此国家以公法人形式建立的从事生产经营活动的机构可被称为经营者。欧共体委员会1991年发布的《欧共体竞争规则在电信领域的适用指南》明确指出：《欧共体条约》第81条和第82条不仅适用于私人企业，而且适用于国营电信企业。因此，任何在电信领域从事电信器材生产或者提供电信服务的组织，都是欧共体竞争法意义上的企业，不管它们采取什么法律形式，也不管它们是否属于国家组织的一部分。

2. *竞争法中的政府经济活动*

竞争法中的“企业”是一个广泛的概念，任何从事经济活动的实体不论其法律形式以及筹资方式，都可被视为企业。然而，因为政府是公权力的代

---

❶ Langen/Bunte, Kommtar zum deutschen und europaeischen Kartellrecht, 7. Aufl. 1994, S. 1450.

表，政府机构参与的经济活动是否可被视为企业活动，这是一个有争议的问题。在这方面，欧共体法院1991年关于Höfner一案的判决在欧洲有非常大的影响。这个判决的核心问题是，什么样的政府行为可被视为行使公权力，从而可从竞争法中得到豁免；什么样的行为得被视为企业行为，从而得适用一般的竞争规则。Höfner一案最初是关于一个德国私人职业中介机构与其客户的合同纠纷，即这个依据德国法没有职业中介权的私人机构与其客户订立的职业中介合同是否具有法律效力。❶ 案件的引人之处是，德国联邦劳动总局作为德国政府的职业中介机构，它的活动是否应被视为企业活动。

德国政府认为，德国联邦劳动局是按照共同体法承认的合法目的组织的一个机构，其宗旨是减少失业率，为企业提供必要的劳动力。因为平衡劳动力市场的供求关系是关系整体经济的一项重要活动，这项活动体现德国基本法中社会国家的原则，这个任务应当属于国家的任务。德国政府还提出，联邦劳动总局在职业中介方面的垄断权是必要的，因为劳动力中介活动需要一个全面和长远的劳动政策，需要对劳动力市场的调查、职业教育、职业培训、职业咨询，此外还需要调查某些特殊群体。因此，这个任务只能委托政府机构。其结论就是，私人中介机构不仅妨碍和影响政府机构的工作，而且不利于德国社会失业保险和劳动分配在组织方面的合作。

德国政府的理由似乎很充分。然而实际情况是，在德国除了政府职业中介机构外，还存在大约700～800家私人职业中介公司，它们的年收入大约为7.5～12亿马克。❷ 这说明了两个问题：第一，德国的职业中介服务市场是一个竞争性的市场，职业中介具有商业的性质；第二，即便根据德国法，职业中介由政府部门垄断经营，从而是国家主权行为，但是鉴于德国境内存在众多私人中介公司，这说明德国政府事实上没有将职业中介视为国家的权力，在这方面没有行使有效的控制和监督。在这种情况下，德国政府劳动部门作为职业中介机构，它的活动得被视为企业活动，得适用欧共体竞争法。

欧共体法院的这个判决指出："竞争法中的企业概念，首先应当注意企业是指所有从事经济活动的实体，而不管它们的法律地位和筹资方式。第二，职业中介是一种经济活动。这种活动通常委托给政府机构的事实不能否认它的经济性。现在，从事职业中介的不全是政府机构，职业中介的政府机构只适合于行政部门的人员录用。因此，这里的结论是，从适用共同体竞争规则的目的出

❶ EuGH 23. 4. 1991，Slg. 1991 I 1979，2010 "Höfner".

❷ Piet Jan Slot，The Concept of undertaking in EC Competition Law，Festschrift fuer Ulrich Everling，S. 1420.

发，从事商业性职业中介的政府机构可被视为企业。”❶ 欧共体法院关于Höfner一案判决的意义在于，它区分了政府机构行使国家主权的行为和政府机构的企业行为。如果政府机构的活动符合欧共体法的目的，且按照欧共体法的规定行使其权限，这个机构的行为得被视为国家主权行为；如果政府机构向市场提供商品或者服务，这些活动应被视为企业的活动，适用欧共体竞争法。

二、相关市场

1. 概述

反垄断法中的相关市场（relevant market）是指与具体案件有关系的市场，也即是一个限制竞争行为所发生的市场。这个市场的大小或者范围可以被界定。在界定相关市场或确定相关市场的范围时，一般需要考虑两个因素：一是相关产品市场，即在具体案件中，被告的产品或者服务与哪些产品或者服务存在竞争关系。二是相关地域市场，即被告销售其产品或者服务的地理区域，即相关产品或者服务是在什么样的地域存在着竞争。

界定相关市场，除了考虑相关产品市场和相关地域市场，我国《反垄断法》第十二条还同时提出了时间因素，即“一定时期”。理论上说，市场供求关系都是在一定时空中发生或者进行的。有些市场竞争会受到时间限制，例如是在春季展销会或者秋季展销会进行，有些产品如《南方周末》是在周末出版发行，这种情况下的相关市场就需要考虑时间因素。但是，一个市场竞争关系只要不是随着时间而发生变化，人们一般不需要一段一段地把时间切开了进行分析。因为相关时间在司法实践中没有很大意义，这里只分析相关产品市场和相关地域市场。

对反垄断案件的当事人来说，界定相关市场对其在案件中的胜负十分重要，有时甚至是决定性的意义。在1956年美国政府指控杜邦公司垄断玻璃纸生产一案中，因为玻璃纸为杜邦公司独家生产和销售，政府认定该公司在玻璃纸市场上占100%的市场份额。然而，美国最高法院在该案中将玻璃纸视为包装材料中的一种材料，而在与包装材料相关的产品市场上，杜邦公司的玻璃纸仅占18%的市场份额。因此，政府在该案中败诉。❷

相关市场最早是美国反托拉斯法的判例法中的理论。美国最高法院1962年布朗鞋（Brown Shoe）一案中关于相关市场的界定，已成为这方面的经典案

❶ Case C－41/90（1991），ECR I－1979.

❷ 马歇尔．C．霍华德．美国反垄断法与贸易规则［M］．孙南申，译．北京：中国社会科学出版社，1991：25.

例，对各国反垄断法的理论和实践有重要的指导意义。因为任何反垄断法都必须有界定相关市场的方法，否则很多案件没法审理，企业界和律师界都非常关注本国反垄断法关于界定相关市场的法律观点和技术。为了提高执法透明度，有些反垄断执法机构向社会公告了它们界定相关市场的方法，如欧共体委员会1997年12月发布的《欧共体竞争法界定相关市场的通告》。一方面，这些公告有助于提高反垄断执法的透明度，有助于企业在准备并购、建立合营企业或者订立某种协议时，尽早考虑反垄断执法机构干预的可能性。另一方面，这样的法律制度还有助于企业更好地了解执法机构认定相关市场所需要的证据或者信息。为了使市场界定规范化和科学化，很多反垄断法在这方面引入了经济学和计量经济学的方法。

需指出的是，界定相关市场虽然是执行反垄断法的前提条件，是非常重要的问题，但并不是所有的反垄断案件都需要界定相关市场。比如，根据我国《反垄断法》第十三条，竞争者之间不得达成固定商品价格的协议、限制商品生产或者销售数量的协议或者分割销售市场的协议。这些类型的违法行为虽然是在具体市场上进行，而且必然会对某个具体市场有着限制性的影响，但在认定行为的违法性时，反垄断执法机构一般不需要界定或者调查这个具体市场。这即是说，对一些违法性非常明显的限制竞争案件，特别对一些被视为核心卡特尔的行为，因为这些行为本身违法，执法机构就不需要界定相关市场。

2. *相关产品市场*

根据《欧共体竞争法界定相关市场的通告》第7条，相关产品市场是指根据产品的性能、用途及其价格，从消费者的角度可以相互交换或者相互替代的所有产品和/或者服务。这个概念说明，认定两个或者两个以上的产品是否属同一产品市场，决定性的是其用户或其消费者的看法。对于消费者来说，决定他们选择产品的因素主要有两个，一是产品或者服务的性能和用途，二是产品的价格。美国法院很多判决也指出了确定相关产品市场的两个因素：一是合理的可替代性，二是需求交叉弹性。1997年美国第三巡回法院在Queen City比萨饼公司诉Domino比萨饼公司一案判决中指出："被告没能根据合理的可替代规则（rule of reasonable interchangeability）和需求交叉弹性规则（rule of cross-elasticity of demand）说明本案的相关市场。或者说，由他界定的相关市场明显没有包括所有可替代的产品。因此，尽管人们同情原告，但因其主张的相关市场在法律上没有充足理由，本法院的意向是驳回原告。"[1] 欧共体法的表述虽然与美国法院判决中的表述不同，但它们两者没有冲突。因为产品的性能、用

[1] Queen City Pizza, Inc. v. Domino's Pizza, Inc., 124 F. 3d 430 (3d. Cir. 1997).

途和产品的价格是合理替代性的基础。另外，欧共体法中的产品价格，也不是绝对价格，而是还要考虑产品价格上涨时，消费者可能扩大的选择。因此，欧共体委员会界定产品市场时，也要考虑需求交叉弹性。

（1）合理可替代性

在 Queen City 比萨饼公司诉 Domino 比萨饼公司一案中，因为被告通过与经其特许的比萨店订立的独家供货协议，限制比萨店从其他供货商手中购买比萨饼配料，导致原告不能向这些比萨店销售比萨饼配料。这种情况下，原告到法院指控被告从事垄断行为，违反了《谢尔曼法》第2条。然而，法院认为，被告虽然垄断销售经其特许的经营者的比萨饼配料，但他没能垄断在性能和用途上具有合理可替代性的比萨饼所有配料。这即是说，不带 Domino 字号的比萨店仍可从其他供货商手中购买比萨饼配料。在这个案件中，因为原告没有正确地界定相关市场，没有从性能和用途上考虑所有可合理替代的产品，所以败诉。

欧共体委员会在其通告中指出：如果两个产品的物理性能差别很大，以致实际上没有相同的用途，它们就不能被视为具有可替代性。欧共体委员会在1991年雷诺和沃尔沃一案中，将卡车分为运载量5～16吨和运载量16吨以上的两个产品市场，理由就是这两种卡车的性能差别很大，从而具有不同的用途。[1] 欧洲法院在1979年关于霍夫曼－拉罗赫（Hoffmann-La Roche）一案的判决中，从不同维他命的不同性能和用途出发，认定7种维他命属于7个不同的产品市场，并由此认定维他命C是一个独立的产品市场。[2]

考虑产品的合理可替代性时，产品价格也是一个比较重要的因素。欧共体委员会指出，如果两种产品在价格上有相当大的差异，它们就不应当被视为同一产品市场。例如一般市场上出售的便宜香水和高级化妆品店出售的高级香水，虽然有相同的性能和用途，但是由于价格的巨大差异，它们不应被视为属于同一产品市场。然而，有些价格差异事实上反映了产品的不同质量，因此，按照产品的绝对价格区分产品市场有时会出现明显的错误。例如，产品A的价格是产品B价格的两倍，产品A的质量也是产品B质量的两倍，消费者可能就会认为它们相互有可替代性。这种情况下，如果产品A价格上涨，消费者就可能因为承受不起而转向产品B；或者因为产品B价格上涨，消费者认为其价格和质量不符而转向产品A。这说明，两种产品尽管在价格上差异很大，但也有一定的可替代性。因此，欧共体委员会认为，在界定相关产品市场时，

[1] O. J. C－281/2，1990.

[2] EuGH，13. 2. 1979，85/76，Slg. 1979，461 Rn. 34ff.

决定性的不是绝对的价格差异，而是一种产品的价格变化是否对另一产品产生了竞争性的影响。实际上，这里就提出了需求交叉弹性的问题。

（2）需求交叉弹性

需求交叉弹性是一个经济学概念。根据这个理论，如果一种产品的价格稍稍发生变化，就会引起消费者对其他产品的需求，这种情况就可以说明，这些产品之间存在很重要的竞争关系，或者说它们可以被视为属同一产品市场。需求交叉弹性反映了消费者选择商品或者服务时变化的可能性，因此也是合理可替代性的表现。

为了科学地和规范化地说明需求交叉弹性，《欧共体竞争法界定相关市场的通告》借鉴美国司法部1982年《合并指南》的方法，提出了界定相关市场的SSNIP标准。即界定相关市场时，应考虑一个数额不大但很重要且非临时性的涨价（Small but Significant Not-transitory Increase in Price）。这即是说，界定相关市场时，"需要回答的问题是，作为对一定产品或者一定地域内假设的一个数目不大（幅度5%～10%）但长期性的相对价格上涨的反应，当事人的客户是否愿意转向购买可以得到的替代品，或者转向其他地区的供货商。因为涨价会减少销售数量，在替代程度足以大到使涨价行为无利可图的情况下，这些替代产品或者扩大了的地域就应当包括到相关市场之中。扩大相关产品市场或者相关地域市场的过程直至这个数额不大的长期性涨价可以使当事人无利可图为止。"[1] 这个标准也被称为认定需求替代的"5%标准"。

自美国司法部1982年发布《合并指南》以来，"5%标准"被视为测定产品需求替代的主要方法，如欧共体、加拿大、澳大利亚、新西兰等国家或者地区的反垄断执法机构都是采取这个标准来界定相关市场。但是，《合并指南》指出，随着不同行业的不同性质，这个涨价幅度可以定得大一点或者小一点。[2]"5%标准"的经济学原理是，企业间的竞争主要受制于三因素：需求替代、供给替代和潜在竞争。因为需求替代可以对一定产品的卖方构成最直接和最有效的制约，特别是对他们的定价行为能够产生重大影响，因此界定相关市场时，需求替代是最重要的考虑因素。如果一个企业的客户可以轻易转向其他生产商或者转向其他地域取得替代品，这个企业就不可能对市场现有的销售条件特别在价格方面产生重大影响。使用这个标准界定相关产品市场时，总体上需要两个步骤：一是确定相关当事人销售的产品，这个产品假定为A；二是按照下列前提条件，将其他产品扩大到相关产品市场：当产品A存在一个数额

---

[1] 见该通告第17节。

[2] 王晓晔．企业合并中的反垄断问题［M］．北京：法律出版社，1996.

不大但长期性涨价的时候，A产品的用户将会转向B产品、C产品等，直到这个涨价不再使其用户改变需求为止。这个测验的结果就是，产品B、产品C被扩大到了相关产品市场，或者说产品A、产品B和产品C属于同一个相关产品市场。[1]

三、相关地域市场

相关地域市场是指相关产品存在有效竞争的一个地理范围，或者说这些相互竞争的产品所存在的地域场所。相关地域市场的特征是，被告在这个地域内销售产品，但被告的用户在这个地域可以购买与被告相竞争的产品。当被告对其产品涨价时，该产品的用户可能转向这个地域内其他的生产商。因此，相关地域市场不是从竞争企业的生产场所出发，而是指相关产品或者服务相互竞争的地域场所。《欧共体竞争法中界定相关市场的通告》第8条指出：相关地域市场是指相关企业供给或者购买产品或者服务的地域，而且它们在这个地域的竞争条件基本一致。一个相关地域市场与其相邻的地域在竞争条件方面存在明显的差别，因此它们之间可以相互区别开来。

美国第8巡回法院在其1999年联邦贸易委员会诉Tenet保健公司一案的判决中指出：地方法院在这个医院合并案中没有正确界定地域市场，因为它在该案中把地域市场视为参与合并的医院提供服务的地理范围。巡回法院认为，这个地域市场应当包括，随着医院合并和医疗价格上涨，消费者可能转向其他医疗机构的地域范围，也即是该案中被告可能面临竞争者的地域。[2] 这说明，界定地域市场实际上同界定产品市场一样，也要考虑合理可替代性和需求交叉弹性。与界定相关产品市场的不同之处是，这里考虑产品或者服务的可替代性以及需求交叉弹性只是为了确定一个适当的地域范围。

1. 合理的可替代性

界定地域市场时，除了考虑相关产品的性能和用途，首先需要考虑这些产品所销售地区之间的差异。欧共体委员会指出，地区间的差异是界定相关地域市场的基础。例如，国家外贸政策、进口关税、向外国进口产品所需要的条件、销售设施以及语言条件等很多方面常常使外国产品与本国产品处于不同的竞争条件下。因此，尽管外国产品的性能、用途甚至价格与国内产品具有相似

---

[1] “5%标准”涉及一系列经济学和计量经济学问题。一个重要问题是，既然5%的涨价是假设的，如何能够确定，相关企业的市场销售量会随着需求替代的出现而下降。欧共体委员会主要采取两种证据法，一种是可以提供证明的证据（probative evidence），另一种是数量证据（quantitative evidence）。王晓晔. 欧共体竞争法［M］. 北京：中国法制出版社，2001：83－87.

[2] Federal Trade Commission v. Tenet Health Care Corp.，186 F. 3d 1045，1052（8th Cir. 1999）.

性，但它们却处于不同的地域市场。

第二个考虑的因素是产品价格。如果两个地区属同一地域市场，一个地区的消费者应当能够方便地转向购买另一地区的产品。在这种情况下，一个地区的产品价格就会影响另一地区的产品价格。然而，这并不是说，这两个地区的产品价格必须相同。由于存在地区间的运输成本，同一相关地域市场但不同地区的产品往往存在价格上的差异。然而，这个价格差异不能过大，否则消费者不会转向购买另一地区的产品。

第三是消费者的喜好。消费者的喜好也是界定地域市场的重要因素。有时候，尽管两个地区的产品从产品用途的角度是很好的替代品，但随着一种产品的价格上涨，消费者却没有转向购买另一地区的产品。例如，德国人喜好德国啤酒，即使这种啤酒比其他国家的啤酒价格高，德国人仍然喜好纯正的德国啤酒。在 1995 年 Mercedes-Benz/Kaessbohrer 合并案中，欧共体委员会认为城市公共汽车作为一种产品，其地域市场只是德国。委员会认为，虽然德国市场是开放的，但是由于外国进口车的质量差，同时德国的政府采购又倾向购买本国产品，这种车的地域市场就是德国。❶

最后还应当考虑产品的运输费用。这里需要考虑产品运费和产品价值之间的关系。有些产品如水泥、平板玻璃和石膏板，它们相对来说份量重而单位价值轻，这些产品的相关地域市场一般就比较小。当然，运输费不是界定地域市场的决定性条件。因为实践表明，有些企业尽管存在运输成本的不利因素，但它们仍然愿意将其产品销往很远的地区。例如，化肥是运输成本相对较高的产品，但英国至今从拉丁美洲的特里尼达进口化肥。

2. 需求交叉弹性

上述需求交叉弹性的理论不仅适用于相关产品市场，而且也适用于相关地域市场。即具体案件中的被告提高其产品价格时，消费者有可能会转向其他地区购买类似的产品或者服务，这就有必要把这个地区扩大到相关地域市场。例如在上述联邦贸易委员会诉 Tenet 保健公司一案中，美国第 8 巡回法院就考虑到医院合并后出现涨价的情况下，是否会有其他地区的医疗机构为合并后医院的消费者提供医疗服务，从而将案件中地域市场扩大到潜在的竞争者所在的地区。总之，界定相关地域市场的时候，执法机构也应当注重经济学和计量经济学的方法。

❶ Case IV/M477, O. J. L 211, 1995.

第二章 垄断协议

引 言

本章是关于垄断协议的规定。《反垄断法》对垄断协议作了宽泛的定义，不仅包括排除、限制竞争的协议，还涵盖了与此相关的决定和协同行为。4个条文分别涉及横向垄断协议（第十三条）、纵向垄断协议（第十四条）、垄断协议的豁免适用（第十五条）及对行业协会的约束（第十六条）。

垄断协议作为市场主体的联合行为，是影响竞争的契约式安排，是市场经济条件下最常见的限制与排除竞争的方式。它不仅妨碍自由竞争，损害经济资源的有效配置，而且影响消费者的福利。因此，世界各国与地区的反垄断法无不对之详加规制。

垄断协议可分为横向协议与纵向协议。横向协议又被称作水平协议，是处于同一层面的经营者即竞争者之间，就产品产出与价格等达成的限制与排除竞争、共同对付第三方的契约式安排，它们通常被称作卡特尔。纵向垄断协议又称垂直协议，是处于不同经营阶段，在生产商与销售商、批发商与零售商及在生产和销售链中有着上、下游关系的市场主体之间达成的限制性协议。两种协议的明显区别在于，横向协议的参与者是相互对立的竞争方，纵向协议的主体之间具有互补性。一般而言，纵向协议较横向协议限制竞争的程度要轻。相应地，反垄断法对横向垄断协议采取比较严厉的态度，很多情况下适用本身违法的原则。而对纵向垄断协议则除了转售价格维持，基本上适用合理原则。

垄断协议的豁免是反垄断法的一项重要制度，是各种利益比较权衡的结果。由于现实经济行为的复杂性、多样性，国家有必要兼顾产业政策、环境政策、教育文化政策以及对外经济利益等，从具体情况出发，适当限制反垄断法的适用。

行业协会（商会）是从事同一经济活动的经济组织为维护与增进共同利益而自愿组织的非营利社会团体。行业协会既是政府与企业进行联系、沟通的桥梁和纽带，也担负着向会员提供联络、咨询、协调等多项功能服务。行业组织不是市场经营者，但由于它是经营者之间的联合体，代表经营者的利益，从而会与公共利益、消费者利益发生冲突。因此，反垄断法有必要对行业协会加以管束。

第十三条　横向垄断协议

禁止具有竞争关系的经营者达成下列垄断协议：

（一）固定或者变更商品价格；

（二）限制商品的生产数量或者销售数量；

（三）分割销售市场或者原材料采购市场；

（四）限制购买新技术、新设备或者限制开发新技术、新产品；

（五）联合抵制交易；

（六）国务院反垄断执法机构认定的其他垄断协议。

本法所称垄断协议，是指排除、限制竞争的协议、决定或者其他协同行为。

一、垄断协议概述

反垄断法中的垄断协议是一个比较宽泛的概念。具体地讲，它指市场主体联合起来订立排除、限制竞争的协议，或依托企业集团、行业协会等企业组织作出的妨碍竞争的决定，以及共同采取的歪曲竞争的其他协同行为。

对垄断协议的管制是一项历史久远的法律制度，可以追溯到公元530年查士丁尼法典。该法典规定："任何人不得垄断衣服、鱼、梳子、碗等生活日用品及其他用品，不管该垄断行为是行为自主所为，还是申请获得批准或者据钦定的法律解释而为；任何人不利密谋或者约定商品的最低价格。"公元653年中国的《唐律》也禁止欺行霸市、联合限价等垄断行为，为此甚至动用刑罚手段。它规定："诸买卖不和，而较固取者，及更出开闭，共限一价，若参市，而规自入者，杖八十。已得赃重者，计利，准盗者。"

由于垄断协议披着契约自由的外衣，行限制贸易的非法勾当，从1890年美国《谢尔曼法》开始，现代反垄断法无不将其作为三大垄断行为之首，给予严厉打击。垄断协议有着不同的称谓。美国称之为限制贸易或商业的契约、联合或共谋，日本称其为不正当的交易限制，欧盟称其为限制竞争协议，法国称为非法联合行为，我国台湾地区称为联合行为。虽然名称上有些差异，但对垄断协议的定义却是基本一致的，都指向多个市场主体共同决定、相互约束市场经营活动的契约、安排或行为。

对垄断协议而言，从协议主体之间的关系出发，可将它们分为横向协议与纵向协议。横向协议又称为水平协议，是处于同一经营层面的企业即竞争者之间如同一产品的生产商之间、批发商之间、零售商之间就产品产出、价格等方面达成的协议，这种协议一般被称作卡特尔。另一类是纵向协议又称垂直协议，是指处于不同经营阶段，在生产商与销售商、批发商与零售商以及在生产和销售链中有着上、下游连续关系的市场主体之间，达成的限制交易的合作协议（如生产商限制销售商的转售价格、销售地域等）。两种协议的明显区别在于，横向协议的参与者是相互对立的竞争方，纵向协议的实施主体之间存在着买卖关系，具有互补性。

中国有两句古话。一句是“同行是冤家。”另一句子是“不是冤家不聚头。”这说明，竞争者之间由冤家对头变为同盟者的情形早已为人们所关注。亚当·斯密在其《国民财富的性质和原因的研究》一书中也描述过这种现象。他说，同一行业的人们很少聚集一处，甚至不会一道娱乐、消遣。但他们一旦聚在一起，他们所交谈的内容便是如何对付消费者，或以某种提价的花招为结局。这说明，卡特尔作为竞争之间的协议，定约人有着相同的经济目的。因为卡特尔能够影响市场竞争，而竞争又被视为市场经济条件下优化资源配置、合理调节社会生产、鼓励和推动生产者技术革新以及保护消费者利益的最重要的手段，各国反垄断法都将卡特尔作为主要管制对象。我国反垄断法也对这两种协议作出了区分，在第十三条规定了禁止性的横向垄断协议。

在世界各国反垄断法中，德国《反对限制竞争法》对横向协议，也即是对卡特尔作出了最明确的规定。该法第1条指出，“处于竞争关系的企业间达成的协议、企业联合组织作出的决议以及协调行为，如果是以妨碍、限制或者扭曲竞争为目的，或者可以使竞争受到这种影响，则得被予以禁止。”这就提出对卡特尔一般禁止的原则。根据这个规定，卡特尔具有以下特征：

（1）竞争者之间的合同、决议或者协调行为

这即是说，参加卡特尔的企业处于相同的生产阶段，从而在组织或者参加卡特尔时有着共同的经济目的。

（2）卡特尔成员在经济和法律上具有独立性

这是卡特尔与康采恩的不同之处。康采恩的成员虽然在法律上具有独立性，但它们相互间通过资金渗透，已成为一个有着统一经营管理的企业集团。而卡特尔的成员企业则在经济上和法律上均保持独立性。此外，这里所称的企业应当作广义的理解，因为卡特尔法的适用范围除了那些以盈利为目的而从事生产和经营活动的企业，还包括那些不以盈利为目的的企业，甚至包括政府部门。不管任何主体，只要其活动能够影响市场竞争，它们就应当适用这个法律。出于上述这个考虑，企业的法律形式也是完全不重要的，它们可以是法人，也可以是自然人；可以是国营企业，也可以是合营企业或者合伙。

(3) 卡特尔是以妨碍、限制或者扭曲竞争为目的，或者能够起到这种后果。这即是说，限制竞争既可能表现为卡特尔的目的，也可能表现为它们的后果。20世纪70年代之前，德国法学界占主导地位的观点是内容论，即一个合同或者决议，只要它们不含限制竞争的内容，就不得被视为是非法。有些竞争法专家批评这种做法是片面强调合同义务而规避卡特尔法的竞争性规定。后来，德国法院在司法实践中参照《欧共体条约》第81条第1款的规定，发展了目的论和后果论。具体的做法是，法院一般先依据目的论，审查一个协议是否有限制竞争的目的；如果这个目的不存在，法院便审查这个协议是否可能会引起限制竞争的后果。[1]

二、管制垄断协议的基本原则

订立卡特尔是竞争者之间结成联盟和排除竞争的基本方式。然而，在实践中，竞争者之间除了商讨价格，也可能在其他方面存在协调行为。因为各种卡特尔对市场和竞争的影响是不同的，各国反垄断法一般把卡特尔分为两类，一类是适用本身违法原则的卡特尔，另一类是适用合理原则的卡特尔。这两个原则都源于美国反托拉斯法。

1. 合理原则

美国《谢尔曼法》第1条是世界上最早禁止卡特尔的法律规定。它指出：任何合同、以托拉斯或者其他形式的联合或者共谋，如果妨碍州际或者对外贸易，都得被视为违法；任何人订立上述合同或者从事上述联合或者共谋，得被视为严重的犯罪行为。

美国虽然1890年就通过了《谢尔曼法》，但直到1897年，美国司法部才第一次在一个价格卡特尔案件中胜诉，这即是美国诉泛密苏里运输协会案。[2]《谢尔曼法》的颁布和执行之所以存在7年跨度，一个重要原因就是《谢尔曼法》虽然措辞严厉，但其规定很不明确，实践中很难操作。字面上讲，任何合同（every contract）或者联合相对于未参加合同或者联合的第三方都构成一种限制，因此，似乎任何合同或者联合都是违法的，都得被予以禁止。

为了使法规具有可操作性，1911年美国最高法院在美孚石油公司案中提出以“合理原则”解释《谢尔曼法》。根据这个原则，《谢尔曼法》只是禁止

---

[1] Helmut Cox, Kartelle, in: Handbuch des Wettbewerbs, Cox/jens/Markert, Muenchen, 1981, S. 259.

[2] U. S. v. Trans - Missouri Freight Assn., John M. Conner, Global Price Fixing, Kluwer Academic Publishers, 2003, p. 52.

不合理限制竞争的行为。如果一个共谋行为一方面限制竞争，另一方面也有推动竞争的效果，这个共谋就得适用合理原则。即在这种情况下，法院将接受当事人的证据，对限制竞争行为的好处和坏处进行衡量。如果一个限制竞争在经济上的好处超过其因限制竞争而产生的负面影响，法院就会认定这个限制竞争是合法的。

2. 本身违法原则

在实践中，有些共谋行为如固定价格、限制生产或者销售数量、分割销售市场或者联合抵制行为，在任何情况下都应当被视为不合理的限制，因为它们不管任何情况，都会严重地损害市场竞争，损害消费者的利益，这些行为就不需要适用合理原则，而是应当适用“本身违法”原则。这即是说，一种协议如果不论其产生的具体情况，也不论其影响的范围有多大，均应当被视为非法时，这类垄断协议就是适用本身违法的原则。日本公平交易委员会将“本身违法原则”称为“原则上违法”。现在，人们一般把适用本身违法原则的横向垄断协议称为“Hard-Core Cartels”，这被译为“核心卡特尔”或者“恶性卡特尔”。在美国司法实践中，这主要指以下4种限制竞争协议：(1) 事实上或者潜在的固定价格的协议，即价格卡特尔；(2) 维持最低转售价格的协议，即纵向最低价格约束；(3) 竞争者之间分割销售地域、客户、限制生产数量以及其他的市场限制行为；(4) 以竞争为目的的联合抵制行为。❶

我国《反垄断法》第十三条明确禁止竞争者之间订立以下垄断协议：(1) 固定或者变更商品价格；(2) 限制商品的生产数量或者销售数量；(3) 分割销售市场或者原材料采购市场；(4) 限制购买新技术、新设备或者限制开发新技术、新产品；(5) 联合抵制交易。第十四条明确禁止经营者与交易相对人订立以下垄断协议：(1) 固定向第三人转售商品的价格；(2) 限定向第三人转售商品的最低价格。这些协议基本上都是适用本身违法的原则。因为根据第十五条第二款规定的豁免条件，这些垄断协议是不可能得到豁免的。一个垄断协议如果适用本身违法原则，这对案件至少可以起到以下两方面效果：第一是对原告，即他们只需证明有这样的卡特尔存在，而无需证明卡特尔的反竞争性。此外，他们还有极大的胜诉可能性。第二是对审理案件的行政执法机关或者司法机关，即它们不必调查订立卡特尔的目的及其后果，就可认定这个卡特尔是违法的，从而可以节约审理案件的时间和费用。

---

❶ William C. Holmes, Antitrust law Handbook 2001 Edition, West Group, p. 187.

三、本身违法的卡特尔类型

1. 价格卡特尔

这即是我国《反垄断法》所禁止的固定或者变更商品价格的协议。本身违法原则首当其冲地适用于这种卡特尔，是因为从经济学的角度看，价格卡特尔对市场竞争的危害最甚。在市场经济诸因素中，价格作为生产者之间和生产者与消费者之间互通信息的媒介，是促进和调节生产最重要的因素。比如在需求旺盛时，高价格可以刺激生产者生产更多的产品，从而起到调节市场供应和合理分配社会资源的作用。价格也是刺激生产者改进技术和改进管理的参数，因为在降低成本和价格的条件下，生产者可以扩大销量，增大市场占有额，击败竞争对手，甚至取得市场垄断地位。然而，一旦产品的价格被固定下来，价格的这种激励功能就丧失殆尽，生产要素不能被合理分配，劣质产品和企业不能被淘汰。而且，固定下来的价格一旦成为垄断价格，它们也会大大超过正常价格水平。消费者为此就得付出高昂代价，这会导致社会收入不公平地从消费者手中转移到联合抬价的生产者手中，严重损害消费者的利益。另一方面，固定价格则对卡特尔企业一般都十分有利，因为这一方面可以使它们摆脱竞争，另一方面可以得到一个高额的垄断利润。正是因为价格卡特尔对市场经济有着重大损害，在各国反垄断法的实践中，凡涉及限定产品的价格、价格构成、最低限价或者最高限价的卡特尔，反垄断法执行机关一般都会认为它们是严重的限制竞争行为，从而也是违法行为。

这方面的一个经典判例是美国最高法院 1927 年的“川通陶瓷案”。这个案件涉及美国 82% 陶瓷产品的市场销售。这些陶瓷主要用于浴室和厕所。被告提出，这个被固定的价格是合理的，因为这是防止竞争者之间进行“毁灭性的价格战”。被告还发问，如果这个被固定的价格只是产生正常的利润，难道不能认为是合理的吗？法院的观点是，价格是否合理必须通过竞争来判断。如果竞争受到了限制，那就可以断定这个价格不合理。法院还指出，除了竞争这个尺度，没有其他任何标准可以来判断一个被固定的价格是否合理，“由于经济和商业的变化，一个在今天看来是合理的固定价格，也许明天就会变为不合理。”而且“只有维护竞争，才能最有力地保护公共利益不受垄断和价格操纵之害。”❶

在 1940 年美国诉索考尼－真空石油公司一案的判决中，美国最高法院首

❶ 马歇尔. C. 霍华德. 美国反托拉斯法与贸易规则［M］. 孙南申，译. 北京：中国社会科学出版社，1991：78.

席法官沃伦明确指出："违反谢尔曼法的固定价格是与竞争政策背道而驰的，它的不合理性早已清楚得毋庸讳言。至于参与者的动机是善意还是恶意，固定价格是通过公开的协议还是以密谋的方式达成，参与者是否具有市场势力，州际商业所受影响的大小，或者协议后果是抬高了价格还是降低了价格，这些都无关紧要。"针对被告的辩护，即这个价格协议是为了防止"毁灭性"或者"破坏性"的价格战，否则，弱小的中小企业会被排挤出市场，市场上保留下来的大企业就会抬高产品的价格等，法院指出，如果有人试图在固定价格的协议中区别那些协议是出于社会公共利益，法院就可能会采取一种"不断变换的、含糊的和不确定的……标准。"❶ 而且，那么可以设想，如果所有的横向固定价格的密谋都得由法院调查它们是否具有合理性，法院将会出现怎样一种混乱的局面。

需要指出的是，不仅竞争者之间达成的固定最低价格的协议构成本身违法，他们之间的最高限价也是本身违法之举。因为：（1）固定最高价格可起到阻止潜在企业进入市场的作用，这在很大程度上可以使现有经营者摆脱潜在竞争的压力；（2）固定最高价格是实现固定最低价格的间接方式，因为由此提升的价格水平不会降低，这不仅不利于发挥价格调节市场和优化配置资源的功能，而且还使消费者部分福利流入经营者的腰包；（3）固定最高价格虽然可能促进产品销量，却也可能抑制新产品的开发。总之，存在竞争关系的经营者的固定价格的行为，无论是最高限价还是最低限价，都是我国《反垄断法》所禁止的。

2. 数量卡特尔

这即是竞争者之间达成的限制商品生产数量或者销售数量的垄断协议。价格和数量几乎总是存在一种反比关系：向市场提供的产品数量越多，产品价格就会越低。然而，随着价格的固定，或者说事实上随着价格的上涨，卡特尔企业出售相同数量的产品可以得到更大的利润，在这种情况下，企业就会在追求经济利益动机的驱使下扩大生产规模，增加生产数量。在这种情况下，参加价格卡特尔的企业如果对生产或者销售数量不加控制，价格卡特尔事实上就不能维持下去。因此，价格卡特尔总是和限制生产数量或者销售数量的卡特尔联系在一起的。这即是说，为了维持产品高价，价格卡特尔必须得限制其成员的生产或者销售数量。限制数量的卡特尔对社会经济以及对消费者也是非常不利的。一方面，限制数量会人为地制造市场供应紧张，使消费者不能按照自己的

❶ 马歇尔. C. 霍华德. 美国反托拉斯法与贸易规则［M］. 孙南申，译，北京：中国社会科学出版社，1991：79－80.

需求购买商品。另一方面，数量卡特尔因为是与价格卡特尔同时发生作用，通过价格和数量两方面的限制，参加卡特尔的企业相互间便不存在实质性的竞争。

3. 地域卡特尔

这即是竞争者之间分割销售市场或原材料采购市场的垄断协议。市场的分割其实也是客户或者消费群的分割。与数量卡特尔一样，分割销售市场包括原材料采购市场的卡特尔也是人为地限制产品的供应，限制经营者之间的自由竞争。其结果是，效益好的企业因为被限制了销售市场而不能扩大生产，劣质企业则由于其市场受到了保护，从而也不会被社会淘汰。这即是说，优胜劣汰的机制不能发生作用，社会资源得不到合理配置。分割销售市场同样会严重损害消费者的利益，因为这不仅损害了他们选择商品的权利，还强迫他们支付比在竞争条件下高出很多的价格。

我国现实经济生活中有很多这样的限制性协议，如2007年2月16日，中国电信和中国网通签订了互不竞争协议，前者负责中国南方21省（区、市）的本地电话、长途电话、国际电话和互联网业务等电信业务，后者负责中国北方10省（区、市）的电信业务，双方互不在对方“地盘”内拓展业务。

与价格卡特尔相比，地域卡特尔对竞争的负面影响常常是有过之而无不及。一般而言，除非某些产品诸如食糖具有同质性，否则，价格卡特尔不能完全窒息成员间的竞争。因为除价格竞争以外，竞争对手还可就产品的质量、服务以及售后服务等方面作一番争夺。如价格卡特尔要求销售商以相同价格出售同一品牌同一型号的电脑，但销售商之间可以在提供送货上门、代为安装或更新软件、延长保修期间等方面开展一番竞争。比较而言，由于地域卡特尔可以排除卡特尔成员在其市场范围其他竞争对手的出现和参与，这个惟一的市场占有者不仅在价格方面，而且还在服务、质量等方面都拥有了垄断权。

地域卡特尔对竞争限制的严厉程度取决于其被限制区域的范围。被分割的区域越大，其抑制竞争的程度就愈严重。反之，就轻微一些。这是顾客的流动性使然。消费者对地区分割不满，他就会用脚投票。邻近商家就成为他的另一选择。只要市场分割与固定价格这两种卡特尔没有同时进行，顾客的“跨区”流动性就不会消失。但是，这种流动性受到消费者采购成本的制约。

4. 限制开发和购买的卡特尔

这即是限制经营者购买新技术、新设备或者限制开发新技术、新产品的协议。有些国家将这类协议视为数量卡特尔的一部分。在这种情况下，数量卡特尔是一种广义的解释，即它不仅包括限制产品的总生产量或总销售量、限制市场上当前或未来的总供给量，还包括通过预估未来的生产能力而限制设备投资

(因为限制设备的实质是间接限制产品的供给量),以及限制新技术、新产品的开发和新技术、新设备的应用市场。研发与使用新技术、运用新设备、开发新产品,有利于节省成本,提高效率,是一种有效的竞争方式,最终会惠及广大的消费者。有些企业因为满足于产品的市场占有率,约定放缓新技术的研发,共同暂停增设新设备,推迟新产品投入市场的时间。这类限制必然影响新技术、新设备的研发、推广与投入运行,延缓新产品的面世。这不仅抑制了目前的设备市场与技术市场的发展,也扼杀了未来新产品市场的竞争,是一种将对当前产品竞争的限制前移至投资与基础研发领域的行为。这与我国鼓励科技进步、投资发展高科技行业、提高产品性能、调整产业结构、实现产品更新换代等公共政策背道而驰,因此是一种严重限制竞争的行为。

5. 联合抵制交易

联合抵制(Boycott)一词来源于名叫 Charles C. Boycott 的一位爱尔兰的土地所有者。由于他在 19 世纪 70 年代爱尔兰发生的大饥荒中对佃农的苛刻态度,遭到爱尔兰土地联盟的抵制与排斥。后来,该词用来表达由于对某人行为不满,而联手断绝与之进行商业往来的一致行为。它在反垄断法中的含义是:一些竞争者联合起来,以停止业务往来威胁与潜在竞争者进行交易的商家,目的是排斥这个潜在的竞争者。联合抵制(我国台湾地区又称杯葛行为)作为竞争者的集体行动,抱着"团结就是力量"的信念,以损害他人为目的,联合一致的行为。即对内各方承诺不予竞争,对外显现为共同孤立其他企业。这种拒绝与特定商家交易的联合抵制,既可以用来对付同一竞争层面的竞争者,也可以用来惩治市场上不同层面即处于销售链上下游的供货商或买方。联合抵制是一种本身违法行为,明显违反商业伦理及公序良俗。在美国,甚至于连平和地劝说他人不与第三方进行交易,也构成联合抵制行为。

一般情况下,只要不是占市场支配地位经营者的滥用行为,任何经营者都有权拒绝同其他经营者进行交易。单独的拒绝交易行为是经营者的自主选择,一般不会发生危害市场竞争的后果。但是,如果多个经营者一致采取拒绝行动,情况就发生了质变,即可能存在共谋。共谋天生具有垄断的趋势或垄断的性质。它不仅妨碍交易的自由过程,不正当地压制竞争,通过断绝购买、供给或其他交易行为,惩治了被共谋者"厌恶的"竞争对手、交易对象,将其逐渐淘汰,而且还减少了消费者的选择机会,抬高商品的价格,祸及消费者福利。

联合抵制行为既会针对同行竞争者,也可以指向上、下游的经营者。比如,几家本来具竞争关系的销售商都对某一竞争者采取的低价销售策略不满,于是联合起来,共同打压这个竞争者。他们可能一致要求供货商强制这个竞争者销售商品时与他们的售价保持一致。如果竞争者拒绝这一要求，他们就会要挟供货商停止向其供货，以排挤这个竞争者。如果供货商不理会他们的要求，他们可能会统一拒绝与供货商进行交易，迫使供货商就范。在联合抵制过程中，销售商可以通过集体行动，形成市场势力，并利用市场势力干预其他竞争者或上、下游经营者的自主决定交易对象与交易方式的权利。因此，对我国《反垄断法》中联合抵制交易行为应作广义的理解，其主体范围不仅包括有竞争关系的经营者，还应涵盖有纵向关系即存在上、下游关系的经营者。

6. 国务院反垄断执法机构认定的其他垄断协议

经济行为最具复杂性与多样性。市场主体的活力不仅体现于它们对技术的创新和产品的发明，而且还表现为许许多多新的经营方式或者市场行为。这些行为是否违法，是否有损竞争，这需要时间的检验。为了防止立法出现挂一漏万的情况，我国《反垄断法》第十三条第一款对横向垄断协议作出了一个兜底规定，即授权国务院反垄断执法机构，可以根据经济实践的发展，依据是否排除、限制竞争为标准，在本条列举的卡特尔之外，认定新的横向垄断协议。这个兜底条款的好处是，一方面，反垄断执法机构有了自由裁量权，不至于在执法中处于被动地位，有助于减少执法盲区。但是，另一方面，如果不对这个裁量权作出适当的限制，可能会滋生令人担忧的事情。

这里尚需说明的是，关于招标、投标活动中的排除、限制竞争行为。招标投标，一般是指工程建设项目的发包与承包、大宗货物的买卖、服务项目的采购与提供，而采用的一种选择交易对象的方式。从反垄断法视角看，招标方可视为标的购买人，有意响应购买人提议，向其提出自己拟提供的货物、工程或服务报价条件的投标者，可视为有竞争关系的经营者（卖方）。在招标投标中，如果投标方之间或投标方与招标方之间相互串通，排除、限制其他投标方参与竞标，这属于反垄断法规制的垄断协议。这些反竞争行为可以分为6类：（1）限制投标，即供货商（承包商）引诱或胁迫竞标对手不参与投标或撤回投标；（2）围标，即投标人之间密谋投标策略，串通投标报价，排挤竞标对手，以图取得中标；（3）陪标，即投标人为达到中标目的，寻找没有真实投标意愿的供货商（承包商）作陪衬，虚报招标方不可能接受的报价；（4）轮票，即几家供货商（承包商）约定各自轮流成为某些招标活动的内定中标人，相互在投票活动中给予配合，以达到划分市场、限制或排挤他人参与竞标的目的；（5）分标，即投标人达成无论谁中标，所订立的合同都须与其他未中标者共享的协议。表面上，它使未中标方坐享其成。实际上，消除了投标人竞标的压力，严重地损害了竞争秩序；（6）内定中标，即招标方与投标方私下串通，前者将标底等秘密信息透露给意向中的投标方。上述这些情形常发生于公共工程建设、政府采购等以财政支付为主要支出的投标活动中。

我国《反垄断法（草案）》曾对招投标中的垄断协议作了禁止性规定。但是，考虑到投标方之间的串通、密谋本质上仍属于具竞争关系的经营者之间的排除、限制竞争行为，可以适用于本条关于横向垄断协议的规定。投标方与投标方之间的串通，又多发生于以政府为主体的采购活动中，与公职人员的渎职行为相关，受制于其他法律规范的调整。因而，没有必要再对招标、投标活动中的反竞争行为单独作出规定。

四、垄断协议的表现形式

我国《反垄断法》第十三条第二款规定，本法所称垄断协议，是指排除、限制竞争的协议、决定或者其他协同行为。这实际上是指我国《反垄断法》第十三条所指垄断协议的三种表现，即竞争者之间的协议，企业集团或其他形式的企业联合体作出的决定，以及竞争者之间的协同行为。

1. 协议

这里的协议是指两个及以上的经营者达成的排除、限制竞争的一致意思表示，由此至少使其中一方在法律上或者事实上承担义务，从事一定行为或者不作为。垄断协议既可以是书面的，也可以是口头的。后者如电话卡特尔、早餐卡特尔等。

2. 决定

这里是指企业集团或其他形式的企业联合组织以及行业协会，要求其成员企业共同实施排除、限制竞争的决议。企业集团是企业间的联合，但其本身不一定是企业。其他的企业联合组织诸如为共同购买或共同研发而形成的联合体，可以是独立的实体，也可以是松散的联营或合作。对垄断协议而言，企业集团或其他企业联合组织的组建形式并不重要。即使是以公法人形式出现的协会或社团，只要它们参与了经济活动，或形成了旨在影响竞争的决定，或作出的决议产生了反竞争效果，也应纳入垄断协议的调整范围。实践中，大多数企业集团或者企业联合组织是以行业协会或合作社的面目出现的。

决定还可能是企业集团或其他形式的企业联合组织"规范"成员企业市场行为的法律文件，如企业集团或行业协会的章程、行业协会确定的推荐产品栏目、制定的"参考价格表"或传送的建议价等。此时，应着眼于集团、其他联合组织或协会与成员企业间存在的组织关系，这些决定对企业成员的行为是否有拘束力。只要这些决定事实上可导致统一行动，就应属于垄断协议的范畴。由于团体的决定是企业集团、企业联合体、行业协会等"内部决议"，往往只需要简单多数即可通过。对未参与表决或反对决定者，如何处置，尚有争议。通常情况下，由于团体的决定对成员企业有着经济、社会或道德方面的压力，实践中它对不赞同决定者也会产生直接或间接的约束力。是否承担责任，关键在于这些企业是否将反竞争决定付诸实施。

一个企业集团内的母公司与其关联子公司能否构成共谋，是一个值得关注的问题。如果母公司作出决定，要求其全资子公司与其一道实施反竞争行为，一般认为不构成垄断协议。原因在于，企业集团内的母公司与其全资子公司目标相同，利益一致，整体上受一个意识的指导或决定，“就像一个车夫驾驭下拉同一辆车的几匹马”，无论有无正式协议，全资子公司都要围绕母公司即其惟一的股东利益行事，而母公司对全资子公司有充分的控制权。但对母公司与其部分控股的子公司能否构成共谋，而成为垄断协议的参与者，尚有比较大的争议。对母公司究竟取得子公司的多少股份，才能将二者视为一体，确有进一步探讨的必要。现在通行的做法是，如果母、子公司各自独立运营，就可以将它们视为企业联盟下的两个经营者，企业联盟的反竞争决定就成为垄断协议。

3. 协同行为

即经营者虽然没有达成协议，也没有可供遵循的决定，但相互间通过意思联络，共同实施的排除、限制竞争的协调、合作行为。协同行为可能不具备协议的全部要素，但可以从参与者的行为来判断他们之间存在着协调关系。协同行为包含两个要件：（1）经营者的意图相同；（2）经营者在实践中合作共事。在现实生活中，协同行为还常常表现为平行故意、默示共谋，即经营者都意识到对方也具有限制竞争的意图，彼此心领神会，不谋而合，各自实际执行这一反竞争意图。特别是寡占市场下，为数不多的厂商极其重视竞争方的定价与产量。这种高集中度的产业结构，让经营者“相互依赖”。如果一旦一家降价，其他竞争者就会报复性跟进，最初的降价者将一无所获。鉴于此，寡头们都不情愿为增加销量或市场份额而贸然采取低价营销策略。为逃避竞争风险，采取统一行动成为最好的选择。换言之，寡头市场中大企业间的关联性，使得价格和产量具有相对稳定性，竞争者之间交换或披露信息将会导致价格的统一。但外观上的一致行为，能否应为反垄断法所规制，最根本的还在于行为人的同步行动是否有事前意思联络。如果单纯是行为人从寡占市场结构出发，有预见性地采取自主行为，与其他寡头企业的行为巧合一致，则不属于垄断协议规范的对象。此种情形，只能从改善市场结构着手。但如果多家企业长期维持一致行动，或基于共同预测、共同认识，步调一致，统一行动，则可以推定行为人之间存在意思联络。

例如1967年，德国、瑞士、英国等几家大染料生产商在巴赛尔聚会，交换生产经验和市场信息。G公司向与会者通告说，从该年10月16日起，该公司的产品价格将提高8%。其他公司也同时表达了自己对生产成本和收益状况的忧虑，提出也在考虑涨价的问题。以后几周内，这些公司先后向社会发布了公告，并从1967年10月16日起，将他们的产品价格一致上涨了8%。这些企业在德国的焦油染料市场上共同占有80%的市场份额。由于它们是在相同时间以相同幅度涨价，德国联邦卡特尔局认定它们之间存在秘密价格协议，便依据《反对限制竞争法》向这些企业征收罚款。被罚企业不服，向德国法院起诉。法院认为《反对限制竞争法》第1条所指的合同与一般民事合同一样，仅指订约人在意思表述一致基础上达成的协议，由于不能认定秘密协议的要约和承诺，无法认定当事人之间存在一致意见，驳回了联邦卡特尔局的裁决。德国联邦卡特尔局将案件提交欧共体委员会。欧共体委员会认可了联邦卡特尔局的裁决。被告企业不服，又向欧共体法院申诉。由于这些企业在1964~1967年间，曾三次统一大幅度涨价，欧共体法院认可了委员会的裁决，并根据条约第81条第1款对这些企业征收了数额很大的罚款。法院指出：这些企业分散于欧洲5个国家，各自有着不同的成本和价格构成，如果它们之间不存在着合作，焦油染料不可能一下子同时在这些国家涨价。❶

如果竞争者之间只有一致的行为，而没有一致意见，这种行为充其量只是一致行为，而不能称为协同行为。例如，生产同类产品的企业如果自主地按照市场上某一大企业的价格进行定价，它们的价格虽然一致，但相互间不存在价格协调，此种情况下的一致定价行为就不能视为协同行为。这样看来，协同行为是一种程度不及企业间订立具有法律约束力的协议，但又超过了它们自主决定的一致行为。欧共体法院在1975年“食糖卡特尔”案中指出：“如果企业理智地顺应竞争者现实的或者潜在的市场行为，这种行为不是协调行为，而是一致行为。”这里决定性的因素是企业是否存在独立性。“这种独立性要求企业间不得进行任何直接或者间接的以影响现有或者潜在竞争者市场行为为目的的接触，或者通过接触，将他们决定采取或者打算采取的市场行为暴露给竞争者。”因为通过接触，企业间便能够协调他们的市场行为，从而有意识地将他们之间存在着风险的竞争关系变为事实上的合作关系。在实践中，协同行为的典型方式是竞争者之间交流经营信息，彼此了解对方未来的市场行为，以减少市场竞争的不确定性。因此，协同行为不是以企业间订立统一的计划为前提条件，而是企业间的接触是否可以消除或者减少它们的竞争风险。

❶ WuW/E BGB 1147 ff. und EWG/MUV 269 ff.

第十四条　纵向垄断协议

禁止经营者与交易相对人达成下列垄断协议：

（一）固定向第三人转售商品的价格；

（二）限定向第三人转售商品的最低价格；

（三）国务院反垄断执法机构认定的其他垄断协议。

一、纵向垄断协议概述

《反垄断法》第十三条规定了竞争者之间的限制竞争协议。但是在实践中，限制竞争协议很多不是在竞争者之间订立的，而是在生产商与销售商、批发商与零售商或者其他在生产和销售链中有上、下游关系的经营者之间达成的。我们把这些处于不同经济阶段的经营者之间的协议称为纵向协议。横向协议与纵向协议的明显区分在于，前者的参与主体是相互对立的竞争方，后者的参与者之间没有竞争关系，而是在经济上存在着互惠和互补的关系。

纵向限制性协议是不同经济阶段的经营者进行纵向一体化安排中常有的限制。如某国际啤酒公司在上海销售啤酒时，与其销售商签订的分销协议中包含了很多限制竞争的条款：（1）销售商得严格执行生产商的统一价格政策；（2）销售商不得在指定区域之外发展任何该品牌的客户、建立分支机构或设立经销站，未经生产商的批准，销售商不得在指定区域之外销售该品牌啤酒；（3）未经生产商书面同意，销售商不得经销任何其他品牌的啤酒；（4）除非经生产商同意，销售商每次订购的品牌啤酒数量至少为一个标准集装箱，或者至少一辆标准运输车辆。纵向限制竞争协议按照限制竞争的内容可以分为纵向价格协议和纵向非价格协议。前者是指生产商与销售商之间涉及价格的限制竞争协议，如固定价格、限制最低销售价格或者限制最高销售价格的协议。后者是指不直接涉及价格的限制竞争协议，如排他性销售、排他性购买、地区限制、客户限制以及销售商品中的搭售协议等。

各国反垄断法学界关于横向限制竞争协议尽管还有争议，但基本的态度是一致的，例如固定价格、限制产量或者销售数量以及分割市场的核心卡特尔基本上被视为严重限制市场竞争的行为，适用本身违法的原则。然而，在纵向限制竞争协议方面，人们还远没有达成共识。即便对于纵向固定价格的协议，人们的态度也不同。例如在2007年6月28日 Leegin Creative leather products 一案的判决中，美国联邦最高法院9位大法官以5：4的结果推翻了近一百年前的迈尔博士医药公司这一判例，由此使最低转售价格协议不再适用本身违法的原则，而是改为合理的原则。

我国《反垄断法》在纵向协议方面主要禁止两种限制竞争，一是固定向第三人转售商品的价格，二是限定向第三人转售商品的最低价格。此外，第十四条第三款还规定了一个兜底条款，即国务院反垄断执法机构认定的其他纵向垄断协议，如果对市场竞争有着严重的限制性影响，也可以受到禁止。我国《反垄断法》将纵向协议和横向协议在不同条款中作出规定，且纵向协议方面仅是禁止固定转售价格和限制最低转让价格的情况，这说明我国《反垄断法》禁止纵向协议的程度要轻。

反垄断法对待横向协议和纵向协议的不同态度，这主要是由于它们本质上的区别：横向协议是竞争者之间的协议，其本质就是限制竞争；纵向协议不是竞争者之间的协议，其目的不是为了共同限制生产数量或者抬高商品的价格。相反，纵向协议当事人的共同利益往往在于提高产出，而不是限制产出，这种协议普遍能够起到增大社会财富的作用。另外，横向限制和纵向限制对市场竞争的影响程度也是不同的。以地域分割协议为例。竞争者之间的地域分割（即地域卡特尔）导致卡特尔成员在各自势力范围都是一个垄断者，结果就是限制了消费者选择商品或者服务的权利。但是对于纵向地域分割来说，只要生产商没有取得市场支配地位，分割后的各个地域就仍存在品牌竞争。而且，在纵向地域分割的情况下，因为销售商在各自地域都有独家销售的权利，他们会努力推销产品，这最终会扩大产品的销售和生产。这即是说，很多纵向限制协议包括独家销售、独家购买、特许销售、特许专营等会限制销售商之间的竞争，但同时因为它们减少了搭便车的可能性，可以强化销售网络，推动品牌竞争。

二、纵向协议对经济和竞争的积极影响

1. 推动进入市场

纵向协议对市场竞争一个明显的好处是有助于企业进入市场，特别是有助于企业进入外国市场。例如在 1964 年考恩斯腾（Consten）和格鲁恩迪克（Grundig）诉欧共体委员会一案中，格鲁恩迪克作为德国一家电器生产企业，如果不是因为 1957 年和法国的考恩斯腾公司订立了独家销售协议，它当时就不可能进入法国市场。“二战”期间，德国占领法国 4 年，法国人憎恨德国人，从而不愿购买德国产品。而考恩斯腾公司作为格鲁恩迪克公司的独家销售商，因为其经济收益与格鲁恩迪克的产品在法国的销售有着直接的关系，他们自然会大力推销格鲁恩迪克公司的产品。另外，考恩斯腾公司也只有在和格鲁

恩迪克公司订立独家销售协议的情况下，即在格鲁恩迪克公司保证不向法国其他企业授予销售权的情况下，才能保证它在销售格鲁恩迪克的产品中得到一个可观的利润。如果没有这个独家销售权的保证，考恩斯腾公司就不可能经营格鲁恩迪克公司的产品，格鲁恩迪克的产品从而也不会进入法国市场。[1]

2. 减少搭便车现象

考恩斯腾和格鲁恩迪克一案中纵向限制的主要内容是地域限制。即格鲁恩迪克承诺，除了考恩斯腾之外，它不会向任何其他法国企业提供商品；考恩斯腾则承诺，不得经营与格鲁恩迪克产品相竞争的其他产品。此外，格鲁恩迪克还承诺，不允许它在德国的销售商向法国转售商品。这个绝对的地域限制虽然被欧共体委员会和欧共体法院视为违法行为，但它在经济学上有很大的合理性。可以想见，如果格鲁恩迪克允许多家法国企业经营自己的产品，考恩斯腾公司为推销格鲁恩迪克公司的产品而进行的广告宣传或者建立的消费者咨询处就会同时使其他销售企业受惠。因为任何销售商都希望搭别人的便车，在这种情况下，考恩斯腾就不会为格鲁恩迪克的产品开展推销活动，更不会花费很多投资开展这种活动。然而，要避免搭便车行为，生产商必须在一定地域给个别销售商独家销售的权利。随着被授予独家销售权的企业得到了地域保护，即在这个地域内有独家销售的权利，这个企业就不仅努力推销产品，而且会尽量减少运输成本和交易成本，其结果不仅有利于商品的销售，而且也有利于扩大商品的生产。

3. 遏制价格飞涨

有些纵向限制表现为生产商限制销售商的转售价格。如果生产商限制销售商的最高价格，这种纵向价格约束不仅有利于稳定价格，而且有利于遏制价格飞涨。因为在不存在价格约束的情况下，不管是生产商还是销售商，只要他们在市场上有着一定势力，他们除了索取正常的生产或者销售成本之外，还会索取一个额外的费用，即一个加价。而且，在市场势力存在的情况下，生产商或者销售商在决定商品价格的时候，一般不考虑这个加价对其交易对手的影响，即生产商不考虑加价对销售商的影响，销售商不考虑这个加价对消费者的影响，其结果就是生产商和销售商对他们之间交易的商品进行两次加价。如果生产商能够限定销售商的最高价格，就会避免他们双方尽量抬高价格的情况。

4. 改善售后服务

纵向约束有时可以改善售后服务。例如，生产商要求销售商提供产品售后

---

[1] 56/64, 58/64 Etablissements Consten SA & Grundig – Verkaufs – GmbH v. Commission (Case 56/64, 58/64) [1966] ECR 299.

的安装和试调服务，或者一定时期内提供免费维修服务，或者销售前向消费者提供有关商品的信息，例如使用说明或者示范活动。1994 年，德国格鲁恩迪克公司通过与其销售商订立的纵向协议，在其整个欧洲销售网络引入了普遍的担保义务，即保证购买其产品的消费者在其所住的成员国得到担保性的售后服务，即便他们是在其他成员国购买了商品。这种纵向限制虽然约束了销售商，但有利于扩大销售和生产，有利于消费者，从而对市场竞争起着积极的推动作用。

三、纵向限制的消极影响

实践中，生产商对销售商的价格约束或者地域保护可以直接对某个特定商品的竞争产生影响，限制这种商品的竞争，甚至可能完全排除竞争。概括地说，纵向限制竞争协议可能对市场产生以下不利影响。

1. 封锁市场

在上述考恩斯腾公司和格鲁恩迪克公司一案中，格鲁恩迪克不仅在协议中向考恩斯腾公司承诺不向法国的其他销售商提供商品，而且承诺不仅自己不对法国出口商品，而且不允许德国的其他销售商向法国转售商品。这种情况下，考恩斯腾在法国就取得了独家销售格鲁恩迪克产品的权利，即销售这种产品的垄断权。垄断则必然带来产品的高价。在考恩斯腾和格鲁恩迪克的案件中，正是因为考恩斯腾公司通过独家销售格鲁恩迪克公司产品的权利可以获得很高的垄断利润，在 1960 年和 1961 年期间当德国和法国之间的国际贸易配额限制被取消之后，某些德国公司如 UNEF 和 Leissner 便从德国市场上买到比较便宜的格鲁恩迪克产品，转售法国，从中渔利。考恩斯腾与格鲁恩迪克指控这些德国公司从事不正当竞争行为，侵犯了格鲁恩迪克公司“Giant”的商标权。欧共体委员会和欧共体法院一致认为，考恩斯腾公司和格鲁恩迪克公司之间的纵向协议具有排他性，特别是禁止出口的规定有着严重限制竞争的目的和后果，违反了《欧共体条约》第 81 条第 1 款。

2. 推动价格卡特尔

如果生产商限制销售商的最低转售价格，这种纵向约束会推动商品的高价。因为存在价格约束的情况下，同一商标的销售商之间不能开展价格竞争，这种价格约束实际上是在销售商之间建立起了价格卡特尔。在市场没有替代品的情况下，这个价格是垄断高价。如果市场是一个寡头垄断市场，品牌之间不存在实质性的竞争，这个维护最低转售价格的协议仍然可以导致产品的高价。如果这个市场是竞争性的，这个纵向价格约束便不可能维持下去。这说明，维护最低转售价格的协议一般出现在垄断性的市场上，目的是维护生产商和销售商的高额垄断利润。因此，维护最低转售价格的协议对市场竞争有着严重的不利后果。此外，纵向价格约束因为固定了销售商的价格，这种协议有助于不同品牌的生产商在价格方面搞协调。因为生产商不遵守价格卡特尔的行为会遭到其他卡特尔成员的报复，所以，在存在纵向价格约束的情况下，生产商之间的价格卡特尔会更持久和更稳定。

四、反垄断法关于纵向固定价格协议的禁止性规定

我国《反垄断法》第十四条主要是禁止经营者与交易相对人达成两种纵向垄断协议，一是固定向第三人转售商品的价格，二是限定向第三人转售商品的最低价格。此外还有第三项中一个兜底条款，即国务院反垄断执法机构认定的其他垄断协议，由此便授予这些机构一定的自由裁量权，禁止对市场竞争有严重不利影响的其他纵向垄断协议。

生产商固定销售商向第三人销售商品的价格，或者限定销售商向第三人转售商品的最低价格，这两种纵向限制的本质是一样的，即限制了批发商决定价格的自由权利。而且，由于生产商的价格约束，批发商对零售商的销售必须按照固定的价格或者按照最低限价进行销售，这样的价格约束必然会损害最终消费者的利益，即导致他们不得不支付比在竞争性市场条件下高出很多的价格。从法律上来说，这两种价格约束都是通过两个合同实现的：第一个是生产商和批发商订立的合同，生产商由此约束批发商的转售价格，限制批发商与其零售商交易中的定价自由；第二个是批发商与零售商订立的合同。由于第一个合同的存在，批发商作为卖方在第二个合同中没有决定销售价格的自由，从而使这个价格约束影响到与批发商在法律上或者经济上相关的下游企业。

美国最高法院早在1911年迈尔博士医药公司案的判决中就指出：纵向固定价格协议会严重限制销售商之间的竞争，这种做法同销售商联合订立价格卡特尔的后果是一样的。这个判决还指出：既然生产商已经售出了他们的产品，社会公众应当有权利“通过销售商之间的竞争得到某些好处。”[1] 然而，一方面，纵向价格约束排除了销售商之间的价格竞争，社会公众享受不到竞争能够带来的好处。另一方面，纵向价格约束还大大提高相关市场的透明度，便于销售商在产品销售的其他方面达成限制竞争的协议，如售前或者售后服务的条件，从而会进一步排除销售相关产品中的竞争。美国最高法院在1980年加利福尼亚啤酒零售商诉米德卡尔铝公司一案的判决中还明确表示，纵向固定价格

---

[1] Dr. Miles Medical Co. v. John D. Park & Sons Co., 220 U. S. 373 (1911).

协议适用本身违法的原则。[1]

欧共体法和德国法也明确规定，纵向固定价格和限制最低价格的行为是违法的。欧共体委员会2000年5月24日发布的《关于纵向协议集体豁免条例适用指南》第4条（a）明确指出：如果卖方固定买方的转售价格，或者强加一个最低销售价格，这种协议不能得到豁免。该条款还明确指出：限制转售价格行为可表现为直接限制，即协议对销售价格作出明确规定；也可以表现为间接限制，如固定销售商最低销售利润，或在一个固定的价格水平上规定销售商的最大折扣率，或禁止销售商对价格打折，等等。为了使销售商遵守或者维护固定价格，这种协议往往规定：如果销售商不遵守协议中关于价格的规定，供货商将会予以警告、惩罚、迟延供货、中止供货，严重情况下终止供货合同，等等。

需要指出的是，在欧共体法和德国法中，关于维护转售价格协议的禁止性规定有两个例外。一个例外是商业代理合同。根据欧共体法，禁止维护转售价格的规定不适用于代理销售协议。欧共体委员会1962年发布的关于代理销售协议的通告指出：如果商业代理合同规定了代理人的销售对象、销售价格以及销售地域，因为这种情况下，代理人得按照委托人的意见行事，委托人承担代理人的经营风险，代理人在经济上不具独立性，这种合同中的限制竞争不属于条约第81条第1款的禁止内容。[2] 根据欧共体委员会2000年5月24日发布的《关于纵向协议集体豁免条例适用指南》第13条规定，评价一个商业代理协议是否是真正的代理协议，决定性的因素是代理人在其被委托的经济活动中是否承担资金方面和商业方面的风险。

第二个例外是关于出版物的纵向价格约束。根据德国《反对限制竞争法》第15条，禁止纵向价格约束的规定不适用于出版物。允许出版物的纵向价格约束，这是德国以及欧洲其他比较重视文化的国家一百多年来的传统。尽管德国1973年废除了允许对名牌产品纵向限价的规定，但对出版物至今保留了这个特权。允许对出版物固定价格，这是出于文化和教育政策的考虑，例如要保证文学作品的多样性，保证科学和学术著作的出版，保证书店经营品种的多样化，以及保证中小书店在地域分布上的合理性等。德国学者普遍认为，出版物不仅是经营性的产品，而且也是文化产品，对这种产品纵向限价给予特权不违反德国宪法。

---

[1] California retail Liquor Dealers' Ass'n v. Midcal Aluminum, Inc., 445 U. S. 97 (1980).

[2] Bekanntmachung der Kommission ueber Alleinvertriebsvertraege mit Handelsvertretern, vom 24. December 1962.

与关于横向协议的第十三条一样，我国《反垄断法》关于纵向协议的第十四条也没有明确维护转售价格的协议适用“本身违法”原则。然而，由于第十五条第二款规定了垄断协议得到豁免的两个并列前提条件，第一是所达成的协议不会严重限制相关市场的竞争，第二是能够使消费者分享由此产生的利益，维护转售价格的协议不可能得到豁免。因为人们普遍认为，在生产商固定转售价格或者限制最低转售价格的情况下，因为同一品牌的销售商不可能开展价格竞争，其结果就是这些销售商之间建立起了价格卡特尔。如果这个市场是垄断的，所固定的价格或者最低价格事实上都是垄断价格。因此，这些协议对市场竞争有着严重的不利后果，会严重损害消费者的利益。

需要指出的是，关于纵向固定价格的协议，人们至今有着不同的观点。2007年6月28日，在Leegin Creative leather products，Inc. v. PSKS，Inc. 一案中，美国联邦最高法院的9位大法官以5：4的结果推翻了近一百年前的迈尔博士医药公司这一判例，由此使最低转售价格协议不再适用本身违法的原则，而是改为适用合理的原则。

五、其他纵向协议的一般分析

反垄断法学界依据纵向限制竞争协议对竞争的影响，将它们基本上分为两类，一类是纵向的价格约束，另一类是纵向的非价格约束。纵向的价格约束也不是必然适用本身违法的原则，而是区分为是固定价格，还是价格推荐；是固定最高价格，还是固定最低价格。各国反垄断法的趋势是，除了把纵向固定价格和限定最低价格的行为一如既往地视为违法行为，适用本身违法的原则外，其他的价格约束可以适用合理的原则。而就纵向的非价格约束来说，它们都应当适用合理的原则，即其合法性或者违法性应当在具体情况下进行具体的分析。

1. 纵向最高价格约束

在美国，纵向最高价格约束长期被视为与纵向最低价格约束一样，适用本身违法原则。例如在1968年阿尔伯莱希特诉赫尔拉德出版公司一案中，针对大报社一般都有稳定的销售网络和出版物比较便宜的情况，被告出版公司便对其销售商制定了最高限价。然而，法院的判决指出：被告出版社对销售商的最高限价政策是本身违法行为，尽管最高限价的目的是对付相关市场的市场势力。[1]

然而，在1997年国家石油公司诉卡恩一案中，美国联邦最高法院的结论

[1] Albrecht v. Herald Co., 390 U. S. 145 (1968).

是，这些司法实践不能说明遣责纵向最高限价的必要性，因为它们不能说明，纵向最高价格限制在本质上是反竞争的。相反，法院认为，纵向最高限价应当与纵向非价格限制一样，适用合理原则。法院的判决指出："如同其他大多数商业活动一样，纵向最高限价受反托拉斯法的制约，应根据合理原则进行评价。因为通过合理原则的分析，可以有效识别具有反竞争后果的纵向最高限价行为。"判决还指出：这并不意味法院改变了传统上对纵向最低限价适用本身违法的原则；然而，即便当事人的最高限价活动事实上是掩饰他们的最低限价，对这种行为的分析基本上仍适用合理原则。❶ 欧共体委员会 2000 年《纵向协议集体豁免条例适用指南》第 4 条（a）也明确指出：禁止纵向价格约束的规定不适用于卖方对买方作最高销售限价的行为。从经济学的角度分析，纵向最高限价适用合理原则是正确的，因为这种限价一方面限制了销售商的涨价幅度，另一方面又可保证销售商在最高限价和批发价或者出厂价之间开展竞争。

2. 纵向价格推荐

价格推荐是生产商对销售商就其所供商品的转售价格作出没有约束力的推荐，这特别是指名牌产品的价格推荐。价格推荐因为仅是推荐意见，销售商没有义务按照生产商的推荐价格销售商品，从而不会排除销售商之间的价格竞争。在实践中，为了扩大销售，绝大多数商品的零售价格在事实上均低于生产商的推荐价格。此外，生产商向销售商推荐转售价格还有利于提高市场的透明度。特别在销售网点不多的偏远地区，产品上的价格推荐可以保护消费者不受销售商的高价剥削。因此，价格推荐在各国反垄断法中一般被视为合法的行为。

从理论上说，如果生产商为使销售商遵守自己的推荐价格，采取抵制交易等手段对销售商施加压力，这种推荐价格事实上就具有约束力，从而构成违法行为。在 1999 年洛厄尔诉美国氨基氰公司一案中，被告化学公司将其产品的批发价与其推荐的零售价定为相同水平，然后给予批发商价格折扣。但是，批发商得到价格折扣的前提条件是，他们必须遵守该公司推荐的零售价格。美国第 11 巡回法院将被告的行为认定为是纵向固定价格的行为，性质上属本身违法。❷

3. 独家销售（纵向地域限制）

独家销售协议也称排他性销售协议，它是两个企业之间订立的协议，其中

---

❶ State Oil Co. v. Khan, 522 U. S. 3., 118 S. Ct. 275 (1997).

❷ Lowell v. American Cyanamid Co., 177 F. 3d 1228 (11th Cir. 1999).

一方向对方承诺，出于转售某种商品的目的，它在某个市场或该市场某地区只向对方提供商品。独家销售协议在实践中是运用最广泛的纵向限制协议。这种协议有两个特点，第一是“独家”。如果一个生产商在一个合同地域同时与两个或者两个以上的销售商订立了销售协议，这些协议就不能被称为是排他性销售协议。第二个特点是“销售”，即这种协议的主要内容是一方当事人为另一方当事人销售商品。如果一方当事人购买商品的目的仅是为了自己使用或者消费，这就不是独家销售协议。一般来说，一个生产商不会只与一个销售商订立排他性销售协议。如果他同时与很多销售商在不同地域订立排他性销售协议，这样的协议也称为独占地域协议（exclusive territories）。排他性销售协议绝大多数是独占地域的协议。

独占地域方面的一个经典案例是美国最高法院1977年大陆电视公司诉GTE希尔瓦尼亚案。[1] 该案的焦点是，希尔瓦尼亚公司为应对销售额连续下滑而采取的销售策略即独占地域是否合法。案件的起因是，被告为吸引有能力的销售商为自己推销商品，减少了销售商数目，并给每个特许销售商限定销售地域。当原告即大陆电视公司未经被告授权在其他销售商的销售地域开辟第二销售渠道从而违反了与被告订立的独占地域销售协议后，被告终止了与原告的销售协议。大陆电视公司遂指控被告限制竞争，要求法院认定这种行为本身违法。这个案子最后上诉到美国最高法院。最高法院拒绝对希尔瓦尼亚公司的纵向地域限制适用本身违法的原则。法院指出：这个协议虽然对销售商之间的竞争有着直接和显著的影响，但同时也能显著提高生产商销售商品的效率，有助于推动品牌之间的竞争。法院还认为，除维护转售价格的协议外，纵向非价格约束都应根据合理原则进行分析，并且指出了纵向非价格约束在经济上的合理性：“新的生产商为进入市场可以使用这种限制竞争的方式，因为只有这样才能吸引有能力和有进取心的销售商为销售产品而投入资金和劳动。现有的生产商也可以使用这种方式来鼓励销售商的推销活动，鼓励他们提供服务或者修理业务，这些对于他们产品的推销是非常必要的。”法院还指出，“提高销售效率不是生产商对其产品或者服务的推销方式进行控制的惟一合法理由。成文法和普通法的一个结论是，社会越来越要求生产商对其产品的安全和质量承担直接的责任。”

美国最高法院关于大陆电视公司诉GTE希尔瓦尼亚一案的判决被称为是美国反托拉斯法的里程碑。这个判决的重要意义在于，它提出应当对限制竞争进行全面衡量，即不仅应考虑它对市场竞争的不利方面，还应考虑它在推动竞

---

[1] Continental T. V., Inc. v. CTE Sylvania, Inc., 433 U. S. 36 (1977).

争方面的作用。更重要的是，在分析排他性销售或者独占地域协议的时候，不仅要考虑这个限制对销售商之间竞争的影响，还应当考虑它在推动品牌竞争方面的影响。而且这两个方面的影响相比较，推动品牌竞争要比限制销售商之间的竞争更重要。

在大陆电视公司诉GTE希尔瓦尼亚一案的判决中，美国最高法院非常重视这个地域限制协议在推动产品销售和成本节约方面带来的经济效益，以及在强化不同品牌产品的竞争所产生的影响。然而，一个纵向非价格约束要能够带来这种经济效益以及推动竞争的后果，其前提条件是这个限制竞争所覆盖的市场范围不是太大。在希尔瓦尼亚一案中，希尔瓦尼亚是一个占市场份额很小的电视机生产商。在1962年采取特许经营的销售策略之前，它在全国电视机产品市场上仅占1%~2%的份额。1965年当原告作为特许销售商和希尔瓦尼亚的关系破裂之时，希尔瓦尼亚在全国电视机产品市场上也不过占大约5%的份额，是全国第8大电视机生产商。可以设想，如果是一个垄断性的生产商与其销售商订立排他性的销售协议，这种协议便会使这些销售商在其独家销售地域内都具有垄断地位。因为这种协议会使消费者失去选择商品的机会，它们在性质上是违法的。

现在，很多反垄断法在纵向非价格限制竞争包括独家销售的豁免问题上采用了30%的标准。如欧共体委员会《纵向协议和纵向协调行为适用欧共体条约第81条第3款的1999年第2790号条例》的第2条规定：一个纵向协议要得到集体豁免，协议当事人的市场份额不得超过一定标准。根据该条例第3条规定，如果一个纵向协议的供货方在其出售协议产品或者服务的相关市场的份额不超过30%，或在独家销售的情况下，买方在其协议产品或者服务的相关市场上的份额不超过30%，协议可以适用第2条的豁免规定。需要指出的是，如果一个协议的市场份额超过了30%，这个协议虽然不能根据这一集体豁免条例自动得到豁免，但当事人可要求欧共体委员会对该协议进行个别分析和审查，在符合条件的情况下给予个别豁免。

4. 独家购买

独家购买协议的主要内容是，一方当事人向另一方承诺，除了对方或者由其指定的第三方企业外，该当事人不得从其他任何供货商购买协议中规定的商品。独家购买协议也有两个显著特点，一是“独家”。如果一个供货商在一个合同地域同时与两个或者两个以上的买方订立了供货协议，这种协议不能被称为独家购买协议。第二个特点是“购买”，即这种协议的主要内容是一方当事人购买另一方当事人的产品。购买的目的是用于转售。如果买方购买商品的目的仅是为了自己使用或者消费，这也不是独家销售协议。独家购买协议也是实践中使用很普遍的纵向限制竞争协议。在欧洲，啤酒馆和加油站与其供货商的关系普遍是通过独家购买协议建立起来的。独家购买和独家销售协议也被统称为排他性交易（exclusive dealing）。

独家购买协议首先有助于推动供货商的生产活动。因为这种协议限制了销售商从其他供货商购买产品的可能性，而且随着协议中的禁止竞业条款，销售商有义务不得自己生产这种产品，这就可以使供货商取得长期和稳定的销售渠道，为其扩大生产规模创造了条件，特别是可以减少因库存和销售而产生的费用。此外，独家购买协议中的供货商和销售商的合作关系是长期性的，这有利于他们一起改善商品的质量，改善销售服务或者售后服务，从而有利于扩大商品的生产。特别是对于寻求市场的中小企业来说，订立独家购买协议，由销售商为自己推销产品，提供售后服务，这常常是他们进入市场的有效甚至是惟一可行的方式。

独家购买协议也有利于销售商。因为在订立独家购买协议的条件下，销售商有着稳定的购货渠道，可以保证自己需要的商品，这就可以减少因供货不稳定或者市场不稳定而带来的风险。特别是在啤酒馆或者加油站订立独家购买协议的情况下，供货商一般都能够在经济上或者资金上给予销售商一个特别的好处，例如给予补贴，给予条件优惠的贷款，或者提供经营餐馆的土地或者空间，或者允许使用某些技术设施等，这就有利于提高他们的市场竞争力，改善他们对产品的销售条件。

此外，独家销售协议也有利于消费者。因为这种协议有利于推动市场竞争，特别是有利于推动同类产品生产商之间的竞争，其结果就是使生产商能够按照消费者的愿望，不断提高产品的质量，扩大生产。而且销售商也会不断改进其服务质量，尽量扩大产品的销售，满足消费者的需求。这说明，在订立独家购买协议的条件下，消费者可以更方便和更迅速地获得自己需要的商品，即从这种协议中得到一个合理的利益。

同独家销售协议一样，独家购买协议不得严重影响市场竞争。因此，豁免这种协议的前提条件是，它们所影响的市场范围不能过大。这里应当考虑协议当事人的市场份额、交易量以及这个交易量在相关市场所占的份额等。欧共体法院在独家购买协议方面有许多重要的判决，在1989年关于Delimitis一案的判决中，欧共体法院虽然肯定了一个独家购买协议对协议双方的好处，即一方面啤酒生产商得到了稳定的销售渠道，另一方面啤酒馆从啤酒生产商手中得到了资金和其他方面的帮助。但是，法院指出：一个供货商如果独家向啤酒馆供应的啤酒量过大，以致其他啤酒生产商不能进入市场，或者它们虽然可以进入市场，但必须投入巨大的成本，这就出现了封锁市场的情况。在这种情况下，这个独家销售协议是违法的。[1]

5. 选择性销售

选择性销售是出于生产技术或者产品质量的要求而建立的一种销售制度。这种协议通常对协议双方都有一定的约束。作为生产商的协议当事人一般只能向符合一定专业标准的销售商供应产品，这一般包括销售商的专业资格、销售商的营业员水平以及营业场所的技术条件或者设备等。作为销售商的协议当事人则不得向协议销售网络之外的批发商或者零售商转售协议商品。这即是说，协议双方虽然都有选择交易对手的可能性，但同时又都受到了协议的约束。

选择性销售在欧洲是一种很普遍的销售制度，它主要适用于汽车、娱乐性电子产品、计算机、高档首饰、高档手表、高档化妆品等。根据欧共体委员会的观点，选择性销售制度有很大的合理性，因为“采取这种制度的生产商规定销售其产品的一般条件，目的是保证其特殊或者复杂的产品能够得到妥善的销售。出于这个目的，他们根据不同交易的要求，限定销售商的数目和交易地区，并以此为条件在众多销售商中选择符合条件的销售商。”[2]

选择性销售因为是专业性的销售，生产商不仅对销售商有一定的专业要求，而且对于销售价格一般也有一个统一的标准，这就使销售商之间基本不存在价格竞争。但是，销售商之间在销售服务方面仍然存在着激烈的竞争。人们普遍认为，在这种销售制度下，销售商之间非价格竞争带来的好处超过了供货商限制销售价格的不利影响。

欧共体法院在其 1976 年关于 Metro I 一案的判决中指出：“只要供货商是根据客观的质量标准选择销售商，例如根据销售商的专业水平、人员情况和物质条件，而且这些选择条件是一视同仁地适用于所有的销售商，即在选择过程中不存在歧视性待遇，这种选择性的销售制度就是与《欧共体条约》第 81 条第 1 款协调一致的。”[3] 欧共体委员会和欧共体法院的司法实践在认定选择性销售制度的合法性方面还发展了三个原则。

第一是必要性原则。即生产商根据其产品的技术性能，为了保障产品的质量和消费者能够正确地使用产品，他对销售商在专业技术、销售人员以及销售的物资条件等方面所作出的选择标准是必要的。因此，选择性销售制度主要适用于高、精、尖产品。对一般的大众产品如果采取这种销售制度，则可能会构成对竞争的不合理限制。

---

❶ Stergios Delimitis v. Henninger Braeu, Case C 234/89, (1991) ECR I－935.

❷ Ninth Report on Competition Policy, No. 5.

❸ EuGH, 25. 10. 77, 26/76, Metro I, Slg. 1977, 1875 Rn. 20.

第二是适当性原则。即为了保障这些产品能够在良好条件下进行销售，生产商选择销售商的条件包括他们的专业知识、销售人员以及销售的物资条件应当是恰当的，而不是过分的。如果供货商选择销售商的条件超过了销售这种产品的必要程度，这种选择就是不合理的限制。例如，生产商在选择销售商的标准中如果有销售数量的要求，如规定最低销售量或者最低销售额，因为这些标准一般不是由产品的特性决定的，这种选择条件可能被视为不合理的限制。然而，如果生产商提出的销售数量标准有利于节约生产商的销售成本，这种限制也可能会得到该条约第 81 条第 3 款的豁免。

第三是无歧视原则。即生产商或者供货商必须无歧视地对待所有潜在的销售商。因此，生产商在对销售商的选择中必须有一个统一的标准，并且应当在一个适当期限内对提出申请的专业销售商作出答复。生产商必须平等地对待所有符合条件的销售商。在欧共体内，这意味着生产商必须平等地向所有符合条件的销售商提供商品。如果一个生产商为了维护产品的高价，拒绝向某些符合条件的销售商供货，这个选择性销售就是违反了《欧共体条约》第 81 条第 1 款。

除了上述的必要性、适当性和无歧视原则外，与独家销售和独家购买协议一样，可以得到豁免的选择性销售协议中不得含有绝对地域限制的条款。2000 年 10 月，欧共体初审法院对德国大众汽车公司征收 9 000 万欧元的罚款，主要原因是该公司与其意大利销售商订立的销售协议中规定，该销售商如果在合同地域（即意大利）销售大众汽车，可以获得最高为 15% 的特殊酬报；如果在合同地域外销售大众汽车，则完全不能得到这个酬报。因此，意大利销售商没有兴趣向德国人或者奥地利人销售商品。由于大众汽车公司的行为损害了成员国之间的国际贸易，欧共体委员会 1998 年对该公司作出了罚款 1.2 亿欧元的裁决。大众汽车公司不服，向欧共体初审法院提出了申诉。初审法院驳回了大众汽车公司的申诉，只是将罚金从 1.2 亿欧元减为 9 000 万欧元。[1]

6. 特许专营

特许专营也是我们经常看到的销售方式。如遍布商业街头的麦当劳餐厅、柯达或者富士胶卷冲洗部等，它们一般都是通过订立特许专营协议建立起来的。特许专营是指，一个企业即特许权人在对方当事人即特许专营人直接或者间接交付报酬的情况下，向对方授予对一定商品或者服务进行专营的权利。这里的专营权是一个可能涉及专利权、商标权、商业名称、商号、实用新型、外观设计、版权或者技术秘密各种权利的统一体，使用专营权的目的是向最终消

[1] Ensthaler/Stopper, Geldbusse gegen VW wegen Verstosses gegen europaeische Wettbewerbsregeln – Kritik und Rechtsfolgen, Recht der Internationalen Wirtschaft, Heft 10/2000, S. 729.

费者销售商品或者提供服务。因此，这种协议实际上是生产商与零售商之间的协议。生产商通过这种协议建立的销售网络也可以称为特许专营销售网络。

特许专营销售网络有三个显著特征：第一，所有被授予特许专营权的企业共同使用一个商业名称、商业标记或者使用统一的装潢；第二，特许权人向特许专营人通告销售中使用的技术秘密；第三，特许权人在业务和技术方面支持特许专营人的经营活动。因为特许专营销售会涉及特许权人的知识产权，特许专营协议中一般都有很多保护知识产权以及保护商业秘密的限制性条款。

特许专营协议在经济上有很多合理性。这正如欧共体委员会在其 1988 年发布的《关于特许专营协议集体豁免条例》中指出的，这种协议"可以使特许权人利用有限的资金建立一个统一的特许专营网络，由此便利新的供货商特别是便利中小企业进入市场，从而强化生产商之间的产品竞争，改善商品的销售。此外，这种协议也为独立的销售商开展新的经营活动创造了条件。而且，通过这种协议，特许权人可以向专营人提供其经验和资助。所以，这些销售商一般都有着良好的经营前景，这就为这些销售商与大商业企业开展有效竞争创造了条件。"此外，在特许专营条件下，特许权人对被许可人提供的产品或者服务一般都有统一和比较严格的质量标准，这种销售活动从而有利于消费者。

特许专营协议往往有很多限制性规定，这一般都是特许权人对专营人提出的要求。例如，协议存续期间甚至协议终止后，专营人不得泄漏特许权人的技术秘密；专营人得向特许权人通告在使用特许权过程中获得的经验，并将经验中的技术秘密授予特许权人以及其他特许专营人非独占的使用权；专营人得向特许权人通告被转让的知识产权或者技术秘密被侵犯的情况，并且支持和配合特许权人对此采取的法律行动；协议存续期间甚至终止后，专营人不得将特许权人许可使用的技术秘密用于其他目的；专营人得参加特许权人组织的职业培训；专营人得使用特许权人提供的商业手段以及随后的修改，使用特许权人许可使用的知识产权或者商业秘密；专营人的设备以及根据特许专营合同建立的经营场所或者运输工具必须得符合特许权人的要求；专营人得接受特许权人对协议中所规定的经营场所、运输工具、销售产品或者提供服务的情况以及对其财产和账簿的检查；未经特许权人的同意，专营人不得改换经营场所；未经特许权人的同意，专营人不得向他人转让其特许权等。[1] 根据欧共体委员会 1988 年《关于特许专营协议集体豁免条例》，这些限制性规定如果是出于保护特许专营销售网络的统一性或者维护特许权人的商业信誉或者商品和服务的声誉，

[1] 见欧共体委员会关于特许专营协议集体豁免的第 4087/1988 号条例第 3 条第 2 款。它指出，这些条款不具有限制竞争的后果，不适用欧共体条约第 81 条第 1 款。

或者是为了防止特许权人提供的技术秘密或者资助被其竞争者搭便车而使用，它们在原则上都可以得到豁免。

特许专营协议也可能含有其他限制。如特许权人限制专营人的活动地域，或者要求专营人不得从事与特许权人的产品或者服务相竞争的经营活动。根据欧共体委员会 1988 年第 4087 号条例，这些限制竞争性的条款应当根据它们的后果进行评价。如果特许权人限制专营人的活动地域或者对专营人提出禁止竞业的要求，因为这一般都有合理的商业理由，他们一般都能得到豁免。相反，如果特许专营协议规定专营人不得从第三方购买相同质量的产品，或者限制专营人的销售价格等，这些条款因为具有严重的反竞争后果，他们不能根据条约第 81 条第 3 款的规定得到豁免。[1]

7. 搭售

搭售也被称为附条件交易，即一个销售商要求购买其产品或者服务的买方同时也购买其另一种产品或者服务，并且把买方购买其第二种产品或者服务作为其可以购买第一种产品或者服务的条件。在这种情况下，第一种产品或者服务就是搭售品（tying product），第二种产品或者服务就是被搭售品（tied product）。

搭售行为往往是被消费者或者买方所厌恶的行为，但它们并不总是违法的行为。因为在市场交易中，卖方可能会出于各种动机进行搭售。例如，出于产品的完整性，销售商常常会把鞋子和鞋带一起出售，尽管这两种产品完全是可以分开销售的。这样的搭售行为不仅可以节约销售时间，而且对消费者也是有利的。

生产商或者销售商搭售商品也可能是出于维护商品声誉的考虑。例如，他们在出售机器或者设备的时候，特别是出售高科技产品的时候，常常要求买方一并购买他们提供的零部件或者辅助材料。一般来说，这种做法是合理的，因为这有利于产品的安全使用，或者有利于提高产品的寿命，从而有利于维护企业的商业信誉和商品声誉。

有时候，搭售商品也是生产商的一种销售策略。例如，生产商为了推销一种新产品，可能以较低的价格把新产品与另一种价格较高且销路很好的商品绑在一起进行销售。在这种情况下，如果新产品的销路也很好，销售商和生产商都可以赚到很多利润。如果新产品的销路不好，因为新产品的价格较低，销售商也不会损失很多。在这种情况下，搭售就成为生产商和销售商分担经营风险的方式。这种方式在特许经营或者独家经营中使用很多。[2]

---

[1] 见欧共体委员会《关于特许专营协议集体豁免的第 4087/1988 号条例》第 5 条。

[2] Section 5, Tying Arrangements, U. S. Department of Justice, Vertical Restraints Guidelines January 23, 1985.

法律禁止的搭售首先是一种不合理的安排。如果是为了保证产品的质量和稳定性，要求买方购买一定的配套产品不应当属于禁止之列。其次，违法的搭售行为必须具有严重的反竞争后果，即通过搭售会加强企业在市场上的支配地位，从而给市场竞争带来严重的不利影响。在识别一个搭售行为是否具有反竞争性时，应当考虑搭售企业的搭售目的、市场地位、相关的市场结构、商品的特性等许多因素。

搭售行为对竞争的不利影响主要是这种行为会排挤被搭售商品市场上的竞争者。然而，产生这种后果的市场条件是，这个实施搭售行为的企业在搭售品的市场上有着显著的市场地位，并且通过搭售行为，将其在搭售品市场的竞争优势不公平地辐射到被搭售的产品或者服务的市场上，从而不公平地影响这些产品或者服务的竞争。所以，搭售行为在竞争法中一般被视为是滥用市场支配地位的行为，其前提条件是行为人已经取得了市场支配地位。

第十五条　垄断协议豁免

经营者能够证明所达成的协议属于下列情形之一的，不适用本法第十三条、第十四条的规定：

（一）为改进技术、研究开发新产品的；

（二）为提高产品质量、降低成本、增进效率，统一产品规格、标准或者实行专业化分工的；

（三）为提高中小经营者经营效率，增强中小经营者竞争力的；

（四）为实现节约能源、保护环境、救灾救助等社会公共利益的；

（五）因经济不景气，为缓解销售量严重下降或者生产明显过剩的；

（六）为保障对外贸易和对外经济合作中的正当利益的；

（七）法律和国务院规定的其他情形。

属于前款第一项至第五项情形，不适用本法第十三条、第十四条规定的，经营者还应当证明所达成的协议不会严重限制相关市场的竞争，并且能够使消费者分享由此产生的利益。

本条是关于对垄断协议实施豁免的规定。

一、豁免的定义

反垄断法之所以被誉为“经济宪法”、“自由企业的大宪章”和“经济法核心”，不仅因为它是市场经济体制的基石，而且还因为它的适用非常广泛。即作为一项原则，反垄断法应当对所有产业都享有管辖权，对所有经济活动都毫无例外地予以适用。但是，任何事物都有其两面性。从辩证的角度看，垄断协议也不是一无是处，相反在经济活动中有很多正面的效果。再加上现实经济生活的复杂性、多样性、多变性，考虑到国家的对外经济利益以及其他的各种政策如产业政策、环境与科技政策、农业政策、教育文化政策等方面的影响，反垄断法对垄断协议没有全盘否定，而是采取了灵活和务实的处理方式，即根据它们对经济和竞争的影响，兼顾其他政策，分类排队，区别对待。这即是说，竞争虽然是配置资源的最佳方式，但有些市场因特殊的条件，优化配置资源的机制只有在限制竞争的条件下才能实现。在这种情况下，这些限制竞争协议就不应当被视为是违法行为，而是应当排除反垄断法对之的适用，这即是反垄断法的豁免制度。这也说明，竞争不是市场经济生活的全部，在竞争之外还存在其他的利益需要考虑和兼顾。

世界上大多数国家和地区的反垄断法都对垄断协议的豁免作了规定。美国1918年韦伯-波莫雷内出口法（Webb-Pomerene Export Act）对垄断协议最早作出了豁免的规定。《欧共体条约》第81条第3款规定：“第1款规定不适用于下列情形：企业之间任何协议或者任何类型的协议、企业团体所作的任何决定或者任何决定、任何协同一致的经营行为或者任何类型的协同一致的经营行为，有助于改进生产或者分销产品，或者促进技术或者经济进步，同时使消费者获得相当程度的实惠；并且，1. 有关企业所受到的限制对于达到上述目标是不可缺少的；2. 在所涉及产品的相当范围的领域内，有关企业没有可能排除竞争的。”我国台湾地区“公平交易法”第14条也规定：“事业不得为联合行为。但有下列情形之一，而有益于整体经济与公共利益，经申请中央主管机关许可者，不在此限：（1）为降低成本、改良品质或者增进效率，而统一商品规格或形式者；（2）为提高技术、改良品种、降低成本或增进效率，而共同研究开发商品或者市场者；（3）为促进事业合理经营而分别作专业发展者；（4）为确保或促进输出，而专就国外市场之竞争进行约定者；（5）为加强贸易效能，而就国外商品之输入采取共同行为者；（6）经济不景气期间，商品市场价格低于平均生产成本，致该行业之事业难以继续维持或生产过剩，为有计划适应需求而限制产销数量、设备或价格之共同行为者；（7）为增进中小企业的经营效率，或加强其竞争能力所为之共同行为者。”

二、可以得到豁免的垄断协议类型

借鉴其他反垄断法的经验，我国《反垄断法》第十五条明确规定对技术性卡特尔、广义的合理化卡特尔（包括狭义合理化卡特尔、标准和规格卡特尔、专业化卡特尔）、结构危机（不景气）卡特尔、中小企业卡特尔、出口卡特尔给予豁免。此外，在第七项还作了一个兜底性的规定，即如果有法律和国务院规定的其他情形，可以提高经济效益，提高消费者福利或有利于社会公共利益的，也可以给予《反垄断法》的豁免。

1. 技术性卡特尔

技术性卡特尔是为改进技术、研究开发新产品而达成的垄断协议。这类卡特尔对生产、商品交易或服务供需等市场功能的负面影响不大。另一方面，这些协议有利于改进技术，对于研究开发新产品、提高生产力、增强本国技术、产品的国际竞争力和改善经济效率有重要的意义。因此，许多国家对改进技术和研究开发新产品的垄断协议实行反垄断豁免。1984 年，美国国会通过了《国家合作研究法》（National Cooperative Research Act of 1984），鼓励提升竞争的合作研究与科技开发，并且明确规定，排除企业间诸如合资成立合作研究企业或以类似方式共同进行产业技术研发，或进行技术转让的反垄断责任。德国《反对限制竞争法》第 2 条规定：“企业之间达成的协议、企业决议以及联合一致行为”，如果“有利于改善商品生产、分配或有利于促进技术进步或经济进步”，“就可以豁免适用第 1 条的禁令”。比利时《经济竞争保护法》第 2 条第 3 款、俄罗斯《有关保护竞争法的联邦法》第 13 条也都有类似规定。我国是一个发展中大国，经济上正处于赶超时期，豁免改进技术和研究开发新产品的垄断协议，是保护民族工业、促进技术革新和新产品研发、尽快改变我国目前技术与产品过分依赖于国外进口现状的需要，也是为推动自主知识产权和自主品牌的一个法律手段。

市场上对合作研发常常采用企业联盟的形式。企业联盟的类型很多，可分为合资、并购、合作产销、信息交换、合作研发等。合作研发的企业联盟与“技术性卡特尔”的关系非常密切。它表现为在财团法人或行业协会的主导下，由参与的经营者提供技术或者资金，多方集中人力物力资源，从事技术创新或新产品的合作开发。这种合作研发的企业联盟可以得到反垄断法的豁免，其主要原因是：

（1）这种企业联盟共同出资、相互给予技术协助，在取得新技术或开发出新产品后，按约定共享益处，而且共担风险。它可以解决一家企业由于在资金、技术或者人力方面的欠缺，而无力独自研发的困境。这种情况下，对一家企业在新技术使用、新产品生产方面的限制，其实是一种合作的手段。如无利益共享之约定，合作研发即会瓦解。

（2）技术上的合作联盟对竞争的限制有时是指向未来技术市场或产品市场。如果合作失败，自然谈不上反垄断责任问题。如果研发成功，参与者因为获得技术或产品优势，这些限制对潜在市场的影响可能是巨大的。任何技术都需要进一步的发展，任何产品都面临不断更新的问题。如果参与研发的企业垄断了新技术或新产品，这就可能不仅扼制未来的市场竞争和新技术、新产品的普及，而且也会扼杀在此基础上新一轮的研发活动。这样，就产生了一个困境：一方面，合作研发应当受到产业政策的支持，因为它有助于提高市场竞争力，对整个经济都有正面的功能；另一方面，它又伴随限制和排除潜在技术市场与产品市场的竞争，为下一轮的市场竞争制造了障碍。这个情况说明，竞争者之间在技术方面的合作，应当适用反垄断法的合理原则。具体一个研发协议是否可以得到豁免，一般要考虑以下因素：①研究开发的成本以及这个合作对成本的降低程度；②合作开发可以提高技术水准的潜力；③新产品的性能与质量提高的程度；④新技术、新产品对原有技术和产品的替代程度以及市场的需求；⑤新技术、新产品与旧技术和旧产品的价格比较；⑥参与企业在相关市场的份额，以及它们在与新技术和新产品相关的市场上可能的占有率情况；⑦参与企业有无滥用市场支配地位的情况或滥用的可能性；⑧经营者现有的产销政策是否受到合作研发协议的约束及约束程度；⑨参与合作研发的经营者是相互竞争关系，还是上、下游的互补关系等。

2. 合理化卡特尔

我国《反垄断法》第十五条第一款第二项规定的“为提高产品质量、降低成本、增进效率，统一产品规格、标准或者实行专业化分工的”垄断协议，属于广义上的合理化卡特尔。凡是经营者为提升产品与服务质量、提高技术水平、降低经营成本、增进运行效率等促进合理经营目的（即合理化）而进行的合作，皆可归入合理化卡特尔之列。其中，“为提高产品质量、降低成本和增进效率”而进行的合作，可以被称为“狭义合理化卡特尔”；为统一产品的规格和标准而进行的合作可被称为“标准和规格卡特尔”；为促进专业化分工而进行的合作也被称为“专业化卡特尔”。

（1）狭义合理化卡特尔

提高产品质量、降低成本、增进效率，是市场竞争的价值所在，也是反垄断法的追求目的。如果经营者之间通过订立协议或其他协作方式，能够降低经营成本、提高产品质量、增进经济效率，这种合作即使一定程度上损害了竞争，但从整体经济运行看，有其存在的合理性，因为它符合《反垄断法》第一条“提高经济运行效率”、“维护……社会公共利益”和“促进社会主义市场经济健康发展”的目的要求。社会公共利益是豁免垄断协议所应考虑的核心要件之一。作为经济法，反垄断法是从社会本位出发，来分析某一行为对社会整体经济的影响。为此，它需要比较垄断协议一方面对市场竞争的限制、排除的不利后果，另一方面它所带来的提升社会公共利益的有益效果。因此，这里应当评估产品质量提高的程度、成本降低的幅度、效率增进的多寡，以评判这种有益的效果是否足以抵消它对竞争扭曲的不利影响，是否值得反垄断执法机构支持、许可或容忍这种行为，从而给予豁免。

（2）标准和规格卡特尔

标准和规格卡特尔是经营者为降低成本、提高质量或增进效率，而统一产品的规格或者标准的协议。标准和规格一般是指对各种原材料、半成品或成品在性能、规格、质量、等级等方面的统一要求。标准通常是对商品的性能、用途以及为满足一定的安全或者使用要求而提出的技术性规范。规格则关于产品的尺寸或结构式样上的一定标准。由于这里讨论的是卡特尔，所称的标准或规格不是国家法定的。

反垄断法豁免标准和规格卡特尔主要出于以下考虑：一方面，企业在生产中采用统一标准和规格虽然会限制企业间的竞争自由，甚至一定程度上会减弱质量竞争，但是由于统一产品的规格、标准或型号对生产企业进行批量乃至标准化生产极为有利，而且有助于强化对原材料及产品质量的管理。另一方面，同类产品采用统一标准和规格可以提高这些产品之间的替代性和兼容性，长远来说有益于推动同类产品生产商之间的竞争。此外，统一标准的协议往往还包括“最低质量保障”，即对商品质量设定一个最低标准，这有利于排除劣质商品的生产和销售等，有利于消费者的利益。而且，对于消费者或用户而言，不同生产商的产品采取统一标准和规格有利于提高市场的透明度，使他们通过对这些产品的相互比较，选择更适合自己的产品。

当今，许许多多产品的标准化过程，实际上就是经营者之间或产业标准化组织成员之间的合作。因而，对标准和规格卡特尔重在衡量它对整体经济与社会公共利益的贡献。对这类协议考虑反垄断法的豁免时，应注意审查以下相关因素：①产品质量提高的程度；②生产成本降低的程度；③生产效率提高的程度；④商品价格的变化情况或对未来价格的预测；⑤标准或规格卡特尔的成员企业之间的关系，即它们是竞争对手还是上、下游的经营者以及这些经营者在相关市场所占的份额；⑥对未参与协议的经营者的阻碍程度；⑦消费者是否从中受益等。

(3) 专业化卡特尔

专业化卡特尔是企业为促进合理经营，实现经济过程合理化，而订立的专业分工、专业发展的协议。专业化卡特尔的概念最早见于1965修订的德国《反对限制竞争法》。反垄断法豁免专业化卡特尔的目的是促进中小企业通过专业化合作，实现规模经济，提高市场竞争力。在实践中，专业化卡特尔主要是成员企业间进行分工，使它们从过去全能型企业转变为专业化的企业，由此使这些企业实现经济合理化。例如，为了实现专业化生产，一个卡特尔企业也许会将其现在的某项生产转让给参与卡特尔的其他企业。因此，这种卡特尔必须以促进合理生产和合理经营为目的，协议中应包含要求参与的经营者分别作专业化发展的内容。对制造业而言，它可能限制参与协议的厂商的产品种类，厂商一方可能获得独占生产某类产品的权利，同时可能负有不生产其他产品的义务。

专业化卡特尔虽然具有促进企业合理化生产和经营的一面，并可收到节省成本和促进批量生产的效果，但对相关市场的竞争有时也有严重的限制性影响。因此，从竞争政策的角度看，这些协议也应当有所规制。一个专业化卡特尔是否可以给予反垄断豁免，要综合平衡各方面的情况而定，特别是应当考虑如下几个方面：①产销成本降低的程度；②产销效率提高的程度；③商品质量提高的程度；④生产技术或服务技能提高的程度；⑤产销量增加的程度；⑥参与协议的经营者在相关市场的份额等。特别需要强调的是，专业化卡特尔不应当产生或加强参与企业的市场支配地位。

3. 中小企业合作卡特尔

我国《反垄断法》第十五条第一款第三项规定的“为提高中小经营者经营效率，增强中小经营者竞争力的”垄断协议，指的就是中小企业合作卡特尔。中小企业合作卡特尔是中小企业为提高经济效率而在生产、研究和开发、融资、管理、广告宣传、采购、销售等方面进行的合作。豁免中小企业卡特尔在实践中的意义很大。1992年，德国的这种卡特尔有152个，参加卡特尔的企业达到1500多家。1996年，这类卡特尔在德国的数目增加到180个，它们大多数是出于共同销售的目的，也有一些出于共同研究开发新产品，共同进行宣传广告的卡特尔也占一定比例。对中小企业的判定标准，不应当依据企业的绝对规模，而是根据相关市场的具体情况予以确定，即企业在相关市场上的相对规模。

反垄断法豁免中小企业卡特尔主要是出于保护市场竞争的考虑。因为相对于大企业，单个中小企业处于弱势，容易受到大企业的欺凌，在竞争中处于不利地位。中小企业是经济民主的载体，因此，保持中小企业的存在是市场主体多元化的要求。虽然个别中小企业被大企业驱逐出市场对市场竞争没有什么影响，但是，如果中小企业普遍地被大企业所蚕食，这就会加剧市场集中度，导致为数不多的大企业联手协作，限制竞争，图谋垄断。因此，在中小企业以自身努力难以增进经营效率、提高竞争能力之时，应当默许、认可和支持中小企业的合作，这既是它们自身发展的需要，也是它们与大企业开展竞争的组织保证。实践中，豁免中小企业卡特尔主要以下具体的目的：（1）通过统一采购，可以降低采购成本，改善与大企业的交易关系；（2）通过统一销售或者统一销售条件，可以建立合理的交易规则，有助于交易的稳定化；（3）通过生产技术等方面的合作，有利于提高整体生产经营效率，提高中小企业的竞争力，改善市场竞争环境。

以上可以看出，中小企业卡特尔要得到豁免，一般需要三个条件：第一是中小企业卡特尔可以实现经济过程的合理化。经济过程的合理化主要表现在企业的投入和产出方面，而且特别表现在单位产品的成本方面。合理化的内容可以表现在所有的经济过程中，如扩大生产、提高产品质量、增加品种、减少运输时间和降低运输费以及在组织采购或者销售方面实现的合理化。经济合理化尤其表现为企业间的共同研究和开发，建立共同的客户服务或产品修理部等。但是，中小企业间关于价格、生产数量以及分割市场的协议在任何情况下都是违法的，不可能得到豁免。

第二，中小企业卡特尔可以提高中小企业的市场竞争力。即通过合作，可以改善中小企业在与大企业竞争中的不利地位。这也说明，大企业之间的合作不会得到反垄断法的豁免。但是，这并不排除一个大企业加入中小企业卡特尔的可能。如果一个大企业的加入有利于提高中小企业的经济效益，这个大企业的加入就是合理的。特别当没有大企业的加入，中小企业合作的目的不能实现时，大企业的加入是必要的。

第三，中小企业卡特尔不得严重限制市场竞争。在决定豁免中小企业卡特尔的时候，这方面的考虑是决定性的因素。因为人们担心，中小企业通过合作建立卡特尔，可能出现企业集团，产生市场势力。一个中小企业卡特尔是否会导致市场势力，首先应当考虑这些企业在相关市场共同拥有的市场份额。此外，还应当考虑它们之间合作的方式、合作的程度以及该市场上现有的合作情况等因素。

4. 公共利益卡特尔

我国《反垄断法》第十五条第一款第四项规定的“为实现节约能源、保护环境、救灾救助等社会公共利益的”垄断协议，就是通常人们所说的公共利益卡特尔。对公共利益卡特尔的豁免，当然是基于整体经济和社会公共利益方面重大事由的考虑。反垄断法是社会本位法，它与传统民法不同，侧重于社会整体利益的保护。当前，我国生态环境面临着新一轮发展所带来的巨大压力。如不转变现行发展模式，提高资源利用效率，降低污染物排放量，持续恶化的生态环境将严重制约我国可持续发展和全面建设小康社会战略目标的实现。因为节约能源和保护环境是“建设资源节约型、环境友好型社会”的重要保障，我国《反垄断法》对于有助实现节约能源和保护环境的卡特尔给予豁免。

社会公共利益是一个比较抽象的概念。在德国，这项卡特尔也被称为“部长卡特尔”，即联邦经济部长出于整体经济和社会公共利益的目的，有权批准限制竞争的卡特尔。我国《反垄断法》在这方面除列举节约能源、保护环境、救灾救助之外，还有一个“等”字。这表明，除上述几项社会公共利益，还有其他事项可以归入社会公共利益的范畴，如保障就业、促进本国企业的国际竞争等。

5. 结构危机卡特尔

我国《反垄断法》第十五条第一款第五项规定的“因经济不景气，为缓解销售量严重下降或者生产明显过剩的”垄断协议，一般被称为结构危机卡特尔，或者不景气卡特尔。它是指在经济不景气期间，由于市场结构发生了变化，为了克服市场上恶劣的产销环境，协调行业或部门的生产能力，解决市场萧条、产品滞销的问题，避免出现生产明显过剩，经营者之间达成的限制、排除竞争的协议。

反垄断法之所以豁免结构危机卡特尔，是因为经济不景气时期，市场已经失灵，市场的自发调节已经不能迅速地解决生产明显过剩的问题，若不进行生产协调，就会产生灾难性的价格竞争，对社会资源和生产将造成巨大的损害。因此，结构危机卡特尔本质上属于经济领域的紧急避难行为，是一种非常时期经营者的自救手段，是摆脱困境的一个临时性和必要的措施。

豁免结构危机卡特尔，一般要符合下列要件：第一，这种卡特尔只能出现于经济不景气期间。经济不景气不是一种持续的状态，一时处于经济周期的谷底可视作经济不景气期间。但是，可归因于季节变化或市场需求的周期性而出现的产品滞销，不得视为经济不景气期间。第二，商品的价格必须低于平均生产成本，并因此导致经营者的生产明显过剩或难以为继。这即是说，如果低于平均成本情形再继续下去，经营者可能面临大批停产或破产的局面。第三，经营者联合或共同限制产销数量、设备或价格，是为解决企业生产能力过剩和市场需求过小的结构性矛盾和恢复生产与经营、平衡供需关系所必需。豁免结构危机卡特尔，事实上也是出于整体经济和社会公共利益的考虑。

6. 出口卡特尔

我国《反垄断法》第十五条第一款第六项规定的“为保障对外贸易和对外经济合作中的正当利益的”而达成的垄断协议，可以简称为出口卡特尔。出口卡特尔是指国内经营者为确保或促进产品出口和对外经济合作中的正当利益，专就限制国（境）外的市场竞争，达成的限制竞争协议。出口卡特尔主要涉及商品出口贸易和劳务输出等活动，即便它们对国（境）外市场的竞争造成危害，我国《反垄断法》也不会予以处理。

豁免出口卡特尔是出于外贸政策的考虑。一般认为，出口卡特尔有利于扩大本国企业的出口，提升本国企业的国际竞争力。但是，豁免这种卡特尔的条件是，这些对国（境）外市场的限制不得对国内市场竞争造成直接或间接的不利影响。比如，大量出口后的商品如果大规模地回流到本国市场，这样的出口卡特尔就会严重影响国内市场的竞争，从而也不能得到反垄断法的豁免。

美国是世界上最早对出口卡特尔进行反垄断豁免的国家，1906 年美国最高法院赋予对外贸易联盟（即出口卡特尔）以合法地位，容忍它们在国外从事垄断经营。美国国会认为，在国际贸易卡特尔普遍化的情况下，为了对付外国的购买卡特尔的压力，或为了抵制外国卡特尔的竞争威胁，或为了实现规模经济，有必要排除反垄断法对出口卡特尔的适用。美国国会先后制定了三部法律，对出口卡特尔行为给予反垄断豁免。作为反垄断法的起源国，美国这种内外有别的做法也得到其他国家和地区的效仿。由此，对出口卡特尔实行反垄断法豁免成为各国的惯例。

我国是一个发展中大国，中小企业众多，出口产品主要集中在劳务密集型产品方面，压级压价、过度竞争、恶性竞争屡禁不止，严重损害了出口秩序和国家利益。反垄断法对出口卡特尔的豁免能够起到引导出口企业健康发展，提高出口效益的功能。虽然我国《反垄断法》对出口卡特尔实行了当然豁免，经营者不需承担任何举证责任。但在具体操作中，还应当综合各方面因素，如出口成本的降低程度，对出口价格未来变化的预估，特别是外国政府可能采取报复行为的可能性。因为出口卡特尔可能对进口国市场竞争造成损害，各国反垄断法又都规定了域外效力，出口卡特尔就容易引起国际间的贸易摩擦，导致国外反垄断执法机关查处或受害人的起诉。近年来，美国有两起针对中国出口企业的反垄断诉讼，影响很大。一起是美国两家制药企业指控中国四大维生素 C 生产企业（维尔康、维生药业、江山药业和东北制药）自 2001 年 12 月起联合操纵出口到美国及世界其他地区的维生素 C 的价格与数量；另一起是美国两家企业针对中国五金矿产进出口公司等 17 家中资企业合谋操纵镁砂和镁制品出口价格的反垄断诉讼。它们应当引起我国出口企业的重视。

7. 其他卡特尔

我国《反垄断法》第十五条第一款第七项在上述6种卡特尔之外，还就其他形式的卡特尔作出了一个兜底规定，即“法律和国务院规定的其他情形”，这些情况是指本条第一款第一至六项没有提及的卡特尔。因为我国刚刚颁布《反垄断法》，这些其他的情况还需要实践中的摸索。比如进口卡特尔。如果为了抗衡外国企业的垄断或联合行为，改变国际贸易上的悬殊地位，提高对外经济合作的经济效益，国内的进口商也可能会联合起来，对国外进口的商品或技术采取共同行动。

本项规定可以从以下方面理解：一是本条第一款第一至六项列举的卡特尔没有穷尽所有应当得到豁免的卡特尔；二是其他法律对卡特尔的豁免另有规定时，可以适用其他法律。此外，国务院可根据经济发展，随时规定新的豁免。但是，这里的“其他情形”只是极个别的特殊情况。因为反垄断法是市场经济秩序的基本制度，国务院即便可以根据经济形势的发展变化适时作出相应的决策，但是也不能放得太宽，随意扩大反垄断豁免的范围。

三、经营者举证责任

上述垄断协议中，除了出口卡特尔，其他类型的都不能自动得到豁免。许多反垄断法关于垄断协议的豁免还都有附加了一些条件。德国《反对限制竞争法》第7条第1款规定，一个卡特尔如果有利于商品或服务的开发、生产、分配、采购、回收或者处理等条件，并可以适当的方式使消费者分享由此产生的好处，它就可以从该法第1条的禁止性规定中得到豁免；但前提条件是，参与卡特尔的企业不能通过其他方式包括不限制竞争的方式或者限制竞争程度较小的方式实现这些经济效益，且这个限制竞争没有大到产生或加强市场支配地位的程度。这个条款的规定与《欧共体条约》第81条第3款非常相似。

借鉴这些经验，我国《反垄断法》第十五条第二款规定：“属于前款第一项至第五项情形，不适用本法第十三条、第十四条规定的，经营者还应当证明所达成的协议不会严重限制相关市场的竞争，并且能够使消费者分享由此产生的利益。”这说明，这些垄断协议要获得豁免，经营者应当承担两项举证责任。

第一，证明垄断协议不会严重限制相关市场的竞争。上述这些垄断协议虽然具有社会公益性，但其本质上或者更多地还可能是出于参与者的私利。因此，它们可能会严重地扭曲竞争。竞争是市场经济的本质和灵魂，反垄断法最直接、最根本的目的是反对和制止反竞争行为，因此，这些协议如果要得到豁免，必须要证明它们不会达到严重限制竞争，更不会达到排除竞争的程度。理论上说，一个严重限制竞争的行为要得到豁免，这个限制应当是出于国家的授权，即本质上是公权力的行使。作为市场主体的经营者，无论凭借自身的力量，还是与其他企业合作，都不能主动采取严重限制竞争的行为。

第二，垄断协议带来的效益应当与消费者分享，而不能独自流入经营者的腰包。消费者利益作为社会公共利益在反垄断领域的载体，构成了反垄断法的终极经济目标。正是一个个消费者利益的涓涓细流，才汇聚成社会整体经济和社会公共利益的汪洋大海。而一滴滴消费者利益的损失与蒸发，最终将导致社会公共利益大海的枯竭。“发展为了群众，发展依靠群众，发展的成果必须为群众共享。”《反垄断法》对消费者利益的保护，也彰显了中国执政党和中国政府执政为民和人本主义的思想观。

本法第十五条第一款第六项规定的出口卡特尔之所以被视为当然豁免，在于这类垄断协议是针对国（境）外市场，它们不会对国内相关市场的竞争造成损害，也不会损害国内消费者的利益。这些卡特尔是否受到惩处，那要看它们对国（境）外市场的影响，但那是其他国家或地区的问题。只要出口卡特尔的商品或服务没有倒流向国内市场，没有严重影响本土市场的竞争，反垄断法不会对之采取行动。第七项垄断协议的参与者也不需承担举证责任，因为这里的豁免是基于其他法律或者某些特殊情况的考虑。当然，国务院明确授权或准许这些垄断协议时，它会审查和权衡相关因素。这些“其他情形”的特殊性在于，垄断协议的存在或者出现是出于其他法律的规定或者国务院的认可。即便这些垄断协议严重妨碍竞争，甚至排除了竞争，需要加以禁止，那也得从修订法律或者修改国务院的规定着手。

第十六条　行业协会

行业协会不得组织本行业的经营者从事本章禁止的垄断行为。

本条是关于制止行业协会组织经营者达成垄断协议的规定。

行业协会是由同一或相关行业的经营者为保护和增进自身的共同利益，而组建的非营利的自律性社会团体。行业协会在不同国家和地区的称谓不同，如德国称其为企业联合组织，欧共体称其为企业团体，荷兰、比利时称为企业协会，英国称为经营者协会，日本、韩国称事业团体，美国判例法称之为同业公会和职业协会（主要指律师、会计、工程和医疗等行业领域的协会），我国台湾地区也称其为同业公会。

作为社会中介组织，行业协会的根本宗旨是服务成员企业。为此，它在政府与企业之间发挥着桥梁和纽带作用，并具有加强行业内信息交流、强化行业自律、扩大本行业的市场和社会影响、提高成员企业整体实力、帮助企业开拓市场等职能。从性质上看，行业协会不是市场经济的主体，是非营利性社团法人，本身并不从事经营活动，但它是有着竞争关系的经营者的联合体。虽然经济垄断行为都是由经营者实施的，但有时这些行为特别是垄断协议是在行业协会的协调与统筹安排下进行的。因而，各国（地区）反垄断法都将行业协会纳入了调整的范围。

我国的行业协会建设起步晚，发展尚欠成熟，特别是协会领导、成员企业及内部工作人员的竞争意识普遍欠缺，常常明目张胆地组织本行业的经营者从事串通涨价、分割市场等垄断行为，危害极其严重，社会反响强烈。仅仅在《反垄断法》二次审议前后，全国就发生了以世界拉面协会中国分会、全国奶业协会等一系列有影响的、由行业协会出面组织实施的垄断行为。针对行业协会的这一现状，我国《反垄断法》不仅在总则第十一条中要求“行业协会应当加强行业自律，引导本行业的经营者依法竞争，维护市场竞争秩序”，还在“垄断协议”一章中突出强调“行业协会不得组织本行业的经营者从事本章禁止的垄断行为”，并在第四十六条第三款对此规定了法律责任，以扼制这种垄断行为。

以行业协会为依托订立垄断协议，是经营者较为常见的限制竞争的方式之一。以行业协会的名义实施垄断协议，不仅可以打着规范市场、行业自律等貌似公益的旗号，具有较深的隐蔽性，而且因为行业协会在行业有较高的威望，执行起来更具统一性和效率性，因此其危害更大、限制竞争的范围更广。行业协会组织本行业的经营者达成和实施的垄断协议花样繁多。下面从信息交流、维持商品价格、联合抵制等三方面加以阐述。

一、信息交流

作为同一行业内企业自愿建立的自律性组织，保护和促进成员企业的利益毫无疑问的是行业协会的目标选择。搜集与发布与行业相关信息，增强企业对市场行情的及时了解和准确把握，既是行业协会设立的重要目的和职责之一，也是其存续的价值所在。作为商业情报的交换场所或传播渠道，行业协会的正面功能固然值得肯定，但信息是一把双刃剑：它既是竞争正常运行必不可少的工具，也是促进共谋的有效手段，甚至是固定或抬高价格的替代物。信息交换对竞争的影响取决于信息的内容、企业对信息的反应及本行业的市场结构等。但无论如何，行业协会可能成为商讨价格的一个场所。事实上，一些行业协会本身就是为信息交流目的而设立的平台。在行业协会的主持下，竞争者之间通过信息交流，可以从中掌握其他成员企业的产量、库存量、销售量、交运量、产品的价格、等级、尺寸及生产能力等相关数据，这就为它们商讨、达成垄断协议创造了条件。一些行业协会以保证产品质量、建立标准等为由，打着制定行业指导规则、设定行业标准等貌似公允的幌子，掩饰其在产品、信贷、运费等方面采取的统一行为。这些涉及生产经营成本、价格、销售的信息，便于竞争者在价格等方面进行合作，对市场竞争有着重大影响，从而历来为各国反垄断法所关注。

早在1921年，美国最高法院就对行业协会的信息交流行为开了“杀戒”。在硬木协会案中，根据成员企业的一项行动计划，该协会要求所属365个成员企业随时报告各自价格的变动情况，每天报告一次生产、销售与购买情况。这些竞争者的交谈与来往信函中也反复强调生产过剩的危害。在每月集会上，他们经常讨论限制产出、维持产品价格，并图谋抬高价格，所欠缺的惟一因素就是一个明确的限制生产和提高价格的协议。最高法院的判决认为：即使没有限制贸易的特别协议，只要竞争对手有采取协调行动的共同目的，为此而进行的信息交流、数据交换、统计性报告的发布就是违反了反垄断法，这个行业协会从而也就成为一个限制竞争的组织。❶ 1923年亚麻仁油公司案中，12家亚麻子生产商组成的行业协会通过一项计划，要求成员企业定期交流各自的市场售价和产量数据，这一做法导致亚麻子价格上扬。美国最高法院宣布该行业协会属非法联合。❷ 欧共体对行业协会的信息交流也非常关注，并将之纳入了经常审查的范围。这种信息交流有时被视为企业间的协议，有时被视为企业集团的决议，更多的情况下被视为企业间的协调行为。1968年欧共体委员会发布的《关于企业间合作的通知》，对经营者之间交换统计数据、交流从商经验、商讨联合经营等提出两点要求：一是必须保证经营者有充分的自主决策权，不得对其行为有任何限制；二是不得以任何方式（明示或暗示）劝告经营者采取一致行动。

改革开放以来，我国行业协会得到较快的发展，在提供政策咨询、加强行业自律、促进行业发展、维护企业合法权益等方面发挥了重要作用。但是，由于相关法律法规不健全，政策措施不配套，管理体制不完善，行业协会还存在行为不规范等诸多问题。许多行业协会把收集、审查、统计、发布行业信息，整理和研究分析行业经济运行中的问题以及服务于行业内部的协调和合作，当作最重要的一项工作。一些跨地区、跨部门、跨行业的全国性行业协会，不仅

---

❶ American Column & Lumber Co. v. U. S., 257 U. S. 377 (1921).

❷ U. S. v. American Linseed Oil Co., 262 U. S. 371 (1923).

章程中规定了协会主要从事于掌握技术发展动向、市场动态，开展信息咨询服务，工作内容甚至还包含协调本行业相关产品与技术的价格以及行业内各企业与市场的合理布局、发展方向等明显违法的行为。随着以计算机为基础的现代信息技术的快速发展，行业协会整合、传播行业资讯和商业信息数据、监督成员企业遵循其协调建议的能力大为增强，这客观上推动和鼓励竞争对手们致力于信息交流。这一状况与趋势将成为未来反垄断分析的重要课题，应当引起足够的关注与重视。

二、固定商品价格

1997年《价格法》第十四条规定：经营者不得“相互串通，操纵市场价格，损害其他经营者或者消费者的合法权益”，第十七条规定：“行业组织应当遵守价格法律、法规，加强价格自律，接受政府价格主管部门的工作指导。”这样，随着企业间价格联盟开始遭世人唾弃，它们依托行业协会联手固定或变更商品价格的行为便应运而生。行业协会从成员企业的利益出发，也不希望竞争对手开展激烈的竞争，主张行业自律，积极组织成员企业订立价格联盟协议，限制乃至制止会员企业之间的价格竞争。

比如，2001年8月1日，上海市放开足金饰品（成色为99.99%的黄金饰品）的价格后，黄金饰品销售企业纷纷降价销售，价格由原先每克103元一路狂跌至84元。面对商家竞相降低的局面，该市宝玉石协会与黄金饰品协会应部分成员企业的要求，于4日召集主要成员企业商讨行业自律价格问题，确定了黄金饰品的零售基准价为每克96元。2004年，该市黄金饰品协会还出台了《上海黄金饰品行业黄金、铂金价格自律暂行办法》，要求成员单位与非成员单位都必须遵守该协会制定的基准价，上下浮动不得超过3%，否则将给予行业内通报批评、媒体曝光等处罚，情节严重的，还将移送国家有关部门处理。最早倡导行业自律的中国农机工业协会农用运输车分会曾以不执行行业自律价为由，对山东时风集团等企业作出了罚款80万元，并强制其分摊15.3万元的检查费。这些行业价格自律实际上就是价格卡特尔。

三、联合抵制

联合抵制常常成为行业协会或其内部多数成员，用来要挟、制裁非会员企业或不予合作的内部成员的一种手段。例如，行业协会通过决议要求成员企业采取一致行动，共同对付其上游供货商或下游购买方，迫使这些对象交易按照其意志行事。

例如，美国的全美消防协会是一个自愿加入的私人行业组织，拥有31 500

名个体和单位会员，覆盖了产业、工会、消防理论界、保险业、消防医疗单位、消防人员与政府部门。该协会的一项职责就是根据“多数人意见”制定相关的消防标准并定期刊印发行。美国的《全国电类用品规则》就是这个协会制定的，每三年修改一次。而且，符合这个规则的产品，规则上都作出了说明，因此，这个规则的影响极大。没有列入该规则的电类用品，不仅生产商不愿生产，销售商不愿经销，而且保险商也予以拒保。印第安公司发明的塑料管较钢管有明显的优势，它提议修订规则标准时应将这个产品纳入电类用品范围。但是，全国最大的钢管生产商联合管道公司担心，如果塑料管产品被协会通过，这将对钢管产品造成强大的冲击，于是联合其他钢铁公司、钢管生产商与钢管销售商等众多有利害关系的企业在协会采取一致行动，成功地将塑料管排除在电类用品范围之外。[1]

在我国，行业协会出面组织的联合抵制也比比皆是。众所周知，经营眼镜的暴利令人咂舌。一幅20元的镜架有时甚至卖到400元。由于打破了眼镜的高价壁垒，广州一家名为“眼镜直通车”的平价眼镜超市，开业仅一周就遭到以广州眼镜商会为首的眼镜零售商和批发商的集体封杀。广州眼镜商会零售委员会召开会议，要求全体零售商和批发商对“眼镜直通车”超市进行全面调查，如发现该超市经销的品牌与自己的相同，这些会员就联合向这一品牌的供货商施压，要求它从“眼镜直通车”超市收回货物，或者拒绝再供货，致使这家平价超市面临断货危机。这个行业协会统一部署的“哪个敢不听招呼，坚决要将他封杀”的联合抵制行为，具有明显的反竞争性，应当受到反垄断法的制裁。

[1] Allied Tube & Conduit Corp. v. Indian Head, Inc. 486 U. S. 492 (1988).

第三章　滥用市场支配地位

引　言

我国《反垄断法》第三章“滥用市场支配地位”共有三个条文：第十七条，规定了市场支配地位的概念及滥用市场支配地位的具体行为；第十八条，规定了认定市场支配地位应考虑的因素；第十九条，规定了关于市场支配地位的推断。本章虽然只有三个条文，但是内容却十分丰富。

垄断协议、滥用市场支配地位和经营者集中，是反垄断法重点规制的对象。我国《反垄断法》借鉴国际上大多数国家的反垄断法体例，将滥用市场支配地位单独列为一章，并对各种滥用市场支配地位的行为作出具体规定。

一般而言，经营者可以通过各种各样的方式获得市场支配地位，如技术创新，申请专利权，合并，政府规制，对某种资源的控制等。在大多数情况下，经营者可以通过合法的途径获得市场支配地位。因此，反垄断法不反对经营者拥有市场支配地位。从经济学角度而言，市场支配地位是经营者的经济效率的表现。因为拥有市场支配地位，就具有相应的规模经济。如果拥有市场支配地位的经营者能够守法经营，就不会成为反垄断法规制的对象。反垄断打击的是拥有市场支配地位的经营者的滥用行为，即通过其所拥有的市场支配地位所形成的市场力量，对其他竞争者进行不合理的限制和排除。《反垄断法》通过列举方式规定了下列行为为非法：垄断高价或者低价行为、掠夺性定价行为、拒绝交易行为、独家交易行为、搭售行为、歧视行为和其他由反垄断执法机构认定的行为。

要确定经营者是否滥用了市场支配地位，首要问题是要确定经营者在相关市场是否拥有支配地位。《反垄断法》规定了认定经营者在相关市场是否拥有支配地位的因素：经营者在相关市场的份额及相关市场的竞争状况、经营者控制销售市场或者原材料采购市场的能力、经营者的财力和技术条件、经营者之间的依赖程度、其他经营者进入相关市场的难易程度与认定经营者市场支配地位有关的其他因素。

当经营者具备了一定市场条件时，可以推定经营者在相关市场拥有支配地位，这就是关于市场支配地位的推定制度。市场支配地位推定制度是建立在经营者所拥有市场份额的基础上。如一个经营者在相关市场拥有的市场份额达到

1/2，或者两个经营者在相关市场的份额合计达到2/3，或者三个经营者在相关市场的份额合计达到3/4，这一个或者这几个经营者就可以被推断为占有，或者共同占有市场支配地位。

该章三个条文的逻辑关系严密。第十七条规定了滥用市场支配地位的表现形式，采用列举方式，简单明了，让人一目了然。第十八条规定了认定市场支配地位的因素，经营者可以依据自己所在相关市场的情况进行判断。第十九条规定了推定制度，当经营者在相关市场的市场份额达到法律规定的程度时，一般可以推断他在相关市场拥有市场支配地位。但是，这个市场支配地位的推断不具有法律的效力，即经营者可以对这个推断进行反驳。

纵观世界各国反垄断法，关于滥用市场支配地位的规定大致采取了两种立法模式：一是概括式，即法律只对滥用行为作出原则性规定，不具体规定哪种行为是滥用行为，美国等国家采用的就是这种模式，如《谢尔曼法》第2条；另一种是列举式，即作出一些原则性规定之后，对可能的滥用行为进行列举，如《欧共体条约》第82条。英国、德国、俄罗斯等国也采取了这种模式。

第十七条　滥用市场支配地位行为

禁止具有市场支配地位的经营者从事下列滥用市场支配地位的行为：

（一）以不公平的高价销售商品或者以不公平的低价购买商品；

（二）没有正当理由，以低于成本的价格销售商品；

（三）没有正当理由，拒绝与交易相对人进行交易；

（四）没有正当理由，限定交易相对人只能与其进行交易或者只能与其指定的经营者进行交易；

（五）没有正当理由搭售商品，或者在交易时附加其他不合理的交易条件；

（六）没有正当理由，对条件相同的交易相对人在交易价格等交易条件上实行差别待遇；

（七）国务院反垄断执法机构认定的其他滥用市场支配地位的行为。

本法所称市场支配地位，是指经营者在相关市场内具有能够控制商品价格、数量或者其他交易条件，或者能够阻碍、影响其他经营者进入相关市场能力的市场地位。

本条界定了市场支配地位的概念和滥用市场支配地位的具体情形。

一、市场支配地位的概念

根据我国《反垄断法》第十七条第二款，市场支配地位是指经营者在相关市场内具有能够控制商品价格、数量或者其他交易条件，或者能够阻碍、影响其他经营者进入相关市场能力的市场地位。

市场支配地位（market dominant position）一词，也被译为市场优势地位，这是《欧共体条约》里的法律用语，但条约没有给出明确的定义，需要从法院的判决以及各种学说来了解其真实的含义。欧共体委员会在大陆罐头公司（Continental Can Company）案所作的决定中指出："当企业能够独立作出经营决策时，无需考虑其他竞争者、消费者与供给者的独立地位，该企业即处于支配地位。导致支配地位的原因有产品的市场占有率，或与市场占有率结合的技术、原料或资本。企业有能力就竞争产品的重要部分决定其价格或控制其生产与销售，这种能力无需达到足以排挤竞争对手的绝对优势，只要该企业能够不考虑其竞争对手完全独立行为即可，即使该企业的行为对市场的其他部分的影响有所差异，也不影响其支配地位。"[1]

在随后的案例中，欧共体法院对支配地位的定义有所修正。在1978年的联合商标公司（United Brands Company）案中，[2] 法院对支配地位的定义为："企业处于一种经济强势状态，使该企业对其竞争者，顾客及对最终消费者为可察觉的独立行动，并能在相关市场中妨碍有效竞争的继续维持。"在1983年Mechelin案中，[3] 法院认为，支配地位是指"一个企业所具有的经济能力地位，这种能力地位能够使该企业无需考虑其竞争者、顾客和最终消费者的反映，而采取显著程度的独立行动，妨碍相关市场内有效竞争的维持。"从这两个案例来分析，市场支配地位指的是这样一种状态：第一，企业在相关市场具有可量度的较高市场占有率，导致企业具有较高市场占有率的原因是企业产品的竞争力、资本、技术等因素；第二，支配地位本身并非与竞争天生排斥，只有当企业无视竞争者、顾客和消费者的反映而从事滥用行为，妨碍市场有效竞争时，才受到法律的制裁。

德国《反对限制竞争法》第19条规定，企业在下列情况下即具有支配地位：（1）没有竞争或者没有实质上的竞争，或者（2）相对于其他竞争者具有

---

[1] O. J. (1972) L7/25, atL/35.

[2] Case 22/76 United Brands v. Commission (1978) E. C. R., p207.

[3] Case322/81 Michelin v. Commission (1983) E. C. R., p3461.

突出的市场地位；在此要特别考虑该企业的市场份额、财力、进入采购或销售市场的渠道、与其他企业的联合、其他企业进入市场所面临的法律上或事实上的限制、住所设在本法适用范围之内或之外的企业的事实上的或潜在的竞争、将其供应或需求转向其他商品或服务的能力以及市场相对人转向其他企业的可能性。两个或两个以上企业之间就某种商品或服务不存在实质上的竞争，并且这些企业总体上符合本条第1句的要件，则该两个或两个以上企业共同具有市场支配地位。一个企业至少占1/3市场份额的，推定其具有市场支配地位。

联合国1984年《消除或控制限制性商业惯例法律范本》中也有关于市场支配地位的定义。据此，市场支配地位是指企业能够自己单独或与少数其他企业共同控制某一种或某一些货物或劳务的有关市场。

因此，市场支配地位是指经营者在相关市场具有不考虑其他因素而独立行动的能力，这种能力足以影响市场的有效竞争。其构成要件为：第一，企业可以自由行动，不需考虑其他竞争者、顾客和消费者的反映；第二，消费者或用户对该企业具有相当程度的依赖性；第三，企业的独立行动可以影响或妨碍市场的有效竞争。

值得注意的是，我国《反不正当竞争法》使用的是市场优势地位。因此，在概念方面，可以将市场支配地位与市场优势地位等同。

二、滥用市场支配地位的概念及构成要件

关于“滥用”，《现代汉语词典》的解释是“胡乱地或者过度地使用”。《欧共体条约》第82条对企业滥用市场支配地位予以禁止和规制，但对“滥用”（abuse）一词并未给出定义，仅指出四种具体的滥用行为。对于滥用的含义，应从《欧共体条约》的立法精神、学理以及司法判决中探寻。1966年欧共体委员会在其关于企业支配地位之滥用的一个说明中指出，若企业的行为违背了条约的宗旨，则可称之为滥用，其滥用的对象包括事实上和潜在的竞争者，以及供给者和使用者。企业的具体行为是否构成滥用违反第82条的规定，要视具体案情进行分析。

经济合作组织（OECD）关于“滥用支配地位”（abuse of a dominant position）的解释是：“支配地位企业为维持或者增强其市场地位而实施的反竞争行为。‘滥用支配地位’一词业已明确地写进多个国家的竞争法，如加拿大、欧共体和德国。在美国，对应的规定是有关市场的垄断和企图垄断或者垄断化的规定。”“在各种各样的商业行为中，哪些被认为属于滥用，因个案及国家的不同而不同。在不同国家，有些商业行为可能受到不同的对待。但是，下列行为已在很多国家被列为滥用行为：确定不合理的或者过度高的价格，歧视行

为，掠夺性定价，共同抬高价格榨取消费者，拒绝交易或者拒绝销售，搭售或捆绑销售产品”。

欧共体法院在霍夫曼-拉罗赫一案中关于滥用的定义为：“滥用是一种关于支配地位企业行为的概念，滥用行为系指能影响市场结构，使市场竞争程度为之减弱的一切行为与措施；并透过与商业运营中产品与服务正常竞争状况的比较，认为会对现有市场竞争程度之维持或成长造成影响。”[1] 欧共体法院的这一判决深受“假设竞争存在理论”的影响。假设竞争存在理论是将缺乏竞争条件下的企业行为，与一个由假设与想象模拟的竞争状态下可能产生的市场行为与市场条件相比较。若两者之间有重大差异，又不能通过经济上的合理性进行解释，则此种行为构成滥用。假设竞争存在理论往往是从人们比较理想的状态出发的，与现实生活中的千差万别的市场情况难以相符，因此，处于市场支配地位企业的市场行为是否构成滥用，必须要从具体案件的具体情况进行分析。

因此，所谓滥用，是指市场支配地位企业所实施的，能够影响市场结构，破坏市场的竞争秩序的行为和措施。欧共体法律上的滥用行为分两大类：排他性滥用和剥削性滥用。排他性滥用是指占市场支配地位的企业不是通过经营绩效，而是通过不正当的竞争方式，限制甚至从根本上排除竞争者。剥削性滥用是指占支配地位企业通过其市场力量提供的剥削机会，对消费者进行盘剥的行为。占支配地位企业的排他性滥用行为有时对客户没有直接的损害效果，甚至在短期内对他们还是有利的，如掠夺性定价行为。但是，任何一个排他性滥用都会长期地损害客户或其贸易伙伴的利益。因此，滥用市场支配行为的构成要件有三：一是行为主体具有市场支配地位；二是占支配地位的企业实施了滥用行为；三是滥用行为削弱了市场竞争程度，损害了市场竞争秩序。

对滥用市场支配地位的行为进行认定时，应当适用合理原则。这就需要采用经济分析的方法，对经营者实施的垄断行为进行量化。在很多情况下，拥有市场支配地位的经营者实施的垄断行为既有损害竞争的一面，也有有利市场竞争的一面，究竟是有利的一面大于不利的一面，还是不利的一面大于有利的一面，需要进行详细的分析，不能将这些经营者所有的限制竞争行为一棍子打死，一概视为非法行为。反垄断法的目的是保护市场竞争，提高市场经济的效率，因此要保护那些有利于改善市场整体经济效率的经营者的行为。即使经营者的行为损害了市场局部利益或者是个别竞争者的利益，但是只要有利于整体经济效率的提高，有利于国家竞争力和民族竞争力的提高，总的说来，就是利

---

[1] Case85/76 Hoffmann – La Roche v. Commission〔1979〕E. C. R., p. 461.

大于弊，就不应当认定是损害了市场竞争。所以，本章条文看似简单，但在实际执行中，涉及的问题很复杂。滥用市场支配地位行为可以说是反垄断法所规制的三大行为中执行起来最为复杂的一种。

三、垄断高价与垄断低价行为

《反垄断法》第十七条第一款第一项“禁止占市场支配地位的经营者以不公平的高价销售商品或者以不公平的低价购买商品”。一般情况下，商业交易双方法律地位平等，在交易过程中遵循合同自由和等价交换原则，平等互利，最后是双赢的结果。但是，如果交易双方有一方处于市场支配地位，它就可能利用这种优势，以不公平的高价销售商品或者以不公平的低价购买商品，损害交易对方的利益，破坏正常的市场竞争秩序。这是法律所不允许的。

该款规定的滥用行为涉及两个方面，一是垄断高价，市场支配地位经营者利用其支配地位向买方高价出售商品，因为买方在没有选择或者选择很少的情况下，只能以垄断高价购买商品；二是垄断低价，即当市场支配地位经营者购买商品时，由于处于支配地位，在商品交易谈判中具有绝对优势，销售商如果想出售其商品，一般只能接受买方出示的价格，这样的价格常常低于正常的市场价格。垄断高价与垄断低价的原理都是一样的，下面主要分析垄断高价的问题。

垄断高价是指支配地位企业利用支配地位将产品或服务价格定在超过竞争水平之上。垄断高价涉及的问题主要有以下两方面。

首先，垄断高价是反垄断法需要规制的支配地位企业的滥用行为吗？美国反托拉斯法和加拿大竞争法均无此规定。欧共体及其某些成员国的反垄断法规定了垄断高价的非法性，但实际发生的案例相当少，致使这样的法律条文几乎成为一纸空文。当然，取证是个关键问题。如果原告拿不出有力证据，在案件中就不能取胜。再者，企业的定价策略是企业的一般市场活动，反垄断法的目的是针对排他性策略或者反竞争行为，两者的关系基本不搭界。美国反托拉斯法不能没有关于垄断高价的禁止性规定，美国法院的判决甚至认为，企业提高价格的行为只要没有产生反竞争的后果，就是合法的，甚至是有利于竞争的，法律不应干涉。在现实经济生活中，独占企业极少，完全由一家企业决定价格的情况也极少。在垄断竞争市场或者寡头市场上，垄断高价一般是由两家或者两家以上企业共谋达成的，这种横向价格协议性质上属本身违法，《谢尔曼法》第 1 条就可管制这类价格协议。这说明，垄断高价行为虽然往往不是一家支配地位企业自身所为，但可套用欧共体法中集体占支配地位企业的滥用行为。证据难找，这不能成为不要法律规制的理由。反垄断法的案件基本上都不易找到证据，这也是反垄断法与其他法律的不同之处。反垄断法保护消费者利益的价值目标在20世纪80年代后日益突出，芝加哥学派甚至认为，反垄断法惟一的目标就是保护消费者利益，使消费者福利最大化。那么，作为直接损害消费者利益的垄断高价理应成为反垄断法规制的对象。

其次，垄断高价的标准问题，即多高的定价可以被视为是垄断高价。既然完全竞争的模式在现实世界中不存在，垄断竞争或寡头垄断就是真实的经济生活。因为合法的垄断企业具有自由的定价权利，并以此获取最大利润，因此，只要其定价没有损害竞争，反垄断法就难以干预企业的定价行为。垄断企业还可以凭借其垄断地位，减少产量，索取比生产成本高得多的价格。垄断企业若滥用了这种自由，就应该受到法律惩罚。由于现实经济中不存在一个可以帮助人们衡量的竞争水平的价格，人们就试图寻找一些方法，来认定垄断企业的定价就是垄断高价。一种方法是找出企业的定价与真实成本或者竞争水平定价之间的差距。这里涉及生产成本问题。按照经济学理论，竞争水平的定价与其产品的边际成本一致。在现代企业尤其是在大型企业里，规模经济和范围经济的存在产品的多元化，对产品的成本进行精确计算是很困难的。当一个新产品开发出来后，由于缺乏可比性，它可以在相当长时间内获取高额垄断利润，靠的就是垄断高价。这种形式的垄断高价虽然没有损害竞争，但直接损害了消费者的利益，将消费者剩余完全转移到了生产者那里。另一种方法是找出一个可比的产品市场，在这个市场里，产品是按照竞争条件下定价而不是按照支配地位条件定价，或者虽然市场上存在支配地位企业，但它考虑到其他市场由于没有支配地位企业而按竞争水平定价。现实生活中的市场各具特色，不可能存在两个完全一样的市场。即使在同一市场，相同产品在不同卖方手中的价格可能是不一样的，只要不存在事先约定，人们总是可以根据自己的实际情况在一个波动的范围内对产品定价。各国司法实践证明，对企业的价格规制成效不大。人们甚至怀疑是否有必要对一个支配地位企业的价格行为进行规制，要让一个支配地位企业按照人们事先安排好了的方式行事。也许引入竞争机制比这还要容易得多。反垄断法终究不能替代价格法或者其他方面规制支配地位企业的法律，因为反垄断法的主要目标不是价格规制，而是保护竞争。虽然存在许多困难，聪明的法官还是能找出巧妙的办法解决司法判决问题，反垄断法对垄断高价方面的判决虽然很少，但从这些稀少的判例依然可以发现人类在这方面的智慧。

除了《欧共体条约》第82条规定了垄断高价是一种滥用行为外，还有其他国家的反垄断法和国际组织规定了这样的制度。例如联合国《消除或控制限制性商业惯例法律范本》关于“滥用或谋取滥用市场支配地位的行为”第4

条中关于“滥用行为”的第2款规定，下列为维持人为高价而对平行进口进行限制的行为视为滥用：“对在国外合法标有商标的货物，如其商标与进口国中受保护的相同或类似货物的商标相同或类似，且为同一来源，即属于同一所有人、或供在经济、组织、管理或法律上相互依存的企业使用，限制这种货物进口，而限制的目的在于维持人为高价。”

韩国《限制垄断和公平交易法》关于“禁止滥用市场支配地位”的第3条之二第1款第1项将下列行为视为滥用行为，即“不正当地确定、维持或变更商品或服务的价格。”波兰《反垄断法》第7条第3款规定，具有垄断地位的经营者不得“索取过高的价格。”俄罗斯《关于竞争和在商品市场中限制垄断活动的法律》第4条规定，垄断高价是指由一个在特殊市场中占据支配地位的经济实体所控制的一个商品的固定价格，其目的在于补偿因生产能力利用不足而产生的不正当成本或者降低质量以攫取超额利润。根据该法第5条，经济实体“维持垄断性高价或低价”的行为属于滥用支配地位行为。日本《禁止私人垄断及确保公正交易法》规定的“垄断状态”之一即是超高定价。该法规定：“事业者提供的一定的商品或者劳务，在较长的期间内，根据供求关系变动以及供给所需费用的变动，价格明显上涨或者居高不下，且该事业者在此期间内，有下列行为之一的：A. 该事业者在政令规定的事业种类范围内，取得显著超过政令规定的该事业标准利润率的利益的；B. 该事业者所支付的销售费和一般管理费，被认定为显著超过其所属事业领域的标准销售费和一般管理费的。”根据该法《施行令》第2条，A类事业是指下列事业：农业；林业、狩猎业；渔业、水产养殖业；矿业；建设业；制造业；批发业、零售业；金融、保险业；不动产业；运输、通信业；电力、煤气、自来水、供热业；服务业。可见，对自然垄断企业垄断行为的规制是日本反垄断法的任务。

《欧共体条约》对不公平价格有明确的法律规定。但是，欧共体委员会很少以超高定价事实作出裁决。重要的案例有两个，即通用公司案和联合商标公司案。但在这仅有的两个案例中，所发现的垄断高价最后也被欧共体法院推翻了。欧共体委员会在其发表的《关于竞争政策的第五次年度报告》中坦率地认为：“在查处垄断高价的滥用支配地位案件中，要认定一个案件因为滥用了支配地位而存在垄断高价是困难的，因为还没有一个可以准确认定应当包括成本加合理利润的价格的客观方法。”

欧共体法院在判决中认为，当产品价格与所供应产品的经济价值没有合理关系从而给消费者利益造成了损害时，则支配地位企业的垄断高价成立，违反了《欧共体条约》第82条的规定。然而，法院指出，欧共体委员会在这类案件的经济分析存在不少的问题。法院的观点很清楚，即应当对产品的成本进行详细分析，其关键问题是："实际收取的产品价格与产品实际发生的成本之差是否是超高的，如果这个问题得到肯定回答，那就可以考虑这个收取的价格是否就是不公平的，或者与竞争性的产品价格相比较是不公平的。"因此，欧共体法院在超高定价判决方面提出了两步标准：首先一步是进行成本/价格分析，决定二者之间的差别是否是超高的；第二步是决定产品价格本身是否是超高的，或者与竞争产品相比是超高的。当这个检验标准应用于具体案件时，法院在联合商标一案中发现，联合商标公司的产品价格仅比其主要竞争对手的产品价格高出 7%，所以撤销了欧共体委员会对联合商标公司的超高定价的事实认定。

除了欧共体法院提出的这个检验标准，似乎还没有其他更客观、更有效的标准。在通用公司案中，欧共体法院所认定的通用公司的垄断高价，是从该企业受到指控后将价格降到最初价格 25% 的事实推断出来的。欧共体法院的这个两步分析标准也存在许多问题，即在进行这种分析时，法院没有在价格/成本的分析中说明产品的成本构成，而且对这种分析的不确定性也没有提供详细的指南，没有指出确定产品的价格"本身"就是超高定价的具体根据。同时，要求与竞争性产品的价格进行比较，这也潜在地存在不可靠性，因为这种价格比较是不公平的。因为竞争性市场上的企业生产成本不相同，同类产品存在价格差异是正常现象，在这种情况下，将正常的价格差异视为垄断高价是行不通的。垄断高价的确定之所以非常困难，关键是因为人们很难确定具体产品的合理价格。

在我国，人们普遍关心的是公用事业企业的价格问题。近几年来，有些公用事业企业的产品和服务价格上涨迅速，如自来水、供电、煤气、有线电视、邮政等，这些产品或者服务关系千家万户的生活水平与质量，与每个人的利益密切相关。因此，公用事业的产品和服务的价格就成为全社会瞩目的问题。同时，我国绝大部分公用事业企业是由政府独家经营，投资体制与经营机制带有浓厚的计划经济的色彩，垄断严重。与我国日益发达的市场经济势头相比，公用事业的体制改革和经营机制的改革显得相对落后。因此，在禁止垄断高价方面，结合我国国情，目前重点需要关注的是公用事业企业的产品与服务超高定价问题。虽然我国制定了有关公用事业产品与服务定价的价格听证制度，由于相应的市场机制没有建立起来，政府既投资公用事业，经营公用事业，同时还要规制公用事业的产品与服务价格，确实是很困难的事情。因此，解决我国公用事业垄断高价的问题，首先是要改革现行公用事业的投资体制，在公用事业领域内引入竞争机制。即除了只能由政府独家经营的个别领域，其他领域应当尽可能地开放市场。其次，建立科学的监管制度，尤其是价格监管制度，在保证投资者合理利润的前提下，限定某些产品或者服务的价格，从根本上解决垄断高价问题。

四、掠夺性定价行为

《反垄断法》第十七条第一款第二项规定，禁止占市场支配地位的经营者没有正当理由，以低于成本的价格销售商品。这是关于掠夺性定价行为的禁止性规定。

1. 掠夺性定价的概念

掠夺性定价（predatory pricing），作为企业的一种竞争策略，一般指企业将产品以低于成本的价格销售，在竞争对手被排挤出市场或吓退欲进入市场的潜在竞争者之后，将产品价格提高到边际成本之上的垄断价格。掠夺性定价的定义较为模糊，一般论者对其定义大多语焉不详，但其论述大都没有脱离其核心内容“低于成本价”。显然，掠夺性定价者是想通过短期的利益损失来获得未来的高额收益。至于掠夺性定价的方法，不同企业自有不同的招数。如在不同地区进行产品销售的企业，可以选择在某一地区进行掠夺性定价，即在特定地区掠夺性定价销售产品，而在其他地区以正常价格销售产品，目的是将这一地区的同行挤出市场；对于同时生产多种产品的企业，可以选择一种产品进行掠夺性定价，而对其他产品则以正常价格销售，目的是将生产某一产品的同行挤出市场。在产品营销中，零售商以低于进货价格进行销售是非常正常的事情。对于此种情况的合法性认定，不能以单个产品的销售价格予以认定，而应当以所有商品的最终销售进行总体的判断。

2. 掠夺性定价的构成要件

（1）价格低于成本

这是掠夺性定价的基本特征。大多数经济学家和法学家都是以成本为基础研究掠夺性定价的。美国法学教授阿瑞达和特纳于1975年在《哈佛法学评论》上发表《掠夺性定价和与谢尔曼法第2条有关的行为》一文，[1] 提出一个检验掠夺性定价的法律标准，即如果企业的定价低于可合理预见的平均可变成本，即构成掠夺性定价。由于企业的平均可变成本难于计算，他们主张用边际成本代替平均可变成本。阿瑞达-特纳规则虽然引起了许多争论，但美国法院在判决掠夺性定价的案件时，依然采纳这一法律标准。即如果一个价格高于成本却将竞争对手排挤出了市场，企业使用的是阻止进入定价而不是掠夺性定

[1] Areeda. P. and Donald F. Turner, 1975, “Predatory Pricing and Related Practices under Section 2 of the Sherman Act”, Harvard Law Review, 88, pp679－733.

价。只有企业以低于成本价将竞争对手排挤出市场才能认定为掠夺性定价。

(2) 排挤竞争对手的可能性

掠夺性定价的目的是要将竞争对手排挤出市场。根据美国《罗宾逊-帕特曼法》，检验掠夺性定价的主要标准有两条：一是价格低于成本，二是损害有效竞争的可能性。如何对损害有效竞争的可能性进行判断，美国法院通过多个掠夺性定价案例的判决，一般是从两个方面进行认定，一是存在消灭竞争对手的意图，二是存在损害有效竞争的结果。

对损害竞争的结果进行判断，最直接的方法就是企业市场份额的变化。美国法院在马里兰食品公司诉联邦贸易委员会一案中，上诉法院进行判决的事实是两条，一是削价的目的，二是作为竞争对手的一家小企业的一半市场份额被马里兰食品公司所获得这一事实。因此，掠夺性定价的直接后果是掠夺方市场份额的增加和被掠夺方市场份额的缩小。极端的情况是，掠夺方最终独占了整个市场。

(3) 排除竞争对手后提高价格

掠夺方实施掠夺性定价将竞争对手驱除市场后，随后会提高价格，或者将价格提高到掠夺性定价前的水平，或者提高到垄断价格水平。掠夺方市场力量再强大，也不可能长期承受低于成本价格所受到的损失。因此，一旦竞争对手被排挤出市场，一般会将其产品价格提高到垄断水平，将在掠夺战中受到的损失捞回来。

3. 我国现行法中的掠夺性定价

在《反垄断法》颁布之前，我国关于掠夺性定价的规定主要见于《反不正当竞争法》和《价格法》。《反不正当竞争法》第十一规定："经营者不得以排挤竞争对手为目的，以低于成本的价格销售商品。有下列情形之一的，不属于不正当竞争行为：(1) 销售鲜活商品；(2) 处理有效期即将到期的商品或者其他积压的商品；(3) 季节性降价；(4) 因清偿债务、转产、歇业降价销售商品。"这说明，我国法律对掠夺性定价行为采用合理原则，即经营以低于成本的价格销售商品如果符合法律规定的条件，则为合法行为，否则才是违法行为。这里关于掠夺性定价的要件有两个：一是以排挤竞争对手为目的，二是以低于成本价格销售商品的事实。

为了建立具有可操作性的成本标准，国家计委《关于制止低价倾销行为的规定》提出了平均成本和行业平均成本两个概念。这个规定的第五条指出："本规定所指低于成本，是指经营者低于其所经营商品的合理的个别成本。"这里所说的只是人们一般理解的成本概念。但是，规范的经济学分析不支持这个概念，因为平均成本不是企业的决策性变量，西方国家的法律基本不采取这种标准。这个规定的第五条第二款还指出："在个别成本无法确认时，由政府价格主管部门按该商品行业平均成本价格及其下浮幅度认定。"这一标准是作为掠夺性企业平均成本的补充标准。这个标准同样受到经济学家的反对。因为采用行业平均成本判断企业是否进行掠夺行为，既失公平，又损效率。高效率企业的成本本身就比行业平均成本低，按照这一标准来衡量，很可能打击效率高的企业。

4. 掠夺性定价的合理性

（1）防御性降价销售

当一个市场的竞争强度变大时，因为新企业的进入或者其他市场条件的变化，企业通过削价以追求利润最大化是正常的事情。这样的低价销售一方面能够扩大产量，提高消费者福利，另一方面也不可能将高效率的竞争者排挤出市场。这即是说，企业的低价销售往往是因为竞争对手的竞争性价格引起的，企业将其价格削减至长期平均边际成本之下（但是没有低于可变成本）是合法和正当的经营活动，是企业追求短期利润最大化的反映。这样的价格总是在企业可变成本之上但可能低于长期平均边际成本。在这样的条件之下，削价只是企业适应市场变化的独立经营行为，是追求利润最大化企业对于一般市场条件变化的反映。

一般而言，在防御性的降价销售中，企业低于成本之下的定价是对其竞争对手削价的反映，或者是对企业控制能力之外的外部市场条件的反映，以此寻求稳定其在市场中的竞争地位。实践中可能有出于以下动机的价格削减：①适应竞争对手发动的价格战而降低价格；②根据不可预测的市场变化，如过剩的生产能力，产品逐渐过时，或者需求萎缩，为使损失更小而降低价格；③为了维持现有的营销渠道或者正在形成的销售网络，当市场条件改善扩大生产后，能够保持现有的这种选择机会而降低价格。这样的定价因价格低，短期内有利于消费者，并且可能长期也有利于消费者和促进经济福利。在一个充满挑战的市场里，人们把价格削减者作为一个竞争者或者潜在的竞争者看待。事实上，对于具有进取心的企业来说，在竞争对手价格削减或者经济情况突然变化时，能够作出应急反应，这对激励企业创新和改进市场的竞争条件是必需的。

（2）市场扩张效率

企业为了扩大市场需求，或者为了以更低的成本与竞争者开展竞争，它可以在市场扩张中降低价格。理论上，掠夺行为涉及两个市场：掠夺市场和补偿市场。掠夺市场是价格低于成本的市场，企业实施掠夺行为是为了将竞争者排挤出市场。补偿市场是企业追求投资回报的市场，即作为经济人，企业的投资目的是为了营利。在补偿市场里，企业为了获得投资回报，短期内也会以低于成本的价格扩大产品或者服务的市场份额，但是随着市场扩张，企业支出的福利成本也在不断增加。这与掠夺市场不同。因此，在补偿市场，企业的降价要么是因为降低了成本，要么是因为改变了市场需求。虽然理论上可以将掠夺行为区分为两个不同市场，但我们观察到的掠夺行为实际上无法分离出这样的两个市场，即掠夺与补偿是在同一市场的不同时间发生的。市场扩张通常的方法是促销定价、网络外部性与边干边学。促销定价和网络外部性可以改变未来的需求曲线，使需求不断扩大；边干边学则会改变未来的成本曲线，即随着生产者知识与经验的积累，可以提高效率，降低成本。一般来说，市场扩张效率涉及的两个市场不必是动态的，因为出售产品的同时就涉及两种市场行为。例如，出版商为了扩大销量和有更多刊登广告的机会，就可能以低于成本的价格销售报纸。

人们常常有这样的观点，实施市场扩张削价比防御性削价更加困难，因为它包括进攻性的行为，它可能既被认为是有利于竞争和增加了产出，又可能被认为是对竞争造成了损害，排除或者惩罚了竞争对手。为了对其不同的效果进行分类，市场扩张效率抗辩应该具备三个关键的条件：①具有提高效率的合理性。低于成本定价的结果是增加了产品的销售量，促进了市场效率因而就具有了合理性。如边干边学或者扩大规模的结果是降低了成本。②没有对竞争限制更少的方法可供选择。如果不以低于成本的价格销售，或者不在一个短时期内维持这样的低价，就不能获得这样的效率。③投资补偿源自于效率的提高。以低于成本价格销售的投资补偿源于效率的提高，增加利润源自于产品质量或低成本，而不是通过消灭或者惩罚对手而获得的。

对于第一个条件和第三个条件被告负有举证责任，第二个条件的举证责任应该在原告和被告两者之间进行分配。证明第二个条件时，原告有责任举证存在一个或者几个似乎合理的可以减少限制竞争的选择，然后证明责任转给被告。被告则应证明这些选择是不可行的，即与被告的行为相比，不存在较少限制竞争的可能性。

五、拒绝交易行为

《反垄断法》第十七条第一款第三项规定，禁止占市场支配地位的经营者没有正当理由，拒绝与交易相对人进行交易。这一项规定的是拒绝交易行为。

1. 拒绝交易的概念

拒绝交易，在欧共体竞争法被称为拒绝供货，是市场支配地位企业妨碍下一阶段企业市场竞争的重要方式。如支配地位企业拒绝向买方供应它在生产某种产品时所需要的某种生产原料。拒绝供货的表现形式多种多样，如支配地位企业断绝业已签订的供货协议，不再向合同另一方当事人供货，也可表现为拒绝向新的或者潜在的买方的供货请求。支配地位企业为了将自己的支配地位从原装设备市场扩张到零部件或服务市场，也可能采取拒绝供货的方式。从拒绝供货行为的本质看，这种行为实际是歧视行为的特殊情况。

有学者将拒绝交易视为抵制，不无道理，因为“拒绝”就是“不接受”。也有学者认为，拒绝交易是拒绝向买方尤其是零售商或者批发商销售商品的行为。根据对拒绝交易的法律规定和学者对拒绝交易概念的探讨，拒绝交易是指市场支配地位企业断绝向现有交易对象供货，或者不接受新的潜在的交易对象购买其产品的行为。

2. 拒绝交易的动机

支配地位企业通过拒绝交易以期达到以下目的：

（1）支配地位企业通过拒绝交易达到维持转售价格的目的

因为市场竞争的结果是销售价格的下降，销售价格的下降会使生产商面临产品降低价格的压力，这种情况下，拒绝供货就可能成为生产商限制销售商降价销售的一种有效策略。即生产商可以对那些不遵守维持转售价格协议的销售商以取消对其供货相威胁，规避禁止维持转售价格的法律规定。如果他有理由认为，某个销售商可能会以低于转售价格销售商品，他就会与这个销售商断绝供货关系。在这样的压力之下，销售商不得不被迫就范。

（2）引入新的销售方式，降低销售成本，节省交易费用

生产商或者供货商可以通过拒绝交易建立自己的封闭性销售网络。这种新的销售方式或者交易方式很灵活，而且成本低廉，很得生产商和供货商的青睐。经济合作组织（OECD）在1969年关于拒绝交易的报告中指出：“现在越来越多的案件涉及到供货商拒绝向其传统的销售商和专营店供应其产品，其原因是这些销售商或者专营店向折扣店、连锁店、百货商店以及其他非传统的零售商销售其产品。这种策略就会使传统的零售商阻碍新的销售方式的产生和发展。……新的销售方式主要是通过顾客自已取货以及其他的合理化方式降低了劳务成本和价格。事实上可以看到，在效率不同的各种方式的销售竞争中，某些成员国已经出现了非常重要的拒绝供货的案例。”[1]

（3）实现利润最大化

拒绝交易一般不是不交易，而是有选择地进行交易。从经销商的角度来说，若没有被供货商选中，这意味着失去了交易机会。而且，选择性销售的价

---

[1] OECD, Refusal to Sell: Report of the Comission of Experts on Restrictive Business Practices, p22.

格因为一般高于通过竞争销售的价格，从而限制或者会减少销售数量，所以，选择性销售会给经销商带来损害。但从生产商或者供货商的角度看，选择性销售可能会实现销售利润最大化。对于一些特定的产品或者高科技产品来说，供货商的选择性销售也会给消费者带来实惠，因为它可以向消费者提供质量、价格和销售条件稳定的商品，并保证最终消费者得到商品的信息和其他的销售服务。

（4）将市场支配地位扩张到产品的零部件市场或者服务市场

支配地位企业的产品占据很大的市场份额，因此，它的产品零部件或售后服务在相关市场上一般也有很大的市场份额。在普遍供货条件下，这个市场是竞争性的，许多零部件或售后服务企业在这个市场开展竞争，以较低的价格进行销售或服务。若生产商或者供货商采取拒绝交易的方式，只向特定的零部件销售商或者服务商提供产品，零部件或服务市场就会形成支配地位企业，而且因为缺乏竞争，其产品的零部件或服务价格会上涨，生产商或供货商的产品价格也会上涨。通过这两个市场的支配地位，生产商或供货商可以获得最大的利润。

3. 拒绝交易的种类

鉴于占市场支配地位的企业可以表现为一家企业占市场支配地位，也可以表现为几家企业共同占市场支配地位，拒绝交易行为从而可以分类为单方拒绝和联合拒绝行为。如果拒绝交易行为可以导致市场上成为一种长期性的垄断局面，或者严重地排除市场竞争，例如微软公司拒绝其竞争对手进入其视窗操作系统与其提供的计算机服务软件开展竞争，目的是使其在视窗操作系统的垄断地位进一步延伸到计算机服务软件市场上，这样的拒绝交易行为就可被视为是滥用行为。因此，这里在不合理性，相当程度上表现为滥用行为对市场竞争的限制和排除的程度。

（1）单方拒绝交易

单方拒绝交易是指一家支配地位企业拒绝向经销商或消费者供货的行为。它可以表现为：①拒绝供应产品或者服务。最显而易见的例子是拒绝向竞争者提供其必要的生产原料或者半成品。②拒绝提供信息。在某些情况下，企业如果不能从其竞争者那里得到了必要的信息，它们就不可能进入某个市场。例如，在微软公司不提供与其视窗操作系统相兼容的源代码的情况下，其他计算机软件生产商就不可能进入市场和参与市场竞争。这种情况下，拒绝提供这些专有信息可能构成法律上的滥用。③拒绝许可知识产权。认定市场支配地位时，尽管专利、版权或者技术秘密本身不等于市场支配地位，但是，拥有这些知识产权的企业如果占支配地位企业，拒绝许可的行为在某些情况下可能构成滥用支配地位的行为。

（2）联合拒绝交易

联合拒绝交易的英文是 Boycott，又称为联合抵制，台湾法学界称之为“杯葛”。联合拒绝交易是指竞争者之间以协议方式拒绝与特定第三人进行交易。因此，与单方拒绝交易行为的最大不同之处是，联合拒绝交易是共同行为。多数国家与地区的反垄断法对联合拒绝交易行为没有明确规定，法律适用上适用单方拒绝交易的规定。

六、独家交易行为

《反垄断法》第十七条第一款第四项“禁止占市场支配地位的经营者没有正当理由，限定交易相对人只能与其进行交易或者只能与其指定的经营者进行交易”。此款是关于独家交易行为。

1. 独家交易的概念

独家交易是指支配地位企业对其贸易伙伴规定的强制性义务，即对方只能与其进行交易，而不能与其竞争者进行交易。这样的排他性规定可能受到反垄断法的惩罚，因为其后果是进一步提高这个占市场支配地位企业在相关市场的地位，而且同时进一步地限制和排除了竞争对手。

在霍夫曼－拉罗赫案中，欧共体法院对独家交易作出了一个全面的陈述，即“在市场上处于支配地位的企业如果对其买方强加了一种约束——即使是按照买方自己的意愿样做，即通过一种义务或者一个承诺排他性地从支配地位企业那里得到所有的或者他们需要的大多数产品，这得被视为是滥用了第 86 条意义上的市场支配地位（现在的第 82 条）。”

2. 滥用性的独家交易的构成要件

（1）法律上或者事实上的排他性

欧共体委员会关于适用欧共体条约第 82 条的一个条件是事实上的或者法律上的排他性义务。委员会在 Van den Bergh Foods 一案的裁决中为事实上的排他提供了一个好的例子。这家公司在爱尔兰“impulse”冰激凌供应市场具有支配地位，向零售商提供冷藏柜，条件是这个冷藏柜中只能冷藏它供应的冰激凌。欧共体委员会认为这是一种事实上的排他，因为对冰激凌零售商来说，为出售别人的冰激凌再购买一台冷藏柜是不经济的。

（2）实质性排除竞争的程度

在 Van den Bergh Foods 一案中，因为这个企业在冰激凌零售市场占有 40% 的份额，欧共体委员会认为这个独家交易损害竞争的程度是严重的，从而构成滥用行为。

（3）排除竞争不存在客观的合理性

独家交易合同在某些情况下可以被视为是合理的，例如独家交易合同使占市场支配地位的一方获得经济上的好处，同时它的反竞争后果也能维持在最小的必要程度内。这里是一个与欧共体苏打粉市场相关的早期案例。[1] 欧共体委员会开始反对两家公司ICI和Solvay订立独家交易合同。后来，当事人对这个合同的数量进行了限制，且合同期限不超过两年。欧共体委员会认为，修改后的合同一方面使出售方在货物销售方面得到一定程度的保障，另一方面合同期满后，买方可以自由选择其他的供应商，这就在出售方寻求销售保障与买方一定期限后的自由选择权实现了一个大致的利益平衡。因此，委员会批准了这个合同。然而，如果一个独家交易只是为了排除竞争对手，在经济上不具有合理性，

七、搭售行为

《反垄断法》第十七条第五款规定，禁止占市场支配地位的经营者没有正当理由搭售商品，或者在交易时附加其他不合理的交易条件。此项所禁止的是搭售行为。

1. 搭售的概念

关于搭售，我国《反不正当竞争法》第十二条规定："经营者销售商品不得违背买方的意愿搭售商品或者附加其他不合理的条件。"这是搭售概念第一次出现在我国的法律条文中。在这之前，1986年5月25日，国务院就商品销售中的搭售颁布过文件，即《国务院关于认真解决商品搭售问题的通知》（以下简称《通知》），可见，我国政府在改革开放的早期即重视对搭售行为的规制。

分析搭售行为时，以下几点应当清楚：一是搭售是一种合同，但这种合同的订立并非出于买方的自愿，因为卖方以购买搭卖品为条件出售结卖品，买方为获得结卖品不得不购买搭卖品。二是搭售合同不仅存在于生产者与销售者之间或者销售者与销售者之间，而且也存在于销售者与消费者之间，但是反垄断法规范的仅是前者，后者则应当由消费者权益保护法进行规范。三是因为卖方具有市场支配地位，买方不得不违心地接受合同交易条件。

因此，搭售是指卖方与买方签订合同时，强迫买方购买从性质上或者交易习惯上均与合同无关的产品或服务的行为。显然，搭售是一种纵向的非价格限制协议，其目的是卖方利用其在市场上的支配地位，通过搭售行为的实施，将

[1] Report on Competition Policy 1981

市场支配地位延伸到搭卖品市场上，从而达到限制竞争和获得高额垄断利润的目的。

搭售是两种产品的捆绑销售。但在实践中，很多搭售行为涉及相关必需品的搭售，即要求消费者购买一种产品时，必须从该企业购买另一种相关的必需品。例如 Dick 公司要求从其购买油印机的消费者必须从它那儿购买油墨；IBM 公司要求从该公司购买计算机的顾客必须从它那儿购买制表卡；柯达公司要求购买柯达胶卷的顾客要将胶卷拿回柯达公司冲洗。企业先对第一种产品（结卖品）订立一个价格，然后对相关产品（搭卖品）索取一个高于竞争性价格的高价。由于企业在结卖品市场上占市场支配地位或者垄断地位，这种捆绑销售不仅限制了消费者的选择自由，而且在它搭卖品的销售中还可以获得不合理的高价。

2. 搭售的构成要件

（1）结卖品与搭卖品是两个独立的产品（或服务）

根据搭售定义，结卖品与搭卖品是两个独立的产品。当两种产品被认为是相互不独立的产品时，这种销售不能被视为是搭售。例如鞋与鞋带的关系、汽车与其配件之间的关系、某一产品与其售后服务之间的关系，一般不被视为互相独立的产品而是一个产品（或服务）。在区别两个产品是否为独立的产品，美国司法部在其发布的《关于纵向限制竞争协议的指南》中指出：这可以从产品之间的功能关系和产品之间的经济利益两方面来认定，“仅当结卖品和搭卖品分别有着不同的用途时，才可视为搭卖品是单个的产品。而且，当两种不同产品的共同包装及共同交易存在着重大的经济效益时，这两种产品应当被视为是相互独立的产品。”但是，司法部这一没有法律拘束力的指南没有得到美国联邦最高法院的认可。美国联邦最高法院认为，产品之间的功能关系不能判断两种产品之间的关系，这方面应以产品需求的不同特点作为判断标准。美国联邦最高法院的这个观点得到了全美检察长协会制定的纵向限制交易指南的认可。该指南认为，当两种产品可以分别消费，且每种产品各有自己的需求时，这两种产品即是可分产品。一种产品的个别需求可从市场上的个别买卖或分开的买卖来判断。

具体而言，判断两个产品是否独立，可考虑以下因素：①交易习惯。即按照交易习惯，如果两个产品通常是一起销售，则可认为它们相互不独立；如果搭售企业曾分开销售这两种产品，它们也可被视为相互独立；②从产品用途看，如果两个产品必须相互搭配才能使用，它们应当被视为非独立的产品；③从交易双方的认知度看，即他们是否都认为这两种产品是独立的或者不独立的产品；④考虑两种产品一起销售是否可以降低成本，是否对交易双方都有好处，特别是在价格上对消费者有好处。如果这种好处大于限制交易自由的坏处，这种搭售可以被视为是正当的；⑤搭售企业是否对两种产品分别标价。

（2）卖方在结卖品市场上有着市场支配地位

卖方之所以在交易中搭售成功，往往是因为他在结卖品市场上具有支配地位。这种市场支配地位使得买方在交易中的交易自由受到了限制，即不得不接受卖方所搭售的产品或者服务。因此，这种情况下，买方的交易行为是被迫的。有时候，两个产品分别出售的价格之和高于两种产品搭售的价格，卖方的这一定价策略虽然有利于消费者，但仍可被视为是卖方迫使买方接受搭售的手段之一。全美检察长协会纵向交易限制指南中的观点是，证明“强迫”存在不仅需要证明买方先前购买的这两种产品是分开交易，或者证明这两种产品以前没有搭售，而且因为消费者购买搭售品可能是被一揽子价格所吸引，这种“强迫”的存在还需证明搭卖品的低价或者零价格。当然，在买方只想购买结卖品而不购买搭卖品的情况下，如果卖方拒绝销售，卖方强迫买方交易的行为显而易见。

（3）搭售会严重限制甚至排除市场竞争

即在这种情况下，因为卖方是利用其在结卖品市场上的支配地位，通过搭售，将其在这个市场上的支配地位延伸到搭卖品市场上，这种行为在很多情况下会严重损害搭卖品市场上的自由竞争，甚至会排除这个市场上的竞争对手。

3. 搭售的合理性分析

搭售行为虽然可能会严重地限制甚至是排除竞争，但是搭售行为并总是违法的。我国《反垄断法》明确的规定，这个法律所禁止的只是不正当的搭售行为。认定一个搭售是否是正当行为，可以考虑很多因素，例如：

（1）增进效率

搭售增进效率可以表现在两个方面：一方面，将关联产品搭售销售，可以减少销售成本，增加生产与配置的效率。如将鞋与鞋带一起出售，比单独出售鞋与鞋带更有效率。极端地看，每件产品可以视为多件产品的组合，这些组合均可以分开销售，但一般消费者愿意购买其组合而不愿意费时费力地购买部件自己进行组装。汽车即是这方面最典型的例子。消费者在购买汽车时有两种选择，一是购买一部已经组装好的整车，一是自己购买汽车零件进行组装。但消费者若选择后一种方式，将支付更多的费用。

（2）保证产品的信誉

产品的质量保证除了产品本身的质量要过硬之外，消费者的使用方法、产品零配件、产品售后服务等方面也是产品质量保障的因素。例如，消费者使用产品的方法与态度，可能会影响产品正常功能的发挥，进而影响产品的声誉和产品的未来销售。生产者为了保证自己产品的质量及商誉，往往在产品销售中附加产品售后保养和零件使用方面的搭售合同，以减少销售商为获取更多的利润而使用质量低劣的零件或者较低级的服务。

（3）促进市场进入

生产者对新产品的销售常常采用的方法是将其与自己在市场上得到认可的产品，有时甚至与其具有垄断地位的产品一起进行搭售。由于具垄断力的产品或者受消费者欢迎的产品具有一定知名度，这种搭售可以为新产品的销售打开方便之门。当然，这种搭售措施只能持续一个很短的时间，否则就会对市场造成严重的损害。

基于以上对搭售的经济分析，可以看出搭售行为并不必然地限制竞争，因而也就不存在必然的违法性。从社会福利的角度分析，企业采用搭售方法可能会降低生产成本，增加产量，降低价格，无论从社会资源配置效率的观点还是消费者福利的观点，搭售行为均可有利于社会。此外，有些搭售可以保证产品质量，维持或增加产品的价值，亦有利于社会。即便是以促进进入为目的搭售，由于这种搭售存续的时间不长，而搭售的结果是增加了参与搭卖品竞争的企业数量，增加消费者的选择，促进市场竞争。总而言之，根据各国对搭售行为的法律规定、学理探讨和案例分析，对占市场支配地位企业的搭售行为应当依据下列“合理原则”进行分析。

首先，要分析搭售企业在结卖品市场是否具有市场支配地位。如果企业没有足够的市场力量，即消费者可以有多种选择的情况下，经营者一般很难成功地进行搭售。而且，在这种情况下，即使企业能够成功地进行搭售，这种搭售对市场竞争一般不会形成较大影响，因为消费者愿意购买搭售产品，极可能是基于效率的考虑，即这种搭售对消费者是利的。因此，市场支配地位是关于企业搭售行为最重要的考虑因素。

其次要考虑占市场支配地位企业的搭售行为是否显著影响了市场竞争。如果搭售行为并未对市场竞争造成严重损害，这样的行为不违法。我国台湾地区的“公平交易法”第19条规定，只要搭售行为“有限制竞争或妨碍公平竞争之虞”即构成违法。但在司法实践中，这种可能性的判断可能非常困难。因此，一般的规定是，搭售行为对竞争性市场造成实质性的损害时，才判定其违法。此外，如果搭售企业能够举证陈述对其搭售行为的正当理由，且可证明这种搭售对市场竞争并无实质性的影响，其行为可以被认定是合法的。

八、歧视行为

《反垄断法》第十七条第一款第六项规定，禁止占市场支配地位的经营者没有正当理由，对条件相同的交易相对人在交易价格等交易条件上实行差别待遇。此项所禁止的是歧视行为。

1. 歧视行为的概念

歧视行为是指具有市场支配地位的经营者，没有正当理由而对条件相同的交易对方，提供不同的价格或者其他交易条件，致使有的交易对方处于不利的交易地位。

2. 歧视行为的动机

经营者实施歧视行为的直接动机是追求利润最大化。企业是怎样通过歧视行为来获得最大化利润的呢？我们用经济学家举的例子来说明。一家出版商得到了一本小说的独家出版权，为此，这家出版商为作者支付了200万美元的版权费。为了方便起见，我们假设小说的印刷成本与销售成本忽略不计。那么，出版商将来获得的利润是小说的销售收入减去作者的版权费。如果市场上存在两类消费者，一类是该书作者的铁杆读者和狂热的崇拜者，约10万人，他们愿意为该书支付的价格为30美元；另一类是一般的或者不太热心的读者，他们愿意支付的书价是5美元，人数约为40万。面对这两类读者，出版商的定价策略有两种，一种是定价30美元，出售10万本，毛收入为300万美元，除去成本200万美元，获利100万美元。另一种定价策略是每本定价5美元，出售50万本，毛收入250万美元，除去成本200万美元，出版商获利50万美元。这种情况下，出版商可能会放弃40万读者而将价格定为每本30美元。而且在这种情况下，因为出版商向40万读者出售小说的边际成本是零，从效率上讲，出版商放弃这40万读者就会损失200万美元的总剩余，这种无谓损失是垄断者索取垄断高价造成的。

上面所述情况是两类读者同处一个市场。如果两类读者分属不同的市场，如一类读者在美国，另一类读者在加拿大，出版商就可以得心应手地实施歧视行为策略：即它向美国的10万读者出售价格为30美元的小说，收入为300万美元；向加拿大40万读者出售价格为5美元的小说，收入为200万美元。总收入为500万美元。除去成本，它可以获利300万美元。这说明，企业可以通过实施歧视行为策略获得最大化的利润。此外，出版商还可以通过出版精装书与平装书来实施歧视行为：先出版精装书，然后出版平装书，通过两种不同价格但内容完全一样的书，出版商可以获得最大化利润。

上面分析可知，歧视行为可以给企业带来更多的利润，但又并不是所有的企业都可以实施这种策略。那么，什么样的市场条件下，企业才能成功地实施歧视行为呢？

3. 歧视行为的构成要件

歧视行为的成功实施，必须具备以下条件：

（1）经营者具有市场支配地位

要成功实施歧视行为，经营者必须具备市场支配地位，即经营者可以凭借这种市场支配地位，将价格定于边际成本之上，从而获利。当一种商品在竞争市场上出售，经营者实施歧视行为是不可能的。因为在竞争市场上，有许多企业以市场价格出售同一种商品。在销售状况良好的情况下，没有一家企业会傻到以低于市场价格向消费者出售其产品。企业也不可能以高于市场价格出售其产品，如果这种情况下它的消费者会轻而易举转向他的同行。因此，实施歧视行为的企业首先要具有市场支配地位。

（2）市场存在因消费者或销量不同而异的支付意愿

具有市场支配地位的企业要实施歧视行为，它得事先知道市场上存在不同消费者的支付意愿，或者消费者对不同数量的购买存在不同的支付意愿。这种情况下，它才能够知道向谁索取什么样的价格。如果第一个消费者的需求曲线向下倾斜，企业可以向任何一个消费者所购买的不同单位产品索取不同的价格。

（3）企业出售的产品不能转卖

企业对不同支付意愿的消费者进行分类后，就会按不同的价格向不同的消费者出售相同的产品。若出售的产品可以自由地在不同消费者群体之间进行流通，企业的歧视行为就会失败。因为以较低价格购买到产品的消费者，只要其转卖价格低于该企业对某些消费者索取的较高价格，这一较高价格的消费者群体就会转向以较低价格购买到产品的消费者群体购买产品。这种情况下，企业的价格歧视行为就不会成立。

（4）对市场竞争造成了损害

根据美国司法部1976年对《罗宾逊-帕特曼法》的研究报告，对竞争者和消费者能够造成严重损害的歧视行为必须满足以下条件：①对大企业的低价不能适用于其他所有的客户；②大企业可以凭借其市场优势，将其产品的价格降低到消灭小型竞争企业的地步；③优势企业将小企业消灭后，会将其价格提高到垄断价格的水平；④垄断价格能够维持相当长的时间。

因为反垄断法是保护竞争而不是保护竞争者，受到法律规制的歧视行为主要是垄断企业由此可以影响市场竞争秩序的行为，即歧视行为成为维护垄断地位和排挤竞争者的有力手段。对歧视行为所产生的竞争损害，美国法上有横向竞争损害和纵向竞争损害之分，或所谓初级损害（一线竞争损害）和次级损害（二线竞争损害）之分。如果一个市场支配地位企业在某个地区进行降低销售，这就可能在这个地区排除竞争对手。这是对同一市场有竞争关系的企业所造成的损害，即初级竞争的损害。次级竞争损害是指因上游企业采取歧视行为，对下游企业产生的损害，如生产者对大型批发商和小型批发商予以不同的价格，这对小批发商在与大批发商之间的竞争中有严重的不利影响。

4. 歧视行为的合理理由

(1) 适应竞争

美国《罗宾逊-帕特曼法》第2条（b）款中的规定："如果卖主证明它向买主提供商品或者服务的低价销售是真诚地为适应竞争对手在提供这些商品或者服务中的低价销售，它就可以据此对由此提出的指控进行反驳。"这一抗辩是绝对的，不管对其竞争者或竞争造成何种程度的损害，因而这一抗辩也被解释为适用竞争作为"调和罗宾逊-帕特曼法和反垄断法所倡导的鼓励销售商之间竞争的一般目的的主要方法。"适应竞争抗辩"对生产商来说可能是寻求使其行为违反《罗宾逊-帕特曼法》的风险降低到最小的最有效的方法"。在石膏公司案中，美国联邦最高法院认为，适应竞争抗辩的标准是"一个理智的和慎重的人……相信事实上的低价是为适应竞争者同样的低价。"

在石膏案中，美国联邦最高法院指出，因为被告不能直接辩解其行为是为了适应竞争的要求，对其价格、销售期限以及其服务方面的行为与其竞争者进行系统比较是必要的。《罗宾逊-帕特曼法》要求的是"一个诚实信念，而不是一个绝对的确定性"。这里绝对的确定性是指其他生产商的买方可以以较低价格购买到这种产品。在多数情况下，"商业上一个合理的信念"是，没有价格优惠的销售将会被顾客所抛弃。这种信念是通过引用与市场竞争相关的书面证据，或者从其他买方手中收集到的证据，或者买方以停止购买相威胁的证据。如何确认诚信，是一个重要问题。以适应竞争作为抗辩的卖方，取证时主要是根据顾客的陈述，如以顾客所言的"其他企业提供了更便宜的价格"作为降低价格抗辩的证据。如果没有其他特殊理由，卖方应当相信顾客的话。但在司法实践中，如果卖方没有进一步验证而是直接相信了顾客的说法，这是相当危险的，因为买方总想得到更低的价格。因此，美国联邦贸易委员会提出的认定诚信的标准，只着眼于实事求是的买方所反映的真实的市场竞争状况，而事实上卖方负担的责任不仅于此。对于诚实抗辩不符合诚实要求时，由谁负责举证，这是一个棘手的问题。

(2) 成本辩护

美国《罗宾逊-帕特曼法》第1条（a）款规定，"本规定不适用于那些因制造、销售、运输成本不同而做的合理补贴。"这样，同一产品的销售价格不同，如果仅反映了不同的买方向生产商支付的不同成本，生产商的价格歧视行为是合法的。成本辩护是一种积极的抗辩，举证责任在被告方。

但是，以下两种情况不能作为成本抗辩。第一是对顾客支付的报酬不能算入成本。如《罗宾逊-帕特曼法》第1条（d）款规定，任何从事商业的人，除了依据同等条件对所有商品销售中的客户支付佣金或者其他考虑外，对因产品的加工、处理、销售相关的劳务是由某顾客提供或者通过这个顾客提供的，从而支付其佣金或签订支付佣金的合同，属违法行为。其理由是，这种佣金或签订支付佣金的合同不是合乎比例的和按照平等条件适合于所有的客户。第二是对待买方的歧视性条件不能作为成本差异的抗辩。如《罗宾逊-帕特曼法》第2条（e）款规定，在向买主提供与产品的加工、处理、销售有关的服务和设施时，如果不是按照合乎比例的和平等条件向所有的买主提供，这种歧视行为是违法的。

美国反垄断法专家霍华德认为，歧视行为可分为个别歧视行为和系统的歧视行为。个别歧视是指卖主根据市场竞争状况，一次又一次地降低价格以适应竞争对手的低价，包括维持旧顾客和吸引新顾客的两种情况。系统的歧视行为是指一种共同策划的定价体系，甚至是长期的垄断性歧视行为。他认为，系统的歧视行为显然违反反托拉斯法，而且基础性的歧视性定价显然也是违法的。个别的歧视行为则需要认真分析，看它是否真正代表了正在运作的市场势力。[1] 但是，同样的情况以不同的眼光看，有时会有不同的解释。美国联邦贸易委员会与联邦法院在标准石油公司案中就有不同的观点。标准石油公司向4个石油零售商的报价比在底特律区向其自己的石油零售商的报价还低。标准石油公司申辩说，它这样做是为了适应其他主要石油供应商的价格竞争，以便笼络其客户。因为它的客户说，如果他们得不到价格折扣的优惠，就会转向其他石油供应商。联邦贸易委员会认为，标准石油公司向批发商降低价格是一种定价体系，从而认为标准石油公司的行为违法。上诉法院和联邦最高法院则认为，不能将认定标准石油公司的定价等同于系统的歧视行为，因为这种价格差异应当被视为是价格竞争的结果。

美国《罗宾逊-帕特曼法》没有明确规定产品的成本因素。为了确认产品的成本，美国联邦最高法院和联邦贸易委员会一般考虑下列5项成本：（1）装载与运输成本；（2）目录支出；（3）单独用于一个客户或一个客户群所使用的设备折旧；（4）平等给予所有客户的佣金；（5）制造成本。

---

[1] ［美］霍华德·C. 马歇尔. 美国的反托拉斯法与贸易法规［M］. 孙南申，译. 北京：中国社会科学出版社，1991：（5）271－272.

九、其他滥用支配地位行为

《反垄断法》第十七条第一款第七项规定，禁止占市场支配地位的经营者从事国务院反垄断执法机构认定的其他滥用市场支配地位的行为。具体是哪些行为，这是由国务院反垄断执法机构来认定，从而赋予反垄断执法机构一定的自由裁量权。

根据世界各国反垄断立法和执法经验，以下行为可能被视为滥用市场支配地位行为。

1. 拒绝进入关键设施

关于关键设施的含义，欧共体委员会的决定指出："关键性设施或者基础设施是指在从事经营过程中，为到达客户终端或者为有能力成为竞争者是关键性的，而且这些设施不能通过合理的方法进行复制。"凭借这个设施成为占市场支配地位的经营者，如果拒绝授权进入这样的设施，而且这个拒绝不具有客观的合理性，这种拒绝可能会被视为是违反了《欧共体条约》第 82 条。

关键设施的基本特征是要在一个相关市场上，经营者进入这个设施是他们参与市场竞争的前提条件。换言之，优势企业控制了关键设施，从而导致市场上没有竞争，或者竞争不充分，为此应该给关键设施的拥有者以一定程度的竞争压力。此外，因为存在物质上的、地域上的或者法律上的限制，重建这样的设施是不可能的，或者在经济上是不可行的。

在美国判例法上，法院适用关键设施原则要求原告证明：（1）垄断者控制了一个关键设施；（2）竞争者不能合理地重建这个关键设施；（3）权利人拒绝竞争者使用这个关键设施；（4）提供关键设施具有可行性。[1] 在 Aspen 案中，关键设施的上述检验标准又增加了第 5 个，即是否对拒绝原告的进入，或者提出的进入条件超出了原告的合理负担，被告可以提出合理的商业上的理由。[2]

有学者认为，关键设施原则要得到合理地应用，应当满足三个基本条件：（1）法院必须确认，进入的这个设施是真正"关键性的"，而不是仅仅为了"方便"或"降低费用"；（2）法院必须考虑垄断者对拒绝进入或者限制进入其设施提出的合理理由；（3）如果进入是强制性的，原告应向关键设施的所有者提供进入的成本费用。[3]

---

❶ MCI Communications Corp. v. American Tel. & Tel. Co.（1983）.

❷ Aspen Skiing Co. v. Aspen Highlands Skiing Corp.,（1985）.

❸ Ernest Gellhorn & Welliam E. Kovacic，Antitrust Law and Economics，p152.

2. 拒绝许可知识产权

在反垄断制度中，知识产权一般视为反垄断法的除外适用，可以得到反垄断法的豁免。当然，得到反垄断法豁免的，应当是行使法律保护知识产权的正当权利的情形，而不包括滥用知识产权的情形。由于知识产权受相关的法律保护，要区分哪些权利行使是正当的，哪些权利行使是不正当的，这不仅涉及两大法律制度之间的关系及协调，而且还存在发生法律冲突时，哪一个法律应得到优先适用的问题。知识产权有许多种类，但它们的特征都是关于某种智力成果的专有权。一般情况下，只要知识产权所有人依法行使自己的法定权利，即不存在权利滥用时，就不会发生知识产权保护与反对限制竞争行为的反垄断法之间的冲突。知识产权保护本身是一个十分复杂的法律问题，在不同时期、不同国家甚至在不同执法机构都会有不同的理解。反垄断法也是受政府政策影响很大的一部法律，执法中需要执法者高超的政策水平。因此，为了处理反垄断法与知识产权保护的关系，反垄断执法机构应当制定相应的指南，以便知识产权所有权人行使知识产权时能够遵循相应的行为规则。

第十八条　市场支配地位认定

认定经营者具有市场支配地位，应当依据下列因素：

（一）该经营者在相关市场的市场份额，以及相关市场的竞争状况；

（二）该经营者控制销售市场或者原材料采购市场的能力；

（三）该经营者的财力和技术条件；

（四）其他经营者对该经营者在交易上的依赖程度；

（五）其他经营者进入相关市场的难易程度；

（六）与认定该经营者市场支配地位有关的其他因素。

该条规定了认定市场支配地位时应考虑的因素。

一、经营者在相关市场的份额以及相关市场的竞争状况

《反垄断法》第十九条规定，有下列情形之一的，可以推定经营者具有市场支配地位：一个经营者在相关市场的市场份额达到 1/2 的；两个经营者在相关市场的市场份额合计达到 2/3 的；三个经营者在相关市场的市场份额合计达到 3/4 的。有前款规定的情形，其中有的经营者市场份额不足 1/10 的，不应当

推定该经营者具有市场支配地位。这个规定就足以说明企业的市场份额在认定企业市场地位中的重要作用。

经营者在相关市场的市场份额是认定其是否具有支配地位的最重要因素。因为当一个经营者在相关市场的份额达到一定程度后，它就具有决定商品或者服务的价格以及数量的能力，从而就拥有控制市场的力量。在一个完全竞争的市场里，因为每个经营者所占的市场份额很小，如果一个经营者调整自己产品的价格或者生产数量，这个调整对整个市场的影响无足轻重。但是，一个在相关市场上份额足够大的经营者，如果它调整其产品的产量或者价格，这就会影响整个市场的供给与价格波动，进而影响市场的竞争状况。

相关市场的竞争状况，主要涉及以下问题：

（1）相关市场的竞争者数量

如果竞争者数量小，这说明市场的竞争程度小；竞争者数量多，这说明市场竞争激烈。

（2）市场开放程度

市场的开放主要涉及国内市场的开放，有时也涉及某个部门或者经济领域的开放。如果市场是开放的，经营者可以自由进出入，不存在人为设置的障碍，这种市场的竞争程度一般是很高的。

（3）政府的竞争政策

政府的竞争政策会影响市场的竞争状况。例如企业合并政策的宽与严，会直接影响相关市场竞争者的数量，进而影响市场的竞争状况。在政府进行管制的一些领域，如自然垄断行业和公用事业领域，政府的竞争政策直接决定了相关市场的竞争状况。

二、经营者控制销售市场或者原材料市场的能力

在相关市场，如果经营者具有控制市场的能力，它作为买方就可以要求交易相对方不断降低价格，不接受其交易条件的经营者还可能会失去交易机会；它作为销售方，就可以不断地抬高交易价格，因为它是惟一的或者事实上惟一的供货商，交易相对方只能与其进行交易。这两种情况的极端例子就是垄断买主与垄断卖主。

相关市场上的惟一买主就是垄断买主。一个垄断买主关于其购买数量的决策，可以影响其支付的价格。一些区域性市场上的大型连锁商店，虽然不具有垄断地位，但是在商品零售市场上也有着优势地位，从而也会出现滥用优势地位的行为。例如对上游供货商滥收费用，如收取进场费、新品费、庆典费、广告费、堆头费、促销费等。同时，它们还利用市场优势地位，对供货商进行其

他的不公平交易。这一问题已成为我国商业零售市场一个突出的问题。基于对大型连锁商店的依赖性，供货商们是敢怒而不敢言，否则就会失去交易机会。此外，在某些农产品和自然资源产品的市场上，也存在垄断买主的现象，如在一个地区只有一家屠宰场的情况下，牧民们担心屠宰场形成买主垄断，压低收购价格。

相关市场里的惟一卖主就垄断卖主。垄断者决定价格，而不必害怕对方压价。与竞争性市场条件下的情况不同，垄断者可以将其产出确定在能获得最大利润的水平上。从经济学上讲，垄断者销售的产品越多，它的价格就越低。由于垄断者不能同时决定价格与产量，价格与产量的关系完全是由市场需求决定的，垄断者在追求最大利润时只能决定价格，或者只能决定产量。如果垄断者决定的是产量，市场价格则由市场需求曲线决定。如果它确定了价格，产量则由市场需求曲线决定。即使垄断者获得的利润不是在竞争水平之上，价格也能超过边际成本。因此，垄断者的行为肯定造成社会福利的总损失。单从这点上看，反垄断法就应该反对垄断行为。

三、经营者的财力与技术条件

如果经营者具有雄厚的财力，它会很快地扩大生产规模，进而扩张其产品或者服务的市场份额，获得相关市场里的支配地位。在经营者有着雄厚财力的条件下，经营者也有本钱对其产品或者服务进行降低销售，从而赢得在相关市场上的支配地位。此外，经营者拥有相应的资金规模之后，还可以通过对竞争者的兼并达到控制市场的目的。

经营者拥有的技术条件，可从以下方面使其具有市场支配地位：（1）经营者的技术可以使它有能力生产其他经营者无法模仿的新的或者更好的产品；（2）经营者的技术条件能够使它以较低的成本生产出与其他经营者相同或者相似的产品，从而在市场竞争中取胜；（3）如果一种技术存在模仿的可能性，经营者可以通过知识产权法律保护来阻止其他经营者的进入，例如通过申请专利权，可以在某个方面获得优势地位，甚至合法的垄断地位。

四、其他经营者对该经营者在交易上的依赖程度

前述市场支配地位都是指企业在相关市场的市场势力，也即是它在市场竞争中与其竞争对手相比所具有优势地位，由此使其竞争对手不能与之抗衡。这是从竞争者之间的经济力量对比来界定市场支配地位的。然而，从供求关系的角度进行分析，企业之间市场交易中形成的长期依赖性，也可能使某个经营者较其他经营者具有市场支配地位。

经营者之间的依赖性，可以分为以下几类：

(1) 依赖于特定的产品

例如在生产—批发—销售环节，某类商品的专业经销商必须得拥有某些尖端产品，否则它的专卖店就不能得到顾客的认可。大型批发商对其销售的商品也有品种齐全的客观需求，否则零售商就会转向其他商品品种齐全的批发商。因此，大型批发商对某些产品的生产商有依赖性。这种情况下，如果没有正当的理由，生产者不得随意中断对大型批发商的供货。

(2) 依赖于特定企业

在现有合同条件下，如果一家企业解除合同会给对方带来损害，这两个企业之间就存在依赖关系，例如汽车专卖店与汽车生产商之间的关系。如果一家汽车维修企业不是某个汽车厂商的专门维修店，即这个汽车维修店可以维修各种汽车的情况下，这个维修店就应当备齐几乎所有汽车生产商的零配件，否则，它就难以为继。在这种情况下，汽车生产厂商有义务向这个汽车维修店提供零配件。

(3) 因特殊产品匮乏而产生的依赖

这即是说，因产品匮乏而使销售商与生产商之间产生一种特殊依赖关系。如石油危机时期，石油公司不能随意对加油站拒绝提供成品油。因为某些加油站对石油公司存在着依赖性，这些石油公司必须在石油危机时期继续向这些加油站供应石油，以避免它们利用石油危机达到排除竞争对手的目的。

(4) 生产者依赖于销售者

如果一家生产企业的产品供不应求时，销售商自然会对这个生产商有依赖性。但在以下两种情况下，生产者依赖于销售者：一是产品供大于求，形成了买方市场，生产者因急于出售产品而在谈判中处于劣势；二是销售商组成了大型连锁网络，在与生产商的谈判中居于支配地位。另外，在整个社会经济不景气时期，由于失业率上升，消费不振，生产商也往往处于不利地位。生产商依赖于销售商的情形，不像一般的依赖性容易判断，因为销售商众多，纵使一家销售商拒绝销售，生产商还可以选择其他销售商。立法者采用推定的方法，如德国《反对限制竞争法》第20条第3款规定：“支配市场的企业和企业联合组织，不得利用其市场支配地位，促使其他企业在商业交易中虽无实质上合理理由而向自己提供优惠条件。”如果一家销售商在生产商那里除获得一般交易中均可获得的折扣之外，还能额外经常获得同类企业所无法获得的特殊优惠条件，则可推定生产商依赖于销售商。在实践中，销售商可以设法利用其市场支配地位从生产商那里获取更多的利益，如要求生产商将商品上到销售商货架上；让生产者在商品上打上零售价格标签；生产者为销售商支付场地或柜台租金等。

五、其他经营者进入相关市场的难易程度

在正常的竞争性市场条件下，一个新的进入者如果想进入相关市场，具备相应的进入条件如资金、技术、人力资源、产品等即可。如果一个市场存在比正常条件下的进入困难，这说明该市场存在市场支配地位的经营者，它可以通过市场势力阻止新的进入者进入市场。应该说，任何人进入相关市场，都会面临进入阻碍的问题，如资金、技术、资源、信息、空间、投资转换等方面的阻碍。因此，该条所言是市场进入的难易问题，而不是进入的成本问题。如果进入一个市场相对容易，这是指市场不存在人为设置的阻碍，进入者只要具备正常市场竞争下的进入条件就可以。如果市场存在人为设置的进入阻碍，进入者所投入的进入成本要比正常市场条件下大得多，甚至发生即使投入相应成本，也可能进不去市场的情况。

进入者遇到的市场阻碍主要有：

（1）技术壁垒。经营者获得一项专利权后，就会阻止其他经营者在专利保护期内复制其产品，或者阻止其他经营者与其开展竞争。

（2）政府管制。在许多领域，政府实施了管制措施，管制相关市场的经营者数量，保证现有市场经营者的正常利润。如城市出租车的牌照发放，电信产业的准许限制等。

（3）占市场支配地位的经营者的各种策略，以阻止其他经营者的市场进入。

（4）市场支配地位经营者有能力阻止其他经营者获得某一关键投入品，如关键性资源、技术的取得等。

（5）贸易壁垒。贸易保护主义可以产生阻止进入的阻碍，如我国市场上的地方保护主义，可以限制外地产品进入本地，或者限制本地产品流向外地。

该款一个比较困难的问题是，如何判断进入市场的难易程度，以及如何比较相关市场存在占市场支配地位的经营者与没有占市场支配地位经营者的情况下，进入市场的难易程度。这里需要有大量数据，并且需要通过经济分析法进行准确的分析与判断。涉及此类问题及案件时，需要经济学家的精确计算，才有可能得出相应的科学结论。

六、与认定该经营者市场支配地位有关的其他因素

这是一个兜底条款，指除了前面五款规定之外的其他因素。

第十九条 市场支配地位推定

有下列情形之一的，可以推定经营者具有市场支配地位：

（一）一个经营者在相关市场的市场份额达到二分之一的；

（二）两个经营者在相关市场的市场份额合计达到三分之二的；

（三）三个经营者在相关市场的市场份额合计达到四分之三的。

有前款第二项、第三项规定的情形，其中有的经营者市场份额不足十分之一的，不应当推定该经营者具有市场支配地位。

被推定具有市场支配地位的经营者，有证据证明不具有市场支配地位的，不应当认定其具有市场支配地位。

本条规定的是对市场支配地位的推定情况。按照《现代汉语词典》的解释，推定即是“经推测而断定”之意，即一个或者几个经营者只要具备了上述所列情况，即可断定这个经营者具有或者这几个经营者共同具有市场支配地位。现在世界各国和地区认定企业市场支配地位的方式主要有两种：一是以德国、日本、我国台湾等国家和地区为代表，法律中明文规定市场支配地位的标准；二是以美国法和欧共体法为代表，法律对企业的支配地位标准不作明文规定，而是通过法院判决以及反垄断执行机关的行政决定进行阐释。

德国《反对限制竞争法》第19条第2项和第3项明确规定了市场支配地位的标准。该条第2项规定，“一个企业，如作为某种商品或服务的供应者或需求者符合下列条件，即具有市场支配地位：（1）没有竞争者或没有实质的竞争，或者（2）相对于其他竞争者具有突出的市场地位；在此，特别要考虑该企业的市场份额、财力、进入采购或销售市场的渠道、与其他企业的联合、其他企业进入市场所面临的法律上或事实上的限制、住所设在本法适用范围之内或之外的企业的事实上的或潜在的竞争、将其供应或需求转向其他商品或服务的能力以及市场相对人转向其他企业的可能性。两个或两企业以上企业之间就某种商品或服务不存在实质上的竞争，并且这些企业在总体上符合本款第一句的要件的，则该两个或两个以上企业具有市场支配地位。”第3项规定，“一个企业至少占有三分之一的市场份额的，推定其具有市场支配地位。由多个企业组成的整体视为具有市场支配地位，条件是：（1）该整体由3个或3个以下企业组成，它们共同占有百分之五十的市场份额，或者（2）该整体由5个或5个以下企业组成，它们共同占有三分之二的市场份额，但这些企业在总体上相对于其他竞争者不具有突出的市场地位的，不在此限。”

日本《禁止私人垄断及确保公正交易法》第2条所规定的垄断状态是指：“（1）在一年内，一个事业者的市场占有率［是指该一定的商品以及性能和效用与之明显类似的其他商品的国内供应数量（不含出口商品），或者在国内提供该劳务的数量（不适于以数量计算时，以劳务的价额计算。本项下同）中，该事业者提供的该一定的商品以及性能和效用与之明显类似的其他商品或者劳务数量所占有比例。本项下同］超过二分之一，或者两事业者各自的市场占有率的总和超过四分之三的。（2）存在给其他事业者新经营属于该事业领域的事业带来显著困难的情况的。（3）该事业者提供的一定的商品或者劳务，在较长的期间内，根据供求关系变动以及供给所需费用的变动，价格明显上涨或者居高不下，且该事业者在此期间内，有下列行为之一的。①该事业者在政令规定的事业种类范围内，取得显著超过政令规定的该事业标准利润率的利益的；②该事业者所支付的销售费和一般管理费，被认定为显著超过其所属事业领域的标准销售费和一般管理费。”

我国台湾“公平交易法实施细则”第3条规定了认定独占的标准：“一事业在特定市场之占有率达二分之一；二事业全体在特定市场之占有率达三分之二；三事业全体在特定市场之占有率达四分之三。”并同时规定：“事业之设立或事业所提供之商品或服务进入特定市场，受法令、技术之限制或有其他足以影响市场供需可排除竞争能力之情事者，”虽然没有达到上述的认定标准，但“中央”主管机关仍得认定其为独占事业。

韩国《限制垄断和公平交易法》第2条第7项所规定的“市场支配地位企业”是指，在同类或相似商品或劳务的供给上，其市场占有率符合下列标准之一并符合总统规定条件的企业。其具体标准为：“（1）一企业的市场占有率总计达50%以上者；（2）三家以内企业的市场占有率合计达75%以上者，但不含市场占有率不到10%者。”

美国学界评估企业在所处市场上的地位时，传统产业组织理论是从结构、行为、绩效三个角度进行判断。

结构标准。最直接的评估企业经济力量的方法就是根据企业在相关市场上的占有率来判断企业是否在相关市场处于支配地位。由于市场结构各异，仅凭市场占有率，未必能够反映企业市场力量的强弱，所以还须考虑其他的因素，如企业的价格策略、获利能力、其他企业进入市场障碍的高低、相关市场内其他竞争对手的市场力量等，通过综合的评估，才能得出企业在相关市场是否存在支配地位。

行为标准。根据企业自身的市场行为来判断企业是否处于市场支配地位。

即如果一家企业处于市场支配地位，它会不考虑其他企业的存在而独自行为，如歧视、搭售、维持转售价格等。因此，这是从企业外部和客观的行为来认定企业在相关市场地位的模式。然而，这个标准的一个大问题是，何种行为才是处于市场优势企业可能作出的行为，具体标准难以把握。

绩效标准。企业绩效是企业经营的成果，绩效标准是根据企业的绩效判断企业在市场上是否处于优势地位。因此，这是一种从果推因的方法。处于支配地位的企业是市场价格的制定者，或者能够影响市场价格，从而获得较高的经营绩效。该标准的问题是，企业的经营绩效可受多种因素的影响，如技术创新、管理创新、人力资源优势等均可成为企业提高经营绩效的因素。但经济绩效不易评估，很难作为司法裁判的依据。在联合商标公司案中，联合商标公司曾用经营绩效作为法院认定市场支配地位的抗辩，认为自己在激烈的市场竞争中曾经出现经营亏损，主张自己不具有市场支配地位。欧共体法院则认为，企业在市场上的经济力量，并不是由其获利能力来衡量的，企业利润减少，或者出现亏损，与企业所处的市场地位没有必然的联系，因为在竞争的环境里，也有获高额利润的企业。关于欧共体法院的这一观点，一方面可以认为法院否认经营绩效作为确定市场支配地位的标准，经营绩效与企业所处市场的地位无关，现实生活中也能找出许多这种案例。但是在这个具体案件中，联合商标公司经营亏损，但还能维持其在相关市场 40% ~ 45% 的占有率，这从另一方面证明了它在相关市场所处的市场支配地位。

在司法实践中，人们很难以单一标准确定企业的市场地位，对企业市场支配地位的判断应从综合的角度进行，才可能得出符合实际的结论。但是因为人们的偏好不同，也不排除在实务中，具体的司法人员偏好某一标准。从法律规定和司法实务来看，德国、日本及欧共体较注重市场结构，而美国近十几年的法院判决更注重企业的市场行为。其实，结构主义与行为主义之争，表面上看来是两种不同的学派之争，但企业的行为与其市场结构有不可分割的关系，结构是其行为的基础，没有一定的市场结构为基础，企业滥用市场优势的行为几乎不可能发生。例如在完善竞争的市场条件下，企业都是价格的接受者，任何一家企业都不可能作出限制竞争的行为。

从美国、欧共体的法院判决来看，企业产品在相关市场的占有率是执法机构考虑的最重要因素。欧共体法院指出："市场占有率对判断企业市场支配地位的重要性会因不同的市场结构有所不同，以市场占有率的高低作为市场支配地位的证据并非是一种永久不变的标准。除非在某些例外情况，高市场占有率作为市场支配地位的证据，仍是认定市场支配地位较为妥当的观点。"

企业拥有多大的市场占有率才构成支配地位，欧共体法院和欧共体委员会并未提出明确的标准，因此这要在具体案件进行具体分析判断。如果一家企业在市场上占有百分之百的份额，这就是市场独占。如果企业的市场占有率很低，企业在相关市场上就不会构成支配地位。欧共体委员会在其1980年发布的第10个竞争政策报告中，曾提出认定企业市场地位的参考数据：市场占有率40%以及45%以上的企业，易被认定为具有支配地位；市场占有率20%~40%之间者，在参考相关因素后仍有可能被认定为占市场支配地位。

在量度企业市场占有率时，常常是从该企业自身的角度进行计算的。然而，如果单纯从一家企业的市场占有率来确定该企业是否在相关市场上占优势地位，有时会失之偏颇，因为支配地位是相比较而言的。因此，使用市场占有率来认定市场支配地位时，要充分考虑竞争对手的市场占有率。如果某企业的市场占有率为40%，其竞争对手的市场占有率为20%~30%时，因为这些竞争性企业的市场力量大致相当，认定前者占市场优势的难度较大。但是，在竞争对手的市场占有率为10%以下的情况下，因为这些竞争者的市场力量相差悬殊，前者被认定为占市场优势的可能性就很大。

前面论述了时间对界定相关市场的重要性，时间往往是市场竞争的见证者。在计算企业的市场占有率时，不能不考虑时间因素。如果企业的市场占有率很高，但维持这种高的市场占有率的时间很短，该企业难以对市场竞争形成真正的威胁。现实生活中，经常发生某个企业因特殊原因，在短时间内高居同行竞争者的市场占有率之上，但过不了多久，市场竞争很快恢复了原状。在司法实践中，需要确定一个市场占有率持续时间的标准。在欧共体，欧共体法院和欧共体委员会存在不同的见解。但一般认为，一个高市场占有率要持续5年以上，这个市场占有率才可作为市场支配地位的证据，而任何短于3年的市场占有率不足以构成支持市场支配地位的理由。

是否存在一个以企业的市场占有率为标准的“安全港”(safe-harbor)？许多反垄断法以35%的市场占有率为标准，即当一个企业的市场占有率低于这一标准时，这个企业不得被视为占市场支配地位。但就以这一抽象标准来判断企业的市场地位，似乎有些武断。诚然，如果一个企业的市场占有率远低于35%的份额，这个企业想成功地实施其市场势力是不可能的。在一些对外国产品和外国投资的开放度较低的小国，占支配地位的企业一般都有很高的市场占有率。因此，在某些国家的竞争法中，65%或70%的市场份额是判断支配地位的标准，而且有这样市场份额的企业还可以反驳对它们占有市场支配地位的认定。因此，经济合作组织的《竞争法基本框架》赞同许多国家的做法，即将认定一个企业是否占支配地位的权限完全赋予竞争主管机关。这也即是说，高市场占有率只是推断市场支配地位的必要条件，但不是充分条件。

《反垄断法》第十九条关于市场支配地位的推断标准，这是参照了世界很多国家反垄断法的规定。一个经营者在相关市场的份额达到1/2的，说明单一的经营者的市场份额达到一定程度之后，就会形成市场支配地位；两个经营者在相关市场的市场份额合计达到2/3的，或者三个经营者在相关市场的市场份额合计达到3/4的，可以推定这些经营者共同占有市场支配地位。这两种情况也即是我们常说的寡头垄断。寡头垄断形成之后，极容易形成垄断价格，控制市场的产量，滥用市场支配地位。这样的推断有利于从根本上打击市场上的寡头垄断行为。但是，如果这两款规定中的经营者中，有一个经营者的市场份额不足1/10，它不应当被推定为具有市场支配地位。可见，在多个经营者存在的市场里，我国《反垄断法》规定的安全港标准为10%。但是，没有规定单个企业的安全港标准。显然，如果一个企业的市场份额不足10%，它没有能力左右市场的价格与产量，因而也就不具备控制市场的能力。

一个或者几个经营者的市场份额即便达到了规定的标准，但有经营者如果有证据可以证明它或者它们不具有市场支配地位，这个或者这些经营者不应当被认定为具市场支配地位。这一款规定说明，经营者在这方面有反驳的权利，可以根据自己在市场上的实际情况反证自己不具有市场支配地位。反垄断执法机关根据企业的市场份额推定市场支配地位时，可能会出现市场份额计算不准确的问题，或者计算中的市场份额不过是一种暂时的现象。在经营者认为反垄断执法机构的推定不准确的情况下，举证责任在于经营者。如果经营者举证成立，反垄断执法机构的推断不具有法律效力。

第四章　经营者集中

引　　言

经营者集中规制在保护市场竞争和消费者利益方面的重要性已经为市场经济国家所普遍接受，它是反垄断法律制度中的核心内容之一。经营者集中虽然是平等经营者主体之间的意思自治行为，然而由于有些经营者集中会给市场竞争带来巨大的负面影响，严重阻碍市场内的有效竞争和妨害消费者的利益，因此，各个市场经济国家都将经营者集中纳入其反垄断法的调整范围。根据有关统计，当前世界上已经有100多个国家建立了反垄断法律制度，形成了规制经营者集中的有效网络。

一般来说，经营者集中规制考虑的因素包括集中的概念、集中的申报、申报时间、申报标准、免除申报、申报内容、审查程序、审查考虑因素、审查的实体标准、集中豁免、救济措施、公开审查决定以及产业政策等。这些因素对于了解集中规制制度具有十分重要的意义。我国《反垄断法》关于经营者集中这一章的结构基本上也是按照上述来安排的。

第二十条　经营者集中方式

经营者集中是指下列情形：

（一）经营者合并；

（二）经营者通过取得股权或者资产的方式取得对其他经营者的控制权；

（三）经营者通过合同等方式取得对其他经营者的控制权或者能够对其他经营者施加决定性影响。

本条是关于经营者集中类型的解释。

在我国，经营者集中是指从事商品生产、经营或者提供服务的自然人、法人和其他组织间通过合并、收购资产或者股份、委托经营或联营以及人事兼任等方式形成的控制与被控制的状态。根据我国《公司法》第一百七十三条和

《证券法》第八十五条的规定，公司合并可以采取吸收合并或者新设合并；投资者可以采取要约收购、协议收购以及其他合法方式收购上市公司。然而，本法所指的经营者集中，不仅包括了上述方式，还涉及了许多其他的形式。

一、经营者合并

经营者合并，是指两个或者两个以上的经营者按照法律规定的程序结合为一个经营者的法律行为。

根据《公司法》第一百七十三条的规定，合并的种类包括吸收合并和新设合并。在反垄断法律制度下，吸收合并是指一个经营者吸收其他经营者，被吸收的经营者解散，前者存续并扩大的合并方式；新设合并，是指两个或者两个以上的经营者合并设立一个新的经营者，合并各方解散的合并方式。

二、通过取得股权或者资产取得对其他经营者的控制权

经营者通过取得股权或者资产的方式取得对其他经营者的控制权，是指一个或者多个经营者通过购买、置换等收购方式直接或者间接控制一个或者多个经营者的部分或者整体。

需要注意的是，在理解取得控制权时，应当参考我国《公司法》第二百一十七条第二款的规定："控股股东，是指其出资额占有限责任公司资本总额50%以上或者其持有的股份占股份有限公司股本总额50%以上的股东；出资额或者持有股份的比例虽然不足50%，但依其出资额或者持有的股份所享有的表决权已足以对股东会、股东大会的决议产生重大影响的股东。"该条第三款规定："实际控制人，是指虽不是公司的股东，但通过投资关系、协议或者其他安排，能够实际支配公司行为的人。"

此外，还应当考虑的是，控制权不仅可以由一个经营者单独实施，也可以由两个或两个以上的经营者共同实施，这种情况也被称为共同控制。例如两个母公司共同对一个子公司有着决策的权利，或者对这个子公司的重要决策有否决的权利。这里所指的重要决策一般包括：任命高级管理人员；批准预算；批准商业计划；以及批准重要投资等。一般来说，共同控制很少能够在没有上述否决权的情况下出现。

三、通过合同等方式取得对其他经营者的控制权

经营者通过合同等方式取得对其他经营者的控制权或者能够对其他经营者施加决定性影响主要是指经营者通过委托经营或联营以及人事兼任等方式获得对其他经营者的控制或者对其他经营者施加决定性影响。这里的控制包括一个

经营者单独实施的控制，或者两个或两个以上的经营者共同实施的控制；控制既可以是直接控制，也可以是间接控制。同样，决定性影响也可以采取积极行为或者消极行为的方式，前者如所有人可以对另一个经营者的经营活动进行直接控制，而后者涉及间接控制，如对经营者经营的重要事项行使否决权。

需要指出的是，根据各国的反垄断立法，控制和施加影响的概念通常都被用来确定经营者集中是否需要申报，以及在反垄断执法机构评估受经营者集中直接影响的经营者竞争情况时，考察哪些经营者应当包含在考虑的范围之内。

此外，还应当注意的是，根据《欧共体第139/2004号合并控制条例》(以下简称《合并条例》)的规定，欧共体委员会在以下情况下可以对某些经营者控制其他经营者的行为给予申报豁免：为投资目的，金融、信托或者保险机构在1年内或者反垄断执法机构同意的更长时间内临时取得其他经营者股份，且这些机构行使股东权不涉及竞争控制而是为了转售的；《企业破产法》规定的破产管理人对被申请破产企业的控制；金融控股公司收购经营者不良资产和股份，且行使股东权不涉及竞争控制，而只是维持其投资价值。

第二十一条　经营者集中申报

经营者集中达到国务院规定的申报标准的，经营者应当事先向国务院反垄断执法机构申报，未申报的不得实施集中。

本条是关于经营者集中事先申报的强制性规定。

经营者集中事先申报制度有助于反垄断执法机构对经营者集中采取事先控制，提早发现问题，采取救济措施，从而保护市场竞争结构，有效阻止集中完成后对竞争的排除或者限制效果。在1956年美国诉厄尔帕索天然气公司案[1]中，由于当时的美国反托拉斯法没有建立事先申报制度，因此美国司法部根据联邦最高法院判决实施资产剥离前，厄尔帕索天然气公司已经控制了太平洋西北管道公司的股票和资产。尽管美国司法部最终完成对被收购资产的剥离，然而由于厄尔帕索天然气公司控制太平洋西北管道公司已经达7年之久，且每年从该公司非法获得1 000万美元的利润，这个资产剥离没有有效地减少合并对竞争的伤害。有鉴于此，在这之后，美国和欧盟等国家和地区相继在其反垄断法律中采用了事先申报制度，要求经营者集中的规模在达到标准后必须向执法

[1] See United States v. El Paso Natural Gas Co., 376 US 651 (1964).

机构提出申报。

值得注意的是，本条规定没有涉及何时允许当事人提出正式申报。实践中，各个国家对何时允许当事人提交正式申报做法也并不一致。有鉴于此，国际竞争网络（International Competition Network）合并工作组在总结了各国的基本情况之后发布了2002年9月《合并申报程序的建议规范》（以下简称《建议规范》）。在《建议规范》中，国际竞争网络建议各国反垄断执法机构在当事人能够证明完成拟议交易的良好愿望时允许当事人进行申报。国际竞争网络指出，绝大部分的经营者集中对市场竞争都是有积极影响的，因此从缩短集中时间、加速审查以及方便交易当事人的角度考虑，各国反垄断执法机构应当允许当事人提前申报，从而有利于当事人与反垄断执法机构进行协商，提早结束对集中交易的反垄断审查。当前，美国和欧盟都采用了这种申报方式。美国联邦贸易委员会规定，交易当事人完成原则性协议、意向书或合同，倘若他们能够证明有良好意愿完成交易，当事人就可以提出申报。在欧盟，《合并条例》第4条也规定："具有共同体影响的合并应当在合并实施前或者签订协议、宣布中标结果或者取得控制利益之后向委员会进行申报。相关企业向欧共体委员会说明其缔结协议的良好愿望，或者在公开招投标时说明招投标的意向，如果该协议或者招投标具有共同体影响，该说明可视为向委员会进行的申报……"综合考虑美国和欧盟的执法经验以及国际竞争网络的推荐意见，有关何时允许当事人提出正式申报的问题应当通过我国国务院制定行政法规或者通过扩大解释第二十三条中的集中协议来解决。

本条授权国务院对经营者的申报标准作出明确规定是本法的一大亮点。2006年7月的《反垄断法（草案）》曾经规定："参与集中的所有经营者在全球范围内上一年度的销售额超过120亿元人民币，并且参与集中的一个经营者在我国境内上一年度的销售额超过8亿元人民币时，参与集中的经营者事先向国务院反垄断执法机构申报，且反垄断执法机构在作出决定前，经营者不得实施集中。""草案"的规定明显存在着不合理性，极易导致诸多与我国没有太多直接联系的经营者集中纳入我国《反垄断法》的管辖范围。举例来说，假设持有大众绝大部分股票的保时捷公司在意大利收购一家年收入只有200万元人民币的汽车设计公司，根据"草案"的规定，无论保时捷公司收购的这家公司有多小，由于其控股的大众公司在我国的销售额超过8亿元人民币，它也需要事先向我国反垄断执法机构申报，这毋庸置疑会严重地增加我国反垄断执法机构的审查负担。因此，本条款授权国务院作具体规定，这一方面有利于国务院结合我国的实际情况对申报标准作具体分析，出台适当的申报标准；另一方面也有便于国务院根据我国经济发展的情况作出调整。这里还应当提到的是，考察美国《克莱顿法》和欧共体《合并条例》的立法经验，最为有效的申报标准应当考虑集中交易的规模和各交易当事人的规模。此外，根据国际竞争网络的《建议规范》，合并申报标准应完全以客观量化的标准如资产和销售额（或营业额）为基础。其中，客观的标准要求经营者集中的管辖国明确说明三个要素：第一，衡量经营者集中规模的标准，即资产额或销售额。第二，这个标准所适用的地域，即是全国范围还是全球范围。第三，时间要素。即在使用收入、销售额或营业额的情况下，这个时间的因素一般是指进行测量的一个期间，如一个财务年度。在使用其他标准例如资产的情况下，这个时间因素是指进行测量的某个特定日。在上述两种情况下，所指的标准可通过已存在和定期准备的财务报表如年度收支决算或年终资产平衡表予以详细说明。

本条规定，经营者应当事先向国务院反垄断执法机构申报，而不是地方性的反垄断执法机构以及相关部门进行申报。这也意味着，国务院反垄断执法机构是惟一有权审查经营者集中的执法机构，地方性的反垄断执法机构无权对经营者集中进行审查。

第二十二条　申报豁免

经营者集中有下列情形之一的，可以不向国务院反垄断执法机构申报：

（一）参与集中的一个经营者拥有其他每个经营者百分之五十以上有表决权的股份或者资产的；

（二）参与集中的每个经营者百分之五十以上有表决权的股份或者资产被同一个未参与集中的经营者拥有的。

本条是关于经营者集中申报豁免的规定。

经营者集中达到国务院规定的申报标准时，经营者应当事先向国务院反垄断执法机构申报，未申报的不得实施集中。然而，在本条规定的两种情况下，经营者集中可以不进行申报。

第一，参与集中的一个经营者拥有其他每个经营者 50% 以上有表决权的股份或者资产的，即，参与集中的一个经营者是其他经营者的控股股东。实践中，这种情况通常是控股股东对其子公司的合并和收购。考虑到这种合并和收购是集团内部发生的，没有可能会对外部的市场竞争造成任何排除或者限制的效果，因此，本条免除了合并和收购旗下子公司的经营者的申报义务。

第二，参与集中的每个经营者50%以上有表决权的股份或者资产被同一个未参与集中的经营者拥有的，即，参与集中的每个经营者都由一个控股股东所拥有。实践中，这种情况发生在集团内部子公司之间的整合。同样，考虑到这种整合是在经营者集团内部发生，没有可能给外部市场的竞争造成排除或者限制的影响，因此，应当免除整合旗下子公司的经营者的申报义务。

第二十三条　申报材料

经营者向国务院反垄断执法机构申报集中，应当提交下列文件、资料：

（一）申报书；

（二）集中对相关市场竞争状况影响的说明；

（三）集中协议；

（四）参与集中的经营者经会计师事务所审计的上一会计年度财务会计报告；

（五）国务院反垄断执法机构规定的其他文件、资料。

申报书应当载明参与集中的经营者的名称、住所、经营范围、预定实施集中的日期和国务院反垄断执法机构规定的其他事项。

本条是关于经营者提交申报文件和材料的规定。

为方便国务院反垄断执法机构进行审查，经营者须向国务院反垄断执法机构提交适当的文件和资料，这些文件和资料涉及以下内容。

一、申报书

申报书，是指申报义务人提交的书面申请书。这里的申报义务人，是指参与集中的经营者，涉及买方，或者卖方，或者买卖双方。《反垄断法》并没有对申报义务人以及申报人的关联企业等作出规定，这些事项应当由国务院反垄断委员会或者国务院反垄断执法机构作出具体规定。

本条第二款规定，申报书应当载明参与集中的经营者的名称、住所、经营范围、预定实施集中的日期和国务院反垄断执法机构规定的其他事项。这里的参与集中的经营者的名称、住所、经营范围、预定实施集中的日期以及国务院反垄断执法机构规定的其他事项都属于法定事项。如果经营者提交的申报书没有全部载明本条规定的法定事项，该申报属于材料不完备的申报。

二、集中对相关市场竞争状况影响的说明

相关市场竞争状况影响的说明，实际上是经营者对相关市场竞争的分析。这种分析材料有助于反垄断执法机构了解相关市场的经营者数量、相关市场的竞争程度、集中对相关市场的影响等相关市场的基本情况，从而对集中对市场的影响进行分析。需要注意的是，根据美、欧等国家和地区的执法实践，经营者提交的关于集中对相关市场竞争状况影响的说明不能作为反垄断执法机构作出决定的依据，这是因为经营者有时会夸大集中对相关市场的有利因素，而回避集中对相关市场造成的损害。

三、集中协议

集中协议是指参与集中的经营者之间所订立的合同。集中协议有狭义和广义之分。需要注意的是，如果对合同采狭义解释，那么经营者在申报集中时就应当提交有关集中的正式合同文本或者副本。然而，这种做法与许多国家的执法实践并不相符。当前美、欧等许多国家和地区的实践做法是允许参与集中的经营者在签署原则性协议、意向书或合同后就可以提出申报。此外，正如解释前面第二十一条中所提到的，本法没有关于何时允许当事人提出正式申报的规定。因此，对集中协议采狭义解释会极大地延长集中申报的时间，增加经营者的风险，同时给交易造成更长的不确定，从而不利于保护当事人的利益。有鉴于此，除非国务院就经营者正式申报作出规定，否则应当考虑对集中协议做广义解释，即参与集中的经营者在签订有关集中的意向性协议时，就可以提出申报。

四、上一会计年度财务会计报告

由于会计报告对反垄断执法机构审查经营者集中具有极为重要的参考价值和作用，美国反托拉斯执法机构和欧共体委员会都要求交易当事人提交此报告。本法也作了同样规定，要求参与集中的经营者应当在申报时提交该报告。本法规定，经营者提交的会计报告是指会计师事务所审计的上一会计年度财务会计报告。这种规定保证了经营者提交的财务会计报告是真实、准确和有效的，有利于反垄断执法机构动态地了解参与集中的经营者的财务状况，以及参与集中的经营者的竞争实力和市场地位等重要信息。

五、国务院反垄断执法机构规定的其他文件、资料

反垄断执法机构对经营者集中的审查通常分两个阶段，即初次审查阶段和

二次审查阶段。与之相对应，经营者提交的材料也涉及初次审查时报送的材料和二次审查时应反垄断执法机构要求而报送的附加材料。

根据各国集中审查的执法实践经验，反垄断执法机构对初次申报材料的规定并不一致，这是因为各国规定的申报标准不相同。考虑到要求所有申报义务人在最初申报时都提供涉及大量信息的资料和文件会给交易金额不大、地域联系有限的交易以及因申报标准过低而不得不需要申报的交易造成不合理的负担，国际竞争网络的《建议规范》指出：由于最初申报的作用主要是搜集信息，以证明合并交易根据管辖国适用的管辖权要求和申报标准是适当的，以及确定交易是否引起值得进一步调查的竞争问题；或者搜集竞争主管机构许可交易所需要的信息或者结束审查程序所必须的其他文件，因此，最初申报要求应仅限于证明交易已进入管辖门槛的必要信息，以便确定交易是否引起值得进一步调查的竞争问题，以及是否有必要采取措施对无须进一步调查的交易结束审查。换句话说，由于大多数交易没有引起实质性的竞争问题，经营者在最初申报时只需提交合并审查程序所需要的最小信息量。

有鉴于此，国务院反垄断执法机构根据国务院制定的申报标准规定经营者应当提交的其他文件和材料时，应当审慎考虑经营者初次提交申报材料中的必要信息，确保初次提交的申报材料对经营者不是过重的负担，同时保证反垄断执法机构可以获得足够充分的书面材料开始初次审查。

经营者根据国务院反垄断执法机构的规定提交其他文件、资料也涉及经营者集中进入第二审查阶段时应反垄断执法机构的要求而需要报送的其他材料。根据美国反托拉斯执法机构和欧共体委员会的执法经验，在第二个审查阶段，由于交易对市场竞争的影响已经引起了执法机构的关注和怀疑，且这些执法机构从经营者手中获得更多的有关材料对进一步审查集中至关重要，因此，经营者有必要根据执法机构的要求提交其他相关的文件和资料。

第二十四条　申报材料补充

经营者提交的文件、资料不完备的，应当在国务院反垄断执法机构规定的期限内补交文件、资料。经营者逾期未补交文件、资料的，视为未申报。

本条是关于补充申报材料和逾期未补充申报材料须承担法律后果的程序性规定。

根据前面第二十三条的规定，在初次申报时，经营者应当向国务院反垄断执法机构提供包括申报书、集中对相关市场竞争状况影响的说明、集中协议、参与集中的经营者经会计师事务所审计的上一会计年度财务会计报告以及国务院反垄断执法机构规定的其他文件和资料在内的法定材料。其中，申报书应当载明参与集中的经营者的名称、住所、经营范围、预定实施集中的日期和国务院反垄断执法机构规定的其他事项等法定必备事项。

在经营者提交的文件、资料不全，或者数量不足，或者缺乏法定必备事项的情况下，经营者必须补足材料。经营者补足材料必须根据规定所要求的数量和内容在反垄断执法机构规定的期限内提交。经营者逾期未补交将导致申报义务未依法完成，视为未申报。

第二十五条　第一阶段审查

国务院反垄断执法机构应当自收到经营者提交的符合本法第二十三条规定的文件、资料之日起三十日内，对申报的经营者集中进行初步审查，作出是否实施进一步审查的决定，并书面通知经营者。国务院反垄断执法机构作出决定前，经营者不得实施集中。

国务院反垄断执法机构作出不实施进一步审查的决定或者逾期未作出决定的，经营者可以实施集中。

本条是有关初次审查期限（或者称为初始等待期限）的规定。

在收到经营者提交的符合法律规定的文件和资料后，国务院反垄断执法机构即着手进行初次审查，初次审查期为 30 日。按照我国《行政法许可法》的规定，行政机关实施行政许可的期限以工作日计算，不含法定节假日。因此，这里的 30 日应当理解为 30 个工作日。需要注意的是，这与美国《克莱顿法》第 7A 条规定的初次审查期为 30 个自然日（在现金要约收购以及破产程序情形下收购卖方资产时为 15 个自然日）以及欧共体《合并条例》规定的第一阶段审查期为 25 个工作日是有区别的，我国规定的初次审查期限稍微长一些。

反垄断执法机构在对申报的经营者集中进行初步审查后，通常会作出两种决定：第一，认为经营者集中不具有或者不可能具有排除、限制竞争效果的，不需要进一步审查时，作出不实施进一步审查的决定，并书面通知申报人，允许经营者实施集中；或者，第二，认为有理由怀疑经营者集中存在排除或者限制竞争的效果，但在初次审查期内无法得到证实时，作出实施进一步审查的决定，并书面通知经营者。

在上述两种情况下，反垄断执法机构都应当书面通知经营者。在第一种情况下，反垄断执法机构作出不实施进一步审查的书面通知，以法律文件的形式消除了不确定状态，允许经营者实施集中，保证了经营者的权益；在第二种情况下，根据美国、欧盟等国家和地区的执法实践，反垄断执法机构通常应当在书面通知中附加进一步审查的理由，这便于经营者集中注意力，根据反垄断执法机构所忧虑和怀疑的事由准备相应文件和资料，在进一步审查阶段或者二次审查阶段提供说明，从而消除反垄断执法机构的担忧，使集中能够顺利通过审查。

然而，不论在上述何种情况下，只要国务院反垄断执法机构没有作出决定，经营者就应当遵守30个工作日的初始等待期限，不得实施集中，否则应当承担《反垄断法》第四十八条规定的法律责任。

此外，为了保护参与集中的经营者的利益，本条规定的30个工作日的初次审查期限为法定期限，国务院反垄断执法机构逾期未作出决定的，经营者可以实施集中。30个工作日的法定期限给反垄断执法机构也带来了适当的压力，迫使其尽快作出是否实施进一步审查集中的决定。一旦期限届满，只要国务院反垄断执法机关没有作出进一步审查的决定，就视为反垄断执法机构已经同意了经营者的集中。这种规定与美、欧等国家和地区的集中审查实践相同，有利于反垄断执法机关提高工作效率，加快审查的速度，保护申报当事人的利益。在1993年McCormick/CPC/Rabobank/Ostmann中，欧共体委员会由于错误计算了法律期限而没有开始第二阶段的调查。❶

第二十六条 第二阶段审查

国务院反垄断执法机构决定实施进一步审查的，应当自决定之日起九十日内审查完毕，作出是否禁止经营者集中的决定，并书面通知经营者。作出禁止经营者集中的决定，应当说明理由。审查期间，经营者不得实施集中。

有下列情形之一的，国务院反垄断执法机构经书面通知经营者，

❶ See Case IV/M. 330, Commission decision of October 29, 1993 (manufacturing of food products). The Commission took advantage of the possibility to make a referral under Art. 9 and referred the transaction to the German Federal Cartel Office for consideration under national law, para. 79.

可以延长前款规定的审查期限，但最长不得超过六十日：

（一）经营者同意延长审查期限的；

（二）经营者提交的文件、资料不准确，需要进一步核实的；

（三）经营者申报后有关情况发生重大变化的。

国务院反垄断执法机构逾期未作出决定的，经营者可以实施集中。

本条是关于第二个审查期限（或者称第二个等待期限）的规定。

国务院反垄断执法机构在30个工作日的初次审查期限内作出实施进一步审查的决定后，审查进入第二个审查期。第二个审查期的期限为90个工作日。在这一阶段，反垄断执法机构将对那些有理由怀疑可能具有或者具有排除或者限制竞争效果的集中进行进一步审查。由于进入第二个审查期的集中具有或者可能具有排除、限制竞争效果的嫌疑，本条给予反垄断执法机构足够的审查时间，以保证执法机构对经营者集中审查的充分性和全面性。

国务院反垄断执法机构在作出禁止经营者集中的决定后应当书面通知经营者。书面通知是国务院反垄断执法机构确定是否禁止经营者集中的生效的法律文件。当反垄断执法机构书面通知允许经营者集中时，经营者可以根据这一生效的法律文件尽快完成集中，实现预期的商业利益；当反垄断执法机构书面通知禁止经营者集中时，经营者可以根据该法律文件提起行政复议或者行政诉讼。经营者提起行政复议或者行政诉讼的权利受到我国法律的保证。按照我国《行政许可法》第三十八条第二款的规定："行政机关依法作出不予行政许可的书面决定的，应当说明理由，并告知申请人享有依法申请行政复议或者提起行政诉讼的权利。"

与《行政许可法》第三十八条第二款的规定相同，本条也要求，国务院反垄断执法机构在作出禁止经营者集中决定的书面通知中应当说明理由。由于反垄断执法机构在审查经营者集中时有着较大的自由裁量权，且反垄断执法机构作出禁止决定对经营者的预期利益有重大影响，因此，为了保护当事人的合法权益，维护公共利益和社会秩序，保障和监督反垄断执法机构有效实施行政管理，防止其滥用自由裁量权，本条第一款要求反垄断执法机构在作出禁止决定时应说明理由。

此外，与第二十五条关于初次审查期的规定相同，90个工作日的第二个审查期限也是法定期限。在该法定期限内，一方面，国务院反垄断执法机构应当作出是否禁止经营者集中的决定，并书面通知经营者；另一方面，经营者也必须遵守这个等待期限的限制，不得实施集中。

本条第二款对第二个审查期限的最长时限和延长第二个审查期限的情形作了详细规定。第二个审查期限可以在三种情况下延长60个工作日，但反垄断执法机构必须在150个工作日内结束第二次审查程序；凡不属于这三种情形之一的，反垄断执法机构不得延长第二个审查期限，必须在90个工作日内作出是否禁止经营者集中的决定，并书面通知经营者。可以延长第二个审查期限的三种情形是：

（1）经营者同意延长审查期限的

在第二个审查阶段，由于相关经营者通常会对集中作出修改以使集中符合与市场竞争相协调的要求，因此有必要允许经营者提出延长第二个审查期限的要求，使那些对市场竞争影响较小的集中通过经营者的承诺而得到改正，从而进入市场和发挥促进市场竞争的作用。这样的规定符合各国审查集中的执法实践，也与欧共体《合并条例》第10条第3款的规定基本相符。

（2）经营者提交的文件、资料不准确，需要进一步核实的

在发生了可归责于相关经营者的情形时，本规定允许反垄断执法机构在90个工作日的基础上再延长60个工作日，以便核实材料，进行调查。尽管本法没有规定审查期限的中止，然而，一般认为，延长的60个工作日完全可以帮助反垄断执法机构查明事实，作出决定。

（3）经营者申报后有关情况发生重大变化的

这里和重大变化主要是指市场条件或者经营者申报的信息发生变化，致使申报的信息已经变得不完全，或者不准确。当情况发生重大变化使得反垄断执法机构不得不根据新的市场条件或者经营者重新提供的信息进行审查时，本规定允许反垄断执法机构延长60个工作日的审查期限。

违反二次审查的法定期限必然产生一定的法律后果和责任。对反垄断执法机构而言，当反垄断执法机构不遵守第二次审查期限，逾期未作出决定时，为保护经营者的利益，本条第二款规定经营者可以实施集中；对经营者而言，违反审查期限的规定实施集中将面临国务院反垄断执法机构根据本法第四十八条规定作出的处罚，即停止实施集中、限期处分股份或者资产、限制转让营业以及采取必要措施恢复集中前的状态，和（或者）接受50万元的罚款。此外，如果经营者已经实施的集中造成了垄断，并给他人造成损害，经营者还需要根据第五十条的规定依法承担民事责任。

第二十七条　审查中考虑因素

审查经营者集中，应当考虑下列因素：

（一）参与集中的经营者在相关市场的市场份额及其对市场的控制力；

（二）相关市场的市场集中度；

（三）经营者集中对市场进入、技术进步的影响；

（四）经营者集中对消费者和其他有关经营者的影响；

（五）经营者集中对国民经济发展的影响；

（六）国务院反垄断执法机构认为应当考虑的影响市场竞争的其他因素。

本条是关于审查集中时应当考虑因素的规定。

一、参与集中的经营者在相关市场的份额及其对市场的控制力

市场份额是竞争分析的起点。通常，反垄断执法机构在界定相关市场后就可以根据经营者的市场份额进行竞争分析，因为市场份额可以通过计算得出，而且能够传递与市场力有关的信息。需要注意的是，市场份额并不能代替对市场条件和竞争动态的综合审查，特别是在经营者集中涉及差异化产品或者相关市场界定较窄的时候。

然而，尽管如此，市场份额还是能够在规制集中时提供与关键因素有关的实用信息，即确定受经营者集中影响的市场结构是否实质性地给予经营者提高价格或者减少供给的能力，最终严重阻碍了竞争。换句话说，集中后经营者的相关市场份额越大，其市场控制力也就越强，就越有可能损害竞争对手和消费者的利益，阻碍竞争。因此，反垄断执法机构有必要对相关市场内市场份额较高以及市场控制力较强的集中给予足够地关注。

当前，许多国家非常重视参与集中的经营者在相关市场的份额及其对市场的控制力。以欧共体委员会的执法实践为例。欧共体委员会的做法是：

1. 集中后的市场份额低于25%

在此情况下，欧共体委员会推定，经营者集中与共同市场相协调。

2. 集中后的市场份额在25%至40%之间（含25%）

尽管经营者集中后的市场份额越是接近40%，欧共体委员会就越是更为

仔细地分析经营者集中，特别是评估集中存在协调性影响的可能性，但是委员会仍然对绝大部分这样的经营者集中给予无条件的批准。当前，欧共体委员会只是在很少几个案件中提出这些集中可能引起竞争忧虑。

3. 集中后的市场份额在40%至50%之间

这样的经营者集中通常会受到欧共体委员会的严格审查。经营者集中后的市场份额虽然低于50%，但考虑到其竞争者的实力与数量、产量限制的可能性以及与其他经营者产品的紧密替代性，委员会一般认为这样的集中将产生竞争忧虑。然而，委员会不是机械地套用40%的市场份额门槛，而是在确认存在市场支配地位之前对经营者集中进行认真的分析。

在某些情况下，集中后的市场份额虽然在40%至50%间，但是这些集中仍会为欧共体委员会所批准，这主要因为存在下列一个或者多个因素：(1) 并购交易只是适度地提高了市场份额；(2) 参与集中的经营者仍面对较强的竞争对手；或者 (3) 参与集中的经营者仍然受到来自新进入者或者现有竞争对手的竞争压力。

4. 集中后市场份额在50%至60%之间

这种情况下，欧共体委员会要对集中进行全面审查。委员会甚至在市场份额只有很少增长的情况下也会仔细评估交易。一般而言，一个企业的市场份额在50%或50%以上，这本身就可以证明存在市场支配地位。欧共体委员会虽然从1998年3月1日起明确认可在第一阶段（或者称为初始审查阶段）的批准决定中适用救济程序，但市场份额在这个范围的集中几乎不会被无条件地批准。然而，有些市场份额在50%～60%间的集中还是会为委员会所批准，这些交易主要包括下列4种：(1) 这个高市场份额只限于某个成员国国内或者某区域内，但是同时来自其他国家或者来自欧盟内部的竞争压力正在逐步增长；(2) 市场份额的增长度非常有限或者实际上是在下降，而且存在较强的竞争对手；(3) 在投标市场上，较高的市场份额不能说明市场力；以及 (4) 基于综合原因，委员会认为较高的市场集中度与市场支配地位的结论不一致。

5. 集中后的市场份额超过60%

此种情况下，欧共体委员会一般认为，这样高的市场份额足以引起这个计划中的集中将产生或者加强市场支配地位的严重怀疑。因此，这些集中总会受到委员会的慎重审查，而且可以受到委员会的禁止。然而，在某些案件中，欧共体委员会仍然会根据相关经营者的承诺，批准市场份额超过60%的经营者集中。[1]

---

[1] Barilla/BPL/Kamps, Case COMP/M. 2817, Commission decision of June 25, 2002, paras. 29 – 39.

二、相关市场的集中度

集中除了可能排除参与集中的经营者之间的竞争，还有可能影响相关市场的一般竞争，这必然引起市场集中度的增强。市场集中度的增强无疑有利于形成、维持和强化经营者对市场价格和其他交易条件的规制力量，也有利于形成、维持和强化经营者对市场开放的妨碍作用，从而严重损害竞争。因此，考量市场集中度也成为评估集中的重要手段之一。

在市场集中度的计算方面，美国、欧盟和日本都先后使用了赫芬达尔－赫希曼指数（Herfindahl-Hirshman Index，简称 HHI）来评估当前和未来的市场集中度。该指数是将市场所有参与者的市场份额平方后再相加计算得出的。HHI 不能衡量参与集中的经营者之间的竞争强度，但是它可以用来衡量市场集中度的水平。HHI 的绝对值可以提供集中后市场竞争压力的初步说明；HHI 的变化值（或者称为合并后 HHI 的增加额，简称为△HHI）则是交易直接引起集中度变化的解释。

根据美国《1992 年横向合并指南》，HHI 将市场集中大致分为 3 种情况，即没有集中的市场（HHI < 1000）、中度集中的市场（1000 < HHI < 1800）和高度集中的市场（HHI > 1800）。美国反托拉斯执法机构认为，当 HHI < 1000、1000 < HHI < 1800 且△HHI < 100 以及 HHI > 1800 且△HHI < 50 时，集中处于“安全港”，不会被进一步考虑；参与集中的经营者所在市场的集中度明显超过 HHI 门槛，合并后经营者的市场份额超过 35%，且经营者的产品属于非常接近的替代品时，集中会引起反托拉斯执行机构的严重关注。

与美国反托拉斯执法机构相同，欧共体委员会与日本公平贸易委员会也将市场分为没有集中的市场、中度集中的市场和高度集中的市场。然而，欧共体委员会和日本公平贸易委员会根据各自的经济发展情况使用了不同的 HHI 绝对值和变化值。欧共体委员会《横向合并指南》规定的安全港标准是 HHI < 1000、1000 < HHI < 2000 且△HHI < 250 以及 HHI > 2000 且△HHI < 150；而日本公平贸易委员会规定的安全港是 HHI < 1500，1500 < HHI < 2500 且△HHI < 250、HHI > 2500 且△HHI < 150。

对于非横向合并，美国司法部认为，在集中度高或者最大公司的市场份额很高的市场上，非横向合并的有害竞争影响是可能的。根据美国司法部《1984 年非横向合并指南》，司法部不会阻止一项存在潜在竞争的合并，除非被收购企业所处相关市场的市场集中度超过 1800，即 HHI > 1800。当然，如果市场上极有可能产生共谋，美国司法部也可能会干预 HHI < 1800 市场上的集中。

与美国的规定不同，欧共体委员会在 2007 年《非横向合并指南草案》指出：企业合并后形成的新企业的市场份额如果小于30%，且 HHI＜2000，委员会将不会对这些合并进行审查。除非出现下列一种或者多种因素：（1）合并涉及可能在未来极度扩张的公司，例如由于近来的创新；（2）市场参与者之间存在值得注意的交叉持股或者董事兼任；（3）参与集中的一家企业是一家极有可能破坏协调行为的企业；（4）企业在过去或当前存在协调行为，或者有推动协调行为的迹象。

三、对市场进入、技术进步的影响

1. 市场进入

一般来说，市场进入的难易程度决定了集中是否会产生、加强或者行使市场势力。如果市场进入没有障碍，那么集中后的经营者即使占有很高的市场份额，也不可能通过单边或者联合的方式随意抬高价格或者限制产量，这是因为相关市场的价格上涨对新进入者完全是一种动力。当存在潜在竞争者的情况下，集中就不可能产生或者加强市场控制力，取得了市场控制力的企业也不可能滥用市场支配力。有鉴于此，美、欧等国家和地区都纷纷把市场进入分析看作是审查集中的重要因素之一。

通常，评估市场进入的难易程度需要从三个方面着手，分别是：

（1）市场进入的及时性

市场进入的及时性是指市场进入能否在一个适当的时间内对市场产生重大影响，从而阻止或者挫败市场势力的行使。需要注意的是，市场进入的威胁在合理预见的未来必须非常强烈，足以能够阻止参与集中的经营者的涨价行为。此外，市场进入的适当期限依赖于市场特点、市场动态以及潜在进入者的特有能力。根据欧共体委员会集中审查的执法实践，委员会只考虑预计在2年内进入相关市场的潜在竞争者。

（2）市场进入的可能性

根据美国司法部和联邦贸易委员会1992年《横向合并指南》的规定，如果可能的市场进入者以集中前的价格水平销售产品可以获利，且市场进入者保证维持该价格，则市场进入就是可能的。该《横向合并指南》明确指出，如果致力进入的经营者其产量过大，以至于产品不进一步降价就无法销售，那么该经营者就不能保证将价格维持在集中前的水平。因此，如果最低可变销售规模大于进入者可能的销售机会，那么进入市场就是不可能的。

欧共体委员会对市场进入的看法与其美国同行略有不同。欧共体委员会在其2004年《横向合并指南》中指出：市场进入的可能性必须能够保证进入者在考虑其投放相关市场产品数量以及完成集中交易的经营者的反应等双重因素后有利可图。在评估市场进入可能性时，委员会特别考虑了存在的市场进入壁垒，即市场的特殊性给实施集中后的经营者比潜在竞争者更大的优势。这些优势决定了进入的危险性、成本以及对市场进入后利润的影响。进入壁垒可能是法律、技术或者经济上的。

欧共体委员会认为，市场进入者进入一个在未来可能高速增长的市场比进入一个成熟市场或者预计衰落的市场更可能盈利。评估市场进入的可能性应当以特定事实。评估新进入的可能性将是高度依赖特定事实的。新的进入可以出于现有供应商扩大后的生产能力，出于其他地区的进口，出于买方的市场势力以及出于其他产品的潜在竞争等。

(3) 市场进入的充分性

市场进入的充分性是指市场进入在范围和数量上足以使市场价格回落到集中前的价格水平。从而延缓或者挫败集中的反竞争影响。美国反托拉斯执法机构认为，有些进入即使是及时和可能的，但是因为相关市场的经营者具有很强的市场势力，市场进入者如果其有形或者无形资产不足，达不到遏制该经营者的市场势力而需要的规模销售时，市场进入就是不充分的；要使市场进入充分，进入者的产品就必须非常接近集中后经营者的产品，以至该经营者无法内部冲销因涨价而引起的销售损失，从而导致无利可图。而欧共体委员会在考虑市场进入的充分性时指出，市场内存在众多的小规模供应商也能表明进入的充分性是可行的。

2. 技术进步

由于科技进步对经济发展的影响巨大，对经济增长的作用是决定性的，且对增强国家实力和提高人民生活水平有着重要意义，因此，很早就有了科学技术是第一生产力的论断。鉴于科学技术的巨大作用，同时考虑到集中对技术进步的影响，本条规定反垄断执法机构在审查经营者集中时也应当考虑技术进步这一因素。这与美国司法部、联邦贸易委员会和欧共体委员会审查经营者集中的实践是一致的。例如欧共体《合并条例》第 2 条第 1 款，“……如果集中有利于消费者且对竞争不构成威胁时，还应考虑它带来的技术和经济进步。”

谈到技术进步，就不能不提到经济效率的问题。一般来说，集中可以产生多种效率，包括来自合理化的生产效率、最佳使用现有资产的配置效率、允许或者加速发展新产品或者新技术的动态效率以及来自整合互补发展能力的交易效率。在以经济学为基础的经营者集中分析中，效率的重要性已经在几十年前得到了认可，效率抗辩已经为美国反托拉斯执法机构所应用。大多数人认为，竞争法的一个重要目标是促进经济效率。当前，美国反托拉斯执法机构在其关于竞争影响的分析中，已经将效率整合视为竞争对效率可能产生的影响。根据

1997年修订后的《横向合并指南》，美国反托拉斯执法机构只考虑集中所特有的效率，且这种特有的效率必须是可以认知的，是经过证明的，且不是来自减少产出或者降低服务方面的反竞争限制。其中，可认知的效率应根据扣除集中产生成本后的净值进行评估或者通过实现这些效率而获得。

效率因素已经为许多国家和地区的反垄断执法机构所认可。欧共体委员会也改变了过去关于企业并购豁免不考虑效率的做法，在其《横向合并指南》中指出，这些效率必须得有利于消费者、是合并所特有、是可以证明的，而且这些条件必须并列存在。

四、对消费者和其他有关经营者的影响

经营者集中对消费者和其他经营者的影响主要表现在两个方面：一方面，具有或者可能具有排除、限制竞争效果的经营者集中会通过挤压对手，减少市场供给和提价等方式严重损害消费者和其他有关经营者的合法利益；另一方面，那些不会产生这种效果的经营者集中或者虽然存在消极影响，但是可以通过救济方式将损害减少到最低程度的集中，可以通过与相关市场上其他竞争者之间的市场竞争给消费者带来好处，例如降低价格，提高服务质量，提供新产品或者新服务等。因此，各国反垄断执法机构在审查集中时都会注意评估经营者集中对消费者和其他经营者的影响，通过趋利避害，维护市场竞争。

五、对国民经济发展的影响

反垄断法的根本目的是保护竞争，维护竞争秩序，保护市场结构。作为反垄断法律制度的重要组成部分，经营者集中自然也不例外。由于有些集中对市场结构产生巨大的消极影响，因此反垄断执法机构有必要对经营者集中进行审查，从而禁止类似集中，保护市场结构，保证国民经济秩序的正常运转。

此外，我国作为一个全球最大的发展中国家一直以来极为注重使用产业政策和其他经济政策来协调宏观经济和微观经济的发展。这些政策的实施在以前，甚至到现在都极大地促进了我国经济的发展。有鉴于此，立法者认为，有必要统筹产业政策、其他经济政策和竞争政策的关系，发挥各自的作用，在审查经营者集中时，不仅考虑集中对市场竞争的影响，而且也要考虑集中对国民经济的影响。

六、反垄断执法机构考虑的其他因素

“国务院反垄断执法机构认为应当考虑的影响市场竞争的其他因素”，这是一个兜底条款。由于反垄断执法机构评估经营者集中需要考虑大量影响市场

竞争的因素，这些因素不可能在本法中逐条列举出来，因此，有必要规定这样的条款，以方便国务院反垄断执法机构在实践中根据经营者集中的具体情形作出认定。在欧共体委员会的审查实践中，与集中有关的不竞争条款、许可协议、购买与供应协议等方面的限制也都是委员会考虑的因素。

第二十八条　审查决定

经营者集中具有或者可能具有排除、限制竞争效果的，国务院反垄断执法机构应当作出禁止经营者集中的决定。但是，经营者能够证明该集中对竞争产生的有利影响明显大于不利影响，或者符合社会公共利益的，国务院反垄断执法机构可以作出对经营者集中不予禁止的决定。

本条是关于集中审查的实体标准以及集中豁免的规定。

一、集中审查的实体标准

在我国，国务院审查经营者集中的实体标准是“排出、限制竞争”，即反垄断执法机构将依据经营者集中是否具有或者可能具有排除、限制竞争的效果作出是否禁止经营者集中的决定。这一标准与美国的“实质减少竞争标准”和欧盟的“严重阻碍有效竞争标准”略有不同，我国没有对排除、限制竞争的程度作出规定。根据本条的语义解释，只要集中具有或者可能具有排除、限制竞争效果，我国国务院反垄断执法机构就应当禁止该集中。然而，美国的“实质减少竞争标准”和欧共体《合并条例》规定的“严重阻碍有效竞争标准”都强调了减少或者阻碍竞争要达到足够严重的程度。

美国反托拉斯执法机构与欧共体委员会当前尽管使用了不同的实体评估标准，然而二者在审查经营者集中时使用的实体评估体系基本相同。美国反托拉斯执法机构在分析时考虑了经济因素，采用了经济学以及产业组织研究中较为复杂的微观经济理论、工具和模型等分析方法，注重效果分析，从而使分析更加具有灵活性；欧共体委员会采用的“严重阻碍有效竞争标准”，是对其原有的市场支配地位标准的超越，弥补了市场支配地位标准关于非协调性影响的缺口，且比以往更为重视强调经营者集中对竞争的影响，而非市场支配地位本身。

二、经营者集中的豁免

一般而言，当经营者集中具有或者可能具有排除、限制竞争效果时，反垄断执法机构就会被作出禁止集中的决定。然而，在某些情况下，反垄断执法机构可能会对一个本来应该予以禁止的集中给予豁免。根据本条的规定，反垄断执法机构可以在两种例外情形下作出不禁止经营者集中的决定。这两种情况是：（1）经营者能够证明该集中对竞争产生的有利影响明显大于不利影响；（2）经营者能够证明该集中符合社会公共利益。

1. 集中对竞争产生的有利影响明显大于不利影响

美国和欧盟在经营者集中方面的立法和执法实践表明，如果经营者可以通过主张集中提高效率或者集中一方濒临破产的原因证明集中对竞争产生的有利影响明显大于不利影响，那么被禁止的集中可能会得到豁免。

（1）效率

通常，效率区分为横向集中的效率以及非横向集中的效率。在美国，根据1997年修订的《横向合并指南》，合并当事人主张效率抗辩时必须证明效率能够抵消合并引起的可能的反竞争效果；而在纵向集中的效率问题上，美国司法部在其《1984年合并指南》指出，纵向合并能够带来实质性的规模经济，因此司法部在审查纵向合并时比横向合并更注重预期效率的因素。此外，美国联邦贸易委员会也指出，委员会审查纵向合并中将特别考虑纵向合并产生的效率，即除了考虑规模经济、提高生产设备一体化以及降低交易成本等传统的效率外，还考虑在设计和产出方面更加有效的协调、垂直交易的效率、更为有效的广告宣传和投资决定、合理化投入以及消除双重溢价成本。

与美国反托拉斯执行机构对效率抗辩的积极态度不同，欧盟对效率抗辩持比较保守的态度。直到2003年颁布的《第139/2004号合并条例》，欧盟才改变了它对效率的消极看法。此后，欧共体委员会在其2004年《横向合并指南》中指出，评估效率主张的相关基准是消费者不会由于集中而受到损害。效率应当是重大的、及时的，而且在那些可能引起反竞争问题的市场上有利于消费者；效率是否是集中所特有的，这取决于效率是否是集中的直接结果，以及是否可以通过限制竞争较少的其他方式而获得；合并当事人应当在适当时间内提供所有必要的信息，以证明不存在限制竞争程度较小的现实的以及可以获得的非合并替代方式或者合并替代方式。此外，合并当事人还应当证明，多大程度上的效率可以抵消合并对竞争的有害影响，从而有利于消费者。欧共体委员会认为，效率主张越准确，越有说服力，就越能帮助委员会评估这个主张。因此，在合理的和可能的情况下，效率以及效率给消费者带来的利益应当被量化。产生效率的时间距现在越是遥远，委员会就越是认为这个并购产生效率的可能性很小。此外，在有关非横向合并的效率问题上，2007 年《非横向合并指南草案》规定，委员会评估非横向合并中的效率主张时适用与评估横向合并的原则，即这些效率必须有利于消费者、必须是合并特有的、是可以证明的，而且这些条件必须并列存在。

（2）濒临破产

濒临破产因素包括公司濒临破产和子公司濒临破产等两种情况。

在美国，如果经营者集中一方当事人处于资不抵债的情况，这个集中一般不违反《克莱顿法》第 7 条。美国联邦最高法院在其 1969 年关于公民出版公司一案的判决中明确指出，如果一个收购案件同时满足了以下 3 个条件，根据濒临破产企业的理论，这个收购可以得到准许：第一，同意收购的当事人须证明被收购企业面临破产危险。在评估破产是否迫在眉睫时，法院通常会考虑企业在收购时的资产状况、收购前年度商业运营和现金流下降的情况、与金融机构的关系以及企业可以获得的营运资金。第二，濒临破产企业没有现实机会成功重组。第三，不能提出可以减少反竞争风险的其他买方。此外，根据 1992 年美国《横向合并指南》的规定：如果合并计划中的一方（1）在不久的将来资不抵债；（2）无法根据《破产法》第 11 章的规定成功进行重组；（3）作过“真诚努力但没有成功找到合理、可替代的报价”以减少反竞争关注，且（4）“如果没有该项收购，濒临破产企业的资产将退出相关市场，”那么这项反竞争的合并计划就有可能得到准许。

欧共体委员会对濒临破产理论也持肯定态度。欧共体委员会指出，如果集中当事人一方是一家濒临破产的公司，只要集中后恶化的竞争结构不是合并所引起的，委员会就会认为这项有争议的集中与共同市场相协调。在适用濒临破产公司抗辩时，欧共体委员会也提出了 3 个要素：第一，濒临破产公司如果不被其他经营者收购，它不久就会因为财务困难而被挤出市场；第二，即便没有这个并购，取得方企业也将不可避免地取得被取得方的市场份额，因为取得方是这个相关市场上惟一的另一家企业；因此第三，没有比申报中的这个集中具有更少反竞争影响的替代购买者。[1] 此外，在举证责任上，集中的经营者应在适当时间提供必要的信息以证明合并后可能恶化的竞争结构不是因这个集中所引起的。

迄今为止，美国和欧盟对适用子公司濒临破产理论并不一致。在美国，根据反托拉斯执法机构在 1992 年制定的《横向合并指南》，如果（1）子公司在

---

[1] Case IV/M. 308，［1994］OJ L186/30，［1994］4 CMLR 526.

经营中存在亏损；（2）有证据证明如果没有合并，该子公司资产将很快退出市场；以及（3）濒临破产子公司的所有人作出过真诚努力，尝试以清算价格向其他能够减少竞争担忧的替代购买者出售该子公司，反托拉斯执法机构就可能批准收购这个濒临破产的子公司。与美国相比，欧共体委员会适用濒临破产子公司的理论方面态度更为谨慎。委员会只是在极少数和例外的情况下才会接受这个主张。这种情况下，当事人必须证明集中和严重妨碍竞争之间缺乏因果关系，否则，委员会将拒绝当事人的这一主张。

2. 社会公共利益

其他国家和地区的立法和执法经验表明，某些经营者集中虽然具有或者可能具有排除、限制竞争的效果，但是反垄断执法机构在考虑到这些集中符合社会公共利益后可以豁免这些集中。例如，德国《反对限制竞争法》第42条第1款就规定：“在个别情况下，合并对整体经济产生的利益可弥补对竞争的限制，或者合并符合重大的公共利益的，应申请，联邦经济部长可批准为联邦卡特尔局所禁止的合并。在批准时，也应考虑参与合并的企业在本法适用范围之外的各个市场上的竞争力。只有在限制竞争的规模不危及市场经济秩序的情况下，才能为此批准。”

我国《反垄断法》没有对社会公共利益作出明确界定，部分原因是由于公共利益概念的宽泛性、内容的发展性、公共利益的不确定性以及层次复杂性。一般而言，公共利益通常涉及直接关系到社会全体成员的共同利益、经济秩序、不特定多数人的经济和文化教育利益以及与基本法律价值相联系的个人利益等。反垄断执法机构在审查经营者集中时除了需要考虑反垄断法维护竞争的因素外，还需要慎重考虑与反垄断法之外的这些因素。

需要指出的是，欧共体委员会在其《合并条例》还使用了合法利益的概念。根据该条例第21条第4款的规定：“成员国可以采取适当措施以保护本条例考虑范围之外且符合共同体法的一般原则和其他规定的合法利益。在这里，公共安全、媒体多元化以及审慎原则统称为合法利益。”

第二十九条　附条件批准

对不予禁止的经营者集中，国务院反垄断执法机构可以决定附加减少集中对竞争产生不利影响的限制性条件。

本条是关于对不加禁止的经营者集中附加限制的规定。

根据美国和欧盟等国家和地区的执法经验，反垄断执法机构在经营者申报的交易中，决定禁止经营者集中的只占很少比例，绝大部分的集中都无条件或者通过附加限制条件得到批准。有鉴于此，本条也吸取了国外立法和执法实践，一方面规定对这样的经营者可以予以批准，以发挥它们对经济的积极作用，另一方面允许反垄断执法机构对这样的集中附加条件，以减少集中对竞争产生的不利影响。

一般情况下，反垄断执法机构只有在申报集中的经营者提出承诺后，才开始考虑是否同意接受承诺，以及是否以决定形式对集中附加限制性条件。反垄断执法机构一般不会主动地以附加限制条件的方式批准集中。

经营者提出的承诺受审查时间的限制。在美国，由于初始审查期限比较短，反托拉斯执法机构一般不会在这个审查期限审查经营者的承诺。在欧共体，欧共体委员会允许经营者在申报集中前提出救济措施，但在更多情况下，经营者是在审查第一阶段或者第二阶段提出承诺的。

根据欧共体委员会的执法经验，经营者在第一审查阶段提出的承诺需要满足一些硬性要求，包括：承诺必须及时提出，不得晚于委员会接受集中申报之日起 20 个工作日；承诺必须非常清晰地排除了委员会对集中的严重怀疑。此外，对于第一阶段的承诺，欧共体委员会仍然对那些有着良好愿望和准备充分的集中申报进行全面审查，以适当确定和评估竞争问题，同时分析包括禁止在内的替代性结果。

至于经营者在二次审查阶段提出的承诺，美欧等国家和地区的反垄断执法机构都要求经营者提出承诺不得太迟，且当经营者提出的承诺不能解决反垄断执法机构对集中引起的竞争担忧时，反垄断执法机构允许经营者对其承诺进行修改。

在经营者提出承诺后，反垄断执法机构将对承诺的充分性进行评估。评估的标准包括：（1）经营者的承诺不能是无用的，或者与其集中给竞争造成的损害不成比例，即这个承诺应当与竞争损害是相称的，能够消除反竞争的问题；（2）承诺提供了一个永久性的解决方案；（3）承诺能够避免产生更多的反竞争问题；（4）承诺能够及时和有效地得到实施；（5）承诺一旦实施，反垄断执法机构对这个经营者集中可能产生的反竞争性不再予以考虑，即无须对它进行特殊的监管。

美国和欧共体委员会的执法经验表明，当经营者无法或者未能提供反垄断执法机构可以接受的救济方式，反垄断执法机构惟一的解决方式将是作出禁止经营者集中的决定。

在反垄断执法机构同意了经营者提出的承诺后，反垄断执法机构可以决定附加减少集中对竞争产生不利影响的限制性条件。限制条件通常涉及行为限制、结构限制或者二者兼而有之。由于这些限制性条件可以帮助引起反垄断执法机构严重怀疑的集中免于受到反垄断执法机构的禁止，它们也被称为行为救济或者结构救济。

从美国反托拉斯执法机构和欧共体委员会附条件批准的集中案件来看，由于行为救济只能够改变未来的行为，不能解决市场的结构改变，结构救济更受反垄断执法机构的青睐。结构救济主要是出售营业、出售部分营业以及出售资产。目前，美国反托拉斯执法机构和欧共体委员会广泛地使用了这种资产剥离的救济方式。

美国反托拉斯执法机构和欧共体委员会的执法经验表明，在资产剥离前，经营者有义务保证被剥离的资产或者营业具有独立性和经济可行性，从而可以随时出售它们，并且可以提高买方的市场竞争力。由于反托拉斯执法机构无法参与被剥离资产的日常管理，这个机构通常会任命独立的信托人监管经营者履行承诺。在完成资产剥离前，被剥离资产的潜在购买者以及相关收购协议须经反托拉斯执法机构事先批准。此外，在经营者没有按照规定期限进行资产剥离时，反托拉斯执法机构可以启动“皇冠宝石条款”，即单方面出售经营者更多和更容易出售的优质资产。

除了资产剥离的结构救济，某些情况下反垄断执法机构也会采取非结构性的救济，它们通常包括：（1）承诺有偿使用基础设施或者技术；（2）承诺向第三方提供产品或者服务；（3）承诺向被剥离企业提供产品或者服务；（4）承诺从第三方购买产品；（5）承诺终止排他协议；（6）承诺终止与竞争对手的合作协议；（7）承诺终止经销协议或者终止授予经销权；（8）承诺资产分割管理；（9）遵守以前确定的承诺；以及（10）旨在方便竞争者进入市场或者方便竞争者扩张的承诺等。

第三十条　决定公告

国务院反垄断执法机构应当将禁止经营者集中的决定或者对经营者集中附加限制性条件的决定，及时向社会公布。

本条是关于行政决定公开的规定。

我国行政公开是基本原则，不公开是例外情形。根据2003年《行政许可法》第五条的规定，设定和实施行政许可，应当遵循公开、公平、公正的原则。有关行政许可的规定应当公布；未经公布的，不得作为实施行政许可的依据。行政许可的实施和结果，除涉及国家秘密、商业秘密或者个人隐私的外，应当公开。符合法定条件、标准的，申请人有依法取得行政许可的平等权利，行政机关不得歧视。我国自2008年5月1日起施行的《政府信息公开条例》第九条也规定：行政机关对符合下列基本要求之一的政府信息应当主动公开：(1)涉及公民、法人或者其他组织切身利益的；(2)需要社会公众广泛知晓或者参与的；(3)反映本行政机关机构设置、职能、办事程序等情况的；(4)其他依照法律、法规和国家有关规定应当主动公开的。行政机关及其工作人员违反规定，不在办公场所公示依法应当公示的材料，或者在受理、审查、决定行政许可过程中，未向申请人、利害关系人履行法定告知义务的，行政机关的上级行政机关或者监察机关责令改正；情节严重的，直接负责的主管人员和其他直接责任人员依法被给予行政处分。行政机关违反信息公开制度，不依法履行政府信息公开义务的，由监察机关、上一级行政机关责令改正；情节严重的，对行政机关直接负责的主管人员和其他直接责任人员依法给予处分；构成犯罪的，依法追究刑事责任。

公开原则是现代行政程序的一项重要原则，是行政民主化的必然要求。公开原则是指行政行为除依法应保密的以外，应该一律公开进行；行政法规、规章，行政政策以及行政机关作出的影响行政相对人权利、义务行为的标准、条件、程序应依法公布，相对人依法查阅、复制；有关行政会议、会议决议、决定以及行政机关及其工作人员的活动情况，除依法应保密的以外，应允许新闻媒介依法采访、报道和评论等。

公开原则是政府活动公开化在行政程序上的具体化，是公民参政权的延伸。公开可以实现公民的知情权，使公民了解行政机关的行政活动，为公民参政提供渠道，有利于公民了解政府的管理活动。《宪法》第二条和第四十一条分别规定："国家权力属于人民。人民依照法律规定，通过各种途径和形式，管理国家事务，管理经济和文化事业，管理社会事务。""公民享有批评、建议、申诉、检举、控告等权利。"行政公开作为一种手段，能够为我国公民以各种途径参与到政府决策、行政管理活动，实现参政议政提供了重要的机制。

公开有利于公民及时发现违法行为，保护社会公共利益。根据《行政许可法》第六十五条的规定，个人和组织发现违法从事行政许可事项的活动，有权向行政机关举报，行政机关应当及时核实、处理。因此，个人或者组织发现经营者以欺骗、贿赂等不正当手段获准集中后并反垄断执法机构举报的，反垄断执法机构在查明情况属实后，应根据《行政许可法》第六十九条第二款的规定撤销批准集中的决定，并根据本法第五十二条的规定对个人或者单位进行罚款；构成犯罪的，依法追究刑事责任。

公开有利于建设廉洁政府，预防行政腐败。正如美国联邦最高法院大法官路易斯·布兰代斯所说："阳光是最好的防腐剂，灯光是最好的警察"。缺乏行政公开容易导致不正之风滋生蔓延，公民就无法通过事前询问、事中参与、事后监督等多种手段来规制行政权力。因此，只有坚持公开原则，才能保障行政机构接受监督，遏制腐败现象，保护广大公民的合法权益。

更为重要的是，公开有利于保证公众的知情权，有利于保护公民、法人和其他组织的合法权益，也符合 WTO 透明度原则。一般而言，行政行为涉及行政相对人和其他当事人的利益。行政机关的行政决定被公开后，行政相对人可以根据行政机关的公开决定提起行政复议或者行政诉讼；而其他利益关系人也可以通过公开的行政决定，了解相关信息，对有异议的行政决定向行政机关反映基本事实情况，帮助行政机关核实、处理。

国务院反垄断执法机构作为一个行政机关其作出的行政决定也需要遵循公开原则。根据本法的规定，反垄断执法机构对经营者集中作出审查后可以作出 4 种决定，分别是：（1）不实施进一步审查的决定；（2）对经营者集中不予禁止的决定；（3）禁止经营者集中的决定；或者（4）对经营者集中附加限制性条件的决定。本法没有就国务院反垄断执法机构作出第（1）或者第（2）种决定应当公开的规定。然而，根据《行政许可法》第四十条，行政机关作出的行政许可决定，应当予以公开，公众有权查阅。由于第（1）或者第（2）种决定在法律效果上等同于准予经营者集中，因此可以得出，反垄断执法机构作出的第（1）或者第（2）种决定也应当予以公开，即反垄断执法机构作出的任何决定都应当公开。

第三十一条　国家安全审查

对外资并购境内企业或者以其他方式参与经营者集中，涉及国家安全的，除依照本法规定进行经营者集中审查外，还应当按照国家有关规定进行国家安全审查。

本条是有关外资并购国家安全审查的特别规定。

一般来说，反对垄断、规制集中是从保护市场竞争结构方面考虑国家的整体经济利益，而以国家安全为由对外资并购或者以其他方式参与国内经营者集中进行规制是从保护产业利益角度考虑国家经济利益，属于投资法律的范畴。从各国的经济发展实践来看，二者都是一国发展国民经济不可或缺的重要组成部分。因此，各国都非常重视相关法律的制定和制度的建设。然而，需要注意的是，各国通常把反垄断法律制度与投资法律制度分别立法，而不是将它们囊括在一部法律之中。

我国将外资并购国家安全审查这一投资法律上的制度纳入《反垄断法》有其特别的考虑。

第一，我国没有一部完整意义上的外商投资审查法。我国与外商投资国家安全审查有关的法律制度主要由行政法规和部门规章组成，分别是2002年国务院发布的《指导外商投资方向规定》、商务部与国家发展与改革委员会修订的《外商投资产业指导目录》和《中西部地区外商投资优势产业目录》以及2006年商务部、国有资产监督管理委员会、国家税务总局、工商总局、证监会、国家外汇管理局联合修订的《关于外国投资者并购境内企业的规定》。

第二，近些年来盲目引进外资给我国经济、社会和环境带来了一定的负面影响。众所周知，我国一直以来都实行鼓励外资的政策，引进外资甚至已经成为地方政府发展本地经济的一项重要指标。然而，随着我国引资逐步扩大，外资进入逐年提高，以前盲目引资造成的一些负面影响逐渐显现出来，如环境污染、劳动保护、占用耕地等。为此，国务院于2002年发布了《指导外商投资方向规定》，将外商投资项目分为鼓励、允许、限制和禁止等4类，以指导我国引进外资的实践。规定第七条明确指出：属于下列情形之一的，禁止外商投资，这些项目分别是：（1）危害国家安全或者损害社会公共利益；（2）对环境造成污染损害，破坏自然资源或者损害人体健康；（3）占用大量耕地，不利于保护、开发土地资源的；（4）危害军事设施安全和使用效能的；（5）运用我国特有工艺或者技术生产产品的；以及（6）法律、行政法规规定的其他情形。

第三，国有资产流失严重以及部分企业“走出去”受挫引起了社会大众的广泛关注。自1992年香港中策公司大规模并购国内不同行业的数百家企业之后，我国在一段时间内暂停了外资对我国企业的并购。然而，随着国务院行政机构解除了对外资并购的限制，国有资产流失的问题成为大众媒体讨论的焦点。此外，我国部分国有企业如中海油“走出去”战略受挫也给我国行政机关和立法部门敲响了警钟。为此，2006年商务部、国有资产监督管理委员会、国家税务总局、工商总局、证监会、国家外汇管理局等6部委在其联合修订的《关于外国投资者并购境内企业的规定》首次提出对外国投资者并购境内企业并取得实际控制权，涉及重点行业、存在影响或者可能影响国家经济安全因素或者导致拥有驰名商标或中华老字号的境内企业实际控制权转移的，当事人应就此向商务部进行申报。当事人未予申报，但其并购行为对国家经济安全造成或可能造成重大影响的，商务部可以会同相关部门要求当事人终止交易或采取转让相关股权、资产或其他有效措施，以消除并购行为对国家经济安全的影响。最终，全国人大常委会在《反垄断法》中将外资并购国家安全审查这个投资法律调整的范畴纳入了《反垄断法》之中。

然而，需要指出的是，反垄断执法机构根据国家安全条款对外资并购境内企业或者以其他方式参与经营者集中进行审查是否合适还值得商榷。从各国反垄断执法机构的执法实践来看，反垄断执法机构应当作为一个独立执行竞争政策的部门，在审查经营者集中时，应当侧重经营者集中是否具有或者可能具有排除、限制竞争效果；而以国家安全为利益对外资进行审查应当由产业政策部门来执行，因为这些部门有着比反垄断执法机构更强的优势和对产业政策的把握能力。例如，在美国，根据国家安全条款审查外国企业并购美国企业是否有损国家利益的美国外国投资委员会是由财政部部长、美国国务院国务卿、国防部部长、商务部部长、司法部部长、管理与预算办公室主任、美国贸易代表、经济顾问委员会主席、科学与技术政策办公室主任、国家安全事务总统助理、经济政策总统助理、国土安全部部长等12人联合组成的机构。其中，委员会主席由财政部部长担任。

第五章　滥用行政权力排除、限制竞争

引　言

孟德斯鸠在《论法的精神》一书指出："每个有权力的人都是趋于滥用权力，而且还趋于把权力用之极限，这是一条万古不易的经验。"行政权力的滥用如果损害了市场竞争秩序，就构成了行政垄断。为了维护统一、健康的市场竞争秩序，世界许多国家都在自己的反垄断法中规定了行政垄断的内容。我国《反垄断法》除"总则"第八条的规定，"行政机关和法律、法规授权的具有管理公共事务职能的组织不得滥用行政权力，排除、限制竞争"，第五章还专章列举了滥用行政权力排除、限制竞争的各种表现，包括行政性强制交易行为、地区封锁、行政性限制招投标、行政性限制跨地区投资、强制经营者从事违法垄断行为以及限制竞争的抽象行政行为。

《反垄断法》禁止的行政垄断行为，性质上是一种滥用行为。何为"滥用行政权力"，目前还没有明确的法律解释。我们认为，滥用行政权力可以包括"无权而行使权力"和"不恰当地行使权力"两种类型。前者既包括绝对的、始终的无权，也包括超越权限或权限终止后仍然行使权力。后者是指行政主体虽然有合法授权，但其行使权力时违背了授权的精神，即行使的目的与权力的宗旨相背离。

由于行政权力具有强制性、效果的直接性和效力的普遍性等特点，行政垄断较经济性垄断的危害性更大。我国作为转型国家脱胎于行政权力极为强盛的计划经济，行政垄断的影响根深蒂固。经济体制改革以来，我国虽然打破了很多行政垄断，但是因为行政垄断的背后往往隐藏着部门、地区、甚至个别人的经济利益和政治利益，目前仍然是我国经济生活中垄断存在的主要形式。行政垄断严重阻碍我国经济以至民主制度的建设，破坏我国统一大市场的形成，损害经济效率，助长腐败之风，因此很多人提出我国《反垄断法》应当对行政垄断作出规制，以消除和减少行政垄断行为，更好地发挥市场机制的资源配置作用。

第三十二条　强制交易

行政机关和法律、法规授权的具有管理公共事务职能的组织不得滥用行政权力，限定或者变相限定单位或者个人经营、购买、使用其指定的经营者提供的商品。

本条是关于指定交易的行政垄断行为的规定。

指定交易，又叫强制交易，是指行政机关及其授权组织违背市场经济中平等自愿的交易规则，利用国家赋予的行政权力，限定或者变相限定有关单位或者个人只能经营、购买、使用其指定的经营者提供的商品，而排斥其他经营者提供的商品。理解本条应当把握以下几点。

1. 存在强制交易行为

限定的实质是强制，具体是指行政主体以强行要求、设置障碍、胁迫、推荐、差别待遇等方式，强制或者变相强制他人购买其指定的经营者的商品。这里的“强制”表现为行政机关“赤裸裸”的命令，如某教育局指定其下属学校只能到某商店购买办公用品，某交通管理部门指定市内出租车只能安装其指定的厂家生产或销售的尾气净化器，等等。这里的变相强制是指行政主体采取一些隐蔽的手段实施强制行为，例如履行公共管理职能时，规定一些莫须有的“标准”、“目的”，利用这些“标准”、“目的”达到指定交易的目的；或者行政主体以拒绝给予行政许可等方式，强制他人购买其指定产品。如有的民政部门办理结婚登记时，规定结婚照必须要符合一定“标准”，限定当事人只能在其指定的符合这一“标准”的照相馆拍照。指定交易通常包括行政机关及其授权组织的以下行为：

（1）限定有关单位或者个人只能经营、购买、使用该行政主体提供的商品，而不得购买和使用其他经营者提供的符合技术标准的同类商品。

（2）限定有关单位或者个人只能经营、购买、使用其指定的经营者生产或者经销的商品，而不得购买和使用其他经营者提供的符合技术标准的同类商品。

（3）以检验商品质量、性能等为借口，阻碍用户，消费者购买、使用其他经营者提供的符合技术标准的其他商品。

2. 被限制的对象既包括经营者也包括消费者

本条中被强制交易的对象既包括经营者，也包括消费者。指定交易的对象如果是经营者，这种行政垄断行为就损害了经营者的自主经营权。在市场经济中，经营者应当有权自主决定其购买和使用的商品，并且由此降低经营成本，提高自己的竞争优势。指定交易行为则破坏了经营者的自主选择权，增大了经营者的交易成本。如前面谈到的辽宁锦州市公安局强制企事业单位和个体工商户到其指定的公司更换刻制印章。这一指定交易行为就损害了企事业单位和个体工商户自主选择印章提供单位的权利，使它们无法通过竞争机制选择物美价廉的印章。另外，指定交易行为人为地提高了被指定经营者的市场优势，剥夺了那些未被指定的经营者的竞争机会，使市场竞争机制的效用无法发挥。

3. 指定交易包括地区垄断和部门垄断

指定交易行为是行政权力违法介入市场交易的行为，本质上都是受不正当利益所驱动。在实践中，“被指定的经营者”大体有三种：（1）行政主体自己组建的行政性公司；（2）与行政部门或者与履行行政职权的个人有关系的“关系企业”；（3）代表地方、部门利益的其他企业。这种指定交易既可能出于本地区、本部门或者本行业的利益，也可能出于保护某个企业的利益，还可能出于本机关甚至某个个人的利益。所以，指定交易既可表现为地区垄断，也可表现为部门垄断。不管如何表现，这样的行为都会严重损害竞争。

第三十三条　地区封锁

行政机关和法律、法规授权的具有管理公共事务职能的组织不得滥用行政权力，实施下列行为，妨碍商品在地区之间的自由流通：

（一）对外地商品设定歧视性收费项目、实行歧视性收费标准，或者规定歧视性价格；

（二）对外地商品规定与本地同类商品不同的技术要求、检验标准，或者对外地商品采取重复检验、重复认证等歧视性技术措施，限制外地商品进入本地市场；

（三）采取专门针对外地商品的行政许可，限制外地商品进入本地市场；

（四）设置关卡或者采取其他手段，阻碍外地商品进入或者本地商品运出；

（五）妨碍商品在地区之间自由流通的其他行为。

本条是禁止地方行政机关及其授权主体实施地方保护，设置地方壁垒限制市场竞争的规定。

1. 地区垄断的成因

地区垄断，又称地方保护主义，即地方政府及其所属部门滥用行政权力，限制外地商品进入本地市场，或者限制本地商品流向外地市场等行为。这里的地区垄断应作广义理解，即“不仅包括对商品流通的地域性限制，也应包括对资金、技术、人员流动和企业跨地区联合的限制等。”地区壁垒目前已成为我国最严重的行政垄断形式，造成这种现象的重要原因是我国的财政管理体制和行政管理体制。

从财政管理体制来说，为了发挥“中央和地方两个积极性”，搞好经济建设，推动社会发展，我国自1980年开始实行“划分税种、稳定收支、分级包干”的财政管理体制；1994年又实施了地方和中央的“分税制”。地方财政包干制度和“分税制”的实施对于调动地方政府的积极性，推动区域经济迅速发展起到了促进作用。但是，这种财政管理体制带来的一个后果是，各行政区域之间在经济利益上产生一定程度的冲突，这种经济利益就成为地区垄断的根源。改革开放以来，各地区发展地方经济的积极性得到有效发挥的同时，也造成了地方利益不断被强化，各地区经济上各自为政的现象。在实行财政分灶吃饭后，各地区的局部利益日趋突出，地方政府不得不重视自己的财政收入：他们往往从本地区的利益出发，采取措施把本地区有竞争力的商品和企业推向外地，希望占领的市场越大越好；对本地区无竞争力的商品和企业则是运用行政权力加以保护，特别是保护它们在本地区的市场份额。

从行政管理体制来说，我国地方官员的任命和升迁在于上级行政机关的决定，考察官员的一个重要指标则是地方经济发展水平。为了凸显“政绩”，各地官员大施地方保护。所以在我国经济生活中，不仅存在企业与企业之间的竞争，还存在地方政府与地方政府之间的激烈竞争。这种情况下，强化和追求地方利益便成为行政垄断产生的内在动力和屡禁不止的原因。

2. 地区垄断表现形式

（1）对外地商品设定歧视性收费项目、实行歧视性收费标准，或者规定歧视性价格

这也即是对外地商品非法收取各种名目的费用，以抬高它们进入本地市场的门槛，削弱其竞争力，达到保护本地企业和本地产品的目的。在这方面，上海、湖北两地的“轿车大战”就是一个典型案例。1998年，上海市发布了新的轿车牌照收费规定，即对社会用车确定额度，每年给桑塔纳1万辆的额度，额度内的桑塔纳轿车每辆收取2万元牌照费，额度外的收取8万元牌照费。其他类型的车辆，因为没有额度，一律收取8万元。此举促进了桑塔纳轿车的销

售，但同时也限制了其他轿车的销售。针对这种情况，生产富康车的湖北省有关部门出台了应对措施，规定凡在湖北境内购买一部桑塔纳轿车，需增交7万元“特困企业解困基金”。人们说，这7万元说不清道不明的收费既见不到省政府批文，又查不到任何依据，似一只无形之手挡住了桑塔纳轿车驰向湖北市场的车轮。

（2）对外地商品规定与本地同类商品不同的技术要求、检验标准，或者对外地商品采取重复检验、重复认证等歧视性技术措施，限制外地商品进入本地市场

这种做法也是为了抬高外地商品进入本地市场的门槛，削弱它们的竞争力，以达到保护本地企业和本地产品的目的。1992年轰动全国的“娃哈哈事件”就是南京市卫生防疫站滥用行政权力限制外地商品进入南京的典型案例。杭州“娃哈哈”食品集团公司是全国500家大型企业之一。1992年3月，该公司新产品“娃哈哈”果奶开始在南京销售并很快取得了很好业绩。这一年6月，南京市卫生防疫站突然宣布，“娃哈哈”果奶未达卫生部1989年的GB11673标准，是不合格产品，并禁止在南京地区销售。“娃哈哈”集团的利益因此受到了极大的损害。本案中，南京卫生防疫站限制“娃哈哈”果奶进入市场的手段就是歧视性技术措施。“娃哈哈”果奶这类产品当时并无国家（行业）标准，所以南京市卫生防疫站用卫生部1989年GB11673标准检测果奶的脂肪和蛋白质指标的做法不妥。所以，“娃哈哈事件”南京市卫生防疫站滥用行政授权，限制、排斥外地商品进入本地市场的行政性垄断行为。

（3）采取专门针对外地商品的行政许可，限制外地商品进入本地市场

如辽宁省大洼县专卖事业管理局在2001年发放酒类经营许可证时，公然把经营范围限定“地产啤酒”。一些不够条件的经营业户虽然未能取得批发许可证，但因其经销地产“辽河”啤酒，仍可从事批发业务。后来根据国务院领导的批示，国家工商总局和原国家经贸委组成联合调查组赴辽宁调查督办此案，制止了这一地区封锁行为。

（4）设置关卡或者采取其他手段，阻碍外地商品进入或者本地商品运出

如1994年黑龙江省鸡西地区的啤酒大战中，鸡西市啤酒厂输往周边的七台河市、密山市和勃利县的啤酒在8个月内就被输入地区采取公路设卡、对销售点突击检查等手段没收了1.3万箱。

（5）妨碍商品在地区之间自由流通的其他行为

上述这些措施实际上都是地方政府对本地商品和外地商品实行差别待遇，即封锁外地商品进入本地市场。我国《反不正当竞争法》第七条也对地区垄断作出了禁止性规定，即“政府及所属部门不得滥用行政权力，限制外地商

品进入本地市场，或者本地商品流向外地市场。”这说明，地区垄断除了限制外地商品进入本地市场的情况，还有限制本地商品流向外地市场的情况。后者主要是指地方政府对产于本地的稀缺原材料和商品限制其流向外地市场的行为。如1993年“湖南省新化县天龙山乡人民政府滥用行政权力限制竞争案”就是一个限制本地石墨流向外地市场的典型案例。为了垄断石墨货源，湖南新化县天龙山乡和冷水江市三尖乡人民政府在1993年6月联合发布的《关于加强石墨资源管理的联合公告》规定：“两乡人民政府授权各自的石墨公司对本乡石墨产品统一经营管理，实地统购统销，其他人不得从事经营活动。”“石墨销售外运，应随车持有本乡石墨公司开具的‘放行证’或其他证件。对途经本乡装有石墨的车辆，两乡检（稽）查人员有权进行检查，无‘放行证’的一律予以没收，并视情节处100～500元罚款。”

3. 地区垄断的危害

地方保护主义是地方政府为保护本地区局部利益而滥用行政权力，设置地区壁垒，禁止外地商品进入本地市场，或者阻止本地原材料销往外地的行为，由此使全国本应统一的市场分割成一个个狭小的地方市场。巴黎国际研究和发展中心的经济学家庞赛特的一份研究报告指出，我国地区壁垒大约相当于欧盟各国之间或者加拿大和美国之间的水平。而且在我国进口关税不断下降的同时，各省之间的贸易壁垒从20世纪80年代以来一直在增加。该报告还指出，1997年我国消费者购买本省商品的数量是其他省的21倍，1987年却只有11倍。这说明，在我国经济融入全球化的程度越来越高的同时，我国地区垄断的状况却在不断恶化。地区垄断是我国当前行政垄断中表现最突出、危害最大的一种，它阻碍商品的自由流通和市场竞争，妨碍建立统一、开放、竞争有序的市场体系，损害自由、公平的竞争秩序，危害社会主义市场经济体制的建立与完善。我国很早就提出反对地方保护主义，如国务院1980年《关于开展和保护社会主义竞争的暂行规定》中就提出要打破地区封锁。国务院2001年发布的《关于禁止在市场经济活动中实行地区封锁的规定》也是专门针对地区封锁。这些规定说明，反对地方保护主义在我国是一项长期和艰难的任务。此外，我国《行政许可法》第十五条规定：“地方性法规和省、自治区、直辖市人民政府的规章，不得设定应当由国家统一规定的公民、法人或者其他组织的资格，资质的行政许可；不得设定企业或者其他组织的设立登记及其前置性行政许可。其设定的行政许可，不得限制其他地区的个人或者企业到本地区从事生产经营和提供服务，不得限制其他地区的商品进入本地区市场。”这是专门针对地方政府滥用行政许可的禁止性规定。

第三十四条　限制跨地区招投标

行政机关和法律、法规授权的具有管理公共事务职能的组织不得滥用行政权力，以设定歧视性资质要求、评审标准或者不依法发布信息等方式，排斥或者限制外地经营者参加本地的招标投标活动。

本条是禁止行政主体滥用权力限制跨地区招投标的规定。

1. 招投标的特点

所谓招标投标，是指采购人事先提出货物、工程或服务采购的条件和要求，邀请众多投标人参加投标并按照规定程序从中选择交易对象的一种市场交易行为。因此，招投标是一种特殊的交易方式，也是订立合同的特殊程序。从采购交易过程看，它包括招标和投标两个基本环节，前者是招标人以一定方式邀请不特定或一定数量的自然人、法人或其他组织投标，后者是投标人响应招标人的要求参加投标竞争。

招投标一般具有以下三个特点：一是招标程序的公开透明性。即招标过程应当在公开的情况下进行，招标要公开发布投标邀请，公开开标，公布中标结果，而且投标商资格审查标准和最佳投标商评选标准要事先公布；二是招标程序的竞争性。即招标是一种引发竞争的采购程序，招标的竞争性也体现了市场竞争的平等、信誉、正当和合法等基本原则；三是招标程序的公正性。即招标过程中对之感兴趣的所有供应商、承包商或者服务商都可以投标，并且他们的地位平等，不允许对任何人有歧视行为，而且应当按照事先公布的标准选择中标商。这些措施既可保证招标程序的完整，又可吸引优秀的企业竞争投标。总而言之，招投标是一种竞争采购方法，要求公正性、公平性、公开性，使投标人有均等的投标机会，使招标人有充分的选择机会。因此，可以说，招标投标机制最具市场经济的特性，是一种高级的、规范的和有组织的交易方式，可以实现资源的优化配置。招投标的意义在于，一是可以保证采购对象的质优价廉；二是促使采购活动的公平竞争，充分维护参与方的合法权益；三是保证采购活动的公开性，防止腐败；四是维护社会公共利益。

2. 招投标中的行政性限制竞争

招投标中的行政性限制竞争是指行政主体滥用行政权力，违反招投标过程中的公开、公正、公平原则，以设定歧视性资质要求、评审标准或者不依法发布信息等方式，排斥或者限制外地经营者参加本地的招标投标活动。前面分析中指出，我国当前仍然处于经济体制转型阶段，由地方政府推动经济增长的格局沿袭至今。尤其是随着我国财政包干制度的改革以及地方官员经济业绩考核标准的推行，地方政府承担了很大的财政压力和经济增长责任，这使得地方官员的政治前途与地方企业的兴衰联系在一起，企业行为往往就成了政府行为。为了实现自身和地方利益最大化，一些地方行政机关就利用手中的权力干预企业的招投标活动，在招投标管理活动中大搞地区垄断。

如果说地区垄断的其他表现大多是显性的，即地方政府明目张胆通过发文的方式来妨碍竞争；限制招投标的地区垄断则更多表现为隐性的，即行政机关往往是在幕后操纵招投标活动。例如在一些建筑工程招投标中，政府这只“看得见的手”常常是暗地操控。即在工程承包的招投标立项审批中，行政机关会以是否批准立项要挟，示意某项工程须由某个单位施工，由此便使这个招投标变了味道。对外地建筑企业实施的歧视性待遇还包括对它们征收的各种歧视性费用，如注册费、保证金等，有时还有隐蔽的歧视待遇，如只将本地工程质量奖作为招标加分条件。有些地方政府出于地方保护主义，强制要求中标企业使用本地原材料，例如强制中标单位使用本地生产的水泥。总之，由于招投标中的地方保护和行政干预，我国的工程承包市场明显缺乏竞争。我国公路交通运营权的招投标也存在严重的地区垄断。虽然很多省市的公路交通部门就省、市际班车线运营权开展了招投标活动，但其结果大都由本地企业“竞”得，且很多地区出现当地企业“独投独中”的现象。业内专家指出，由于地方保护，外地的客运企业即便是竞得了班线，它们在营运中也会遇到很大阻力，因此就会放弃异地竞标线路的经营权。这说明，我国要提高班线经营权招投标的质量，就必须开放客运市场，但其首要任务是打破地方保护主义。

由于招投标中的地区垄断人为地割裂了全国统一的大市场，破坏招投标中的竞争机制，具有很大的危害性，我国1999年颁布的《招标投标法》对此也有禁止性的规定。该法第五条指出，招标投标活动应当遵循公开、公平、公正和诚实信用的原则。第六条指出，依法必须进行招标的项目，其招标投标活动不受地区或者部门的限制。任何单位和个人不得违法限制或者排斥本地区、本系统以外的法人或者其他组织参加投标，不得以任何方式非法干涉招标投标活动。

第三十五条　限制跨地区投资

行政机关和法律、法规授权的具有管理公共事务职能的组织不得滥用行政权力，采取与本地经营者不平等待遇等方式，排斥或者限制外地经营者在本地投资或者设立分支机构。

本条禁止地方行政主体滥用行政权力，对外地经营者采取歧视性的措施，排斥或者限制他们在本地投资或者设立分支机构，实施地方封锁的行为。

市场经济的快速发展使得一些有实力、规模大的企业认识到，在企业发展的过程中，要充分利用不同区域的比较优势，提高自己的竞争力。这些企业往往出于扩大经营规模、降低经营成本和改善投资环境等方面的考虑，实施"走出去"的战略，在不同地区进行资本扩张，利用多个市场和多种资源，延伸企业发展的链条。企业异地投资办厂是企业扩大经营规模的必然趋势，是先进企业正常的扩张态势。我们鼓励企业实施"走出去"的战略，不仅要鼓励它们走出国门，而且也鼓励它们在国内经营中的地域多元化。企业的跨地区经营除了产品的原料采购、生产和销售可在不同地区进行外，而且还涉及企业组织的分化和整合问题，即通过资本运营，采取兼并、收购、参股、控股、开办分支机构等方式，在其他地区开展独立的业务。企业在外地设立分支机构或者通过参股控股，可以形成网络化经营模式，节约运输成本，克服地区消费的文化壁垒，提高自己的市场竞争力。

然而，企业在外地投资或者设立分支机构，往往会遭遇地方保护主义。因为来自外地的投资设厂往往会增大对本地企业的竞争压力，一些地方政府出于保护本地企业的目的，抱着"肥水不流外人田"、"一方水土养一方人"的腐朽理念，利用歧视性的投资政策，大搞本地嫁娶，实行地方保护，排斥外地资本直接投资于本地市场。如安徽某县根据《县内复合肥经营专题会议纪要》的精神，强制外地化肥企业在本县只能经营尿素和磷复肥，而不能经营碳胺等产品，并没收了一家外地化肥企业在该县分支机构的营业执照。2000 年的"二滩事件"也是一起排斥外地企业的典型案例。这一年，耗资 280 亿元坐落在雅砻江上的二滩水电站建成，这个电站是我国成功引进外资和外国先进技术并且运用外国先进工程管理经验的重要项目，为我国在高山峡谷建设大型水电站提供了范例。二滩水电站尽管位于四川境内，但却隶属于国务院有关部门。四川省电力部门出于地方利益，不让二滩水电站的电力上网或者只许其少量上网，本省的电站电厂却开足了马力。

地方政府排斥、制外地企业投资于本地，除了通过“赤裸裸”的强制命令，拒绝外地资本进入外，地方政府还通过所谓的“宏观调控”、“保护环境”、“推进改革”等各种借口和名目，制订所谓的投资措施妨碍外地企业在本地投资设厂。地方政府实施的歧视性投资措施可以分为对本地企业的投资激励措施和对外地企业的投资限制措施两种。这些歧视性投资措施包括：(1）税收差别。由于地方政府拥有地方税的征收权，有些地方政府对本地企业实施较外地企业更为优惠的税收待遇；（2）当地股权要求。即要求外地企业投资于本地的，必须要有当地政府或私人企业参加必要的股份，以限制外地企业投资本地的股权比例；（3）产品限制，即限制外地企业的投资只能生产某些种类的产品，以避免他们与本地企业的产品相竞争；（4）本地销售要求，即要求外地企业的在本地生产的一定比例产品在本地销售，比例范围内的产品不得销售到外地；（5）外地销售要求，即要求外地企业在本地生产的产品必须有一定的比例销往外地；（6）当地采购要求，即外地企业在本地生产中所需的原材料、半成品必须在本地购买一定比例；（7）采用数量配额或测定经济需求的方式，限制外地企业投资设立的机构的数量；（8）采用数量配额或经济需求的方式，限制外地企业投资的总金额或其所设立机构资产的总金额；(9）采用配额或测定经济需求的方式，限制外地企业在本地生产经营的产品数量；（10）采用数量配额或测定经济需求的方式，限制外地企业在本地设厂所雇用的人数；（11）规定外地企业投资设立的机构必须通过特定的法人实体或合营企业形态方可在本地生产经营某一产品或提供某种服务；（12）限定外地企业投资机构的最高股权比例或对外地企业的累计资本投资予以限制；等等。

市场经济是靠资本驱动的。资本的管制就是对自由的管制。资本的本性就是流动性，资本自由的程度，决定了市场经济的健全程度。因为资本的跨地区自由流动有利于实现资源在全国范围内的优化配置，不同区域企业之间的兼并、收购不仅有利于推动产业集中，实现规模经济，而且有助于企业组织结构和产业组织结构的优化和升级。因此，不管任何产业，资本流通比产品流通对产业发展更具决定性意义。在计划经济体制下，我国各地区间的资本无法流通，这是导致重复建设、资源浪费、产业结构不合理的重要原因。随着市场经济体制的建立，我国很多产业领域已经实现了地区间的资本流通，这有力地促进了产业的发展。但是，某些地方行政机关却置社会整体经济利益于不顾，只是考虑本地区和本部门的局部利益，排斥或者限制外地经营者在本地投资或者设立分支机构，其危害是很大的。

第三十六条　强制从事垄断行为

行政机关和法律、法规授权的具有管理公共事务职能的组织不得滥用行政权力，强制经营者从事本法规定的垄断行为。

本条是禁止行政主体强制经营者从事本法规定的垄断行为。我国《反垄断法》规定了三种垄断行为：实施限制竞争的协议、滥用市场支配地位和从事违法的经营者集中。

我国从1992年起进行经济体制改革。随着市场经济体制的逐步确立，企业逐渐成了独立的市场主体。市场经济是建立在竞争机制基础之上的，企业只有在竞争机制的作用下开展经营活动，市场经济才能健康发展。应该说，随着我国市场经济的确立，企业等微观经济主体大都进入了竞争的角色。政府的角色应该是促进市场竞争，推动整个国民经济良性发展。但是，我国目前有些行政管理部门，出于本行业或者本地区的利益，往往会以种种借口，强制经营者从事限制竞争的行为，抑制企业间开展的市场竞争。

以电信业为例。1994年联通公司进入电信业，打破了中国电信的独家垄断。2002年又进行了南北拆分，使我国电信业形成了中国联通、中国移动、中国网通等多家企业共同经营的局面，这些企业之间基本形成了相互竞争的格局。但是，电信企业之间竞争却受到了主管部门的抑制。如联通公司手机单向收费的电信业务多次被主管部门叫停，甚至它们偷偷摸摸地对电信收费进行打折、亲情回报等竞争行为也受到了主管行政机关的制止。正是由于我国电信主管部门长期实施抑制竞争的行政垄断行为，这导致中国电信的资费久高不下，使用效率相当低。中国电信用户是德国的1.6倍，但德国的电信营业收入是我国的2.8倍。

再以民航业为例。我国民航业虽然形成了国航、东航、南航及数家地方航空公司等多个企业相互竞争的局面，但民航主管部门多年来一直都以防止航空公司打价格战和防止恶性竞争为借口，处心积虑地操纵、压抑民航企业的竞争。1999年国家计委和民航总局联合发布了《关于加强民航国内航线票价管理制止低价竞销行为的通知》，规定航空公司必须严格执行国家计委和民航总局规定的客票价格，不得擅自提高或降低票价，不得以任何名义或优惠卡等形式进行折扣销售，这不啻为在各大航空公司之间建立起了“价格卡特尔”。事实上，价格竞争是市场经济的普遍现象。民航企业的竞价现象是民航市场正常发挥其自动调节资源配置功能的前提，它是供求机制发生作用的必然结果。美国就普遍存在机票打折的情况。而且在美国，人们买机票通常不是在航空公司，而是在旅行社。因为旅行社买票虽然多了一个中间环节，但是旅行社的票价往往更便宜。

行政性“拉郎配”也是行政主体抑制市场竞争的行政垄断行为。“拉郎配”是行政主体滥用行政权力干预企业合并的行为。企业合并中的政府强制行为常常表现为政府强迫企业加入某个企业集团，或者强迫经济效益较好的企业接受某些经济效益不好的企业。“拉郎配”现象可以认定为是行政性限制竞争，因为它违背了市场交易中应当遵循的自愿、公平和等价有偿的原则，损害了企业的经营自主权和市场竞争力。在市场经济条件下，企业是独立的市场主体，它们应当有权根据市场条件和自身发展的状况，自主决定自己是否并购其他企业，或者是否接受其他企业之并购。政府实行的“拉郎配”政策则往往是一种“均贫富”政策，即要求一些经营较好的企业兼并经营不善甚至濒临破产的企业，为社会排忧解难。在这种情况下，兼并企业不仅从企业兼并中得不到任何好处，相反还得替被兼并的企业偿还债务，安置富余人员，这就会削弱自己的经济实力，恶化市场竞争条件。因此这是一种损害竞争和限制竞争的做法。对于那些经济效益较好的企业来说，政府对他们采取的是歧视性待遇。

“拉郎配”的典型事例是北京万辉药业对北京制药厂的兼并案。北京双鹤药业股份有限公司是北京市政府重点扶持和由北京制药厂作为最大股东的国有控股公司。2000年，这个公司的经济效益比较好。但是，当时北京市政府有一个内部政策，即效益好的上市公司都要带一个效益不好的国有企业。在市政府的操纵下，市属国有的万辉药业就兼并了北京制药厂。当年此消息一传出，立即引起双鹤药业的股价剧烈下跌，给企业带来了很大的损失。行政性的“拉郎配”还可导致经济力量的集中，造成垄断性的市场结构，为企业的滥用市场支配地位行为提供了可能。因此，行政性拉郎配的危害不可谓不大。

第三十七条 抽象行政垄断行为

行政机关不得滥用行政权力，制定含有排除、限制竞争内容的规定。

本条是关于抽象行政行为限制竞争的规定。前面讲到的强制交易、地区垄断等行政性限制竞争行为，不仅可以通过具体行政行为来实施，而且也可以通过抽象行政行为来实施。而且，由于限制竞争的抽象行政行为具有适用的对象不确定、效力的时间比较长等特点，它们与限制竞争的具体行政行为相比，其危害性更大。本条把抽象行政垄断行为的表现形式限定为“行政规定”，所以本条的理解要把握“抽象行政行为”和“行政规定”这两个词的含义。

1. 抽象行政行为

行政行为有具体行为和抽象行为之分，抽象行政行为与具体行政行为相对应。1991年最高人民法院《关于贯彻执行〈中华人民共和国行政诉讼法〉若干问题的意见（试行）》对具体行政行为作出了如下定义：具政体行政行为是指“国家行政机关和行政机关工作人员、法律法规授权的组织、行政机关委托的组织或者个人在行政管理活动中行使行政职权，针对特定的公民、法人或者其他组织，就特定的具体事项，作出的有关该公民、法人或者其他组织权利义务的单方行为。”关于抽象行政行为，最高人民法院在2000年3月10日开始实施的《关于执行行政诉讼法若干问题的解释》作出以下解释：抽象行政行为是指“行政机关针对不特定的对象发布的能反复适用的行政规范性文件”。可见，抽象行政行为就是制定行政规范性文件的行政行为，它包括行政机关及其部门制定的行政法律法规、行政规章、行政措施以及具有约束力的决定和命令，等等。抽象行政行为和具体行政行为相比，具有如下特征：

（1）针对不特定对象

具体行政行为是针对具体企事业以及公民和特定事件作出的，其适用对象是特定的，而抽象行政行为却是针对不同对象实施的。例如某市政府下发的《关于对石板材加工企业扶优扶强的意见》，以通知的形式下发到该市各乡（镇）人民政府、街道办事处、市直属有关单位和开发区管委会。尽管这个意见下发的单位是特定的，但该意见的适用除了本市辖区内的石板材加工企业，而且由于外地的石板材加工企业得不到这个优惠而间接地适用了这个意见，这个意见的适用对象是不特定的，发布这个意见的行为是抽象行政行为。

（2）反复适用性

具体行政行为由于适用的对象是具体的人和事件，其效力是一次性的。例如，违反交通规则被罚款，这是因为一次性的违规，行政机关的处罚也只是针对这一次的违规。如果这个人再次违规，交通管理机关需再次进行处罚。抽象行政行为则具有“反复适用性”。这种“反复适用性”可能是无期限的，也可能是一定时期的反复适用。例如上述安徽某县发布的《县内复合肥经营专题会议纪要》，强制外地化肥企业在本县只能经营尿素和磷复肥，而不能经营碳胺等产品。因为这个纪要可以在一定时期反复适用，这个纪要的发布是抽象行政行为。

（3）效力的滞后性

抽象行政行为只适用于该行政行为生效以后的行为和事件，它只是针对以后的事件作出，具有滞后的效力。如果行政行为是针对已经发生的事件，其效力及于行政行为之前的人和事，这个行为就是具体行政行为，而不是抽象行政行为。如某市发布《关于对本市违反1998年环境标准的生产企业征收环境污染附加费的通知》，由于这个环境标准是过去的，其效力仅及于已经生产的企业，这个通知应是一个具体行政行为。相反，如果某市发布了《关于对本市违反新环境标准的生产企业征收环境污染附加费的通知》，因为这个通知的依据是新环境标准，效力及于通知生效以后的生产企业，这个通知的发布就是一个抽象行政行为。

2. “行政规定”的含义

本条的内容是：“行政机关不得滥用行政权力，制定含有排除、限制竞争内容的规定。”从而把抽象性行政垄断行为的表现形式仅限定为“规定”。剖析“规定”的含义对于准确把握本条的内容具有重要意义。

欲了解“规定”的含义，还是应该从抽象行政行为的种类入手。抽象行政行为是行政机关制定行政规则的活动。我国各级行政机关都有权制定一定范围具有效力的行政规则。《立法法》第五十六条第一款规定：“国务院根据宪法和法律，制定行政法规。”第七十一条规定：“国务院各部、委员会、中国人民银行、审计署和具有行政管理职能的直属机构，可以根据法律和国务院的行政法规、决定、命令，在本部门的权限范围内，制定规章。部门规章规定的事项应当属于执行法律或者国务院的行政法规、决定、命令的事项。”第七十三条规定：“省、自治区、直辖市和较大的市的人民政府，可以根据法律、行政法规和本省、自治区、直辖市的地方性法规，制定规章。地方政府规章可以就下列事项作出规定：（1）为执行法律、行政法规、地方性法规的规定需要制定规章的事项；（2）属于本行政区域的具体行政管理事项。”《地方各级人民代表大会和地方各级人民政府组织法》第六十条规定：“省、自治区、直辖市的人民政府可以根据法律、行政法规和本省、自治区、直辖市的地方性法规，制定规章，报国务院和本级人民代表大会常务委员会备案。省、自治区的人民政府所在地的市和经国务院批准的较大的市的人民政府，可以根据法律、行政法规和本省、自治区的地方性法规，制定规章，报国务院和省、自治区的人民代表大会常务委员会、人民政府以及本级人民代表大会常务委员会备案。”第五十一条规定：“县级以上的地方各级人民政府行使下列职权：（1）执行本级人民代表大会及其常务委员会的决议，以及上级国家行政机关的决定和命令，规定行政措施，发布决定和命令；（2）改变或者撤销所属各工作部门的不适当的命令、指示和下级人民政府的不适当的决定、命令；依照前款规定制定规章，须经各该级政府常务会议或者全体会议讨论决定。”第六十一条规定：“乡、民族乡、镇的人民政府行使下列职权：执行本级人民代表大会的决议和上级国家行政机关的决定和命令，发布决定和命令。”以上内容可以看出，我国抽象行政行为的种类有：（1）国务院制定的行政法规以及发布的决定、命令等；（2）国务院各部委、中国人民银行、审计署和具有行政管理职能的直属机构制定的规章；（3）省、自治区、直辖市的人民政府制定的规章；（4）县级以上的地方各级人民政府发布的决定和命令；（5）乡、民族乡、镇的人民政府发布的决定和命令。现实生活中，我国县级以上人民政府所属部门也一定程度上享有在本辖区内发布通知、纪要、命令、公告等的权利。这些通知、纪要、命令、公告可能针对特定事项作出，也可能针对普遍性的事项作出。针对普遍性事项所发布的决定和命令实际上就是行政规则。所以，实际上我国各级行政机关或者行政组织只要具备行政主体资格，就有作出抽象行政行为的法律能力，即有权制定和实施抽象行政行为。

由此可见，我国抽象行政行为体系是由一系列不同行政机关制定和效力等级各不相同的规范性文件构成的。除了国务院制定的行政法规以及国务院各部委、地方人民政府发布的规章外，根据国务院《国家行政机关公文处理办法》，其他抽象行政行为大致可分为13类，即命令、决定、公告、通告、通知、通报、议案、报告、请示、批复、意见、函、会议纪要。显然，这里没有《反垄断法》第三十七条的“规定”一词。“规定”的内涵、外延是什么呢？在我国目前的行政法律法规中，明确“规定”一词的是1999年颁布的《行政复议法》。《行政复议法》第六条虽然将行政复议的范围仅限于具体行政行为，但第七条就纳入行政复议申请范围的抽象行政行为作出了规定：“公民、法人或者其他组织认为行政机关的具体行政行为所依据的下列规定不合法，在对具体行政行为申请行政复议时，可以一并向行政复议机关提出对该规定的审查申请：（1）国务院部门的规定；（2）县级以上地方各级人民政府及其工作部门的规定；（3）乡、镇人民政府的规定。前款所列不含国务院部、委员会规章和地方人民政府规章。规章的审查依照法律、行政法规办理。”可见，这里的“规定”不仅不包括国务院的行政法规，而且还排除了“国务院部、委员会规章和地方人民政府规章”。

根据我国《立法法》的规定，行政法规、行政规章都属于广义上法律的范畴，对它们的监督应按照《立法法》规定的程序和原则进行。根据《立法法》第八十九条，全国人民代表大会常务委员会有权撤销同宪法和法律相抵触的行政法规，有权撤销同宪法、法律和行政法规相抵触的地方性法规，有权撤销省、自治区、直辖市的人民代表大会常务委员会批准的违背宪法和立法法第六十六条第二款规定的自治条例和单行条例；国务院有权改变或者撤销不适当的部门规章和地方政府规章；省、自治区、直辖市人民代表大会有权改变或者撤销它的常务委员会制定的和批准的不适当的地方性法规；地方人民代表大会常务委员会有权撤销本级人民政府制定的不适当的规章；省、自治区的人民政府有权改变或者撤销下一级人民政府制定的不适当的规章。所以，按照《立法法》和《行政复议法》的有关规定，我国《反垄断法》第三十七条中的行政“规定”仅指行政法规、行政规章以外的其他由行政机关制定具普遍约束力的能够反复适用的规范性文件。这些规范性文件在实践中常常被称为“红头文件”，表现为命令、决定、公告、通告、通知、通报、议案、报告、请示、批复、意见、函、会议纪要等形式。

3. 本条规定的重大意义

我国《行政诉讼法》确立了对具体行政行为的司法审查制度。该法第十二条（二）规定：对于因行政法规、规章或者行政机关制定、发布的具有普遍约束力的决定、命令而提起的诉讼，人民法院不予受理。由此将抽象行政行为排除在人民法院的受案范围之外。我国《行政复议法》第七条规定：公民、法人或者其他组织认为行政机关的具体行政行为所依据的下列规定不合法，在对具体行政行为申请行政复议时，可以一并向行政复议机关提出对该规定的审查申请。这说明《行政复议法》虽将部分抽象行政行为纳入了调整范围，但规定不能单独就抽象行政行为提起行政复议，而只是在对某具体行政行为提起复议时，方可将具体行政行为所依据的抽象行政行为一并提起复议。

由于我国的抽象行政行为实际上获得了“司法豁免权”，具有不可诉性，这使那些凭借行政权力，以“规范市场”为借口，以公共机构甚至以政府、人民为名义，以滥用公共权力为手段，披着各种“红头文件”外衣的抽象行政垄断行为得以在我国畅通无阻，为所欲为。目前，我国抽象行政垄断行为在数量上越来越多，这种问题的性质也日趋严重。实际上，造成这种现象的原因主要是抽象行政垄断行为的各种监督机制未能全面、及时、有效地发挥作用。由于目前各部门、各地区都力图通过发布文件来扩大自己的权力，我国很多法律、行政法规把各种规则的制订权授予行政部门，结果就是在现实经济生活中，很多损害市场竞争的“红头文件”在起作用。

如我国《广告法》第三十三条规定：“户外广告的设置规划和管理办法，由当地县级以上地方人民政府组织广告监督管理、城市建设、环境保护、公安等有关部门制定。”这意味县级以上地方人民政府可以就户外广告作出规定，享有户外广告的规划权。但是《广告法》没有就地方人民政府这一抽象行政行为的监督与制约机制作出有效规定，这就为各种地方保护和部门保护提供了可乘之机。在实践中，限制竞争的抽象行政行为比具体行政行为的危害大得多，因为具体行政行为仅针对个别人，给相对人造成的损失是局部的。抽象性行政行为不是针对特定的人和事件，其适用和效力具有反复性，因此可能会给很多人造成损失。

我国有些行政机关特别是一些基层行政机关，习惯使用抽象行政行为违法行事。他们为了本部门、本地区的利益有时甚至为了个人私利而滥发红头文件，其结果不仅使某些企业和个人的利益受到了损害，而且使社会公共利益受到了损害。所以，《反垄断法》把抽象行政垄断行为纳入其规制的范围，这对我国建立自由公平的市场竞争秩序有着极其重大的意义。

第六章　对涉嫌垄断行为的调查

引　　言

本章规定对涉嫌垄断行为的调查，明确了享有调查权的主体是反垄断执法机构，具体列举了反垄断执法机构可以采取的调查措施，并为反垄断执法机构行使调查权规定了一些具体的义务，与此同时，也规定了被调查人的权利和义务，最后还具体规定了承诺制度。

在反垄断法上，要对违法行为进行查处，“查”（调查）是第一步，相对于“处”（处理、处罚）来说，也是更为重要的一步。调查过程，是了解行为的具体信息，并收集证据的过程，只有在成功地完成这个过程的基础上，才能对是否存在违法行为进行认定，并对确实违法的行为给予处罚。

在被有权机关认定为垄断行为之前，有关的行为还不能被称为垄断行为，因为它是否构成垄断行为还处于不确定的状态，从这个意义上讲，“涉嫌垄断行为”这个概念的引入体现了现代法治理念，是十分合理的。

要保障反垄断执法机构对涉嫌垄断行为的调查，关键是处理好下列几组关系：一是反垄断执法机构与被调查人之间的关系；二是反垄断执法机构的调查权力与义务的关系；三是调查过程中反垄断执法机构的主导性与社会公众的参与性之间的关系。

从我国《反垄断法》的具体内容看，这几方面的关系都处理地比较好，既吸收了其他国家（地区）的有益经验，也符合中国国情。例如：在反垄断执法机构与被调查人的关系方面，《反垄断法》既突出了反垄断执法机构的强有力地位，也体现了对被调查人申诉权等相关权利的尊重；在反垄断执法机构的调查权力与义务的关系方面，《反垄断法》既规定了反垄断执法机构广泛的调查权力，也为其设定了依法调查、保守商业秘密、及时公布调查结果等义务；在反垄断执法机构的主导性与社会公众的参与性之间的关系方面，《反垄断法》一方面突显了反垄断执法机构的主导地位，另一方面也为社会公众参与《反垄断法》实施保留了一定的空间。

值得重视的是，《反垄断法》借鉴欧共体竞争法等同类立法的经验，规定了承诺制度，这将有利于提高我国反垄断执法机构的执法效率。

第三十八条　举　　报

反垄断执法机构依法对涉嫌垄断行为进行调查。

对涉嫌垄断行为，任何单位和个人有权向反垄断执法机构举报。反垄断执法机构应当为举报人保密。

举报采用书面形式并提供相关事实和证据的，反垄断执法机构应当进行必要的调查。

本条包含了三款，分别规定了三项内容：一是赋予反垄断执法机构对涉嫌垄断行为的调查权；二是规定对涉嫌垄断行为的举报权；三是规定了反垄断执法机构对举报的处理。

一、反垄断执法机构对涉嫌垄断行为的调查权

1. 反垄断执法机构

根据《反垄断法》第十条的规定，《反垄断法》执法机构包括国务院反垄断执法机构和地方反垄断执法机构。国务院反垄断执法机构是指国务院规定的承担反垄断执法职责的机构。《反垄断法》本身并没有具体明确哪个或哪几个机构承担反垄断执法职责，这有待国务院在以后给予具体规定。地方反垄断执法机构主要指省、自治区和直辖市这一级的反垄断执法机构。根据《反垄断法》的规定，省级机构是指由国务院反垄断执法机构根据工作需要，授权承担有关反垄断执法工作的省、自治区、直辖市人民政府的相应的机构。从目前立法来看，究竟是由已有相关机构还是另行组建新的机构承担这方面的工作，还有待进一步明确。

2. 涉嫌垄断行为

根据《反垄断法》第三条，垄断行为包括：经营者达成垄断协议；经营者滥用市场支配地位；具有或者可能具有排除、限制竞争效果的经营者集中。这里可以看出，“垄断行为”涵盖了《反垄断法》规定的三种规制对象。

涉嫌垄断行为是指具有嫌疑的垄断行为。也就是说，虽然尚没有充分证据证明，也没有经过有关机关的认定构成垄断行为，但反垄断执法机构可以合理怀疑构成了垄断行为。要构成一个嫌疑垄断行为，关键是反垄断执法机构须对垄断行为之存在具有合理的怀疑。判断合理与否虽无确定的客观标准，但一般而言，须具有初步的证据证明垄断行为的存在。

3. 反垄断执法机构对涉嫌垄断行为享有调查权

对于反垄断违法行为调查权的配置，各国通常有两种做法：一是由反垄断执法机构独享；二是由反垄断执法机构与其他机构分享。鉴于垄断案件具有隐蔽性和专业性特征，大多数国家将对垄断案件的调查权交由反垄断执法机构独享。但是，也有少数国家将这方面的调查权交由反垄断执法机构和其他执法机构分享。例如在美国，司法部反托拉斯局通过预先调查发现有进一步调查的必要时，经过批准可以使用联邦调查局的资源，由联邦调查局进行调查。

从我国《反垄断法》第三十八条的规定意旨看，涉嫌垄断行为的调查权是由反垄断执法机构独享的。也即是说，反垄断执法机构对反垄断案件享有专属调查权。这是我国《反垄断法》在配置对垄断行为调查权方面的基本特性。

4. 反垄断执法机构须依法行使对涉嫌垄断行为的调查权

在我国，依法行政已成为行政机关行使行政权力的基本要求。对于涉嫌垄断行为的调查，更须强调依法行政。因此，《反垄断法》第三十八条强调“依法”二字很有必要。反垄断执法机构“依法”行使职权，包含下面两层含义：

一是须依法定职权和法定程序进行调查，不能越权。鉴于涉嫌垄断行为的特殊性，《反垄断法》赋予反垄断执法机构较为广泛的调查权，其中有些属于特殊的调查权。例如，“进入被调查的经营者的营业场所或者其他有关场所进行检查”，这项权力接近公安机关的侦查权；又如“查询经营者的银行账户”，这项权力也只有少数机关可以行使。这些权力对于被调查人的人身和财产权具有较大影响，必须慎重行使。反垄断执法机构必须依照法律规定的内容和程序行使这些权力，不能越权。

二是反垄断执法机构在行使对涉嫌垄断行为的调查权时须履行法定的义务。《反垄断法》第四十一条规定，反垄断执法机构及其工作人员对执法过程中知悉的商业秘密负有保密义务。这里的保密义务属法定义务，对于保护被调查人的利益具有重大意义，反垄断执法机构必须切实履行，否则要承担法律责任。

二、对涉嫌垄断行为的举报权

我国《反垄断法》第三十八条第二款规定：“对涉嫌垄断行为，任何单位和个人有权向反垄断执法机构举报。反垄断执法机构应当为举报人保密。”从这款规定看，我国借鉴了各国反垄断执法实践经验，注意发挥举报在反垄断实施中的重要作用。

垄断行为的主体是非常广泛的。从理论上讲，所有的经营者都有可能从事垄断行为，而且，垄断行为人为规避法律制裁，往往采取隐蔽的手法。因此，单靠反垄断执法机构的有限资源对各种市场的竞争状况进行监控，及时发现所有的垄断行为，这是不可能做到的。为提高反垄断法的实施效果，各国都较为重视利用举报或投诉来发现垄断行为的线索。如日本《禁止垄断法》第45条规定："任何人认为有违法事实发生时，可向公正交易委员会报告其事实，并要求采取适当的措施，而且若报告是以书面形式揭发了具体事实，公正交易委员会就该事件采取适当措施或者不采取措施时，应尽快将有关情况通知该报告者。"欧共体委员会在实施竞争法时也极为重视来自各方面的投诉。投诉在竞争法实施中扮演着重要的角色。

我国对举报权的规定有两个要点：一是规定"任何单位和个人"都有权向反垄断执法机构举报，强调享有举报权的主体的广泛性；二是规定反垄断执法机构应当为举报人保密。尤其是后一项规定具有重要意义。以法律条文的形式规定反垄断执法机构为举报人保密的义务，不仅在其他国家反垄断立法中较为少见，在我国其他立法中也不多见。这项规定对于保护举报人、消除举报人后顾之忧具有很强的针对性。

三、反垄断执法机构对举报的处理

《反垄断法》第三十八条第三款规定，举报采用书面形式并提供相关事实和证据的，反垄断执法机构应当进行必要的调查。这项规定为反垄断执法机构处理举报规定了具体义务。

为举报人保密是保护举报人积极性的一个方面，另一方面，反垄断执法机构对于举报及时给予回复和反应有利于提高社会大众在举报垄断行为方面的积极性。因此，上述规定是合理和必要的。

上述规定包含了以下几方面的要点：

一是反垄断执法机构须对符合条件的举报作出反应，即进行必要的调查；

二是这种举报能够导致反垄断执法机构进行必要调查的条件，包括形式要件和实质要件。形式要件是指举报必须以书面形式。按照有关法律的规定，书面报告、信函、传真、电报、电传、电子数据交换和电子邮件等都属于书面形式。实质要件是指举报必须提供相关事实和证据。这里一个尚待进一步明确的问题是，事实和证据须达到什么程度。根据证明程度不同，这种证据可以是初步证据，也可以是必要证据，还可能是充分证据。举报人由于没有调查权，要求其提供充分或必要证据是不现实的，比较现实的选择是举报人提供初步证据，即能够支撑反垄断执法机构认定存在涉嫌垄断行为的证据，以便它能够展开进一步的调查。

对照日本《禁止垄断法》第四十五条的规定，我国《反垄断法》上述规定是比较保守的，因为我国法律没有规定反垄断执法机构应向符合条件的举报人给予回复的义务。

第三十九条　调查措施

反垄断执法机构调查涉嫌垄断行为，可以采取下列措施：

（一）进入被调查的经营者的营业场所或者其他有关场所进行检查；

（二）询问被调查的经营者、利害关系人或者其他有关单位或者个人，要求其说明有关情况；

（三）查阅、复制被调查的经营者、利害关系人或者其他有关单位或者个人的有关单证、协议、会计账簿、业务函电、电子数据等文件、资料；

（四）查封、扣押相关证据；

（五）查询经营者的银行账户。

采取前款规定的措施，应当向反垄断执法机构主要负责人书面报告，并经批准。

一、概述

本条包含两款，一是关于反垄断执法机构可以采取的调查措施，二是关于反垄断执法机构采取这些措施的程序。

第一款规定的调查措施包含五项：检查营业场所或其他有关场所；询问相关人员并要求说明情况；查阅、复制相关文件、资料；查封、扣押相关证据；查询经营者的银行账户。

垄断行为具有较强的隐蔽性，同时其认定也较为复杂，需要掌握充分的证据。因此，各国反垄断法均授予反垄断执法机构广泛的调查权力。如德国《反限制竞争法》授予联邦卡特尔局五项重要调查权：询问权，查阅权，检查权，搜查权和扣押权。英国1998年《竞争法》也授予公平交易局强大的调查权：一是要求提供具体文件和信息以及要求企业领导和职员进行解释的权力。二是进行突然搜查的权力。公平贸易局可授权调查人员进入公司办公场所，要求并复制文件；对有嫌疑参与非法协议的机构不需要事先通告就可以进入搜查；如果家庭居所保存有商业文件，也可以进入。三是公平贸易局认为文件被拒绝提供或可能被隐藏或损毁时，可向法官申请搜查令。在这种情况下，还可以使用合理强制力，例如扣押文件。我国《反垄断法》第三十九条第二款尽管是使用了“措施”一词，实际上也是为反垄断执法机构规定广泛的调查权力，这些权力为反垄断执法机构的执法活动提供了坚实基础。

二、检查营业场所或其他有关场所

《反垄断法》第三十九第一款第一项规定，反垄断执法机构可以进入被调查的经营者的营业场所或者其他有关场所进行检查。该项规定赋予了反垄断执法机构检查经营者的营业场所或者其他相关场所的权力。

1. 检查

检查是一种行政强制措施。要理解检查的含义，必须将检查与搜查进行区分。(1) 从法律上看，“搜查”是指侦查人员依法对犯罪嫌疑人以及可能隐藏罪犯或者罪证的人的身体、物品、住处和其他有关地方进行搜寻和检查的一种侦查行为；“检查”则不具有特定的法律含义。(2) 从行为方式和强度看，“搜查”可以打开箱柜翻看、查找，具有较大强度；“检查”则限于对摆放于表面上的目标物进行查看、复制，不允许翻看、查找，强度上明显弱于“搜查”。(3) 从行为主体看，搜查权是一项专属权，我国《刑事诉讼法》严格限定搜查权的主体是侦查人员，包括公安机关、国家安全机关的侦查人员以及人民检察院自行侦查案件的侦查人员。可见，其他行政执法人员不具备这一权力，部分行政执法机关拥有的类似权力只是检查权。(4) 从行使程序上看，搜查证由司法机关签发，并严格依照法律规定的程序进行；检查证则是由行政执法机关签发，其行使程序在法律上并无明文规定。

在反垄断法领域，有的执法机构拥有搜查权，例如英国公平贸易局。有的执法机构只有检查权，如日本公平交易委员会。我国《反垄断法》明确规定反垄断执法机构拥有的只是检查权，而不是搜查权。

在我国，并非所有的行政机关都享有检查权。按照现行法律规定，只有烟草专卖机关、税务机关等部分行政机关享有该项权力。因此，反垄断执法机关被赋予检查权，显示反垄断执法机关具有特殊的地位。

2. 经营场所与其他场所

经营场所是指经营者用来开展经营行为的场地和处所，包括办公室、经营店面等，经营场所与经营者的经营行为具有直接的相关性。

其他场所是指除经营场所以外的与经营行为或者垄断行为具有一定联系的场所。由于法律没有明文规定哪些场所属于“其他场所”，因此，其含义较具弹性，需要根据具体情形给予具体理解。在这个方面，值得重视的是自然人住所可否被列入其他场所的范围。这个方面，我们可以借鉴欧共体委员会的执法经验。在欧共体委员会的实践中，企业经营场所以外的其他场所可以包括企业董事、经理及其他雇员的住所，前提条件是欧共体委员会有合理理由怀疑这些住所存在与企业经营活动及调查对象有关的账簿、纪录等文件、资料。在我国，在满足一定前提条件下，企业董事、经理及其他雇员的住所也可被纳入其他场所的范围。实践中，有些经营者住在店面或仓库里，尽管它们不是单独的空间，不能视为住所，但反垄断执法机构可以进入进行检查。

值得指出的是，由于检查权的行使牵涉到对经营者财产权利和人身权利的限制，理解“其他场所”时应当从严把握，不得随意将经营者的住所纳入“其他场所”的范围。

3. 进入方式

对被调查经营者的经营场所或其他场所进行检查，首先得要进入这些场所。进入方式是否需要加以限制，这也是法律应当明确的问题。

与此相关的第一个问题是，反垄断执法机构进入这些场所是否需要经过被调查者的同意。由于调查活动的指向是处理和制裁，并且调查活动本身会给被调查者带来不便和不利，在没有强制的情况下，被调查者一般是不会自愿同意受到检查的。因此，一方面，反垄断执法机构进入相关场所进行检查不应以被调查者的同意为前提。另一方面，既然检查属于行政强制措施的一种，是以强制性为基本特征，因此也无须取得被调查者的同意。

与此相关的第二个问题是，如果被调查人不在现场或者暂时不能与被调查人取得联系，反垄断执法机构是否可以破门而入进行检查？从立法目的看，回答应该是肯定的。因为，一方面，如果不允许反垄断执法机构破门而入，将会使反垄断执法机构的检查遭遇无法避免的障碍，使该项规定的目的落空。另一方面，为防止侵害被调查人的合法权益，避免纠纷，需对破门而入的检查设定严格的限制。在这个方面，我们可以借鉴英国的相关经验。英国 1998 年《竞争法》第 29 条规定了公平贸易局执法人员这种情况下进行搜查须履行的程序：即在任何情况下都必须采取合理措施向房屋的占有者发出即将进行搜查的通知；如果通知送达给房屋占有者，还应该给予房屋占有者或其代理人合理的到场机会；如果不能通知房屋占有者，执法人员完成搜查后，须在房屋的醒目位置留下搜查令复印件。此外，根据该法第 28 条，执法人员完成搜查离开时，应将该房屋的安全情况维持为进入时的状态。

三、询问相关人员并要求说明情况

《反垄断法》第三十九条第一款第二项规定，反垄断执法机构可以询问被调查的经营者、利害关系人或者其他有关单位或者个人，要求其说明有关情况。该项规定赋予反垄断执法机构询问相关人员并要求说明相关情况的权力。

对本项的理解，需要明确三个问题：（1）何种询问方式？例如是否可以传唤？（2）被询问人员的范围什么。

1. 询问方式

询问，又叫行政询问，是国家行政机关对尚未构成犯罪的案件，为了获取当事人、见证人提供的有关情况，依照行政法规的规定，所进行的一种调查和查询活动。行政询问仅是一种调查措施或手段，其目的是了解当事人的相关活动，为以后对案件的审理和判断提供依据。行政询问不同于司法机关的讯问。行政询问是行政机关对不构成犯罪事件在行政执法过程中的调查行为，其询问的对象是犯罪嫌疑人以外的一般被调查人。讯问则是依据《刑事诉讼法》的规定，由司法机关对涉嫌犯罪人员开展的侦察或调查取证活动。讯问具有强制性，询问则不带强制性，这是二者最重要的区别。

询问的非强制性在欧共体竞争法中有明确规定。根据《欧共体 1/2003 号条例》第 19 条的规定，为完成该条例所赋予的职责，欧共体委员会可以会见任何自然人或法人，以收集相关的信息。但是，这个会见须经对方同意。会见开始时，委员会还应当声明这个会见是自愿的。

询问既然不具有强制性，反垄断执法机构就不能强制被调查人予以答复。被调查人拒绝回答的，反垄断执法机构不能采用传唤的方式强制被调查人予以答复。

反垄断执法机构询问时，应当采用对被调查人较为便利的方式，在被调查人较为方便的地方进行，而不能强制被调查人到反垄断执法机构的办公地点接受询问。

本项规定与《反垄断法》第五十二条有紧密的联系。《反垄断法》第五十二条规定：“对反垄断执法机构依法实施的审查和调查，拒绝提供有关材料、信息，或者提供虚假材料、信息，或者隐匿、销毁、转移证据，或者有其他拒绝、阻碍调查行为的，由反垄断执法机构责令改正，对个人可以处二万元以下的罚款，对单位可以处二十万元以下的罚款；情节严重的，对个人处二万元以上十万元以下的罚款，对单位处二十万元以上一百万元以下的罚款；构成犯罪的，依法追究刑事责任。”这条规定应当正确理解，不能将《反垄断法》第三十九条第一款第二项与之相联系，不能将拒绝反垄断执法机构询问的行为看作是《反垄断法》第五十二条中“拒绝提供有关材料、信息”的行为。

2. 被询问人的范围

根据《反垄断法》第三十九条第一款第二项的规定，可被询问的人员包括三类：一是经营者，二是利害关系人，三是其他有关单位或个人。

根据《反垄断法》第十二条的规定，经营者“是指从事商品生产、经营或者提供服务的自然人、法人和其他组织。”但是，《反垄断法》第三十九条所指的经营者是涉嫌从事了垄断行为的经营者。

利害关系人，是指与涉嫌垄断行为具有利益正负相关关系的人，包括从事涉嫌垄断行为的经营者以外的可从涉嫌垄断行为中获取利益的人，也包括因为涉嫌垄断行为而使其利益受损的人。以价格歧视行为为例，获得优惠价格条件的购买方或销售方属于得利方，而获得不利价格条件的购买方或销售方则属于利益受损方，但他们都属于利害关系人。

其他有关单位或个人是指除上述第二种情形以外的与涉嫌垄断行为有关的单位或个人，或者掌握相关证据的单位或个人。

四、查阅、复制相关文件、资料

《反垄断法》第三十九条第一款第三项规定，反垄断执法机构可以查阅、复制被调查的经营者、利害关系人或者其他有关单位或者个人的有关单证、协议、会计账簿、业务函电、电子数据等文件、资料。该项规定赋予反垄断执法机构查阅、复制相关文件、资料的权力。

反垄断执法机构发现和制裁垄断行为的关键是获取违法证据。但是，基于现代经营活动的特点，垄断行为的违法证据往往隐藏在违法者经营过程中大量的文件和资料中。如果执法机构不能查阅相关文件、资料，将很难获取认定和制裁垄断行为的证据，因此，该项规定对于反垄断执法机构具有重大的实践意义。正因为如此，很多国家赋予反垄断执法机构获取这些文件和资料所必要的权力。如英国1998年《竞争法》第26条明确规定，公平贸易局总局长可以要求任何人提供指定的文件或者与调查有关的任何信息，总局长有权复制或摘录这些文件。

与英国《竞争法》不同，我国《反垄断法》第三十九条第一款第三项没有具体规定反垄断执法机构有要求有关主体提供相关文件、资料的权力，而提供文件、资料是查阅和复制文件、资料的前提。对于这一点，我们不能确定这是我国《反垄断法》的缺失，还是立法者认为要求提供文件、资料的权力已被包含在《反垄断法》第三十九条第一款第三项或者本条其他各项规定中。这有待于今后制定《反垄断法》实施条例时予以明确。

本项规定的查阅，是指查看、阅览；复制，是指采取复印、拍照或人工抄录、摘录的方式制作文件、资料的备份。由于《反垄断法》第三十九条第一款第四项赋予了反垄断执法机构有扣押证据的权力，本项规定中的查阅、复制应是在不脱离文件、资料保管者的掌控的条件下进行的查阅和复制。

五、查封、扣押相关证据

1. 查封证据

查封是指行政主体对相对人的财物予以查实、封存，以待行政决定作出后加以处理的行政强制措施。在我国，有权采取查封措施的行政主体很多，但是关于这一措施的法律、法规却很少，只有《税收征收管理法》和《商标法实施细则》等法律、法规中有少量规定。《反垄断法》明文规定查封措施，这为我国行政强制法增添了一项新内容。

一般而言，查封的目的主要有二：一是保存证据，二是防止相对人转移和处置财物。从《反垄断法》第三十九条第一款第四项的规定看，反垄断执法机构采取查封措施的目的是为了保存证据。因为一经反垄断执法机构查封，被调查人就不得对封志予以开拆或毁弃。

《反垄断法》第三十九条第一款第四项只规定查封的对象为“相关证据”，但“相关”的范围不明确。从事涉嫌垄断行为的经营者掌握的证据应被查封，这应无疑义。但是，其他主体掌握的证据是否也应被查封呢？以行政法理而言，答案应是否定的。因为查封是一种行政强制措施，会对行政相对人造成不利，从事涉嫌垄断行为的经营者以外的其他主体既然没有从事行政违法行为的嫌疑，就不应对其适用行政强制措施。对其他主体掌握的证据，反垄断执法机构应尽量采取复制的方式加以掌握和保存；对于不能复制的证据，应尽量获取证据掌控者的配合，在反垄断执法机构需要时，提供这些证据。

另外，查封行为还应受到其他一些限制。欧共体竞争法为欧共体委员会实施查封规定了“一定时期、一定范围”的限制。“一定时期”是指查封必须有一定期限，只要达到了执法目的，就应及时解除查封；“一定范围”是指查封必须限制在执法所必要的范围。比如，如果只须查封一间办公室，就不能将整个公司或工厂都予以查封。欧共体竞争法的这种做法值得我们借鉴。总的来讲，反垄断执法机构采取查封的措施必须是执法所必要的，否则就有违行政执法的合理原则。

2. 扣押证据

扣押，也是一种行政强制措施，是指行政主体将行政相对人的财物脱离行政相对人的掌控而归行政主体掌控。被扣押的物品，可能是可以证明行政违法行为的证据，或者实施行政违法行为的工具、违禁物品、违法所得，也可能是具体行政行为生效后的执行对象。从《反垄断法》第三十九条第一款第四项的规定看，反垄断执法机构行使扣押权的目的是获得和保存证据。

反垄断执法机构行使扣押权，须严格按照法定程序进行，例如须经过批准，签发扣押证明文件交被扣押物的所有人或保管人。当被扣押的理由消失后，还应当及时解除扣押，将被扣押物交还给所有人或原保管人。

与查封一样，扣押也具有强制性，会对被扣押物品的所有人或保管人造成不利。因此，扣押措施应当慎用。一方面要严格限制其适用范围，即只能适用于违法嫌疑人掌握的证据，而不能适用于其他主体掌握的证据。即使对于违法嫌疑人掌握的证据，也应尽量避免适用扣押措施。

六、查询经营者的银行账户

我国法律对查询银行账户有严格限制。《商业银行法》第二十九条第二款规定："对个人储蓄存款，商业银行有权拒绝任何单位或者个人查询、冻结、扣划，但法律另有规定的除外"，该法第三十条规定：对单位存款，商业银行有权拒绝任何单位或者个人查询，但法律、行政法规另有规定的除外；有权拒绝任何单位或者个人冻结、扣划，但法律另有规定的除外。根据我国现行法律，人民法院、人民检察院、国家安全、海关、税务、监察等机构或部门有权查询个人银行账户；人民法院、人民检察院、国家安全、海关、税务、监察、审计、物价、工商行政管理、人民银行、外汇管理等机构或部门有权查询单位银行账户。《反垄断法》授予反垄断执法机构查询经营者银行账户的权力，这显示反垄断执法机构在执法权配置方面受到了较高重视。

经营者，既包括自然人，也包括法人和其他组织。因此，反垄断执法机构查询银行账户的权力包括查询个人银行账户和单位银行账户的权力。

反垄断法执法机构查询经营者的银行账户，除了遵守相关的程序规定外，还应该注意为经营者保密，而且不得将查询所得的信息用于与反垄断执法无关的事项。

七、采取调查措施的程序条件

《反垄断法》第三十九条第二款规定："采取前款规定的措施，应当向反垄断执法机构主要负责人书面报告，并经批准。"该款为反垄断执法机构采取调查措施规定了程序条件。

该款规定的程序条件具体包括两个方面：一是向反垄断执法机构主要负责人书面报告；二是须经过批准。对这两个方面的理解，主要应把握以下几点：

一是由调查人采取书面形式向反垄断执法机构主要负责人提出报告。报告内容应包含调查人、被调查人的基本情况、调查事项、调查目的、调查时间、调查措施等，采用书面形式以外的形式或者向反垄断执法机构以外的其他人作出报告都是与法不符的。

二是报告须经批准。有权批准的人是反垄断执法机构的主要负责人，其他人不能行使批准权。此外，从法律条文的语境看，批准应采取书面形式，而不能是口头批准。

三是报告和批准都应事先进行。为规范调查措施的使用，避免使本款规定的程序落入形式，应强调事先报告和事先批准。也即是说，应在采取调查措施前作出报告并经批准，而不能在调查过程中或者调查过程后再进行报告，或批准认可。

上述程序条件实际是对反垄断执法人员采取调查措施的一种限制。《反垄断法》第三十九条第一款规定的调查措施都对被调查人或有关主体的权利形成了一定的限制，因此必须慎重使用。

第四十条　调查规则

反垄断执法机构调查涉嫌垄断行为，执法人员不得少于二人，并应当出示执法证件。

执法人员进行询问和调查，应当制作笔录，并由被询问人或者被调查人签字。

本条规定了反垄断执法机构调查涉嫌垄断行为的基本程序要求。共包括两款：第一款规定反垄断执法机构调查涉嫌垄断行为时，执法人员最低人数的要求以及执法人员出示执法证件的要求；第二款规定执法人员进行的询问和调查应制作笔录。

《反垄断法》第四十条所指的反垄断执法机构是行政机构，因此其调查行为属行政执法行为。这种情况下，其他行政法律、法规对于行政执法行为的一般要求，反垄断执法机构应当遵守，《反垄断法》没有必要对这些行政行为进行重复立法。但是，本条两款规定对于反垄断执法机构的调查具有特殊的重要意义，《反垄断法》对它们作出规定是很必要的。

执法人员不得少于二人的规定，应被看做反垄断执法机构调查涉嫌垄断行为时的基本要求。民间有句俗语，“一人为私，二人为公”。大凡调查取证工作，一般都应两人以上共同完成，这是一种预防造假、增加调查公信力的有效程序。因此，如果反垄断执法机构的调查是由一名执法人员进行，被调查人可以拒绝接受调查；另外，反垄断执法机构仅通过一名执法人员的调查获得的证据不能具有证明力。

第一款中关于出示执法证件的规定，以及第二款中关于制作笔录的要求，这都是行政执法的基本要求，无须多述。

第四十一条　保密义务

反垄断执法机构及其工作人员对执法过程中知悉的商业秘密负有保密义务。

本条规定反垄断执法机构及其工作人员保守商业秘密的义务。

根据我国《反不正当竞争法》第十条的规定，商业秘密，是指不为公众所知悉、能为权利人带来经济利益、具有实用性并经权利人采取保密措施的技术信息和经营信息。技术信息和经营信息，包括设计、程序、产品配方、制作工艺、制作方法、管理诀窍、客户名单、货源情报、产销策略、招投标中的标底及标书内容等信息。商业秘密能够为权利人带来现实的或者潜在的经济利益或者竞争优势，有时甚至是权利人维持正常经营的基础，因此，法律对商业秘密给予严格保护。

由于垄断行为一般具有较强的隐蔽性，反垄断执法机构要想获得有关垄断行为的证据，必须全面掌握和分析经营者的经营信息，有时甚至还要了解和掌握利害关系人以及其他单位或个人的经营信息，这些信息可能涉及商业秘密。如果不规定反垄断执法机构对于这些商业秘密的保密义务，极易造成商业秘密的泄露或扩散，损害权利人的利益，同时也会使被调查人出于保护商业秘密的目的，拒绝或抵制反垄断执法机构的调查。因此，很多反垄断法都有保护商业秘密的规定。如《欧共体1/2003号条例》第八章详细规定了欧共体委员会的保密义务。英国1998年《竞争法》第五十五条规定，公平贸易局的调查人员获得的有关信息，除特殊情形外，不得披露。

对本条的理解，重点是界定负保密义务的主体范围和保密的程度。在这些方面，必须坚持从严的原则。

负保密义务的主体范围既包括反垄断执法机构本身，也包括具体案件的调查人员和审理该案人员，还包括反垄断执法机构中没有承担对具体案件进行调查和审理但掌握相关商业秘密的人员，甚至包括协助反垄断执法机构执法工作的人员，如提供专家咨询的人员等。

保密程度应以执法目的为限。这即是说，仅当根据执法目的必须使用商业秘密时，才能使用，且其程度不得超过为满足执法目的所必要的界限。在实践中，反垄断执法机构一方面要尽量限制接触商业秘密的人员的范围，另一方面还要避免在案件审理以及公布处理决定等环节中泄露商业秘密。

为落实本条规定，我们还应当借鉴欧共体竞争法的经验，允许被调查人提出具体的保密要求，由被调查人指明其所提交的资料、信息中哪些是保密的，哪些是可以公开的，并说明保密理由。反垄断执法机构也可以主动要求被调查人说明这些情况。

第四十二条　被调查人义务

被调查的经营者、利害关系人或者其他有关单位或者个人应当配合反垄断执法机构依法履行职责，不得拒绝、阻碍反垄断执法机构的调查。

本条规定被调查的经营者、利害关系人或者其他有关单位或者个人配合反垄断执法机构调查的义务。

维护社会公共利益是反垄断法的重要目标，我国《反垄断法》第一条也表明了这一点。因为反垄断执法是维护社会公共利益的需要，它理应得到社会公众的支持和配合。因此，《反垄断法》将配合反垄断执法机构依法履行职责明确规定为有关主体的义务，有其合理性。日本《禁止垄断法》也有类似的规定。根据该法规定，日本公平交易委员会的调查人员进行正式调查时有权采取强制调查权，包括要求与案件有关的人员在指定的时间、指定的地点接受调查或者提交有关的证据，要求专家出席并作出证明，要求持有者提交账本、文件和其他资料等。

理解本条规定时，应当把握以下两点：

第一，被调查的经营者、利害关系人或者其他有关单位或者个人都有配合反垄断执法机构依法履行职责的义务，都不得拒绝、阻碍反垄断执法机构的调查，但不同主体关于这一条的义务是有区别的。我国《反垄断法》第三十九条规定的五种调查措施可全部适用于被调查的经营者，即当反垄断执法机构对他们采取这些措施时，他们都必须予以配合，不得拒绝和阻碍。《反垄断法》明确规定可对利害关系人或者其他有关单位或者个人采取的调查措施有两种，一是询问，二是查阅、复制相关文件、资料，当反垄断执法机构采取这两种调查措施时，利害关系人或者其他有关单位或者个人也应当给予配合，不得拒绝和阻碍。但《反垄断法》第三十九条第一款第四项规定的查封、扣押相关证据的调查措施可否针对利害关系人或者其他有关单位或者个人，尚不明确。因此，利害关系人或者其他有关单位或者个人是否有义务配合反垄断执法机构的查封、扣押行为，有待立法者作出明确的规定。

第二，仅当反垄断执法机构依法履行职责和依法进行调查时，被调查的经营者、利害关系人或者其他有关单位或者个人才负有配合的义务，对于反垄断执法机构不合法的调查行为，无论是被调查的经营者，还是利害关系人或者其他有关单位或者个人，都有权拒绝。反垄断执法机构在履行职责和进行调查时，既要遵守《反垄断法》本身的规定，也须遵守其他法律法规的原则和要求。

第四十三条　被调查人陈述权

被调查的经营者、利害关系人有权陈述意见。反垄断执法机构应当对被调查的经营者、利害关系人提出的事实、理由和证据进行核实。

本条规定被调查的经营者、利害关系人的陈述权。

陈述权也可以理解为解释权、答辩权，是指被调查的经营者、利害关系人有权向反垄断执法机构表达自己的观点和主张，必要时可以提出证据予以证明。陈述既可发生在反垄断执法机构的调查阶段，也可以发生在反垄断执法机构对是否存在垄断行为进行认定的过程中，还可以发生在反垄断执法机构对已被认定的垄断行为作出制裁决定的过程中。

陈述权在反垄断法中具有重要意义。从反垄断执法机构的角度来看，陈述权的规定有利于反垄断执法机构听取更加广泛的意见，获得更多的信息，也有利于反垄断执法机构与被调查、被处罚的经营者之间进行沟通，减少执法阻力；从被调查、被处罚的经营者的角度来看，陈述权为经营者提供了一个解释、辩论的渠道，有利于维护其利益。

基于陈述权的重要性，很多反垄断法对此作出明确的规定。尤其值得提出来的是，美国、日本等国的反垄断法引入了准司法权的运行框架，规定了行政审理程序，以此保证被调查的经营者的合法权益。例如，日本反垄断法设立了行政审判程序，也被简称为审判程序。它是指公正交易委员会作出行政决定前，在听取受处分方答辩的同时，为认定事实而事先进行听证的一种方式。这种审判程序与法院的审判程序有区别，也有共同点。最大的区别是，这种审判程序是由公正交易委员会实施的，性质上不属于司法程序。但另一方面，这种程序与法院的审判模式却又基本相同。根据《禁止垄断法》，公正交易委员会的行政审判与法院审判一样，采取当事人主义构造，而不是通常行政执法中的纠问模式。纠问模式是行政机构和当事人两方面的关系，处于主导地位的是行政机构。法院审判中的当事人主义构造则与此不同，它强调对当事人在程序中权利的尊重，体现的是原告（公诉机关）、被告和审判机关三方主体之间的关系。在这三方关系中，原告（公诉机关）与被告进行辩论，审判机关则处于居中裁判的地位。日本公正交易委员会的行政审判也是三方面关系，即担当公诉职能的行政审查官与行使防御权的被告处于对立地位，公正交易委员会则居中进行审查审判。在这种程序中，被告可行使广泛的权利，可以委托律师或者由公正交易委员会委托适当人员作其代理人，被处分人及其代理人在审判之时，可以陈述公正交易委员会就该事件责令采取的排除措施或责令缴纳相关法律条文规定的课征金为不正当的理由，而且能够行使多方面的防御权，包括：提出证明材料；要求公正交易委员会讯问必要的参考人；要求公正交易委员会责令鉴定人进行鉴定、责令账簿文书及其他物品持有人提交该物品；要求公正交易委员会进入必要的场所检查财产的状况、账簿文书或其他物品；对公正交易委员会责令到场的参与人或鉴定人进行讯问等。

有些国家没有引入准司法权的框架来保障被调查者、被处理者的陈述权，但也采用较为简洁的方式规定了陈述权。如英国 1998 年《竞争法》明确规定，公平贸易局在正式立案之后就应该书面通知相关企业，说明企业的哪些行为涉嫌违法，并说明理由。书面通知的意义就在于确定立案对象，给予相关企业听证的机会。在公平贸易局调查、评估的过程中，相关企业也享有听证权。公平贸易局应保障企业的这种权利，使其可以陈述意见，凡未经企业听证的事项，不得对之作出决定，更不得给予处罚。

我国《反垄断法》只为被调查的经营者、利害关系人规定了陈述权，而本章其他几条中出现的“其他单位或者个人”并没有被授予陈述权，这一点并非立法者的疏失，而是合理的处理。因为“其他单位或个人”与被调查的涉嫌垄断行为之间不存在利害关系，不需要陈述意见。

本条规定在反垄断执法中具有重要意义，但目前的规定还稍显简略，可操作性不够，有待于将来的实施条例中进一步具体化，使其便于操作。

第四十四条　公告决定

反垄断执法机构对涉嫌垄断行为调查核实后，认为构成垄断行为的，应当依法作出处理决定，并可以向社会公布。

本条规定反垄断执法机构在完成对涉嫌垄断行为的调查后的处理办法。

反垄断执法机构经过对涉嫌垄断行为的调查，获得相关资料、信息，就可以在此基础上对是否构成垄断行为进行认定，其结果无外乎两种：要么构成垄断行为，要么不构成垄断行为。认定不构成垄断行为的，反垄断执法机构对该涉嫌垄断行为的处理程序就完成了。认定构成垄断行为的，反垄断执法机构就须考虑对该行为的处理：是否对该行为给予制裁，如果需要给予制裁，给予什么样的制裁？

反垄断执法机构对涉嫌垄断行为调查核实后，认定构成垄断行为的，不论是否给予制裁，也不论给予什么样的制裁，都应依法作出处理决定。处理决定应以书面形式作出，其内容至少应包括以下几个方面：被处理者的基本情况；认定构成垄断行为所依据的事实和证据；对是否给予制裁及给予何种制裁的决定；被处理者的救济权利及途径等。

反垄断执法机构的处理决定可以向社会公布，这也意味着可以不向社会公布，公布与否由反垄断执法机构决定。反垄断执法机构作出是否公布的决定时应考虑公布处理决定是否符合公共利益的需要，是否会损害被处理者的合法权益，例如是否会泄露被处理者的商业秘密等因素。反垄断执法机构决定予以公布的，公布的方式也由其决定，可以刊登在相关出版物上，也可以公布在相关网站上，还可以在某些会议上予以公布。

第四十五条　被调查人的承诺

对反垄断执法机构调查的涉嫌垄断行为，被调查的经营者承诺在反垄断执法机构认可的期限内采取具体措施消除该行为后果的，反垄断执法机构可以决定中止调查。中止调查的决定应当载明被调查的经营者承诺的具体内容。

反垄断执法机构决定中止调查的，应当对经营者履行承诺的情况

进行监督。经营者履行承诺的，反垄断执法机构可以决定终止调查。

有下列情形之一的，反垄断执法机构应当恢复调查：

（一）经营者未履行承诺的；

（二）作出中止调查决定所依据的事实发生重大变化的；

（三）中止调查的决定是基于经营者提供的不完整或者不真实的信息作出的。

本条规定反垄断执法机构可以在被调查的经营者作出承诺时中止对涉嫌垄断行为的调查。

一、概述

本条共包含三款：第一款规定反垄断执法机构作出中止调查的前提条件和基本要求；第二款规定反垄断执法机构应当对经营者的履行承诺情况进行监督，并可作出终止调查的决定；第三款规定反垄断执法机构作出中止调查决定后恢复调查的情形。

以被调查者的承诺为前提中止对涉嫌垄断行为的调查属于反垄断法中的非正式处理方式。在反垄断法上，对案件的处理有正式和非正式两种处理方式。正式方式是指根据反垄断法的规定，由反垄断执法机构在完成对涉嫌垄断行为的调查后，对是否构成垄断行为和是否给予制裁及给予何种制裁作出正式处理决定。非正式处理方式则是指在反垄断执法机构完成调查之前，或者在作出正式处理决定之前，以被调查人、被处理人承担一定义务为前提，反垄断执法机构中止对涉嫌垄断行为的调查或处理。

与正式处理方式相比，反垄断法中的非正式处理方式具有结案效率高、处理结果易被执行等优点，因而受到了各国反垄断法的青睐。

例如，日本《禁止垄断法》不仅引入了非正式处理方式，还规定了劝告审决和同意审决这两种临时措施。所谓劝告制度，是指对于从事了某些反垄断违法行为的人，由公正交易委员会劝告其采取适当的措施。如果被劝告的人接受公正交易委员会的劝告，则委员会可以不经过审判程序作出与劝告内容相同的审决，即劝告审决。所谓同意审决，是指公正交易委员会作出审判开始决定书后，如果被审人同意开始决定书记载的事实及法律适用，并以书面形式向公正交易委员会申请不经过其后的审判程序而接受审决，并提交记载有排除该违法行为或保证排除该违法行为或者使处于垄断状态的商品或劳务恢复竞争所应采取具体措施内容的计划书的，公正交易委员会如认为适当，可以不经过其后的审判程序而作出与该计划书记载的具体措施内容相同的审决。

欧共体竞争法更是明确规定了承诺（Commitments）制度。欧共体竞争法中的承诺制度主要体现为《欧共体部长理事会2003年第1号条例》的两处规定之中：

一是该条例序言第13条。该条为承诺制度确定了基本原则和框架，包括四项具体内容：（1）在审理一个可能会被禁止的协议或者行为的过程中，企业如果向欧共体委员会作出与这个禁止相关的承诺，委员会可以作出使该承诺对企业构成有效约束的决定；（2）欧共体委员会的决定应当指明，如果不能明确判定是否一直存在或现在存在违法行为时，委员会没有理由采取这样的行动；（3）委员会的决定不损害成员国竞争主管机构和法院对该案件作出认定或者决定的权力；（4）委员会的决定不适宜于委员会将处以罚款的案件。

二是正式条文的第9条。该条规定了承诺制度的具体操作规则，包括三项内容：一是规定了承诺制度适用的条件，即欧共体委员会打算作出制止违法行为的决定时，如果相关企业作出承诺可以解除委员会对之初步判断中所表明的担忧，委员会可以作出决定使这些承诺对企业具有约束力；二是规定了委员会接受承诺的法律效果，即当委员会接受承诺并作出与之相关的决定后，这个决定可适用于某个特定期间，其结论是委员会再没有理由对之采取行动；三是规定了委员会重新启动程序的条件，即委员会可基于请求或根据自己的调查，在下列情况下重新启动程序：（1）据以作出决定的事实有实质性的变化；（2）企业违背其承诺；（3）决定是基于当事人提供的不完整、错误或者误导性的信息而作出。

我国《反垄断法》第四十五条规定的非正式处理方式的核心是以被调查者作出承诺换取反垄断执法机构的中止调查决定，其目的主要是为反垄断执法机构设立一种快速处理案件的途径。与欧共体的有关立法进行比较后我们可以发现，我国《反垄断法》规定的承诺制度与欧共体竞争法中的承诺制度具有高度的相似性。

二、被调查的经营者的承诺与反垄断执法机构的中止调查决定

1. 被调查的经营者的承诺

根据我国《反垄断法》第四十五条第一款的规定，反垄断执法机构作出中止调查的决定是以被调查的经营者作出承诺为前提的，即被调查的经营者必须先承诺在反垄断执法机构认可的期限内采取具体措施消除涉嫌垄断行为的后果，反垄断执法机构才可以决定是否中止调查。因此，被调查的经营者的承诺在其中起着关键作用。

被调查的经营者的承诺必须符合法定要求，即："在反垄断执法机构认可的期限内采取具体措施消除该行为后果"。这句话包含下列三层意思：

第一，"在反垄断执法机构认可的期限内"。被调查的经营者承诺采取具体措施消除涉嫌垄断行为的后果，必须是在反垄断执法机构认可的期限内采取具体措施并消除涉嫌垄断行为的后果。之所以要规定必须在反垄断执法机构认可的期限内采取措施消除涉嫌垄断行为的后果，是为了及时遏止涉嫌垄断行为的不利影响，达到迅速恢复正常竞争环境的目的。《反垄断法》引入以承诺换中止调查的机制，就是为了以较为迅捷的手段来规制垄断行为。如果不强调及时性，以承诺换取中止调查的制度目标就会落空。当涉嫌垄断行为已经存在，其对市场竞争的不利影响已经产生并延续，这时候反垄断执法机构的首要目的就是迅速遏止涉嫌垄断行为，消除其不利影响。

第二，"采取具体措施"。在这里，立法者强调的是措施的"具体性"，以及隐藏在"具体性"后面的"可行性"要求。也就是说，被调查者承诺采取的措施必须是具体的，可行的，而不是空泛的，不可行的。

要采取"具体措施"，还意味着被调查者必须针对不同类型的涉嫌垄断行为采取不同的措施。我国《反垄断法》规定了三种涉嫌垄断行为，即：(1) 经营者达成垄断协议；(2) 经营者滥用市场支配地位；(3) 具有或者可能具有排除、限制竞争效果的经营者集中。对于第 (1) 类行为，被调查的经营者应当采取的具体措施主要是终止或退出垄断协议，如果垄断协议已经实施并造成一定不利后果的，还需采取措施消除这些不利后果。对于第 (2) 类行为，被调查的经营者应当采取的具体措施主要是停止滥用市场支配地位，使其行为模式恢复到竞争环境下的行为模式，如果滥用行为已经造成一定不利后果的，要采取赔偿损失等手段消除这些不利后果。对于第 (3) 类行为，被调查的经营者应当采取的具体措施则主要是停止进行经营者集中，已经达到或部分达到经营者集中目的的，要采取拆分企业、转让股份或其他资产的方式恢复到集中以前的状态。

第三，"消除该行为的后果"。这项要求强调的是被调查的经营者采取的具体措施必须要能消除涉嫌垄断行为的后果，也就是强调"具体措施"与"消除后果"之间必须具有直接的相关性，在手段和目的之间存在紧密的连接。毫无疑问，这里所指的"后果"，应是指不利后果，消极后果。涉嫌垄断行为的存在，有可能造成了一定的不利后果，也有可能尚未造成一定的不利后果，对于已经造成了一定的不利后果的，被调查的经营者作出的承诺中必须包含能够消除不利后果的措施。

此外，要构成一项有效承诺，也要注意作出承诺的时间，即须在反垄断执法机构已经开始对涉嫌垄断行为的调查但还没有完成调查前作出。由于承诺的目的是为了使反垄断执法机构作出中止调查的决定，因此，作出承诺的时间必须是在反垄断执法机构已经开始对涉嫌垄断行为的调查但还没有完成调查前。但反垄断执法机构完成调查后，已经不存在中止调查的问题，被调查的经营者在这时候再作出承诺已经没有意义。这一点虽然没有明确规定在《反垄断法》中，但应是属于可以通过逻辑推理得出的结论。

2. 反垄断执法机构的中止调查决定

《反垄断法》第四十五条第一款规定，当被调查的经营者作出承诺后，"反垄断执法机构可以决定中止调查。"中止调查，是指反垄断执法机构暂时停止对涉嫌垄断行为的调查。中止调查的后续发展可以是终止调查，也可以是恢复调查。

即使被调查的经营者作出了承诺，反垄断执法机构也并非必须作出中止调查的决定，反垄断执法机构可以决定中止调查，也可以不作这样的决定。是否决定中止调查，由反垄断执法机构自由裁量。反垄断执法机构考虑的重点应当是在当时客观情境下，经营者的承诺是否能实现反垄断执法目标。因此，除了考虑经营者的承诺外，还须考虑市场竞争的客观情势。

《反垄断法》第四十五条第一款还规定，"中止调查的决定应当载明被调查的经营者承诺的具体内容。"之所以这样规定，是为了将被调查的经营者的承诺的具体内容固定化，并赋予其一定的法律效力，便于反垄断执法机构的后续监督。

三、反垄断执法机构对承诺履行情况的监督与终止调查决定

1. 反垄断执法机构对承诺履行情况的监督

《反垄断法》第四十五条第二款规定："反垄断执法机构决定中止调查的，应当对经营者履行承诺的情况进行监督。"这表明，反垄断执法机构对经营者的承诺履行情况享有监督的权力和义务。

被调查的经营者的承诺只是为停止涉嫌垄断行为、消除行为的不利后果提供了基础和前提，更重要的是承诺应被切实履行，以真正实现承诺的目的。因此，由反垄断执法机构对承诺的履行情况进行监督是十分必要的。

反垄断执法机构的监督包含两个方面：一是监督作出承诺的经营者是否切实实施了承诺中提出的具体措施；二是监督涉嫌垄断行为的后果是否真正得以消除。

反垄断执法机构对于承诺履行情况的监督，既是反垄断执法机构的权力，更是反垄断执法机构的义务。反垄断执法机构应当切实履行自己的监督义务。

2. 反垄断执法机构作出终止调查决定

《反垄断法》第四十五条第二款还规定："经营者履行承诺的，反垄断执法机构可以决定终止调查。"这表明，以经营者履行承诺为前提，反垄断执法机构可以作出终止调查的决定。

经营者履行其承诺，也包含两个方面：一是经营者切实实施了承诺中提出的具体措施；二是经营者通过采取承诺中提出的措施，消除了涉嫌垄断行为的后果。只有同时达到这两项要求，反垄断执法机构才可以决定终止调查。

终止调查，即意味着反垄断执法机构对涉嫌垄断行为的调查已经结束。它会产生三个方面的法律效果：一是反垄断执法机构不再调查该行为；二是反垄断执法机构不再对是否构成垄断行为进行认定；三是反垄断执法机构将不制裁该行为。因此，终止调查的法律效果实际上等同于反垄断执法机构认定该行为不构成垄断行为。

四、恢复调查

《反垄断法》第四十五条第三款规定："有下列情形之一的，反垄断执法机构应当恢复调查：（一）经营者未履行承诺的；（二）作出中止调查决定所依据的事实发生重大变化的；（三）中止调查的决定是基于经营者提供的不完整或者不真实的信息作出的。"这一款对恢复调查作出了规定。反垄断执法机构之所以从中止调查的状态转变为恢复调查，是因为中止调查的目的不能实现，也就是说，通过中止调查尚不能实现规制垄断行为并消除其不利后果的目的。

本款的重点是反垄断执法机构应当恢复调查的三种情形：

1. 经营者未履行承诺

反垄断执法机构作出中止调查的前提是经营者作出有效的承诺，如果承诺得以履行，反垄断执法机构的执法目的也就实现了，而如果经营者未履行承诺，则反垄断执法机构的执法目的还未得以实现，需要回复到正式方式的执法，即通过完成调查，对是否构成垄断行为进行认定，进而对是否给予制裁及给予何种制裁作出决定。

经营者未履行承诺包含两种情形：一是经营者没有采取承诺中提出的具体措施；二是尽管经营者采取了承诺中提出的具体措施，但未能消除行为的后果。在这两种情形下，反垄断执法机构都应认定经营者未履行承诺，并应恢复调查。

2. 作出中止调查决定所依据的事实发生重大变化的

前面我们曾经提到，反垄断执法机构在裁量是否作出中止调查决定时，主要考虑在当时客观情境下，经营者的承诺是否能实现反垄断执法目标。因此，除了考虑经营者的承诺外，还须考虑市场竞争的客观情势。也就是说，反垄断执法机构作出中止调查的决定，一是基于经营者的承诺，二是基于对市场竞争的客观情势的认知。这两项因素发生变化，都会动摇反垄断执法机构作出中止调查的基础。因此，反垄断执法机构作出中止调查决定所依据的事实发生重大变化时，反垄断执法机构应当恢复调查。

值得强调的是，本项规定的事实变化应当是“重大变化”，也即对反垄断执法机构的裁量具有重大意义的事实变化。什么样的变化才算“重大变化”？这要由反垄断执法机构作出认定。因此，《反垄断法》的这项规定如同《合同法》规定的“情势变更原则”一样具有较浓厚的原则性色彩。

3. 中止调查的决定是基于经营者提供的不完整或者不真实的信息作出的

反垄断执法机构在作出中止调查决定时需要考虑的客观情势，是在对一系列信息进行分析的基础上构建形成的。而所依据的信息的大部分是由经营者提供的。经营者提供的信息是否可靠，直接影响到反垄断执法机构作出的中止调查决定的可靠性。因此，如果经营者提供的信息是不完整或不真实的，则反垄断执法机构据以构建的对于客观情势的认知也是不准确的。反垄断执法机构在此基础上作出的中止调查决定也失去了支撑基础，因而必须加以改变。

“不完整”是指经营者提供的信息是片面的、局部的信息；“不真实”是指经营者提供的信息是虚假的、与客观事实不符的信息。信息之所以“不完整”、“不真实”，既可以是因为经营者的故意，也可以是因为经营者的疏忽。无论是故意还是疏忽，只要经营者提供的信息是不完整或者不真实的，而且，反垄断执法机构的中止调查决定是基于这些信息作出的，反垄断执法机构都应当恢复调查。

在这里，还有一点值得强调，那就是要准确把握“基于”两个字的含义。这两个字表明，要使反垄断执法机构改变中止调查的决定，恢复对涉嫌垄断行为的调查，必须是经营者提供信息的“不完整、不真实”足以对反垄断执法机构的决策造成基础性影响。这可以从两个方面来理解：第一，必须是较为关键的信息，次要的、局部的信息即使有不完整、不真实，也不应成为反垄断执法机构恢复调查的理由；第二，信息的“不完整、不真实”必须达到一定程度，瑕疵性的缺陷也不应成为反垄断执法机构恢复调查的理由。

第七章　法律责任

引　　言

本章规定违反《反垄断法》的法律责任，其核心是各种具体的制裁手段，同时也简要规定了被制裁者的救济途径。

根据法律责任所适用对象的不同，反垄断法的法律责任可以划分为三类：一是垄断行为的法律责任，二是妨碍反垄断执法机构执法的法律责任，三是反垄断执法机构工作人员在执法过程中违法行为的法律责任。后两类责任的设置是为了维护正常的行政执法秩序，在其他立法中也多有所见，较为一般。第一类责任直接针对垄断行为，是经营者因为从事垄断行为所承担的法律责任，设置目的是为了维护有效的市场竞争秩序，具有很强的独特性。因此，虽然上述三类法律责任在我国《反垄断法》第七章都有规定，但重要的是垄断行为的法律责任。从狭义上理解，反垄断法的法律责任实际上就是垄断行为的法律责任。

狭义的反垄断法法律责任包括刑事责任、行政责任和民事责任等三类，它们又包含多种具体的责任方式：

第一，刑事责任。反垄断法上的刑事责任主要包括罚金和监禁。各国（地区）反垄断法在规定刑事责任方面比较慎重，只有美国、日本以及我国台湾地区等少数国家（地区）的反垄断法有刑事责任，大多数国家（地区）的反垄断法没有针对垄断行为规定刑事责任。实际上，美国和日本的反垄断法尽管立法上规定了刑事责任，但实践中的适用也比较慎重。

第二，行政责任。反垄断法的行政责任包括多种具体方式，如行政罚款、命令停止违法行为、禁止从事特定行为以及拆分企业等。这诸多方式中，最值得重视的是拆分企业和行政罚款两种，前者是反垄断法所独有的制裁手段，后者是各国（地区）反垄断法运用最普遍和最有威慑力的手段。

第三，民事责任。反垄断法上的民事责任主要有两种，即排除侵害和损害赔偿。所谓排除侵害，是指法律规定直接对侵害状态或行为予以排除，并赋予违法行为的被害人直接排除的权利。损害赔偿则指以填补被害人所受损害为主要目的的制度。在排除侵害与损害赔偿之间，各国（地区）反垄断法更多使用后者，而对前者的使用持谨慎态度。因为排除侵害在反垄断法上属事前禁止措施，法律一旦规定了这种事前禁止措施，具有竞争关系的厂商或者消费者就可能随时向法院提起诉讼，以禁止违法性还不太明确的行为，这就有可能使得积极参与竞争的厂商因为被吓阻而不敢充分竞争，而这不是法律之本意。

我国《反垄断法》第七章既对垄断行为的法律责任作出了规定，也对妨碍反垄断执法机构执法的法律责任进行了规定，还对反垄断执法机构工作人员执法中的违法行为作出了规定。但最重要的是关于垄断行为的法律责任，即狭义的反垄断法法律责任。就狭义反垄断法法律责任而言，我国《反垄断法》只规定了行政责任和民事责任，这显示我国立法机关制定《反垄断法》中坚持了很多国家所坚持的慎刑原则。

我国《反垄断法》中的行政责任主要包括行政罚款、责令停止违法行为、没收违法所得和拆分企业等四种责任方式。民事责任规定比较简略，没有列明具体的责任方式，这有待今后给予进一步明确。不过，借鉴其他国家（地区）的立法和实践经验，我国《反垄断法》的民事责任也会包括损害赔偿和排除侵害两种。

从《反垄断法》第七章的具体内容可以看出，在行政责任和民事责任之间，《反垄断法》倚重行政责任，尤其是行政罚款，这也是我国《反垄断法》在法律责任方面的一大特色。

行政垄断被列入《反垄断法》，这是我国《反垄断法》的一大特色，第七章也规定了针对行政垄断的法律责任。行政垄断的法律责任只有行政责任一种。而且，比较其他垄断行为的行政责任，行政垄断所应承担的行政责任较轻，只规定了行政处分和责令改正两种，没有规定行政罚款。

第四十六条　垄断协议的法律责任

经营者违反本法规定，达成并实施垄断协议的，由反垄断执法机构责令停止违法行为，没收违法所得，并处上一年度销售额百分之一以上百分之十以下的罚款；尚未实施所达成的垄断协议的，可以处五十万元以下的罚款。

经营者主动向反垄断执法机构报告达成垄断协议的有关情况并提供重要证据的，反垄断执法机构可以酌情减轻或者免除对该经营者的处罚。

行业协会违反本法规定，组织本行业的经营者达成垄断协议的，反垄断执法机构可以处五十万元以下的罚款；情节严重的，社会团体

登记管理机关可以依法撤销登记。

本条规定对垄断协议的处罚，共包含三款：第一款区分两种不同情形规定了三类具体的处罚方式；第二款规定了宽恕政策；第三款是关于行业协会组织达成垄断协议的处罚。

一、对垄断协议的处罚

1. 垄断协议的达成与实施

《反垄断法》第四十六条第一款将与垄断协议有关的行为区分为两种情形，一是达成并实施垄断协议的行为，二是尚未实施所达成的垄断协议的行为。对于前种情形，规定了责令停止违法行为、没收违法所得和行政罚款等三种处罚方式；对于后种情形，仅规定了行政罚款这一方式。因此，正确理解垄断协议的达成与实施，是正确理解和适用本款规定的基础。

（1）垄断协议的达成

在合同法语境下，一般是将“协议”与“订立”、“成立”、“生效”等用词相联结，很少出现“协议的达成”这样的用语。《反垄断法》为何要别出心裁地将“垄断协议”与“达成”相联结呢？主要原因在于，反垄断法规定的“垄断协议”不同于合同法上的“协议”。

根据《反垄断法》第十三条，“垄断协议”是指“排除、限制竞争的协议、决定或者其他协同行为”。在这个定义中，出现了两个“协议”，“垄断协议”包括协议、决定或者其他协同行为，“协议”成了“垄断协议”含义的一部分。本来，如此定义不太符合逻辑，但《反垄断法》既已如此规定，我们还得以立法文字为基础，从字面意义上加以区分：“垄断协议”中所指“协议”是《反垄断法》特有的广义上的用法，可用“反垄断法意义上的协议”指称之；“垄断协议”定义中包含的“协议”是合同法上的一般意义上的狭义的用法，可用“合同法意义上的协议”指称之。“反垄断法意义上的协议”的含义超过了“合同法意义上的协议”的含义，具有极大的宽泛性。它可以是书面或口头的合同，也可以是没有语言表示的参与各方之间的一种默契；即使是以书面形式表现出来，也不一定非得以一份文件，或一套文件表示其全部安排，而是可以体现为几份合同、没有约束力的书信或者谅解备忘录。从参与主体来看，可以是两个经营者，也可以是多个经营者，还可以是行业协会等作出的统一决定。既然“反垄断法意义上的协议”的含义如此宽泛，使用“达成”才能更全面地涵盖各种“垄断协议”成立和存在的各种情形，而使用“订立”“成立”或“生效”等词语均不能达到这种效用。

接下来的问题是，如何判断“垄断协议”是否“达成”呢？这要根据不同情形作出具体的认定。根据《反垄断法》第十三条的定义，反垄断法上的协议主要包含三种具体情形：合同法上的协议；决定；其他协同行为。这三类对象的达成具有不同的判断标准。

合同法意义上的协议的成立，是指协议因符合一定法律要件而被视为客观存在。如果经营者尚处于接触、洽商的过程中，而没有使协议最终成立，或者说，如果协议尚处于一种可能存在的状态，而不是实然存在的状态，就不能说协议已经达成。从通常意义上讲，协议的成立，须具备一定的要件，包括一般成立要件和特殊成立要件。前者包括两个方面：一是存在双方或多方当事人；二是当事人须对协议的主要条款达成合意。后者是指依照法律规定或依当事人特别约定，协议成立应特别具备的条件。从反垄断法的特性看，大多数情况下，协议只要具备一般成立要件就可以成立，并不需要具备特殊成立要件。值得强调的是，在反垄断法上，协议的达成不能等同于协议的生效。因为反垄断法关注的是经营者通过协议达到限制竞争的目的或者意图，只要经营者具有这种意图，且将这种意图在合意的基础上体现为协议，就应视为违法。如果将协议的生效与协议的达成相等同，将使得经营者可以协议尚未生效为由逃脱法律制裁。

决定的达成，是指决定的成立，即决定已经从不存在的状态转变为客观存在的状态。判断决定是否达成，关键是看决定是否已经成为客观存在。这方面有三点需要强调：第一，如果决定尚处于酝酿或研拟过程，则应被视为尚未达成；第二，决定是否已经生效或决定是否具有约束力，均不是判断决定是否达成的因素，只要决定已经处于客观存在的状态，即使它尚未生效或不具备约束力，也可认定它已经达成；第三，决定采取什么形式，不应成为判断决定是否达成的因素，不论是书面形式，还是口头形式，只要决定已经成立，就可认定决定已经达成。

至于其他协同行为的达成，其判断标准比较特殊，判断其他协同行为是否达成与判断其他协同行为是否已经实施不能分割，二者适用相同的判断标准，即只要认定其他协同行为已经实施，就可认定其他协同行为已经达成，反过来也可成立，只要认定其他协同行为已经达成，就可认定其他协同行为已经实施。为什么存在这种特殊性呢？这是由协同行为的特殊性决定的。协同行为是指经营者之间不存在协议情况下的一致行动，其构成不需要在参与主体之间达成合意。如果在参与主体之间达成了合意，就已经构成了协议，属于“垄断协议”定义中的第一种情形，不再属于其他协同行为。

（2）垄断协议的实施

与对垄断协议是否达成进行判断一样，要对垄断协议是否实施进行判断也要在区分不同情形的基础上适用不同的标准。

合同法意义上协议的实施，是指参与主体执行协议条款的行为，其核心是履行协议规定的义务或行使协议规定的权利，在反垄断法框架内，尤以前者为要。判断协议是否已经实施，关键是参与主体的行为是否与协议的规定具有同一性。这种同一性，可能表现为全部参与主体的行为与协议的全部规定的同一性，或者全部参与主体的行为与协议部分规定的同一性，也有可能表现为部分参与主体的行为与协议全部规定的同一性，或者部分参与主体的行为与协议部分规定的同一性。

决定的实施，是指作出决定的主体将决定的内容付诸实践，即遵照决定的规定行事。判断决定是否得以实施，其关键也是看作出决定的主体所包含的成员的行为是否与决定的内容具有同一性。这种同一性所包含的具体情形也与上文所述相类似。

其他协同行为的实施，如前文所述，与行为的达成是不可分割的。判断其他协同行为是否得以实施，可以分两步考察：第一步，考察某一经营者的行为是否与其他经营者的行为具有一致性或近似性；第二步，如果认定某一经营者的行为与其他经营者的行为具有一致性或近似性，则继续考察行为具有一致性或近似性的经营者之间是否存在协调行为。在上述考察过程中，第一步比较容易，因为不同经营者的行为之间的一致性或近似性是外显的，通过比较他们的行为就可以发现，而第二步则往往比较困难，因为为了逃脱法律的制裁，经营者之间的协调行为往往通过隐蔽的方式作出，这给反垄断执法机构发现相关证据造成了困难。在这种情况下，有些国家（地区）的反垄断执法机构进行了变通，通过证明不同经营者的行为之间存在一致性或近似性推导出这些经营者之间存在协调行为。例如，欧共体委员会曾经使用类似的判断方法，当如果没有经营者之间的协调就不能解释经营者相互一致或近似的行为方式时，企业间的一致或近似行为就可归结于他们相互协调的结果。[1] 这种方法应可被我国反垄断执法机构借鉴。

2. 对垄断协议的处罚方式

《反垄断法》第四十六条第一款规定了三种针对垄断协议的具体处罚方式：责令停止违法行为；没收违法所得；行政罚款。其中，对于违反《反垄断法》规定，达成并实施垄断协议的经营者，可同时适用这三种处罚方式；

[1] 王晓晔．欧共体竞争法［M］．北京：中国法制出版社，2001：101．

对于尚未实施所达成的垄断协议的经营者，只适用行政罚款这一种方式，且行政罚款的程度比较轻。下面对这三种处罚方式予以解析。

（1）责令停止违法行为

这是由反垄断执法机构采取的针对正在实施垄断协议的经营者的行政强制措施，具有行政处罚属性。采用这种方式，可以及时制止正在实施的垄断协议。为了加强这种处罚方式的效果，有些国家（地区）的反垄断法还规定了配套的行政罚款制裁，即当经营者拒不听从反垄断执法机构的命令时，可由反垄断执法机构给予罚款制裁。例如，欧共体部长理事会2003年《第1/2003号条例》第24条规定的“日罚款”就具有这种作用，拒不执行欧共体委员会的命令的，可以按天数连续处以罚款，直到违法者执行欧共体委员会的命令为止[1]。我国《反垄断法》没有规定这种罚款制裁，这将使得我国反垄断执法机构作出的停止违法行为的命令显得较为软弱。

（2）没收违法所得

这是由反垄断执法机构采取的将违法经营者通过实施垄断协议所获得的收入予以剥夺并上缴国库的处罚方式。这种处罚方式也属于行政处罚。实施垄断协议本身是违反《反垄断法》的行为，经营者通过实施垄断协议所获得的收入属于违法所得，理应予以剥夺。不过，反垄断执法机构对违法者处以没收违法所得的处罚时也应严格掌握尺度，只有通过实施垄断协议获得的收入才应被没收，经营者其他通过合法经营所获得的收入则不应被没收。在实践中，被没收的收入往往是经营者通过实施垄断协议获得的增量的收入。例如，一个经营者在不实施垄断协议的情况下出售某件商品所获得的利润是10元，如果实施垄断协议，他获得了12元的利润，则增加的2元利润才属于违法所得，而不能将这12元全部当作违法所得予以没收。

我国《反垄断法》规定没收违法所得处罚方式的同时，还规定了行政罚款处罚，这种模式世界上较为少见。大多数国家（地区）反垄断法仅是规定罚款处罚，即没有规定没收违法所得的处罚。日本《禁止垄断法》中的课征金制度与我国的法律近似。课征金以违法者在违法期间的全部营业额为基础按照一定比例征收。日本于1977年首次在《反垄断法》实施中引入课征金制度的时候，征收的比例比较低，最高比例是违法者违法期间全部营业额的2%，最低比例只有0.5%，其目的主要是没收违法所得。但在后来，课征金的比例逐步提高到了6%和10%，由于实际数额已远远超过违法者的违法所得，它就不再仅仅是一种没收违法所得的处罚，而变成了同时包含没收违法所得和行政

---

[1] 李国海．反垄断法实施机制研究［M］．北京：中国方正出版社，2006：200.

罚款意味的处罚方式。

(3) 行政罚款

行政罚款在反垄断法实施中占有重要地位，需要较大篇幅的阐述。

①反垄断法上的"罚款中心主义"。行政罚款是各国（地区）反垄断法中最为通用也最为有效的一种处罚方式，几乎所有国家（地区）的反垄断法都规定了这种处罚方式，甚至可以说，在各国（地区）反垄断法上存在较为明显的"罚款中心主义"。

一方面，越来越多的国家（地区）的反垄断立法规定了罚款手段，并提高罚款数额。例如，日本《禁止垄断法》经过1991年和1999年两次修改，课征金的计算比例已经从最高2%提高到了最高10%；我国台湾地区于1999年2月修正"公平交易法"时，将罚款最高限额提高五十倍达到5 000万新台币之高；英国1998年制定《竞争法》时，大力加强公平贸易局的罚款权，过去只能对违反命令的当事人施以罚款，而新法规定公平贸易总局长能够对他认为是故意或过失违法的行为给予罚款，最高罚款额可以达到不超过在英国境内的年营业额的10%的水平。同时，晚近以来的反垄断法都规定了罚款处罚，韩国《限制垄断和公平交易法》基本上对每一种违法行为都规定了罚款处罚；俄罗斯《关于竞争和在商品市场中限制垄断活动的法律》将罚款作为一种重要的制裁手段规定在该法第六章"违反反垄断法所应承受的处罚"当中；匈牙利1990年《禁止不正当竞争法》第七章规定罚款的额度可以超过因违法而获取的利益或者消费者与竞争者所遭受损失的30%，最高额为这个数额的一倍。

另一方面，各国反垄断执法实践也在不断地提高罚款数额。例如，日本反垄断法实施过程中责令缴纳课征金的案件逐年增加，实际课处的课征金数额也越来越高，1994年是56亿日元，1995年是64亿日元，1996年是74亿日元。而在1990年曾经对水泥销售、价格卡特尔案件处以创纪录的高达112亿日元的课征金。[1] 再如欧共体，其竞争法实施过程中的实际罚款数额也在逐步提高。欧共体委员会于1969年7月在奎宁卡特尔案（quinine cartel）和染料卡特尔案（dyestuffs cartel）中首次使用欧共体条约下的罚款权力。在这两个案件中，委员会分别对6家和8家企业处以1万~21万欧洲货币单位不等的罚款。1991年，欧共体委员会对一个企业的罚款金额达到了7 500万欧洲货币单位，这是对Tetra Pak所作的罚款，它被认定滥用了在液体食品包装机械和包装材料市场的支配地位。1994年，对单个案件中最高罚款总额已经达到2.48亿欧

[1] 王长河，等．译．日本禁止垄断法［M］．北京：法律出版社，1999：23.

洲货币单位，这是对一个水泥卡特尔42家企业的罚款。1998年，欧共体委员会对卷入价格卡特尔和市场分割卡特尔的企业作出4份罚款决定，总额达1.7亿欧洲货币单位。[1]

总之，从各国（地区）相关立法、执行案例观察，提高罚款是立法趋势。这与反垄断法采取“慎刑”原则具有相关关系。正是因为各国反垄断法谨慎使用刑罚手段，行政罚款就非常重要。因为反垄断法上的私人损害赔偿诉讼的作用是有限的，刑罚既不能用，则只有依靠罚款。毕竟反垄断法总得依靠一定制裁手段，才能产生威慑力。

罚款在反垄断法实施中的受重视，也与罚款本身的特性有关系。罚款作为一种行政措施，除了使违法行为人在金钱上有损失外，再无其他消极后果。它既不像刑罚那样贬损受罚者的社会伦理评价，也不会像拆分企业那样影响受罚者的日常经营活动。同时，罚款在实施中可以灵活运用，以产生最佳威慑效果，例如它增减的空间很大，还可以多次运用，直到违法者停止违法行为。罚款处罚在我国《反垄断法》中也有重要地位，第七章突出体现了“罚款中心主义”的立法倾向。

②罚款数额的确定。对于反垄断法上的罚款处罚而言，其适用主要涉及两个大问题：一是什么情况下可以适用罚款处罚；二是如何确定罚款数额。我国《反垄断法》第四十六条第一款对这两个问题都给出了具体答案。对于第一个问题，我们在前文已经解析，下面解析第二个问题。

反垄断法上的罚款数额，各国（地区）反垄断法规定了两种计算方法：

一是直接以货币单位表示的数额。如德国《反限制竞争法》第81条第2款规定，对于基本的违反秩序行为和附属的违反秩序行为，可以判处的罚款金额最高为100万马克；对于不服从的违反秩序行为，可以判处的罚款总额最高为5万马克。

另一种是以百分比或倍数表示的数额。如欧共体理事会《第1/2003号条例》第23条规定，对参与违法行为的各企业或企业协会，罚款不得超过上一营业年度总销售额的10%。本来，欧共体理事会《第17/1962号条例》采取了双重形式：企业因故意或过失违反条约第81条第1款或第82条的，委员会可处以“从1 000到100万欧洲货币单位，或者总量超过这个范围但不超过上一营业年度总销售额10%”的罚款。但新实施的《第1/2003号条例》转变成了单轨制。另外，英国以及我国台湾地区反垄断立法规定的罚款数额也是以百

[1] Jean－Yves Art, Development in EC Competition Law in 1998: An Overview, Common Market Law Review 36, 1999, P971.

分比或倍数来表示。

在具体确定反垄断法罚款数额时，第一种方法比较简单。因为立法要么明确规定了具体的罚款数额，要么规定了罚款的最高数额，或者规定了一个由最低数额和最高数额组成的区间。如果立法已经规定了具体罚款数额，反垄断执法机构只要遵照执行就可以了。即使法律规定了一定弹性的数额，也只要求执法者实际运用中根据违法行为的具体情节从区间选择一个具体数额就行。第二种以百分比的形式规定的计算方法比较复杂，运用中涉及多种因素。各国（地区）若以百分比或倍数模式来确定对反垄断违法行为处以罚款的数额，其计算基础一般是两种：一种是通过违法行为获得额外收入的总额，这往往是采用倍数方法计算罚款数额；另一种是违法行为存续期间的总销售额，这一般采用百分比方法计算罚款数额。前者以德国《反限制竞争法》为例，后者以日本和欧共体反垄断法为例。

我国《反垄断法》第四十六条第一款同时规定了上述两种方法，只是适用对象有所区别。对于尚未实施垄断协议的，适用的以货币单位表示的数额，即处五十万元以下的罚款；对于达成并实施垄断协议的，适用百分比方法，即“上一年度销售额百分之一以上百分之十以下的罚款”。对前一种情形，反垄断执法机构可在五十万元以下的数额范围自由裁量确定一个具体罚款数额。对后一种情形，反垄断执法机构也具有自由裁量权，而且需要考虑的问题更多，其中最为重要的是确定上一年度的销售额。

要确定违法经营者上一年度的销售额，其关键问题是：究竟在多大空间范围确定违法者的销售额？仅指违法者在本国市场的销售额，还是在全球市场的销售额？在这个问题上，各国做法各有不同。美国和欧共体都是指全球市场上的销售额。英国1998年《竞争法》确定企业的销售额时，仅指英国市场上的销售额；但是后来为与欧共体保持一致，改变为全球市场上的销售额。我国《反垄断法》第四十六条第一款所指的“销售额”究竟是指中国市场上的销售额，还是全球市场的销售额，法律本身没有明确规定，这有待于今后给予进一步明确。

二、宽恕政策

我国《反垄断法》第四十六条第二款规定：“经营者主动向反垄断执法机构报告达成垄断协议的有关情况并提供重要证据的，反垄断执法机构可以酌情减轻或者免除对该经营者的处罚。”这一款规定了《反垄断法》的一项重要政策，即宽恕政策。

1. 宽恕政策的含义及作用

(1) 宽恕政策的含义

反垄断法上的宽恕政策，其英文对应词是“Leniency Program”，或“Leniency Policy”，其基本含义是：参与联合限制竞争行为的经营者，在该行为尚未被发现前主动向执法机关报告该行为，或在执法机关进行调查时，主动向执法机关报告该行为的具体内容，执法机关因此可以部分或全部免除该经营者因从事限制竞争行为所应负的刑事或行政责任。

(2) 宽恕政策的作用

宽恕政策主要适用于反垄断执法机构对联合限制竞争行为的执法过程中，它能够显著地提高反垄断执法机构的执法效率，增强和扩大反垄断法的威慑效应，因此对反垄断执法具有重要意义。一方面，它能够为反垄断执法机构获得联合限制竞争行为的信息和证据提供方便。在反垄断法中，违法行为尤其是联合限制竞争行为往往具有很强的隐蔽性，很多违法行为没有表现为书面的文件，而是口头协议、心照不宣的默契或者其他协同行为，而且在实践中，采取书面协议以外的方式来达到固定价格、划分经营地域等目的已经成为主流。这必然增大反垄断执法机构发现这些违法行为的难度。如果引入宽恕政策，通过减免处罚鼓励违法行为的参与者主动地向反垄断执法机构报告违法行为，将显著地减轻执法机构在发现违法行为的信息和证据方面的负担和压力。即使是在执法机构已经获得违法线索的情况下，参与者的报告也会使执法机构更容易获得违法证据，从而提高执法效率。另一方面，由于存在宽恕政策，而且宽恕政策只对最早一个或几个报告者有效，使得反垄断法处罚手段的威慑效应从外部引入到了内部，即在违法行为者之间形成了一种内在威慑力，各参与者须提防是否会有其他参与者向执法机构报告，这就可能造成违法行为的自动终止。

宽恕政策对于反垄断法执行的积极意义，国外学者的研究已经很深入。如 Eberhard Feess 和 Markus Walzl 指出，对于集体违法行为，宽恕政策可使执法机构更容易发现违法行为人，可使国家获得更多的金钱处罚收入，同时也可以减少违法行为的发生。[1] 日本学者 Yasuyo Hamaguchi 和 Toshiji Kawagoe 指出，在参与联合限制竞争行为的经营者不超过七个的情况下，引入宽恕政策更易终止该联合行为。他们认为，一般情况下联合限制竞争行为的参与者为六个左右，宽恕政策可以有效规制联合限制竞争行为[2]。

---

[1] EBERHARD FEESS & MARKUS WALZL, Corporate leniency programs in the EU and the USA [M]. German Working Papers in Law and Economics Volume 2003, Paper 24, 14 (2003).

[2] RIETI. Discussion Paper Series 05 – E – 003, p. 16, 引自 http://www.rieti.go.jp/jp/publications/dp/05e003.pdf.

当然，宽恕政策也存在局限性。国外学者提出了两个主要问题：一是宽恕政策鼓励违法行为的参与者“反水”，这有违诚信原则，在伦理上有局限性；二是宽恕政策并非任何情况下都具有正面效应，有的情况下也具有负面影响，因此其效能具有一定的局限性。国外学者 Mssimo Motta 和 Michele Polo 还指出，当执法机构开始对联合限制竞争行为展开调查时还适用宽恕政策，这将使违法行为的参与者心存侥幸，对联合限制竞争会起到鼓励作用。因为违法者可能会认为，他们参加联合限制竞争行为后，如果执法机构没有发现他们的违法线索，他们就继续；如果执法机构发现了违法行为的线索并开始调查，他们就主动报告以求减免处罚。这将使反垄断法处罚手段的威慑效应大为减弱。因此，如果执法机构有充分资源调查违法行为，并给予违法者应得的处罚，就不应采取宽恕政策；如果执法机构的资源有限，宽恕政策仍是适当的次优选择❶。

2. 宽恕政策的主要立法例

因为宽恕制度的积极作用，越来越多的反垄断法引入了这种制度。除起源国美国，日本、加拿大、欧盟、英国、德国、法国、荷兰、爱尔兰、巴西及韩国等均采纳了这种制度。通过对这些国家反垄断立法和实践的比较，我们可以总结宽恕制度的以下内容：❷

（1）适用范围

在反垄断法上，宽恕政策只适用于特定的行为及处罚方式。从行为方面看，宽恕政策一般只适用于联合限制竞争行为，包括联合限制竞争协议、决定以及其他协同行为，对于市场支配地位的滥用以及违规合并等其他行为则不适用。之所以如此规定，是因为联合限制竞争行为的隐蔽性最强，因此从提高反垄断执法效率而言，宽恕政策只是有必要适用于联合限制竞争行为。从处罚方式上看，宽恕政策既适用于刑事处罚，也适用于行政处罚，但不适用于民事责任。在美国、加拿大及爱尔兰等国的反垄断法中，宽恕政策可以适用于刑事制裁；在欧共体、英国、德国、法国、荷兰、韩国、澳大利亚及中国台湾地区等地的反垄断法中，宽恕政策则主要意味着免除或减轻行政罚款；在日本等少数国家的反垄断法中，宽恕政策既可以适用于刑事制裁，也可适用于行政罚款。

（2）执行主体

即在反垄断法上，哪些机构可以决定适用宽恕政策呢？在这方面，不同国家（地区）有不同的做法。在美国和日本等国，宽恕政策主要对刑事制裁有

---

❶ Mssimo Motta & Michele Polo, Leniency Programs and Cartel Prosecution, 25，引自：http：//www.iue. it/Personal/Motta/forum/CriJIE.（1999）.

❷ 王铭勇．联合行为宽恕减免责任条款之研究［J］//公平交易季刊．（台湾），2006（14）.

效，因此执行宽恕政策的主体是刑事追诉机关，如美国的司法部，日本的检察机关。而在其他国家（地区），由于宽恕政策主要针对行政罚款，宽恕政策主要由主管反垄断法执行的行政机关掌握。

（3）适用条件

各国立法和实践表明，反垄断法上的宽恕政策有严格的适用条件，不符合条件的不能获得宽恕，而且在不同条件下，宽恕的幅度有所不同。

美国司法部反托拉斯局在1993年修订了美国反托拉斯法中的宽恕政策，对其适用条件作了新的规定。其核心内容为：在反托拉斯局开始调查前，自愿通报的公司可以自动免受刑事追诉；反托拉斯局开始调查后，最先通报的公司如符合一定条件，也可免除刑事追诉；公司如在开始调查前免除刑事追诉，则所有协助调查的企业管理人员或员工，也可获得免除刑事追诉的待遇。根据这个基本原则，反托拉斯局还相继出台了《公司宽恕政策》和《个人宽恕政策》两个文件，对宽恕政策的适用条件予以具体规定。

日本2005年修改《禁止垄断法》时也引入宽恕政策。在课征金方面，联合限制竞争行为的参与者中，第一个自愿报告或自首其行为的参与者可以全部免除课征金，第二或第三个可分别获得50%、30%的豁免。在刑事制裁方面，公正交易委员会只免除第一个报告人的刑事责任，其他报告人不能获得这种待遇。

英国1998年《竞争法》也规定了宽恕政策。据此，如果参与卡特尔的企业能够自动终止实施违法行为，并向公平贸易局揭发卡特尔的情况，可以全部或部分免除罚款。

3. 我国《反垄断法》的宽恕政策

根据《反垄断法》第四十六条第二款，我国《反垄断法》的宽恕政策有以下几个要点：

（1）宽恕政策只适用于垄断协议。与其他国家（地区）的做法一致，宽恕政策只对垄断协议的参与者有效，对其他垄断行为的参与者无效。也就是说，即使其他垄断行为的参与者主动向反垄断执法机构报告其行为，也不能获得宽恕。

（2）可以宽恕的处罚方式的规定比较含糊。哪些处罚可被列入宽恕政策的适用范围呢？《反垄断法》第四十六条第二款没有给予明确规定，只笼统使用“对该经营者的处罚”的措辞。这并不意味《反垄断法》第四十六条第一款规定的所有处罚方式都可列入宽恕政策的适用范围。《反垄断法》第四十六条第一款规定了责令停止违法行为、没收违法所得和行政罚款等三种处罚方式，前两种处罚方式没有宽恕的空间，因此，只有行政罚款可以被宽恕，即宽恕政策只可适用于行政罚款这一种处罚。

（3）反垄断执法机构执行宽恕政策。根据立法规定，宽恕政策由反垄断执法机构执行，只有反垄断执法机构有权接受违法者的报告，并决定是否给予宽恕以及宽恕的幅度，其他机构均无权执行。

（4）反垄断执法机构享有自由裁量权。由于法律规定“反垄断执法机构可以酌情减轻或者免除”对经营者的处罚，反垄断执法机构在执行宽恕政策方面有较大的自由裁量权。理论上讲，这种自由裁量权体现为三个方面：

一是对宽恕幅度的自由裁量权。反垄断执法机构有权决定宽恕的幅度，可以决定免除全部行政罚款，也可决定免除部分罚款。

二是对宽恕条件的自由裁量权。《反垄断法》第四十六条第二款规定了适用宽恕政策的基本条件，但在具体案件中，经营者是否达到了法律规定的条件，应由反垄断执法机构自由裁量。

三是对符合条件的经营者是否获得宽恕待遇的自由裁量权。字面上看，反垄断执法机构“可以”而不是“应当”适用宽恕政策，这意味着反垄断执法机构不仅享有前面两种自由裁量权，而且还可以自由裁量是否对符合条件的经营者给予宽恕。

为了发挥宽恕政策的效能，反垄断执法机构应谨慎行使其自由裁量权，应遵循“相同情形获得相同待遇”的基本原则，否则将有违公平。反垄断执法机构行使上述第一、第二方面的自由裁量权时固然应当慎行，但尤其应当慎行的是第三方面自由裁量权的使用。

（5）对宽恕政策的适用条件给予原则规定。根据《反垄断法》第四十六条第二款，适用宽恕政策的条件包含两个方面：一是经营者主动向反垄断执法机构报告达成垄断协议的有关情况；二是经营者向反垄断执法机构提供重要证据。

上述这些规定只是原则性的，因为有些重要问题还不明确。例如，经营者报告垄断协议须达到什么程度？仅仅提供线索就可以了，还是要完整地报告？又如，要求经营者提供“重要证据”，“重要”的标准为何？这些问题有待今后制定实施条例或实施细则时予以明确。

三、对行业协会组织达成垄断协议的处罚

《反垄断法》第四十六条第三款规定：“行业协会违反本法规定，组织本行业的经营者达成垄断协议的，反垄断执法机构可以处五十万元以下的罚款；情节严重的，社会团体登记管理机关可以依法撤销登记。”本款规定了对组织本行业的经营者达成垄断协议的行业协会的处罚措施。理解本款，须把握以下

三个方面的内容：

1. 处罚条件

只有同时具备以下几项条件时，反垄断执法机构才能对行业协会给予处罚：

（1）行业协会组织本行业经营者达成垄断协议。在现实生活中，某些垄断协议虽然是在经营者之间达成的，但起组织作用的是经营者所在的行业协会。为了有效规制这种情形，单单处罚经营者是不够的，还应当对行业协会进行处罚。但是，理解这项规定时，必须准确把握“组织”这一词的含义。

在法律上，“组织”一词包含了倡导、发起、策划、安排等含义。因此，行业协会组织本行业经营者达成垄断协议是指下列行为：①行业协会的倡导和发起行为，包括向本行业的经营者提出建议、倡议、构想等；②行业协会的策划行为，包括提出具体的协议内容或文本等；③行业协会的安排，包括在经营者之间进行联络和为经营者签订或商谈协议提供条件等行为。

需要指出的是，行业协会的“组织”行为一般发生在协议达成之前，协议达成以后即使行业协会起着一定的联络和协调作用，但也不再属于“组织”行为。

（2）行业协会组织达成的垄断协议违反了《反垄断法》，且不能根据《反垄断法》第十五条获得豁免待遇。如果行业协会组织达成的垄断协议符合《反垄断法》第十五条规定的豁免条件，行业协会不应受到处罚。

2. 处罚的具体内容

对行业协会的处罚可区分两种不同的情形。

第一种是情节不严重的处罚，其具体内容是50万元以下的罚款；

第二种是情节严重的处罚，其具体内容是“社会团体登记管理机关可以依法撤销登记。”撤销登记意味行业协会的主体资格的丧失，这对行业协会来讲是最为严重的处罚，因此也只能适用于情节特别严重的情况。有权撤销登记的机关是社会团体管理机关，一般情况下是民政部门。反垄断执法机构不能对行业协会给予撤销登记的处罚，但反垄断执法机构可以提出这种处罚的建议。反垄断执法机构提出建议应是社会团体管理机关行使处罚权的前提条件。

本立法使用的措辞是“可以”，这意味即使行业协会组织达成了违反《反垄断法》的垄断协议，而且情节严重，也不必然遭受被撤销登记的处罚。这也即是说，这里保留了自由裁量的空间。至于这个自由裁量权应由反垄断执法机构还是社会团体管理机关来行使，《反垄断法》没有明确规定。合理的理解是，两种机构都享有自由裁量权，即反垄断执法机构可以决定是否提出处罚建议；当反垄断执法机构提出建议时，社会团体管理机关可以决定是否给予撤销登记的处罚。

还须指出的是，对行业协会的处罚不影响对参与的经营者的处罚，即对行业协会给予处罚的同时，反垄断执法机构可以依法对参与的经营者进行处罚。对行业协会给予处罚是因为协会在达成垄断协议过程中起到了组织作用，对参与的经营者给予处罚则是因为经营者达成了垄断协议或者达成并实施了垄断协议。

第四十七条　滥用市场支配地位的法律责任

经营者违反本法规定，滥用市场支配地位的，由反垄断执法机构责令停止违法行为，没收违法所得，并处上一年度销售额百分之一以上百分之十以下的罚款。

本条规定对滥用市场支配地位行为的处罚，包括两方面的内容：

一是规定了处罚的前提条件，即“经营者违反本法规定，滥用市场支配地位”。由于《反垄断法》对滥用市场支配地位的行为没有规定适用除外或者豁免的情形，凡是滥用市场支配地位的经营者都应受到处罚。

二是规定了处罚方式。与对垄断协议的处罚一样，对滥用市场支配地位的经营者的处罚方式也包括三种：责令停止违法行为；没收违法所得；行政罚款。

上述两方面内容在第四十六条都有较为详细的解析，为了避免重复，此处不再赘述。

第四十八条　违法集中的法律责任

经营者违反本法规定实施集中的，由国务院反垄断执法机构责令停止实施集中、限期处分股份或者资产、限期转让营业以及采取其他必要措施恢复到集中前的状态，可以处五十万元以下的罚款。

本条规定是对违法实施的经营者集中的处罚，其核心内容是关于处罚方式的规定。对违法实施的经营者集中的处罚方式主要有三种：一是责令停止实施集中；二是责令拆分企业；三是行政罚款。责令停止实施集中是针对尚未完成的违法集中的救济措施，实际上就是第四十六条中责令停止违法行为的另一种说法，它与作为第三种处罚方式的行政罚款一样，都在第四十六条进行了解析，此处不再重复。而拆分企业是经营者集中方面所特有的处罚方式，需要较大篇幅的阐述。

一、拆分企业的含义和性质

1. 拆分的含义

拆分企业是反垄断法上一种特殊的处罚方式，[1] 指的是当市场上存在具垄断地位的企业，限制或可能限制市场竞争时，反垄断法执行机构为了恢复市场的正常竞争状态，要求该垄断企业拆分为两家以上的企业或者出让一定的营业资产。拆分企业有狭义和广义之分，狭义的拆分企业仅仅指垄断企业组织形态上的分立，即由一家企业分立为两家或两家以上的企业，分立后形成的各家企业都具有独立的法人地位，互不隶属，这种情况不包括解散企业联合组织。广义的拆分企业，除了狭义的内容以外，还包括企业出让一定的营业资产如生产线、知识产权以及股份等，以降低垄断企业的市场势力，使其丧失垄断地位。

各国对拆分企业使用不同的措辞。美国反托拉斯法使用“剥离”（divestiture）一词，日本《禁止垄断法》使用“对垄断状态的措施”和“转让部分营业”，韩国《限制垄断和公平交易法》使用“让渡部分业务”，德国《反对限制竞争法》使用“解散合并”。我国《反垄断法》使用“拆分企业”这一概念是基于下列两点：（1）这种制裁手段是针对企业的；（2）这种制裁手段不仅包括企业组织形态的分立，也包括企业资产的剥离和分割，因此“拆分企业”一词可以包容各种具体措施。

2. 拆分的性质

拆分企业在国外被视为反垄断法上的救济措施，是对失衡的市场竞争秩序的一种救济，即通过拆分企业，恢复市场竞争状态。从另外一个角度来看，拆分企业使原本具有垄断地位的企业失去了垄断地位，且在拆分过程中，因机构和资产重组导致被拆分企业必须付出时间、金钱以及效率上的代价，因此对这个企业而言，拆分也是一种处罚方式。

拆分企业这种处罚方式在各国的适用机构不尽相同：在美国，它被法院适用；在日、德、韩等国，它主要是由反垄断行政执法主管机关适用。拆分企业

[1] 拆分企业并非反垄断法所独有，美国 1935 年《公用事业控股公司法》（the Public Utility Holding Company Act of 1935）也曾经有所规定，另外，企业也可以自愿自主地进行拆分。但是，作为一种制裁违法企业的方式，只存在于反垄断法领域。

在被行政机关适用情况下，这固然属于行政制裁，但即便在美国是由法院来适用，这也是属于行政制裁。因此，拆分企业属反垄断法行政制裁的一种。

二、拆分企业的相关立法和执法

1. 美国

美国反托拉斯法没有明确规定拆分企业这种制裁手段，它是法院审理反托拉斯案件时使用的一种衡平救济。2000 年 7 月，美国哥伦比亚联邦地区法院就美国司法部代表美国诉微软公司一案的判决中指出：

“ⅰ. 分离操作系统实体与应用软件业务，转移二者之一（即‘拆分业务’）的财产给另外一个独立的实体，包括（a）开发、生产、发行、营销、促销、出售、许可和支持该拆分业务的产品和服务的所有的人员、系统和其他有形和无形财产（包括知识产权）；（b）拆分业务作为一个独立而经济上可行的实体进行运营所必需的诸如此类的其他资产。

……

ⅲ. 通过向微软非所涉股东配发分立业务股票的方式，或者其他不会导致所涉股东同时拥有分立业务和保留业务的处置方式，转移分立业务的所有权。”

这个判决实际就是要把微软公司一分为二，从而这是一个反垄断法上拆分企业的案例。尽管美国上诉法院最终没有支持判决，但美国地区法院的判决至少引起人们关于反垄断法拆分企业这种处罚方式的极大关注。

在美国反托拉斯法历史上，以法院判决形式或双方调解形式采取拆分企业这种处罚方式的案例并不少见。根据美国著名法学家波斯纳的统计，1890 年以来，适用拆分企业这种处罚方式的反托拉斯案件有 44 个，其中涉及全国性市场的有 23 个。有 17 个属早期反托拉斯案件，1940 年以来有 6 个。这些数据显示，美国适用拆分企业这种处罚也比较谨慎。其中比较重要的拆分案件如：

（1）洛克菲勒标准石油托拉斯案。该案是美国第一次拆分企业的反托拉斯案件。1911 年，对洛克菲勒的标准石油托拉斯提起的诉讼中，最终判决解散了这个拥有许多子公司的控股公司，即把这些子公司甩给这个控股公司的股东——洛克菲勒和他的合伙人。

（2）美国烟草公司案。该案判决于 1911 年作出。通过这个判决，一家控制美国烟草业的大公司被分拆成 3 个公司，最大一家的市场份额为 37%。

（3）国际收割机案。1918 年法院判决要求一家几乎垄断美国农业机械制造业的企业剥离部分资产。剥离之后的国际收割机公司占大约 2/3 的市场份额。美国司法部对这个判决不满意，要求重新审理，继续剥离，但被法院所拒绝。

（4）美国铝业公司垄断铝业案。该案于 1937 年立案，1950 年美国地区法院判令剥离美国铝业公司在加拿大的联营企业——铝业有限公司。

（5）普尔门案。普尔门是一家卧铺车的生产和经营者，因被指控垄断，1947 年法院判令其在保留制造业和保留销售业之间进行选择。普尔门公司选择了前者，把销售部门出售给一个铁路联营。

（6）MCA 公司案。MCA 是一家提供影视和其他娱乐的服务商，因被指控违反反托拉斯法，1962 年被判令分解其艺人经纪业务。

（7）美国电报电话公司（AT&T）案。联邦地区法院认定美国电报电话公司（AT&T）垄断电话业务违反了《谢尔曼法》第 2 条，该公司于 1984 年被分拆为 8 家公司。[1]

2. 其他国家或地区

（1）日本《禁止垄断法》规定适用拆分的处罚方式有两种情形：①该法第七条规定，公正交易委员会对从事私人垄断及不正当交易限制行为的企业，可以命令该企业转让部分营业；②该法第八条之四规定，存在垄断状态时，公正交易委员会可以命令企业转让部分营业或采取其他恢复该商品或者劳务的竞争所必需的措施。

（2）德国《反对限制竞争法》第 41 条规定，企业实施联邦卡特尔局已禁止的合并或联邦卡特尔局已撤回其准许的合并的，应解散此项合并，但联邦经济部长依第四十二条批准该合并的除外。

（3）英国 1973 年《公平贸易法》就引入拆分企业这种处罚方式。作为垄断调查的结果，如果垄断与兼并委员会认为存在垄断情形，并且违背公共利益，国务大臣可使用附则八规定的一系列措施给予救济，其中包括拆分企业。2002 年《企业法》继续保留拆解企业这种救济手段，不过是将这种手段授权于竞争委员会。

（4）韩国《限制垄断和公平交易法》第 16 条规定，对于从事违规的企业联合行为以及其他法定的不法行为的企业，公平交易委员会可以命令企业让渡部分业务。

（5）欧共体理事会《第 4064/89 号条例》第 8 条第四项规定，对于已经履行的合并，委员会可责令企业或者已经联合的资产予以分离或者停止共同控制或者采取其他适当措施，以恢复有效竞争。

值得指出的是，虽然美国以外的其他许多国家（地区）都在反垄断立法

[1] ［美］理查德·A·波斯纳．反托拉斯法［M］．（第二版），孙秋宁，译．北京：中国政法大学出版社，2003：128.

中规定了拆分企业这种处罚方式，但是其运用却不如美国频密。例如，日本和英国虽然都在立法中规定有相关制度，但在实践中都还没有出现相关的适用案例。❶

三、拆分的适用及其条件

根据各国立法和实践，拆分企业主要适用于三种情形：（1）利用拆分企业消除垄断结构；（2）利用拆分企业消除垄断状态；（3）为消除违规的企业合并结果，解散新合并的企业。

1. 结构规制中为消除垄断状态而拆分企业

有些国家将结构作为反垄断法的规制对象，只要存在垄断状态，即使没有滥用垄断力，也构成违法，要受到反垄断法的制裁。垄断状态是指一个企业或企业联合作为某种特定商品或服务的供应者或购买者，在相关市场上没有竞争者或没有实质上的竞争。采行结构主义立法的主要国家是美国和日本，它们的反垄断法为规制垄断状态都采用了拆分企业的处罚方式。

美国反托拉斯法的结构规制有时严格，有时宽松，比较严格的时期是从1933年罗斯福新政到1980年里根上台。在这个时期，美国一方面通过了《塞勒——凯弗维尔法》、《集中行业法》和《行业调整法》等规制市场结构的法律制度，另一方面，美国法院的判决也十分强调市场结构，即使企业没有违法行为，垄断性的结构也可被宣布为非法。

日本《禁止垄断法》最初实施时，设立有不当事业能力差距制度，规定反垄断执法机构可以对不当事业能力差距进行干预。这实际是一种严格的结构规制法，后来在1949年和1953年两次修订中被删除。但在1977年，日本又通过修订法律，增设了垄断结构规制制度，这即是现行《禁止垄断法》第三章之二对垄断状态的规制。

反垄断法规制市场结构的主要方法就是拆分企业，包括将一家企业拆分为两家或者两家以上的独立企业，或者要求具有垄断地位的企业转让部分资产。前者的典型案例美国1945年启动的美国铝公司案，美国联邦最高法院仅以铝公司占90%的市场份额就判定它违法，并拆分了这家企业。后者的典型做法是日本《禁止垄断法》的规定，即对于垄断状态的首要措施是命令企业转让部分营业。美、日等国关于结构规制的立法和实践说明，适用拆分企业这种处罚方式的前提条件是垄断状态的存在。但具体适用时，应当考虑下列三方面的

❶ ［日］植草益．产业组织论［M］．卢东斌，译．北京：中国人民大学出版社，1998：150．李国海．英国竞争法研究［D］．北京：中国社会科学院法学所，2005：160。

因素：

(1) 考虑适用拆分的制裁手段是否是必需的。所谓是否必须，即必须考虑是否存在其他可以选择的手段，以恢复商品或者劳务的竞争。也就是说，拆分企业必须是恢复竞争的最终措施。

(2) 考虑拆分企业引起的弊害和好处。拆分企业作为对付垄断结构的手段，其适用会改善相关市场的竞争状态，这是正面效果。但另一方面，拆分企业也会引起企业规模缩小、提高经营成本、管理失效以及国际竞争力难以维持等不利后果。如果上述利益大于弊害，拆分企业则可适用，反之，则不可适用。

(3) 其他需考虑的因素。即在适用拆分企业这种处罚方式时，应考虑被处罚企业的情形。包括：①资产及收支等财务状况；②干部及从业人员的状况；③工厂、营业场所及办公场所的位置及其他选址状况；④经营设施状况；⑤专利权、商标权及其他无形财产权的内容和技术上的特征；⑥生产、销售等的能力和状况；⑦取得资金、原材料等的能力和状况；⑧商品或者劳务的供给和流通状况。

总而言之，尽管拆分企业是规制垄断状态的一种主要方法，但是由于各国对于结构规制持十分谨慎的态度，这方面的法律制度几乎名存实亡，因为事实上为结构规制而适用拆分企业这种制裁手段的案件越来越少。

2. 为制止市场支配地位的滥用适用拆分企业

市场支配地位的滥用，也叫做垄断力滥用，是指具市场支配地位的企业凭借其市场地位实施限制竞争、违背公共利益的行为，包括暴利价格、搭售、限定转售价格等行为。市场支配地位的滥用行为法律上包括状态、行为、后果三个要件。因此，对滥用市场支配地位的行为，通过拆分企业和消除垄断状态，可以起到釜底抽薪的效果。所以，通过拆分企业制止市场支配地位的滥用也受到各国反垄断法的青睐。日本《禁止垄断法》第七条和韩国《限制垄断和公平交易法》第十六条都体现了这种态度。

从各国的立法和实践来看，为规制市场支配地位滥用而适用拆分企业的处罚方式需要符合下列要件：(1) 存在滥用市场支配地位的行为；(2) 拆分企业是制止滥用行为的必需手段，即为了制止企业的滥用市场支配地位行为，拆分企业是不可避免的手段，而且其他手段都不具有替代性；(3) 拆分企业的积极效果大于消极效果。同规制垄断状态一样，为规制市场支配地位的滥用而适用拆分企业，也应当比较其积极效果与消极效果，仅当其积极效果明显大于消极效果时，才可以适用之。

需指出的是，与单纯规制垄断状态不同，为制止滥用市场支配地位的行为可以选择的处罚方式很多，例如损害赔偿、命令违法者停止违法行为、行政罚款、刑事罚金和刑事监禁。所以，各国反垄断法为规制滥用市场支配地位的行为而拆分企业的案例比较罕见。

3. 为消除违规的企业合并而拆分企业

世界上大多数反垄断法都有关于企业合并的规制，而且同时规定，反垄断主管机关有权命令违规合并的企业采取拆分的方式，使其恢复到合并以前的状态。为消除违规的企业合并而拆分企业，其适用要件一般包括：（1）两个以上的企业合并为一个企业；（2）企业合并违反了法律规定，因反垄断法都为企业合并设定了一定的实质性和程序性要件，如果企业合并没有遵从这些要件，则构成违规合并；（3）为消除违规合并对竞争的消极影响，拆分企业是必需的处罚方式。如存在可消除竞争限制的其他处罚方式，则应适用其他处罚方式。

总的来说，通过拆分企业来消除违规的企业合并所引起的竞争限制，是最适宜的。一方面它能消除违法行为的不利后果，另一方面它对企业的损失是最低的。因为企业刚刚合并，合并前的企业在合并后的框架内还没有完全融合，这时将企业拆分，令其恢复到合并前状态，这对企业而言既易于被接受，也易于操作，对企业造成的震荡最小。

四、拆分企业在我国《反垄断法》中的适用

我国《反垄断法》第四十八条中的拆分企业这种处罚方式有以下几个特点：第一，拆分企业只适用于对违法的经营者集中的处罚，而不能适用于其他违法行为；第二，拆分企业只能由反垄断执法机构运用，其他机构不能运用这种处罚方式；第三，拆分企业有多种表现方式，包括限期转让股份或资产、限期转让营业以及其他必要措施；第四，拆分企业的目的是恢复原状，即消除经营者集中的不利后果，将市场恢复到没有集中前的状态，即市场上原有的竞争状态。

拆分企业在反垄断法上具有独特的功能。因为反垄断法与市场结构有着十分紧密的联系，很多违反反垄断法的行为是因为存在垄断性的市场结构，要制止这些违法行为，就有必要对市场结构采取行动。作为消除违规合并的消极后果而言，拆分企业可以使市场结构恢复到企业合并前的状况，从而是一种具高度针对性的处罚方式。而且，拆分企业因为能够给经营者带来其他处罚方式不能达到的不利后果，即使不使用它，只要它被规定在反垄断法中，就能够对经营者产生一定的威慑力，因此这个规定对于执行反垄断法是十分有利的。

但是，拆分企业也具有明显的消极性。一方面，拆分企业具有很大的执行

难度，需要投入大量的人力、时间，有的案件从立案到判决经历的时间太长，以至市场结构早就发生了翻天覆地的变化，根本就用不着再拆分企业；另一方面，拆分企业对企业的影响太大，虽然这有助于形成必要的威慑力，但也容易造成企业效益和社会效益的损失。因此，我国适用拆分企业这种处罚方式时应当坚持慎重的态度，凡有其他方式能够达到相同的实施目标的，就不宜适用拆分企业。

第四十九条　决定罚款数额的因素

对本法第四十六条、第四十七条、第四十八条规定的罚款，反垄断执法机构确定具体罚款数额时，应当考虑违法行为的性质、程度和持续的时间等因素。

本条规定是反垄断执法机构在确定具体罚款数额时应考虑的主要因素，实际也是反垄断执法机构行使其自由裁量权时应当考虑的因素。

我国《反垄断法》第四十六条、第四十七条和第四十八条在规定罚款处罚的时候，只规定了罚款数额的最多或最少标准，将确定具体数额的权力交由反垄断执法机构行使，反垄断执法机构因此在确定具体罚款数额方面享有较大的自由裁量权。

反垄断执法机构确定具体罚款数额时，应坚持的基本原则是：对违法经营者处以的罚款应与其违法行为的严重程度及不利影响相当。违法行为越严重，不利影响越大，处罚将越严厉。参照其他国家（地区）的实践经验，反垄断执法机构确定罚款比例时需要考虑以下因素：

第一，违法行为的性质和违法程度。如果一个行为严重违反《反垄断法》，如固定价格的行为，其罚款的比例相对较高；对于那些危害程度不高的行为，罚款比例可以相对低一些。确定违法行为的严重程度时，应考虑产品的性质、市场结构、企业的市场份额、市场准入的条件以及这个非法行为对竞争者和对第三人产生的影响等众多因素。

第二，违法行为持续的时间。一般来讲，违法行为持续时间长，罚款比例应比较高；持续的时间短，罚款比例应相应降低。

第三，其他因素。例如，经营者的规模、收益率等。

第五十条 民事责任

经营者实施垄断行为，给他人造成损失的，依法承担民事责任。

本条规定了《反垄断法》的民事责任。民事责任对于反垄断法的实施具有十分重要的意义，各国（地区）反垄断法也十分重视民事责任的规定。我国《反垄断法》第五十条关于民事责任的规定十分简略。因此，有必要在这方面作较大篇幅的解析。

一、反垄断法民事责任的含义及主要方式

一般意义上的民事责任是指由民法规定的对民事违法行为人所采取的以恢复被损害的权利为目的并与一定民事制裁措施相联系的国家强制形式。反垄断法包含民事法律规范，且还对违反这些规范的行为设定了法律责任，这种法律责任就是民事责任。

根据我国《民法通则》有关规定，民事责任的方式有很多，包括：停止侵害；排除妨碍；消除危险；返还财产；恢复原状；修理、重作、更换；赔偿损失；支付违约金；消除影响、恢复名誉；赔礼道歉。但是因为反垄断法主要涉及财产权利，而不涉及人身权利，反垄断法的民事责任主要是排除侵害和损害赔偿。排除侵害是指依据法律直接对侵害状态或行为予以排除，并赋予违法行为的受害人直接排除的权利。损害赔偿是指以填补被害人所受损害为主要目的的制度。

各国反垄断法大多规定了排除侵害和损害赔偿两种民事救济手段。如美国《克莱顿法》第 15 条规定："对违反反托拉斯法造成的威胁性损失或受害，任何人、商号、公司、联合会都可向对当事人有管辖权的法院起诉和获得禁止性救济"，这是直接授予受害人以请求排除侵害的权利。该法第 4 条规定："任何因反托拉斯法所禁止的事项而遭受财产或营业损害的人，可在被告居住的、被发现的、或有代理机构的区向美国区法院提起诉讼，不论损害大小一律给予其损害额的三倍赔偿诉讼费和合理的律师费。"此外，根据该法第 4C 条的规定："州司法长作为政府监护人，代表其州内自然人的利益，可以本州的名义，向对被告有司法管辖权的美国区法院提起民事诉讼，以确保其自然人因他人违反谢尔曼法所遭受的损害得到金钱救济。"

日本反垄断法也规定了排除侵害和损害赔偿两种民事责任形式。日本

《禁止垄断法》第67条规定，法院认为紧急必要时，可以根据公正交易委员会的请求对被怀疑进行某些违法行为的事业者，命令暂时停止该行为、暂时停止行使表决权或暂时停止公司干部执行业务或者取消、变更该命令。此外，日本《禁止垄断法》第25条还作出民事损害赔偿的规定。

我国台湾地区“公平交易法”第30条规定：“事业违反本法之规定，致侵害他人权益者，被害人得请求除去之；有侵害之虞者，并得请求防止之”；第31条规定，“事业违反本法之规定，致侵害他人权益者，应负损害赔偿责任”。这说明，我国台湾地区反垄断立法的民事责任也是排除侵害和损害赔偿并重。

排除侵害与损害赔偿尽管同属反垄断法民事责任的方式，但二者在立法精神和适用要件诸方面表现出了较大的差异，主要是：（1）排除侵害在反垄断法中只适用于法律有明文规定的情形，损害赔偿则可因不同原因而发生；（2）排除侵害是直接打击侵害，手段比较激烈，损害赔偿则借助恢复原状或金钱赔偿之方法，手段比较温和；（3）排除侵害，不论侵害有无过失故意或可否归责，均应予以排除；损害赔偿除少数如日本《禁止垄断法》不以故意过失为要件，则一般要考虑有无过失故意；（4）排除侵害，只看侵害是否存在，不问是否发生损害；损害赔偿则以损害为前提。

各国或地区反垄断法对排除侵害如此谨慎，乃是因为排除侵害在反垄断法上属事前或事中救济措施，法律一旦规定了这种措施，具有竞争关系的厂商或者消费者，就可能随时向法院提起诉讼以禁止这些违法性还不太明确的行为，这就可能使得积极参与竞争的厂商，会因为被吓阻而不敢充分竞争，而这不是法律之本意。所以在损害赔偿和排除侵害之间，各国（地区）都比较重视损害赔偿。损害赔偿是执行成本最低的救济方式，如美国法上取得非金钱救济之要件相当严格：一是原告之主张极可能成立；二是若不予以此救济，原告之权益极有可能受到无法弥补之损害。所以，反垄断法上的民事救济应以金钱损害赔偿为优先选择。

一方面鉴于排除侵害较为简单，另一方面鉴于损害赔偿作为反垄断法中的制裁手段在各国（地区）反垄断法实施中有较好的效果，我们在下文集中阐述反垄断法上的损害赔偿。

二、反垄断法上的损害赔偿

1. 反垄断法损害赔偿的主要类型

按照损害赔偿额与实际损害额之间的关系，我们将各国（地区）反垄断法损害赔偿划为三类。

（1）绝对三倍损害赔偿。这以美国法为代表，而且美国反托拉斯法中的三倍损害赔偿制度是世界仅有。反托拉斯法中的三倍损害赔偿制度规定在《谢尔曼法》的第7条，“任何因反托拉斯法所禁止的事项而遭受财产或营业损害的人，可在被告居住的、被发现或有代理机构的区向美国区法院提起诉讼，不论损害大小，一律给予其损害额的三倍赔偿及诉讼费和合理的律师费”。此外，《克莱顿法》第4条也有与此相同的内容。

（2）酌定三倍损害赔偿。这以我国台湾地区为典型，且这种做法至今仅存在于我国台湾地区。1991年颁布的“公平交易法”第31条规定：“事业违反本法之规定，致侵害他人权益者，应负损害赔偿责任。”第32条规定，“法院因前条被害人之请求，如为事业之故意行为，得依侵害情节，酌定损害额以上之赔偿。但不得超过已证明损害额之三倍。侵害人如因侵害行为受有利益者，被害人得请求专依该项利益计算损害额”。这说明，台湾地区反垄断法中的损害赔偿采取酌定的方式，即在最高三倍的范围内，由法官酌情决定损害额的具体数额，从而与美国采纳的绝对三倍损害赔偿有不同。台湾地区的学者认为，这种做法的理由在于：法律既已规定损害赔偿为无过失损害赔偿制度，则以是否具有故意而酌定加重赔偿之倍数。[1]

（3）单倍损害赔偿。世界上多数国家的反垄断法在损害赔偿方面选择了单倍损害赔偿，即仅赔偿受害人的实际损害。日本反垄断法可以作为这种模式的代表。日本《禁止垄断法》第七章专门规定了损害赔偿制度。该章总共两条：第25条第1款规定：“实施私人垄断或者不正当交易限制或者使用不公正的交易方法的事业者，对受害人承担损害赔偿责任”，第2款规定，“事业者证明其无故意或过失的，亦不能免除前款规定的责任”。第26条是程序和消灭时效方面的规定。因为日本反垄断法中的损害赔偿被限制在实际损害范围之内，我们用“单倍损害赔偿”的名称将它与美国和我国台湾地区的做法相区别。现在目前世界上大多数反垄断法采取单倍损害赔偿的模式，包括德国、法国、俄罗斯和韩国等。

2. *反垄断法损害赔偿的构成要件*

各国（地区）对于反垄断法损害赔偿都规定了严格的构成要件。这些构成要件有的体现在法律中，有的源于司法实践经验。

（1）损害赔偿的请求权人。因反垄断违法行为受到损害者的范围非常广泛，他们既可能是违法行为人的竞争对手，也可能是违法行为人的上、下游经营者，还可能是普通的消费者。他们在反垄断法损害赔偿请求权方面的地位有

---

[1] 刘绍樑．从意识形态及执行实务看公平交易法［J］．政大法学评论，（台湾），第44期．

不同。

一般而言，与违法行为者存在竞争关系的经营者在反垄断法损害赔偿请求权方面的地位较为明确，即各国基本上都承认他们享有请求权。在立法上有分歧、在实践中难以把握的是普通消费者关于损害赔偿的请求权问题。在这方面，各国有肯定的做法，也有否定的做法。

反垄断法上肯定消费者享有损害赔偿请求权的国家（地区）当中，以日本为代表。日本《禁止垄断法》尽管对此没有明文规定，但是 1977 年东京高等法院在鹤冈灯油诉讼案件的判决中，承认消费者也是《禁止垄断法》第 25 条规定的损害赔偿请求权人。

反垄断法拒绝给予消费者反垄断法损害赔偿请求权的，以美国为代表。美国反托拉斯的成文法对消费者的损害赔偿请求权没有直接作出规定，但是，美国法院适用的“直接购买者原则”（direct purchaser rule）使消费者在反垄断案件中的损害赔偿请求权受到了限制。“直接购买者原则”是从法院对“转嫁抗辩”的禁止性态度导出的。所谓“转嫁抗辩”是指购买商因在价格被固定情况下支付超高价格而提起的三倍损害赔偿诉讼中，被告抗辩说原告没有资格起诉和索偿，因为原告支付超高价格的损失已经转嫁给最终消费者，原告的财产或经营实际上没有受到损害。美国最高法院认为，直接的购买商因反托拉斯违法行为而招致支付超高价格的损失时，他依据《克莱顿法》第 4 条提起三倍损害赔偿的权利不因被告的“转嫁抗辩”而改变。既然美国法院持拒绝“转嫁抗辩”的态度，那么就可以推断，美国法院是坚持“直接购买者原则”。“转嫁抗辩”和“直接购买者原则”在法理上具有很大的相关性：如果原告不是直接购买者，而是消费者，消费者以直接购买者已将超高价格转嫁给自己为由提起的三倍损害赔偿诉讼就不会受到法院的支持，否则违法者因同一行为得支付两次损害赔偿。此外，在重重销售环节之中计算各环节购买者的个别损害，这对法院来说是无法胜任的艰巨任务，因此，由直接购买者独享损害赔偿的请求权，可以激励他们提起损害赔偿之诉。

（2）反垄断违法行为之发生。存在违反反垄断法的行为是构成反垄断法损害赔偿的前提条件。然而，并非所有违反反垄断法的行为所造成的损害都可以请求损害赔偿。什么样的违法行为可以引起损害赔偿，什么样的不能引起损害赔偿，这取决于反垄断立法或者反垄断执法机关。

日本《禁止垄断法》规定，要构成反垄断法上的损害赔偿，必须是事业者存在私人垄断，或者存在不正当交易限制，或者存在不公正的交易方法。尽管在《禁止垄断法》中受到禁止或限制的行为范围很广，但是可以导致损害赔偿责任的，则仅限违反第 3 条和第 19 条的行为，理由是禁止这三种行为是禁止垄断法的三大支柱，有必要特别予以防止。日本法学界对这种违法行为范围的限制一直存在批评，认为其范围太窄，不利于对被害者的保护。其结果就是，在《禁止垄断法》2000年的修改中，第6条（国际的协定或契约[1]）和第8条第1项（事业者团体的行为）被加入第25条的适用范围。

美国《谢尔曼法》第6条、第7条以及《克莱顿法》第4、第4A条都规定，引起损害赔偿的违法行为范围是“因反托拉斯法禁止的事项”。《克莱顿法》第4C条还将范围限制在“违反《谢尔曼法》”的范围内。

（3）损害之存在。反垄断法上的损害赔偿责任必须是基于已发生了损害，这种要求是理所当然的。但是，哪些损害可以被纳入反垄断法损害赔偿的范围呢？各国对此问题的解答不太一致。

美国法院处理反托拉斯法损害赔偿案件时要求原告举证，证明其因他人的反托拉斯违法行为而受到了“财产或营业损害”。这里的“损害”包括①对企业经营带来的损害；以及②对有形或无形财产的损害。根据《克莱顿法》的第4条，损害的内容有以下几种：①利润损失；②商誉损失；③企业被破坏；④经营机会被剥夺。但是，对于雇工因丧失被雇佣机会所受损害能否提起三倍损害赔偿诉讼的问题，法院一般作否定的回答，因为这种损害不是《克莱顿法》所指的财产或营业损害。[2] 然而，因雇主共谋固定工资而受到损害的雇员们可以提起集团诉讼，获得三倍损害赔偿。此外，除要求对财产或营业造成损害这条标准外，还要求这种损害必须是直接的，而不是间接损害。

日本做法与美国不同。构成反垄断损害赔偿要件的损害不仅包括直接损害，而且也包括间接损害。在东京高等法院关于鹤冈灯油损害赔偿一案中，与行为人有间接交易关系的相对人也被认定具有损害赔偿请求权。日本法院认为，即使仅受到间接损害，也具备日本《禁止垄断法》第25条规定的原告资格。造成这种差别的原因可能是，美国反托拉斯法规定的三倍损害赔偿制度已经成为激励反托拉斯诉讼的重要机制，因此有必要为避免滥诉而设置一些限制。但是，日本仅规定了单倍损害赔偿制度，形成反垄断法滥诉的可能性相对较少，所以作为原告的资格有必要放宽一些，以减少反竞争的行为。

（4）因果关系。一般来说，违法行为与损害之间的因果关系是构成损害赔偿民事责任的必要条件。反垄断法上的损害赔偿也不例外。日本《禁止垄断法》对此没有明确的规定，但日本学者提出，责任原因和损害之间存在因

---

[1] 日本《禁止垄断法》第六条的标题是特定的国际协定或契约的禁止、呈报义务。

[2] ［美］菲利普·阿瑞达、路易斯·卡普洛著．反垄断法精析：难点与案例［M］．（第五版），北京：中信出版社，2003：79.

果关系，这是损害赔偿请求权的一般原则。即作为一个一般原则，这个因果关系是损害赔偿请求权的一个前提条件。有时候，证明这个因果关系是极其困难的事情，但是出于损害赔偿请求权的性质，这是一件不得不为的事。

（5）过错。过错是否作为反垄断法损害赔偿的构成要件，各国（地区）做法各有不同。归纳起来，可分为以下三种模式：

①日本《禁止垄断法》第25条第2款规定："事业者证明其无故意或过失的，亦不能免除前款规定的责任"。这说明，日本反垄断法中的损害赔偿责任属于无过错责任。反垄断法损害赔偿采取无过错责任的还有韩国等国家。

②美国《谢尔曼法》和《克莱顿法》规定的损害赔偿都没有提及过错问题。这不是立法者的疏漏，也不是故意将其模糊。美国认为，反竞争行为几乎全部是故意行为。譬如，将卡特尔联合固定价格的协议说成是"无故意、无过失、不小心、无意识"的状态下所为，这不符合产业经济学的理论与实践，甚至不符合人们的日常经验。所以在美国反托拉斯法中，过错不是损害赔偿的要件。

③我国台湾地区"公平交易法"第三十二条规定："法院因前条被害人之请求，如为故意行为，得依侵害情节，酌定损害额以上之赔偿，但不得超过已证明损害额之三倍。"这说明，"公平交易法"不是将故意作为反垄断损害赔偿的构成要件，而是加重条件。

三、我国《反垄断法》的民事责任

1.《反垄断法》民事责任的方式和构成

我国《反垄断法》第五十条规定："经营者实施垄断行为，给他人造成损失的，依法承担民事责任。"这条规定过于简略，既没有明确反垄断法民事责任的方式，也没有明确反垄断法民事责任的构成，这需要我们在理解立法语境并借鉴其他国家（地区）经验的基础上对该条规定给予适当展开。

（1）民事责任的方式。《反垄断法》第五十条以"给他人造成损失"作为承担民事责任的前提。这里至少可以看出，《反垄断法》是认可损害赔偿这种民事责任方式的。至于是否同时包含了排除侵害的责任方式，需要给予进一步讨论。

从法理上理解，已经造成损失并不是排除侵害的必要前提条件，因为排除侵害既可以针对正在发生的侵害，也可针对虽尚未发生损害但可能造成损害的情形，或者说可以针对有造成损害之虞的情形。因此，如果将《反垄断法》第五十条规定的"给他人造成损失"仅理解为"已经给他人造成损失"，这将给人一种印象是《反垄断法》不认可排除侵害这种责任方式。但从各国（地区）反垄断法立法和实践经验看，排除侵害对于反垄断法的实施是必不可少的。因此，《反垄断法》第五十条规定的“给他人造成损失”应作宽泛理解，即应涵盖三种情形：已经给他人造成了损失；正在给他人造成损失；有可能给他人造成损失。只有这样，排除侵害才具备存在于我国《反垄断法》中的空间。

（2）民事责任的构成。借鉴其他国家（地区）反垄断立法和实践经验，我国反垄断法损害赔偿应具备下列构成要件：①损失的存在；②垄断行为的发生；③损失与垄断行为之间的因果关系。

对于排除侵害，则应具备以下构成要件：①垄断行为已经发生且尚未终止；②垄断行为已经给他人造成了损失，或正在给他人造成损失，或有可能给人造成损失。

2.《反垄断法》民事责任的适用

无论损害赔偿还是排除侵害，都应给予合理适用，否则不利于发挥它们的应有效能。在适用损害赔偿时，需要考虑下列几个问题：

（1）有权提起反垄断法损害赔偿诉讼的主体范围。反垄断法损害赔偿制度运用得好，可以有效激励社会公众参与反垄断法私人实施的积极性，从而在公共实施和私人实施之间达到有效平衡。这里的关键问题是合理确定有权提起反垄断法损害赔偿诉讼的主体范围，即除了受到损失的经营者可以主张损害赔偿外，是否允许消费者提起损害赔偿诉讼。鉴于我国没有规定多倍或双倍的反垄断法损害赔偿制度，对有权提起损害赔偿诉讼的主体范围不应限制过严，应当允许因垄断行为受到损失的消费者对经营者主张损害赔偿。

（2）损失额的确定。反垄断法损害赔偿制度的另一个重要问题是确定损失额。这个问题可以分解为以下两个问题：

第一，损害赔偿的范围。从理论上看，损害赔偿应包括权利人实际遭受的全部损害，但这在实践中很难做到。因为损失分为直接损失和间接损失，如果将间接损失包含在内，将使赔偿义务人的赔偿责任过大。在反垄断法上，各国（地区）一般只将损害赔偿限制在直接损失的数额内。

第二，损害赔偿的计算。理论上，计算损害赔偿具体数额时可以使用三种方法：①以权利人所受损失额为准。这是传统的方法，坚持损害赔偿的基本理念，认为既然是从权利人角度确定损害赔偿的范围，具体的数额也应以权利人所蒙受的损害为基准。②以加害人原应减少但因侵害行为而未减少的利益数额为准而计算。这种方法实际是从不当得利理论移植而来的，但是在特定场合下才可以发挥其最佳功效，如无形财产权受损的情况。在违反反垄断法而发生的损害赔偿中，这种方法的适用较少。③以加害人因侵害行为而增加的利益为准而计算。这种方法源于准无因管理理论，认为加害人因侵害行为而获得的利益可视作干涉他人事务而获得的利益，也可视作为他人而获得的利益。因为这个利益本应归属于他人，干涉他人的事务仅是代他人取得而已，因此这个利益就应归还他人。❶

在我国，计算反垄断法损害赔偿额的时候，一般应使用上述第一种方法，如果按照第一种方法不能确定损失额，则可补充适用第三种方法。具体而言，可以将权利人在没有违法行为下的利益状态与蒙受加害行为后的现在利益状态进行比较，将其中的差额视为损害额。

（3）排除侵害的适用。在适用排除侵害这种责任方式时，重点是确定享有请求权的主体范围。排除侵害尽管不直接涉及具体的金钱利益，但如前面所言，对违法者的影响很大。因此，确定享有请求权的主体范围时，应持理性态度。既不能过宽，也不应过窄。一般情况下，应允许与从事垄断行为的经营者处于竞争状态的其他经营者主张该种权利，但要求提供较为充分的理由。对于一般消费者，则应限制他们的请求权。

第五十一条　行政垄断的法律责任

行政机关和法律、法规授权的具有管理公共事务职能的组织滥用行政权力，实施排除、限制竞争行为的，由上级机关责令改正；对直接负责的主管人员和其他直接责任人员依法给予处分。反垄断执法机构可以向有关上级机关提出依法处理的建议。

法律、行政法规对行政机关和法律、法规授权的具有管理公共事务职能的组织滥用行政权力实施排除、限制竞争行为的处理另有规定的，依照其规定。

本条规定行政垄断的法律责任，是对《反垄断法》第五章的呼应，共包含两款：第一款规定行政垄断行为的法律责任；第二款规定适用其他法律、法规的情形。

一、行政垄断行为的法律责任

1. 法律责任的具体内容

《反垄断法》对行政垄断行为只规定了行政责任，基本方式是责令改正违

❶ 曾世雄．违反公平交易法之损害赔偿［J］．政大法学评论，（台湾），第44期．

法行为和行政处分。

责令改正违法行为，是指责令行政垄断的行为主体停止实施行政垄断行为，并重新作出不具有排除、限制竞争效果的行政行为，这是一种直接针对行为本身的处罚方式，其目的是为了终止行政垄断行为。

行政处分，是指国家行政机关依照行政隶属关系对违反行政法规的国家公务员或其所属人员所实施的惩罚措施。行政处分的主要法律依据是 2007 年 4 月国务院发布的《行政机关公务员处分条例》。根据该条例的规定，行政处分的方式包括警告、记过、记大过、降级、撤职、开除等六种。

行政垄断行为的法律责任明显不同于一般垄断行为的法律责任：（1）对于一般垄断行为，《反垄断法》规定了行政责任和民事责任，而对于行政垄断行为，则仅有行政责任，没有规定损害赔偿等民事责任方式；（2）即使同为行政责任，其具体内容也有所不同，对于一般垄断行为的行政制裁以行政处罚为主，而对于行政垄断行为则以行政处分为主。

我国《反垄断法》关于行政垄断行为法律责任的规定也不同于俄罗斯、东欧国家的类似规定。俄罗斯《关于竞争和商品市场中限制垄断活动的法律》第 6 章第 21 条规定：“联邦行政权力机构、俄联邦各部门的行政权力机构和各市政当局的官员，商业性组织、非盈利性组织以及他们的经营者，公民（包括个人企业家），在被判处犯有违犯反垄断法规罪时，将被追究民事、行政或刑事责任”；“联邦行政权力机构、俄联邦各部门的行政权力机构和各市政当局的官员，在一年时间内犯重复委托罪的，”或者“不按时执行联邦反垄断局（或其代表机构）的官员作出的警告或课收罚金决定及阻挠决定执行的，”应依法追究刑事责任。同时第 22 条详细规定了停止违法行为、恢复原状、终止或改变契约以及由联邦反垄断局强行征收罚金或发出警告等具体制裁方式。匈牙利在 1990 年《禁止不止当竞争法》第 63 条第 1 款规定：“如国家机构的决议损害了竞争的自由，竞争监督机构可作为一方当事人请求法律救济”，在第 29 条规定了有利害关系的当事人向法院提起诉讼要求对方承担民事责任的规定，第 43 条规定了竞争监督机构可以对违反本法规定者处以罚款。

针对我国《反垄断法》有关行政垄断行为法律责任的规定，有些人提出了不同看法：（1）《反垄断法》对行政垄断行为仅仅规定责令改正违法行为和行政处分，而没有规定行政罚款和损害赔偿等制度，这使得《反垄断法》对行政垄断行为法律责任的规定显得较为软弱，可能不利于规制行政垄断行为；（2）反垄断执法机构对行政垄断行为只有建议处分权，而没有直接处罚或处分权，将会削弱反垄断执法机构规制垄断行为的能力和地位；（3）《反垄断法》没有对行政垄断行为的直接受益者或者参与行政垄断行为的经营者规定制裁措施，也有违公平。

上述质疑值得商榷。《反垄断法》之所以不规定针对行政垄断行为的行政罚款，是因为罚款的直接承担者是行政机关，其经费是由国家财政拨款，而罚款最终又是上交国家财政，这种流转过程既不能体现对违法者的制裁作用，也没有多大的实质意义。《反垄断法》之所以不规定针对行政垄断行为的损害赔偿，是因为行政垄断行为造成的损害具有特殊性，不能由财政经费给予赔偿。《反垄断法》之所以仅仅规定了反垄断执法机构的处分建议权，既是因为我国的基本国情，也是因为其他有关法律法规作出了类似规定。2007 年国务院发布的《行政机关公务员处分条例》第三十四条规定：“对行政机关公务员给予处分，由任免机关或者监察机关（以下统称处分决定机关）按照管理权限决定。”如果由反垄断执法机构直接处分其他机关的公务员，将严重冲击现有的行政秩序。《反垄断法》之所以没有对行政垄断行为的直接受益者或者参与行政垄断行为的经营者规定制裁措施，是因为行政垄断行为的直接受益者或者参与行政垄断行为的经营者的范围难以确定，对于这些经营者是否违法的认定也存在困难。

总之，从制止行政垄断行为的目的判断，《反垄断法》关于行政垄断行为法律责任的规定是基本合理的。其实，与《反不正当竞争法》相比，《反垄断法》在这方面已经表现出了一定的进步性。例如，反垄断执法机构的建议处分权就是新添加的；又如，根据《反不正当竞争法》的规定，行政垄断行为情节严重的，才能给予行政处分，而《反垄断法》取消了“情节严重”这个前提。

2. 行使制裁权的主体

对于一般的垄断行为，行使制裁权的主体主要是反垄断执法机构，也包括法院，但对于行政垄断行为，行使制裁权的主体则有所不同：直接的制裁主体是上级机关，反垄断执法机构只有建议权，不能直接作出制裁决定。按照立法的字面意义，反垄断执法机构既然只是提出建议，那么行政垄断行为主体的上级机关可以按建议行事，也可以不按建议行事。如果在实践当中果真如此，这是不利于《反垄断法》作用的发挥的。为了发挥《反垄断法》在规制行政垄断上的作用，当反垄断执法机构提出建议时，行政垄断行为主体的上级机关应该予以尊重，一般情况下应按建议行事。

3. 被制裁主体

责令改正违法行为这种制裁方式，针对的行政垄断行为本身，因此，其被制裁主体应该是从事行政垄断行为的行政机关或法律、法规授权的具有管理公共事务职能的组织。

行政处分则直接针对负有责任的自然人，包括直接负责的主管人员和其他直接责任人员。直接负责的主管人员是指有关机关或组织中对从事行政垄断行为起决定作用的、负有组织、决策、指挥责任的领导人员；其他直接责任人员则是指有关机关或组织中除直接负责的主管人员以外的对从事行政垄断行为起直接作用的人员，包括参与决策的领导人员和非领导的执行人员等。

二、其他法律法规的适用

《反垄断法》第五十一条第二款规定："法律、行政法规对行政机关和法律、法规授权的具有管理公共事务职能的组织滥用行政权力实施排除、限制竞争行为的处理另有规定的，依照其规定。"这一款实际上包含三种情形：(1) 当其他法律、法规对行政垄断行为规定了不同的制裁方式时，适用其他法律法规规定的制裁方式；(2) 当其他法律、法规规定由其他机构处理行政垄断行为时，由其他机构进行处理，；(3) 当其他法律、法规规定由其他机构适用不同于《反垄断法》所规定的制裁方式时，则由其他机构适用其他的制裁方式。

第五十二条　妨碍反垄断调查的法律责任

对反垄断执法机构依法实施的审查和调查，拒绝提供有关材料、信息，或者提供虚假材料、信息，或者隐匿、销毁、转移证据，或者有其他拒绝、阻碍调查行为的，由反垄断执法机构责令改正，对个人可以处二万元以下的罚款，对单位可以处二十万元以下的罚款；情节严重的，对个人处二万元以上十万元以下的罚款，对单位处二十万元以上一百万元以下的罚款；构成犯罪的，依法追究刑事责任。

本条规定拒绝、阻碍反垄断执法机构的审查和调查的行为的法律责任，基本目的是为了保障反垄断执法机构行使其调查权，内容上与《反垄断法》第六章相呼应。

一、拒绝、阻碍调查行为的主要表现

本条规定既涉及反垄断执法机构的调查，又涉及反垄断执法机构的审查，其中前者主要针对垄断协议和滥用市场支配地位，后者主要针对经营者集中。为简明起见，反垄断执法机构的调查和审查可以合称为调查。拒绝、阻碍反垄断执法机构的调查的行为主要表现为以下四种情形：

1. 拒绝提供有关材料、信息

《反垄断法》第三十九条规定，反垄断执法机构调查涉嫌垄断行为，可以询问被调查的经营者、利害关系人或者其他有关单位或者个人，要求其说明有关情况；也可以查阅、复制被调查的经营者、利害关系人或者其他有关单位或者个人的有关单证、协议、会计账簿、业务函电、电子数据等文件、资料；还可以查封、扣押相关证据。在运用这些调查措施达到调查目的的过程中，反垄断执法机构可能会要求被调查的经营者、利害关系人或者其他有关单位或者个人提供有关材料或信息。如果被要求人拒绝提供有关材料、信息，将使反垄断执法机构的调查目的不能实现，从而影响反垄断执法机构的执法。

2. 提供虚假材料、信息

材料、信息的真实性是反垄断执法机构正确认定违法行为的前提，如果材料、信息不真实，将有可能使反垄断执法机构作出错误的结论。这显然是不利于反垄断执法机构的执法的。因此，提供虚假材料、信息的行为也被看做是拒绝、阻碍反垄断执法机构的调查的行为。

3. 隐匿、销毁、转移证据

根据《反垄断法》第五十三条的规定，反垄断执法机构认定违法行为以及制裁违法行为的决定都将通过行政复议或行政诉讼的途径受到复审，在复审过程中，反垄断执法机构须提供相应的证据来支持其决定。这些证据大多是通过反垄断执法机构的调查得到的。如果被调查的经营者、利害关系人或者其他有关单位或者个人隐匿、销毁、转移证据，使反垄断执法机构得不到所需要的证据，将使反垄断执法机构所作结论丧失必要的基础，使违法者逃脱制裁，阻碍反垄断法目标的实现。因此，隐匿、销毁、转移证据的行为应被禁止。

4. 其他拒绝、阻碍调查的行为

这项规定属于口袋条款，通过这种口袋条款，可以将不属于上述三种情形但又确实对反垄断执法机构的调查具有拒绝、障碍效果的行为包含进来。

二、拒绝、阻碍调查行为的法律责任

对于拒绝、阻碍反垄断执法机构的调查的行为，《反垄断法》规定了具体的法律责任，并在区分两类适用主体的基础上将法律责任划分成三个不同层次。

本条规定，拒绝、阻碍调查行为情节较轻的，由反垄断执法机构责令改正，对个人可以处2万元以下的罚款，对单位可以处20万元以下的罚款。由该处规定可以看出，责令改正与行政罚款这两种处罚方式可以并处，并可以分别或同时适用于个人和单位。

如果拒绝、阻碍行为情节严重的，对个人处2万元以上10万元以下的罚款，对单位处20万元以上100万元以下的罚款。这条规定显示，当拒绝、阻碍调查的行为情节严重时，如果责任主体是个人，则被罚款对象是个人；如果责任主体是单位，则被罚款对象是单位；如果单位和个人同时是责任主体，则罚款可以同时针对个人和单位。

如果拒绝、阻碍调查的行为情节严重，并且构成了犯罪，则依法追究责任主体的刑事责任。在这种情况下，刑事责任主体也可以分别或同时为个人和单位。“依法”是指依据《刑法》或全国人大制定的单行刑法。《刑法》规定的部分罪名与拒绝、阻碍反垄断执法机构调查的行为具有一定的相关性。例如，《刑法》第二百七十七条规定的妨害公务罪，《刑法》第一百六十一条规定的提供虚假财会报告罪等即属是如此。但是，就《刑法》和已有单行刑法的总体情况来看，与《反垄断法》第五十二条的联系还有待于进一步加强。

第五十三条　行政复议和行政诉讼

对反垄断执法机构依据本法第二十八条、第二十九条作出的决定不服的，可以先依法申请行政复议；对行政复议决定不服的，可以依法提起行政诉讼。

对反垄断执法机构作出的前款规定以外的决定不服的，可以依法申请行政复议或者提起行政诉讼。

本条规定相关的经营者不服反垄断执法机构的决定时的救济，分为两款：第一款规定先行政复议后行政诉讼的救济模式；第二款规定自由选择行政复议或行政诉讼的救济模式。

一、先行政复议后行政诉讼的救济模式

本条第一款规定：“对反垄断执法机构依据本法第二十八条、第二十九条作出的决定不服的，可以先依法申请行政复议；对行政复议决定不服的，可以依法提起行政诉讼。”《反垄断法》第二十八条所涉及的是反垄断执法机构禁止或不禁止经营者集中的决定，第二十九条涉及的是反垄断执法机构对于不予禁止的经营者集中附加限制性条件的决定，这两类决定都与反垄断执法机构处理经营者集中有关。当相关的经营者对这两类决定不服时，《反垄断法》提供

的救济模式是先依法申请行政复议，对行政复议决定不服的，才可以依法提起行政诉讼，也就是说，依法申请行政复议是依法提起行政诉讼的前提条件，不经过行政复议程序，就不能提起行政诉讼。可见，在这里，行政复议是强制性的先决程序。

《反垄断法》为何要将行政复议作为处理与经营者集中有关的案件的强制性先决程序呢？这与《反垄断法》规制经营者集中的模式有关，也与这类案件的特性有关。对于经营者集中，《反垄断法》采取的是强制性事先申报，并由反垄断执法机构进行单方审查的规制模式，反映的是反垄断执法机构单方面的意见，相关经营者在此过程中不能充分陈述自己的观点。通过引入强制性的行政复议程序，可以为反垄断执法机构与有关经营者提供一个辩论的机会，并有可能通过辩论解决分歧。另外，与其他反垄断案件相比，与经营者集中有关的案件具有两个显著的特点，一是专业性强，二是弹性空间大。如果将这类案件直接交给法院处理，由于法院缺乏处理相关案件的专门人才，会增加法院的负担和压力。而先通过行政复议程序，由行政复议机关中具有专门知识和经验的人员来处理，可以更有效率地解决分歧。

二、自由选择行政复议或行政诉讼的救济模式

本条第二款规定："对反垄断执法机构作出的前款规定以外的决定不服的，可以依法申请行政复议或者提起行政诉讼。"这表明，除了与经营者集中有关的决定外，对于其他决定不服的，相关经营者既可以先依法申请行政复议，然后再依法提起行政诉讼，也可以直接提起行政诉讼，经营者具有选择空间，因此这是一种选择性的救济模式。

除了与经营者集中有关的决定以外的其他决定，主要是指《反垄断法》第七章规定的由反垄断执法机构作出的对违法行为的处罚决定。虽然，反垄断执法机构认定或制裁各种违法行为的案件也具有一定的弹性和专业性，但其程度毕竟小于与经营者集中有关的案件，因此，《反垄断法》规定，对反垄断执法机构处理这类案件所作出的决定不服的，相关经营者可以直接向法院提起行政诉讼。

第五十四条　执法人员渎职的法律责任

反垄断执法机构工作人员滥用职权、玩忽职守、徇私舞弊或者泄露执法过程中知悉的商业秘密，构成犯罪的，依法追究刑事责任；尚

不构成犯罪的，依法给予处分。

本条是关于反垄断执法机构工作人员渎职行为和违法泄露商业秘密行为的法律责任的规定，包含两个方面的内容：一是规定了渎职行为的主要表现和法律责任；二是规定了泄露商业秘密的法律责任。

一、渎职行为的法律责任

1. 渎职行为的主体

本条规定的行为主体是反垄断执法机构的工作人员。反垄断执法机构包括两个层次：一是国务院规定的承担反垄断执法职责的机构，即国务院反垄断执法机构；二是由国务院反垄断执法机构授权依照《反垄断法》规定负责有关反垄断执法工作的省、自治区、直辖市人民政府相应的机构，即省级反垄断执法机构。这两个层次的机构的工作人员都属于反垄断执法机构工作人员，既包括反垄断执法机构的领导人员，也包括反垄断执法机构的一般工作人员。

2. 渎职行为的主要表现

本条规定的违法行为是反垄断执法机构工作人员的渎职行为，包括滥用职权、玩忽职守、徇私舞弊等行为。

滥用职权，是指超越职权的范围，或者违背法律授权的宗旨、违反程序行使职权，一般表现为擅自处理其无权处理的事项，或者自以为是、蛮横无理、随心所欲地作出处理决定，例如，反垄断执法机构工作人员在处理经营者集中的申报的过程中，对应禁止的经营者集中不予以禁止，或者对不应禁止的经营者集中作出禁止决定等。

玩忽职守是指严重不负责任，不履行或者不正确履行职责，一般表现为放弃履行自己的职责，或者懈怠于履行自己的职责，在工作中马虎草率、敷衍塞责，不认真、不正确地做好自己的本职工作。例如，《反垄断法》第四十五条规定，反垄断法执法机构应当对承诺的履行情况进行监督，当规定的情形发生时，反垄断执法机构应当恢复调查，如果反垄断执法机构工作人员在监督过程中敷衍行使，在应当恢复调查时不恢复调查，就属于玩忽职守行为。

徇私舞弊，是指行为人利用职务上的便利，以欺骗、隐瞒、掩饰等方法，进行违背其职责的非法活动，为自己谋取私利。如反垄断执法机构工作人员在对垄断协议进行调查过程中掌握了有关经营者的违法信息，但因其中一个经营者是自己的亲戚，便将违法信息隐匿不报，这就构成徇私舞弊行为。

3. 渎职行为法律责任的具体内容

反垄断执法机构工作人员从事渎职行为的，须承担刑事责任或者行政责任，其中对于构成犯罪的，须承担刑事责任，尚不构成犯罪的，则应承担行政责任，主要是行政处分。

(1) 刑事责任。对于滥用职权、玩忽职守或徇私舞弊等行为的刑事责任，我国《刑法》第三百九十七条第一款规定："国家机关工作人员滥用职权或者玩忽职守，致使公共财产、国家和人民利益遭受重大损失的，处三年以下有期徒刑或者拘役；情节特别严重的，处三年以上七年以下有期徒刑。本法另有规定的，依照规定。"该条第二款规定，"国家机关工作人员徇私舞弊，犯前款罪的，处五年以下有期徒刑或者拘役；情节特别严重的，处五年以上十年以下有期徒刑。本法另有规定的，依照规定。"

(2) 行政责任。根据《反垄断法》第五十四条，反垄断执法机构工作人员渎职行为不构成犯罪的，依法给予处分。不构成犯罪，是因为情节较轻。有权给予处分的主体是反垄断执法机构。行政处分包括警告、记过、记大过、降级、撤职、开除等六种具体方式。

二、泄露商业秘密的法律责任

1. 泄露商业秘密的含义和主要表现

泄露执法过程中知悉的商业秘密是指行为人发表、公布其在执法过程中知悉的商业秘密的行为，如采取口头或者书面方式将自己知悉的商业秘密的内容告诉他人，或者将载有商业秘密的资料原件或复印件卖给他人，或者利用新闻媒介将其知悉的商业秘密公之于众。

2. 泄露商业秘密行为法律责任的具体内容

(1) 刑事责任。《刑法》第二百一十九条规定："有下列侵犯商业秘密行为之一，给商业秘密的权利人造成重大损失的，处三年以下有期徒刑或者拘役，并处或者单处罚金；造成特别严重后果的，处三年以上七年以下有期徒刑，并处罚金：(一) 以盗窃、利诱、胁迫或者其他不正当手段获取权利人的商业秘密的；(二) 披露、使用或者允许他人使用以前项手段获取的权利人的商业秘密的；(三) 违反约定或者违反权利人有关保守商业秘密的要求，披露、使用或者允许他人使用其所掌握的商业秘密的。"反垄断执法机构工作人员在执法过程中知悉的商业秘密属于以合法手段掌握的商业秘密，因此反垄断执法机构工作人员泄露商业秘密的，不能适用该条第（一）、（二）项规定，但应可适用该条第（三）项，因为虽然反垄断执法机构工作人员没有直接与权利人达成保守商业秘密的约定，也不一定在所有场合都会由权利人提出保守商业秘密的要求，但《反垄断法》第四十一条明确规定了反垄断执法机构及其工作人员保守商业秘密的义务，这比反垄断执法机构与权利人达成约定更具有约束力。

（2）行政责任。如果反垄断执法机构工作人员泄露商业秘密情节不严重，尚未构成犯罪的，不受刑事处罚，但应给予行政处分。判断是否构成犯罪，主要考虑行为的严重程度。最高人民检察院、公安部2001年4月发布的《关于经济犯罪案件追诉标准的规定》第六十五条规定："侵犯商业秘密，涉嫌下列情形之一的，应予追诉：（1）给事业秘密权利人造成直接经济损失数额在五十万元以上的；（2）致使权利人破产或者造成其他严重后果的。"在确定反垄断执法机构工作人员泄露商业秘密是否构成犯罪时，也应适用该条规定。只要符合这两项情形中的一项，就可认定构成犯罪，反之，则不构成犯罪。不构成犯罪的，应由反垄断执法机构对其违法的工作人员给予行政处分，处分方式也包括警告、记过、记大过、降级、撤职、开除等六种。

第八章　附　　则

引　　言

本章是《反垄断法》的最后一章，主要规定一些不宜放在前面各章但又需要作补充性规定的内容。这些内容包括三个方面：一是关于知识产权与反垄断法的关系问题；二是对大农业的反垄断豁免问题；三是《反垄断法》的施行日期。

第五十五条　滥用知识产权行为

经营者依照有关知识产权的法律、行政法规规定行使知识产权的行为，不适用本法；但是，经营者滥用知识产权，排除、限制竞争的行为，适用本法。

本条规定了知识产权与《反垄断法》的关系问题，强调经营者不得滥用知识产权，排除、限制竞争。

一、反垄断法规制知识产权的意义

知识产权是指因智力成果而依法享有的专有权。当今世界各个国家和地区的反垄断法一般都依照知识产权法律，对正当行使知识产权的行为予以反垄断法的豁免。

中国是一个发展中的大国，由于对知识产权的渴望、尊重与保护，使我们在短短二三十年的时间里，走完了西方发达国家几百年保护知识产权的历程。2000 年 10 月，正是在中国的提议下，世界知识产权组织决定从 2001 年起将每年的 4 月 26 日定为“世界知识产权日”。但是，知识产权同其他任何权利一样，也存在行使不当和滥用的问题。所谓知识产权滥用，就是指知识产权的权利人在行使其权利时超出了法律所允许的范围或者正当的界限，导致对该权利的不正当利用，损害他人利益和社会公共利益的情形。作为“世界工厂”和知识产权最大的进口国和使用国，我国长期以来深受知识产权滥用之害。我国企业和消费者面临外资企业技术优势的层层盘剥。今天，跨国公司在我国很多行业占据了优势竞争地位，甚至是支配性市场地位、垄断地位。一些巨型企业凭借手中的知识产权，常常通过搭售、强制性一揽子许可、独占回授、收取不合理或歧视性的许可费、限制使用领域等不合理的条件，实施垄断行为，人为地构筑行业准入障碍，其结果是扭曲竞争，妨碍创新和技术进步，损害消费者权益。比如，为剿灭我国国产 WPS97 软件，微软在这个软件发布前夕匆忙以 97 元的超低价格推出 Word 97 版本。取得成功之后，微软中文版 Windows 98 操作系统在中国大陆的售价一下子就拉高到 1998 元，而同一时期该软件在美国的价格是 109 美元（折合人民币 1000 元），日本的价格折合人民币也不过 1200 元。据保守估计，我国消费者因微软公司的这一价格歧视每年多支出 10 个亿。美国诺顿杀毒软件在中国的定价原为每套 280 元。为迅速抢占市场，诺顿公司规定凡使用其他品牌杀毒软件者，只需另加 59 元即可换取最新诺顿产品，严重遏制了国内杀毒软件研制厂商的研发和经销。这种“外国人思考，中国人流汗”的“世界工厂模式”在让国人痛定思痛，加速自主创新、加快发展高新技术产业、“建设创新型国家”的同时，也凸现了我国建立规制知识产权滥用的反垄断法律制度的必要性和紧迫性。正如美国诺贝尔经济学奖得主斯蒂格里茨教授所建议的，中国要抵挡西方国家知识产权的压力，制止知识产权的滥用，必须建立起平衡的知识产权制度和充满活力的创新体系。

从现实经济生活出发，考虑到知识产权滥用对我国产业和消费者的损害极其严重，特别是滥用知识产权已经成为大公司、大企业集团谋求和维持垄断地位的重要手段，我国反垄断法一方面强调对依据知识产权法律、行政法规正当行使知识产权的行为，给予保护，适用反垄断豁免外，另一方面将经营者滥用知识产权排除、限制竞争的行为纳入了调整范围，为制止滥用知识产权排除、限制竞争的行为提供了法律依据。然而，鉴于知识产权滥用的复杂性和严重性，单靠《反垄断法》第五十五条的原则性规定，难以制止和惩治日趋严重的知识产权滥用行为，国务院反垄断委员会应当尽快制定和发布有关这一问题的反垄断指南。

二、知识产权与反垄断法一般关系

知识产权的特性在于补偿与激励权利人。为有效鼓励著作人、发明人积极投身于创作和发明，弥补其劳动与资本方面的投入，确保其有足够的动力，潜心于创作和发明创造活动，激发其在知识经济领域开展生气勃勃的竞争，国家有必要赋予他们在其智力成果方面的专有权，使其能够享有从其发明和创新中受益的权利。为此，就有必要建立知识产权保护制度。从市场竞争的角度看，知识产权是一种维护产业公平竞争秩序、获取市场竞争优势的法宝。知识产品市场化的前提是知识产品市场上的公平竞争秩序，知识产权制度是维护公平竞争秩序的重要手段。因此，知识产权在许许多多的领域，都被视为取得竞争优势和克敌制胜的法宝，特别在高科技产业，专利和版权甚至被当作企业优质资产王冠上的珠宝。

虽然知识产权具有专有性即排他性，权利人可在一定时期和一定地域范围内，就某种产品的生产和销售取得垄断地位，进而取得垄断利润，但这种合法的垄断作为对知识产权人创造性劳动的补偿和激励，只是一种手段或者工具，它不得被用来妨碍技术革新和社会资源有效配置。也就是说，知识产权的最终目的是要推动技术创新，促进经济和社会发展，改善消费者福利，这与反垄断法的总体目标是一致的。知识产权虽然以一定形式和在某些方面限制了竞争，但这种限制同时也是激励人们在知识经济领域开展激烈角逐的必要手段。知识产权创设的排他权，激励着发明创新，鼓励着公共披露，在有力地推动专利、版权等商业化进程的同时，也让人们得以学习和掌握被保护的知识产权。而市场主体在市场竞争的压力下，它们为保持和扩大市场份额不断改进现有产品和引进新产品的同时，也在不断引领新的技术进步。

但是，知识产权与反垄断法在总体目标一致的情况下，却存在着推进创新方法上的差异。即二者虽然都是致力于促进社会财富和生产效率的最大化，但反垄断法实现效率最大化的途径是通过制止反竞争行为与阻却垄断，而知识产权保护即便不是为了创造新的垄断，至少在某种程度上允许甚至鼓励有条件的垄断，以便为创新提供激励机制。“没有合法的垄断就不会有足够的信息产生，但有了合法的垄断又不会有太多的信息被使用。”从经济角度看，知识产权制度阻碍了对特定作品与发明的自由销售，使权利人有可能或有能力将其作品或专利的价格提高到再生产的边际成本之上。从现实情况看，要激励著作权人、发明人进行创造性活动，法律必须给予他们这类特权。这也就意味着在知识产权保护之下，较竞争状态而言，购买作品、专利的人数不仅会减少，而且他们的支出还会增加。因而，立法者必然要平衡两种利益：知识产权权利人的所得（以激励其创作、创新）与民众享受这一成果的付出（包括知识产权的传播等成本）。也就是说，权利人对知识产权的行使必须受到限制，即一方面要从社会角度保护知识产权权利人的创新活动，这是社会特别是新经济时期经济发展的关键；另一方面要降低知识产权转让的成本，减少民众享受这些成果时的支出，保障公共利益，即发展的成果不能为少数人所垄断而应为惠及广大民众。

由此就提出这样一个问题：在知识产权制度与反垄断法发生冲突时，哪一个享有优先权？欧盟在处理这一问题时，是将商品自由流动和竞争规则置于第一位和优先适用的地位。如欧共体法院1996年马盖尔（Magill）一案的判决表明，知识产权的保护与对共同体市场竞争的保护相比，前者在欧共体处于次要的地位。[1]美国一些反垄断法专家也提出“竞争优先于产权”。但是，对于我们这个处于赶超时期的转轨型国家，在保护知识产权与保护竞争二者之间，很难说哪一个更重要。事实上，对我们而言，这两种法律制度是互为条件，并且有着相同和平等的地位。如果知识产权法律决定对权利人赋予独占权，从而对竞争产生一定程度的限制，人们就可以假定法律在作出授权之时已经评估与权衡过知识产权对各种利益关系特别是对竞争的影响。那么，这种因知识产权而形成的垄断地位及行使这种垄断地位限制、排除竞争的行为，就是基于法律的授权而享有反垄断豁免。因此，依照知识产权法律行使权利的行为，即便对竞争造成一定程度的损害，也因有了知识产权法的依托而具有合法性。如果知识产权的不当行使严重限制了竞争，妨碍了商品与服务的自由流动，则可能构成滥用。如果知识产权导致长期的垄断，引起社会经济效益低下，这种知识产权不应继续得到保护，而是受到反垄断法的管辖。

应说明的是，知识产权作为一种受到一定时期和地域限制的合法垄断，一般并不能让权利人获得市场支配地位，而知识产权的行使与许可总体上是有利于竞争的。因此，在评估行使知识产权的行为是否限制、排除了竞争，是否构成滥用而进入反垄断法的调整范围时，应将知识产权与其他财产权利同样对待。比如，一项与知识产权有关的许可协议如对现有或潜在的商品或服务的价格、数量、质量、多样性等产生不利的影响，就可能存在违反反垄断法的问题，应当引起反垄断执法机构的关注。反垄断执法机构在分析知识产权协议时，应当采用合理原则。知识产权的滥用与传统的排除、限制竞争行为一样，按其具体表现形式，可以分为垄断协议、滥用市场支配地位和经营者集中等三个方面。一个与知识产权相关的限制竞争是否可以认定为是滥用，这一般可以从这个行为是否有利于知识产权的创新、转让和传播，是否有利于推动社会进步和社会福利增长，是否有利于知识产权权利人与社会公共利益的平衡三个方面予以考虑。

三、知识产权滥用的表现

知识产权滥用触及两个根本问题，故为法律所不容。一是它将知识产权不适当地扩展到合法范围以外；二是知识产权的行使破坏了竞争。换言之，知识

[1] Joined Cases C－241 and 242/91 P, RTE v. Commission, [1995] ECR I－743 (“Magill”).

产权滥用在于这种权利被不合时宜地“扩大了”，且“扩大”的结果对竞争产生不利影响。鉴于滥用知识产权行为的多样性，我们分别从单个主体的滥用行为、交叉许可与专利池、民间标准化组织限制竞争行为三个方面，予以介绍。

1. 单方面实施的滥用知识产权行为

(1) 搭售

搭售是专利滥用最典型的形式。搭售的原意是卖方以买方同时购买另一种不同（被搭售）商品，或至少同意不从其他供应商那里购买另一种商品为条件，出售某一商品的协议。对专利滥用而言，搭售就是专利权人对被许可人或专利产品的买方，附加了必须购买另外一个独立于专利之外的非专利产品，作为进行交易的先决条件。它具有五个特征：①不同的产品或服务；②强制联结；③供应方在搭售品市场拥有市场势力；④搭售对被搭售产品市场产生反竞争后果；⑤对被搭售产品市场的商业影响是实质性的。在 Morton Salt 案，专利权人有一项能将食盐片剂自动沉淀的罐头食品专利，它同意将专利设备出租给用户，条件是对方必须购买使用这个设备所需的全部食盐片剂。食盐片剂是一种常见商品，与这个专利设备可以完全分离。美国最高法院认为专利权人凭借其专利权的强卖行为会为其控制非专利产品（食盐）提供强大的支持，宣布专利权人强制客户购买非专利产品是企图压制另一产品市场竞争的非法之举。❶

(2) 强制性一揽子许可

在知识产权许可中，当专利权人搭售的不再是某一产品或某类服务，而是额外接受另外一种（或多种）知识产权时，就构成了强制性一揽子许可。换言之，当以专利作为搭售条件时，将两个以上的专利捆绑，打包许可，收取一个固定的专利使用费，而不计每个专利的使用情况，即形成了专利一揽子许可协议。技术市场的滥用与产品市场的滥用应当一视同仁。如果某一企业在搭售技术市场据有市场势力，它强迫被许可人同时接受另一专利技术并对这一技术市场造成明显的不利影响，无疑构成专利滥用。但是，如果协议双方自愿达成互惠式一揽子许可安排，则不构成违法。在现实经济生活中，即便一揽子许可本身违法、构成滥用，也很难追究其责任，原因不仅在于此类行为的反竞争后果难以确定，而且它还有一些似是而非的所谓竞争的激励因素。比如，微软案中一审法院否决了所谓的“技术性搭售”，但上诉法院却提出视窗操作系统与浏览器是“融合产品”的概念。❷

---

❶ International Salt Co. v. United States, 332 U. S. 392 (1947).

❷ United States v. Microsoft Corp., 147 F. 3d 935 (D. C. Cir. 1998).

（3）超出专利期限收取使用费

如果专利权人在专利期满以后，仍然索取使用费，这种行为一般被视为本身违法。因为法律在设定知识产权的保护期限时，已经考虑到其历史延续性和后续利用的成本效率。而且，对专利设立有效期限，这也是推进专利技术投放市场、推动专利技术的使用和创造更先进技术的必然要求。对过期专利收取许可费，本质上就等同于非法地延长了专利法赋予的有效期限，有违知识产权立法的初衷。这方面的典型案例是美国1964年的Thys案。案中专利权人将12项与啤酒生产相关的专利一揽子许可，其中7项已经于1957年专利期满，但专利权人坚持被许可人必须支付这些过期专利。美国最高法院认为，专利权人的发明进入公共领域后，如果以受专利法保护的专利为杠杆，将其影响力扩展至这些期限届满的专利，这就是将合法专利的垄断权非法延伸至非专利产品。因而，这一专利费条款不可执行，是非法的搭售行为。[1] 在后来多起案件中，美国最高法院一直继续延用这一判决，并将这种行为视为专利滥用。

然而，这不能说，专利权人要求超过专利期后继续支付使用费的所有情况都是专利权滥用。比如，当专利使用费是根据产品销售情况来支付的情况下，就需认真分析。有些专利产品生产时，专利还在保护期内，但在专利产品销售时可能超过保护期。此时被许可人就不能仅凭专利期满而拒交专利费。如果专利权人有一项药品生产专利，要求被许可人使用这一生产专利生产的任何药品必须在药品出售后支付专利费。由于药品的研发、审批到进入市场，有一个至少需要几年的周期，这些药品就可能是在专利保护期内研制而成的。这种在专利期满后仍收取使用费的情况不能等同于专利滥用。

（4）专利回授要求

专利回授（grant-back），是专利权人在授权时给被许可人的一个限制，即要求被许可人将运用许可人专利技术过程中所作的任何“改进性专利”或产生的其他新技术，都必须通告并让前者或前者指定的其他企业享有，而受让方还往往无需得到补偿或互惠性的条件。根据对新技术回馈有无独占性的要求，回授可分为三种：①独占性回授，即被许可人将新技术全部回馈许可人，自己不得有任何保留；②排他性回授，即被许可人将改进性专利回馈给许可人，但保留自己使用新技术的权利；③开放式回授，即许可人、取得改进性技术专利的被许可人及其他被许可人都可以使用这一新技术。第一种情况由于它剥夺了作为新技术发明或改进技术的被许可人运用自身发明的权利，能够窒息被许可人创新的热情，其反竞争性极为严重。第二种情况下，改进技术本身可以看作

[1] Brulotte v. Thys Co., 379 U. S. 29 (1964).

是原始技术投资的某种回报，应当根据具体案件适用合理原则进行分析，重点审查许可人在技术市场或创新市场上是否有市场支配力，以及回授条款是否降低被许可人投资于后续改进技术的积极性。第三种情况自然不会引起反竞争问题，这不仅在于它保留了被许可人对改进后技术的权利，不会抑制被许可人的创新动力，而且它还许可他人使用这一技术创新，有利于促进新技术的推广和传播。

（5）歧视性使用费

一些专利许可常用来推行价格歧视。我们前面论及的搭售就具有这种作用。它通过测量被许可人使用专利产品的次数或频率，可让专利权人对被许可人进行区分，并决定对不同被许可人实施差别价格。打印机配售墨水盒、复印机搭配纸张等被视为这方面的典型。价格歧视的经济影响较为复杂。一般认为，统一的价格统一会影响垄断者的产出。如果垄断者采取价格歧视的方式，即对一部分人索取高价的同时，对另一部分人以低价“引诱”，其结果会扩大销量，因此这被视为有益之举。另一方面，针对不同用户选择不同的价格，有利于价格向竞争水平靠拢。但是，价格歧视也可用来支撑掠夺行为和增加竞争者成本，从而增加社会的净损失。专利使用许可的价格歧视如同一般价格歧视一样，其主要目的在于提高专利权人的利润。但是，一个价格歧视明显影响到专利相关产品市场时，需要仔细审查。专利权人是否居于市场支配地位，对价格歧视条款的合法性起着重要作用。如果专利权人有着市场支配地位，其价格歧视行为应当受到反垄断法的关注，以防止他不正当的扩延权利而扭曲竞争。

2. 交叉许可和专利池的问题

（1）交叉许可和专利池的概念

交叉许可（cross-licensing）与专利池（patent pools）是知识产权许可中横向限制的重要方式。今天，极少有一种产品只需一项专利技术即可生产的情况。当生产某种产品所需的多项专利分别由两人所有时，相互许可对方使用自己的专利，就是专利的交叉许可。比如，对铅笔拥有专利的公司 A 与橡皮的专利权人 B 可能发现，他们之间互相授权使用对方专利是一件双赢的事情。这样，A、B 或第三人就可以生产、销售新的、带橡皮的铅笔。而当两个以上的专利权人达成协议，同意放弃各自对专利的独占权、合并专利于一处，以便他们或他人获得这些专利的使用许可时，这就出现了专利池。许多专利池设有管理机构协调这些专利的共同许可问题。由于交叉许可和专利池汇聚了生产某一产品所必须的全部专利，这些专利就会以一揽子方式被授权。一揽子专利许可对产业的形成与发展发挥了重要作用。1856 年，世界上出现了第一个专利池，即与生产缝纫机相关的专利池。1917 年，美国海军救助机构通过协调，建立了航空器专利池，由此制造生产的大批飞机投入了第一次世界大战，使美国取得了对德作战的空中优势。1997 年，日立株式会社等 6 家企业商定，将它们各自拥有的 DVD 的专利组成了专利池。

（2）交叉许可和专利池的反垄断问题

交叉许可与专利池提升竞争效益、促进经济发展的正面功能，主要表现在可以排除技术障碍、整合互补性专利和关联性技术、促进新技术的推广和传播、降低交易成本、减少或避免侵权诉讼。其妨碍竞争的情况主要表现为：①处于横向关系的专利权人可能利用交叉许可与专利池限制、排除竞争；②交叉许可和专利池可作为手段瓜分市场、集体定价或者协调当事人的定价行为或限制产量；③交叉许可与专利池会成为权利人获取市场势力的手段，例如，将有竞争性技术的厂商排除专利池许可之外，或者通过交叉许可和专利池搭售其他非实质性的技术；④专利池的许可条件如要求被许可人以较低价格将现有和未来开发技术均交专利池统一经营，会降低被许可人技术创新的积极性。

VISX 专利池是滥用专利的一个典型例子。基本案情是：在美国只有 VISX 和 Summit Technology 两家公司的角膜切除术设备（PRK）即激光透视技术设备获得了联邦药品管理局的批准，可用于外科手术。这种技术是运用激光对角膜再成形，让许多人摆脱眼镜或隐形眼镜。于是，这两家企业将绝大多数 PRK 专利技术组成了一个专利池。这个专利池是一个空壳机构，其功能只是汇集相关专利，并且只是许可这两个专利权人使用。这两个专利权人使用这些技术生产激光医疗设备，然后把设备出售或出租给眼科医生，由这些医生开展 PRK 医疗服务。专利池授权两企业时，要求两专利权人必须保证医生实施外科手术中每使用一次激光设备，都须向专利池交纳 250 美元的专利使用费。两专利权人根据许可的次数分享使用费，由此可以确保两企业每次都获得 250 美元的收益。这样，它们当然也没有动力降低使用费。1998 年 3 月，联邦贸易委员会指控这个专利池是一个赤裸裸固定价格的机制，因为：①如果没有这个专利池，这两个专利权人在外科设备市场的技术许可中就是竞争对手，就会执行竞争性收费而不是每次 250 美元的高价。专利池还排除了专利权人在制造 PRK 设备、专利许可以及与手术相关的其他技术许可等方面的竞争。②因为这个专利池的排他性，也排除了其他企业使用 PRK 技术专利的途径，因为任何单个专利权人不得同意将 PRK 技术许可他人使用。③ 250 美元的许可费作为消费者支付的最低价格，这是对消费者福利的侵蚀和剥夺。1998 年 8 月，联邦贸易委员会禁止两专利权人高额收费，并解散了这个专利池。[1]

---

[1] Summit Tech., Inc. & VISX, Inc., No. 9286 (FTC Mar. 24, 1998)

3. 标准化组织的问题

没有规矩不能成方圆。因此，近代化、现代化在某种意义上就是标准化。总体上看，标准化在降低成本、扩大信息流通、促进产品兼容和提高规模经济等方面有着积极的功效。但是，由于标准化汇集了众多的知识产权，人为地影响和改变了市场结构，让某些企业游离于市场竞争的压力之外，它对竞争的潜在威胁不容忽视。

标准化的方式基本可分为三类，即通过政府的标准化组织、个别企业的事实标准和同行业企业的标准化。根据《标准化法》，我国的政府组织在标准化工作中处于核心地位。政府制定的标准具有法定标准意义，即使由此带来反竞争的问题，也不能适用反垄断法。个别企业凭靠自己辛苦的打斗，在经过竞争的洗礼、市场的检验和消费者认可后，逐渐成为占市场支配地位的企业，它自己所定的标准有可能成为普遍接受的事实标准，像微软的操作系统。第三类标准是同行业的企业通过协调建立的行业标准。

私人的标准化组织有着诸多的正面效应，但也常常引起排除、限制竞争的问题。标准化组织的反竞争行为大致有三种情况：一是标准化组织可能推动共谋。因为大多数的标准化组织是由竞争对手组成的，是他们进行产品信息交流的平台，标准化组织经常就未来产品的生产进行协调，某些情况下就会成为共谋。在实践中，也确有一些标准化组织是出于竞争者之间进行价格协调和产出限制的而建立的。有些标准化组织即便合法成立，其主要功能也是作为竞争者之间收集与交流信息的平台，从而便于非法共谋。有些标准化组织对某些产品的标准化认定，有助于维持产品的统一定价，便于竞争者之间相互监督价格与产品供应。二是标准化组织可能限制产品与服务的供给，最终会抬高价格；三是标准化组织可能会限制产品的多样性，减少消费者的选择机会。产品标准化有些是必须的，有些则是不必要的。对多数产业而言，竞争带来的差异性产品可以增加消费者选择的机会。如果在一个行业，标准化不能带来显著的社会效应，反而会严重排除产品的多样性，限制了价格竞争，这个标准化就是有害的。

第五十六条　农业生产经营活动的豁免

农业生产者及农村经济组织在农产品生产、加工、销售、运输、储存等经营活动中实施的联合或者协同行为，不适用本法。

本条规定了对农业生产者和农村经济组织的联合或者协同行为，实行反垄断豁免。

一、反垄断法豁免农业的经济原因

市场经济的本质是竞争。反垄断法作为规范市场经济秩序的基本法律，原则上具有普适性，即应当对所有产业都享有管辖权。但是，经济生活毕竟纷繁复杂，其中存在着一些特殊产业，不适宜于开展竞争，需要国家从整体经济发展、社会公共利益和行业特殊的情况出发，明确排除反垄断法的适用，给予反垄断豁免。农业正是这样的一个产业。

从农业自身特性看，对其实施反垄断豁免的原因大致有以下方面：（1）农业（包括林、牧、渔业）及其主要产品对自然条件有很强的依赖性，经营者很难通过价格调节实现市场供求平衡。（2）农业在国民经济处于基础地位，农业生产关系人民的基本生活需求。（3）农产品的供需弹性小，可替代性差。（4）农民势单力薄，容易受到强势经营者的蚕食。如我国奶制品价格持续上扬，表面上是饲料价格上涨，深层原因却是乳品加工企业与奶农的利益关系不顺，原料奶定价机制不合理。奶农合作组织发育滞后，加之鲜奶不宜储存，奶站普遍存在压级压价、强买强卖、克扣奶农等不法行为，奶农没有话语权。（5）农产品市场广大，农产品属同质性产品，产品之间替代性极强，因此，任何农业合作组织都不可能占市场支配地位。（6）与农业生产者相比，买方力量集中，大买主对农产品的销售压力应当引起广泛关注。针对强势买主或大买主的联手购买行为，农业生产者联合起来，组成合作组织，采取一致行动，是摆脱和抗击大企业肆意妄为、压级压价的一种自保行为。因此，农产品的生产、加工、购销、运输、贮藏等不适宜采用无限制的自由竞争，而是应当采取适度竞争，以避免农业生产大起大落，谷贱伤农。

总而言之，农业应当得到政府的优惠和补贴，这是整体经济和社会公共利益的需要。为了提高农业生产力，促进农产品市场的有效运行，增加食品供给，达到合理与均衡的农产品消费价格，国家应允许农业生产者订立限制竞争的协议，对农业组织实施反垄断豁免，以保护农民利益，保护农业，维护国民经济发展的重要基础。

二、国外反垄断法对农业的豁免

美国首开对农业实行反垄断豁免的先河。为了保护社会弱势群体，改变农户势单力薄的不利状况，维护社会稳定，美国国会1914年通过的《克莱顿法》第6条规定："反托拉斯法不限制为了互助、没有资本、不盈利的劳动组织、农业组织、园艺组织的存在与活动，也不限制或禁止其成员合法地实现该组织的合法目的。依据反托拉斯法，这些组织或成员不是限制贸易的联合或共谋。”美国1922年《凯波-沃尔斯特法》（Capper-Volstead Act）和1926年《合作推销法》（Co-operative Marketing Act）也对农业合作实行反垄断豁免，规定农产品生产者有权在生产、收集、储存、经销等方面进行合作，共同行动，有权设定联盟政策和固定其产品价格。1934年《渔农合作销售法》（Fisheries Co-operative Marketing Act）还规定，不得对“渔业生产者的集体捕捞、储存、加工、运输以及销售行为”提起反垄断诉讼。

世界其他国家和地区也认为有必要将农业领域的竞争限制在一个必要的程度，在反垄断法中学习美国经验，对农业实行反垄断豁免。例如，欧共体在农业领域适用的是农产品市场秩序，这个市场秩序适用的是调节和补贴，而不是竞争和机会平等的原则，所以，欧共体条约第42条明确规定，农业领域不适用竞争规则。欧盟委员会《关于处理农业领域协议的26号条例》规定，农业享受“类别豁免”。在欧盟范围内，绝大多数农产品是由欧盟统一管辖，由成员国共同商定最高价格与最低限价，并且实行出口补贴。

三、我国《反垄断法》对农业的豁免

一方面我国的农业基础薄弱，生产方式落后，抵御自然灾害的能力很弱，很大程度上靠天吃饭，另一方面人民生活和工业发展对农业的需求极大，特别是我们的吃饭问题不能建立在对国外农产品的进口上，而入世以后我国农业又受国外农副产品的严重冲击。农业形势的好坏，直接关系我国国民经济能否平稳增长和社会稳定。近年来，中央对“三农”问题高度重视，十六届五中全会提出建设社会主义新农村的重大历史任务，2004年~2006年，中央连续三年发布有关“三农”工作的一号文件。特别是2006年《中共中央国务院关于推进社会主义新农村建设的若干意见》，从推进社会主义新农村建设出发，决定采取多种措施保护和支持农业的发展，并要求继续出台一系列支农惠农的重大政策。国家鼓励各类投资主体通过新建、兼并、联合、加盟等方式，在农村发展现代流通业；积极发展农产品、农业生产资料和消费品连锁经营，建立以集中采购、统一配送为核心的新型营销体系；支持供销合作社创新服务方式，广泛开展联合、合作经营，加快现代经营网络建设，为农产品流通和农民生产生活资料供应提供服务；发展农业产业化经营，着力培育一批竞争力、带动力强的龙头企业和企业集群示范基地，推广龙头企业、合作组织与农户有机结合的组织形式，让农民从产业化经营中得到更多的实惠；积极引导和支持农民发展各类专业合作经济组织，培育农村新型社会化服务组织，鼓励、引导和支持农村发展各种新型的社会化服务组织，推动农产品行业协会发展，引导农业生产者和农产品加工、出口企业加强行业自律，搞好信息服务，维护成员权益。2006年10月31日，全国人大常委会通过的《农民专业合作社法》，首次以立法形式，推进农民的经济互助与合作，支持、引导农民专业合作社的发展，规范农民专业合作社的组织和行为，保护农民专业合作社及其成员的合法权益，促进农业和农村经济的发展。该法第五十二条还规定，“农民专业合作社享受国家规定的对农业生产、加工、流通、服务和其他涉农经济活动相应的税收优惠”。

鉴于国家上述一系列支农惠农政策，我国反垄断立法也应当从国情出发，体现国家支农惠农的政策精神，对涉及农业生产经营活动中的排除、限制竞争行为明确给予反垄断豁免，鼓励、支持和推动农业生产者之间的联合和互助活动，以增强我国农业的抗风险能力和在市场上的竞争力。因此，我国《反垄断法》第五十六条规定：“农业生产者及农村经济组织在农产品生产、加工、销售、运输、储存等经营活动中实施的联合或者协同行为，不适用本法。”

对于第五十六条的理解，应当注意以下三点：

第一，本条所指的农业是一个大农业概念，包括农业（即农作物栽培）、林业、牧业和渔业，以及副业中农户从事的野生植物采集部分。但是，副业中的家庭兼营手工业不属于农业。

第二，本条予以豁免的行为主体有两大类。一是农业生产者，包括农户、农村集体、国营农场、农业企业及其他直接从事农业生产经营活动的组织。二是农村经济组织，主要指农民专业合作经济组织，也包括目前的社区性农业合作经济组织、农民合作社、农民专业协会、农业技术协会等。

第三，本条豁免的行为，覆盖了涉及农产品生产、加工、销售、运输、储存等全部经营活动中的联合或者协同行为。农业生产者和农村经济组织的上述经营活动，即使构成排除、限制竞争的协议，或形成具有或可能具有排除、限制竞争的经营者集中，也不受制于反垄断法的约束。但是，滥用市场支配地位的行为不应当在豁免之列。比如，蔬菜产区具有市场支配地位的农业经济组织，往往以明显偏低的价格收购蔬菜，或以不公平的超高价格向外地批发销售蔬菜；农业机械组织在三夏时节，强制农户接受由其提供的下一季机械播种服务作为本季收割农作物的条件；在农产品运输市场据支配地位的运输公司，强迫农户接受其提供的运输服务等。一方面由于农业生产者、农村经济组织的经济实力总体偏小，另一方面农产品的季节性又极强，容易腐烂变质，而且多属大宗产品，这种情况下，他们面对强势经济组织的要挟往往无能为力。因此，对于农产品生产、加工、销售、运输、储存等经营活动中的有着优势地位的企业或者经济组织如果滥用市场势力，这种滥用行为也不应当得到反垄断的豁免。

第五十七条　施行时间

本法自2008年8月1日起施行。

本条规定了反垄断法的施行日期。

施行日期是一般法律的附则中都要规定的内容。《反垄断法》也不例外。《反垄断法》是于2007年8月30日，由第十届全国人民代表大会常务委员会第二十九次会议通过，并于同日公布的。由于《反垄断法》出台后，付诸实施还要做很多具体细致的工作，法律规定了长达11个月的准备时期，将施行时间定在2008年8月1日。这一期间必须做的准备工作主要有：（1）成立国务院反垄断委员会。徒法不足以自行。为有效执行反垄断法，协调执行机构的行政执法工作，防止政出多门，保证执法的统一性（如对垄断行为定性的统一、处罚宽严程度的统一等）和反垄断法的公正性和权威性，《反垄断法》第九条规定国务院成立反垄断委员会。（2）确定各反垄断执法机构承担的相应职责。反垄断执法力量如何配置、执法机构如何设置，既是社会各界普遍关心的问题，也是反垄断法实施前必须解决的问题。目前我国对垄断行为呈现多家行政机构分别执法的局面，如国家工商总局依据《反不正当竞争法》主管公用企业滥用市场支配地位、搭售等方面的反垄断工作，国家发改委依照《价格法》负责价格违法活动中涉及垄断行为方面的执法工作，商务部承担外资并购境内企业的反垄断审查与国家安全方面的审查工作等。兼顾到这一现实，反垄断法只是从总体上规定了执法机构的职责及其工作程序，而没有明确各执法机构在反垄断法实施后的具体分工及相应的职责范围，将这一问题交由国务院决定；（3）制定、发布反垄断指南等配套规定。反垄断执法的政策性、专业性、技术性都很强，需要根据具体的经济环境、市场状况、行业特点等，制定、发布相应的指南和具有可操作性的规范性文件。比如，对相关市场如何界定，如何确定经营者集中的申报标准，何为知识产权的滥用、如何评估知识产权滥用对市场竞争的影响等，只有出台有关的配套规定，这些条款才能真正得到切实有效地贯彻；（4）培训相关人员，宣传普及反垄断法知识。即在这一期间，通过对执法人员的培训，使他们充分理解《反垄断法》的立法宗旨，熟悉和掌握法条，深入探讨执法中可能遇到的问题，为未来执法打造一支素质优良的执法队伍。通过对市场主体的培训，使他们了解《反垄断法》的相关规定，自觉遵循《反垄断法》，规范自身的经营行为，减少和避免经济活动中的限制、排除竞争的行为，净化市场环境。通过对《反垄断法》的宣传和普及工作，增强全社会的竞争意识，培育竞争文化，为《反垄断法》的实施提供良好的社会环境。

附录一

关于《中华人民共和国反垄断法(草案)》的说明

国务院法制办公室主任　曹康泰

委员长、各位副委员长、秘书长、各位委员：

我受国务院的委托，现对《中华人民共和国反垄断法（草案）》作说明。

反垄断法是保护市场竞争，维护市场竞争秩序，充分发挥市场配置资源基础性作用的重要法律制度，素有“经济宪法”之称。同时，反垄断法也是市场经济国家调控经济的重要政策工具。特别是在经济全球化的条件下，世界各国普遍重视利用反垄断法律制度，防止和制止来自国内国外的垄断行为，维护经营者和消费者合法权益，促进技术创新和技术进步，提高企业竞争力，保证国民经济的健康、持续、协调发展。

目前，随着我国经济体制改革的继续深入和对外开放的不断扩大，我国反不正当竞争法、价格法、招标投标法、电信条例等有关法律、行政法规中一些防止和制止垄断行为的规定，已经不能完全适应我国发展社会主义市场经济和参与国际竞争的需要。一是经营者滥用市场支配地位垄断价格、掠夺性定价、强制交易、搭售和附加不合理交易条件，或者相互之间达成价格联盟、划分市场、限制产量等各种形式的垄断协议，直接危害市场竞争，损害消费者和其他经营者的合法权益，妨碍了全国统一、竞争有序的市场体系的建立。此外，行政机关和法律、法规授权的具有管理公共事务职能的组织滥用行政权力，排除、限制竞争的现象还不同程度地存在，反垄断法对此也需要明确予以制止。二是随着经济全球化的加剧和我国对全球经济影响力的提高，国内国际经济结构调整不断加快，企业间的合并、重组日趋活跃。同时，在有的地区、有的行业中，垄断的苗头也已开始显现，迫切需要引导和规范，以避免产生严重限制甚至排除竞争的后果。三是我国作为市场经济国家，需要通过建立并实施较为完善的反垄断法律制度给市场经营者以公开、透明并可预期的行为准则，规范市场经济秩序。因此，有必要制定一部比较系统、全面的反垄断法，为进一步深化改革开放，营造公平有序的市场竞争环境，促进国际贸易和经济技术合作，保持我国经济活力，加强国家宏观调控，进一步提供法律保障。

反垄断法的起草工作历经十余年，2004 年 2 月商务部将与工商总局共同起草的《中华人民共和国反垄断法（送审稿）》报国务院。鉴于反垄断法的重要性，国务院法制办邀请全国人大财经委、全国人大常委会法工委、最高人民法院、发展改革委、商务部、工商总局、国务院发展研究中心、中国社科院的负责同志成立了反垄断法审查修改领导小组，并由上述有关部门、单位指派专人参加工作小组。考虑到反垄断法具有很强的专业性和技术性，国务院法制办还从北京大学、中国人民大学、中国社科院等教学、研究机构聘请了10位法学、经济学专家组成专家小组。我们多次广泛征求了国务院有关部门、地方人民政府、企业、有关社会团体以及国内外专家的意见，并专门召开了反垄断法国际研讨会。在研究借鉴国外反垄断立法有益经验的基础上，从我国经济发展的实际情况出发，对送审稿进行了反复研究、论证和修改。经过1年多的努力工作，形成了《中华人民共和国反垄断法（草案）》（以下简称草案）。草案共8章56条，主要规定了禁止垄断协议、禁止滥用市场支配地位和控制经营者集中三大制度以及禁止滥用行政权力排除、限制竞争、反垄断机构、法律责任等内容。草案正式上报国务院之前，国务院法制办专门向全国人大财经委、法律委和全国人大常委会法工委作了汇报。草案已经国务院第139次常务会议讨论通过。现对草案的主要问题说明如下：

一、关于制定反垄断法的指导思想

基于反垄断法的性质、地位和作用，我们在草案的拟订过程中坚持了四个方面的指导思想：一是反垄断法律制度既要符合国际惯例，严格禁止典型的、世界各国普遍共识的严重限制、排除竞争的垄断行为，又要针对我国企业作为市场主体尚不成熟，市场存在着竞争不充分、不适度的实际情况，特别是各类企业发展不平衡，竞争能力亟待提高的客观要求，在制度安排上力求明确，宽严适度，便于掌握和运用，以有助于培养企业依法自主、自律、自强的能力，有利于改进技术，提高产品质量，有利于保护消费者权益。二是反垄断法律制度既要有利于保护市场竞争，创造和维护良好的市场竞争环境，更要与国家现行有关产业政策相协调，有利于企业做大做强和规模经济的发展。要发挥反垄断制度的导向功能和约束功能，使反垄断法成为制止垄断、鼓励竞争、提高引进外资质量、促进经济结构调整的有力的政策工具。三是反垄断法必须起到维护国家经济运行健康有序的作用。这是世界各国特别是发达国家普遍奉行的原则。制定反垄断法应该鼓励有利于经济发展、有利于市场竞争、有利于保护消费者权益的企业并购，同时也要坚决保护关系国家利益、关系国计民生的产品和市场的竞争格局，坚决反对以获取垄断利益为目的的恶意并购。反垄断法的制定和实施要能够发现并制止排除和限制竞争、损害国家经济运行安全的并购行为，要建立起一套能够根据变化的情况适时进行调整的应对机制。四是反垄断法既是经营者的行为规范，又是国家维护市场竞争秩序的主要手段。与市场经济发达国家相比，我国这方面的实践经验不足，而且经济生活又具有多样性、多变性、复杂性的特点。因此，当前在反垄断法中要将反垄断的基本原则、基本制度确立起来，做到界限清晰、概念明确、言简意赅、留有余地，便于操作执行，经过一段时期的实践，积累经验后，再及时加以修改和完善。

二、关于垄断协议

垄断协议就是通常所说的卡特尔，是指经营者达成或者采取的旨在排除、限制竞争的协议、决定或者其他协同行为。经营者达成垄断协议是经济生活中一种最常见、最典型的垄断行为，往往造成固定价格、划分市场以及阻碍、限制其他经营者进入市场等排除、限制竞争的后果，对市场竞争危害很大，为各国反垄断法所禁止。但同时，在实践中经营者达成的某些协议虽然具有限制竞争的后果，但整体上有利于技术进步、经济发展和社会公共利益。因此，各国反垄断法又大都规定在一定情况下，对经营者达成的这类协议予以豁免。据此，草案明确禁止经营者达成各类垄断协议，包括具有竞争关系的经营者之间达成的固定、维持或者变更商品价格，限制商品的生产数量或者销售数量，分割销售市场或者原材料采购市场，限制购买新技术、新设备或者限制开发新技术、新产品以及联合抵制交易等横向垄断协议，也包括经营者在交易活动中限定向第三人转售商品的价格或者设定其他交易条件，排除、限制竞争的纵向垄断协议，以及经营者在招标、投标过程中串通投标，排除、限制竞争的行为，并明确被禁止的垄断协议自始无效，从法律上否定了垄断协议的效力。（第七条、第八条、第九条、第十一条）同时，草案又规定了豁免制度，即对经营者达成的某些具有限制竞争效果的协议，如果经营者能够证明是为了实现改进技术、研究开发新产品或者提高中小经营者经营效率、增强中小经营者竞争力等目的，同时不会严重限制相关市场的竞争，并能够使消费者分享由此产生的利益，则不予禁止。（第十条）

三、关于滥用市场支配地位

市场支配地位是指一个经营者或者几个经营者作为整体在相关市场中具有能够控制商品价格、数量或者其他交易条件，或者能够阻碍、影响其他经营者进入相关市场能力的市场地位。一般来说，具有市场支配地位的经营者都是市场份额较大、实力较雄厚的大公司、大企业。虽然各国反垄断法一般都不禁止经营者通过竞争取得市场支配地位，但都禁止经营者滥用其市场支配地位排除、限制竞争的行为。草案采取这一国际通行做法，即不反对经营者具有市场支配地位本身，但严格禁止经营者滥用其市场支配地位实施垄断价格、掠夺性定价、拒绝交易、强制交易、搭售、实行差别待遇以及反垄断执法机构认定的其他排除、限制竞争的行为。（第十二条、第十五条）这样规定，既不妨碍、不限制大公司、大企业的存在和发展，符合我国鼓励企业做大做强、发展规模经济的政策，又能够有效制止经营者滥用其市场支配地位破坏竞争的行为，有利于创造和维护公平竞争的市场环境，保护消费者权益。同时，为了便于反垄断执法机构准确有效地执法，草案还在总结国际上反垄断立法和执法经验的基础上，规定了认定经营者具有市场支配地位应当依据的因素，包括该经营者在相关市场的市场份额以及相关市场的竞争状况、该经营者控制销售市场或者原材料采购市场的能力以及其他经营者进入相关市场的难易程度等；并以经营者在相关市场的市场份额为依据，明确了可以推定经营者具有市场支配地位的三种情形，以对具有市场支配地位的企业实施有效的监督，防止和制止其滥用市场支配地位。（第十三条、第十四条）

四、关于经营者集中

经营者集中是指经营者合并、经营者通过取得其他经营者的股份、资产以及通过合同等方式取得对其他经营者的控制权，或者能够对其他经营者施加决定性影响的情形。经营者集中是经济活动中的普遍现象。由于经营者集中的结果具有两面性，一方面有利于形成规模经济，提高经营者的竞争力；另一方面又可能产生或者加强市场支配地位，对市场竞争产生不利影响。因此，各国反垄断法都对经营者集中实行必要的控制，以防止因经济力的过于集中而影响市场竞争。控制的主要手段是对经营者集中实行事先或者事后申报制度，并由反垄断执法机构进行审查，决定是否允许经营者实施集中。根据我国实际情况，并参照大多数国家反垄断法控制经营者集中的做法，草案对经营者集中设计了事先申报制度，要求达到一定规模标准的经营者实施集中应当事先向国务院反垄断执法机构申报；未申报的，经营者不得实施集中。（第十七条第一款）同时，草案明确规定了审查经营者集中应当考虑的因素，包括参与集中的经营者在相关市场的市场份额及其对市场的控制力、相关市场的市场集中度以及经营者集中在相关市场上排除、限制竞争的可能性等七个方面。（第二十三条）并原则上将具有或者可能具有排除、限制竞争效果作为禁止经营者集中的判断标准；将经营者能够证明经营者集中可以改善竞争条件和竞争状况，并且对竞争产生的有利因素明显大于不利因素，或者符合公共利益的要求，作为允许经营者集中的依据。（第二十四条第一款）这样规定，保证了反垄断法作为政策工具的有效运用。

五、关于经营者集中的申报标准

经营者集中的申报标准关系到国家对经营者集中的控制程度。世界各国无不根据本国的经济发展水平、产业集中度、市场竞争状况和国家的经济政策等因素，依据销售额、资产额或者交易额，确定经营者集中的申报标准。如，欧盟规定的申报标准是合并各方在全球范围内的总销售额超过50亿欧元，并且在参与合并的企业中，至少两个企业在欧盟的销售额达到2.5亿欧元；阿根廷规定的申报标准是合并各方在全世界的总销售额超过25亿美元，或者在阿根廷的销售额超过2亿美元；美国的申报标准是交易额超过2.123亿美元，或者交易额低于2.123亿美元但超过5310万美元，并且一方经营者的资产额或者销售额在1.062亿美元以上，另一方经营者的资产额或者销售额在1070万美元以上（上述标准自2005年会计年度以后，参照上一年的国民生产总值变化情况，每年进行修订）。确定我国的经营者集中申报标准，既要符合国家鼓励企业重组、兼并、联合，促进企业做大做强的政策，有利于经济结构调整；又要防止因经济力的过于集中而影响市场竞争。既不能过高，也不能过低。草案从我国的经济发展水平和市场竞争状况，特别是不同行业和领域差别较大的实际情况出发，在三个层面上规定了经营者集中的申报标准：一是明确了一般行业和领域经营者集中的具体申报标准，即参与集中的所有经营者在全球范围内上一年度的销售额超过120亿元人民币，并且参与集中的一个经营者在中国境内上一年度的销售额超过8亿元人民币。（第十七条第一款）二是授权国务院可以对银行、保险以及其他特殊行业、领域经营者集中的申报标准另行规定，以保证国家对重点、关键行业和领域的竞争政策的实施，使经营者集中的申报标准能够更好地适应不同情况和实际需要。（第十七条第三款）三是设计了经营者集中申报标准的调整机制，便于国务院反垄断执法机构总结实践经验，根据我国经济发展水平和市场竞争状况的变化，适时调整经营者集中的申报标准，并报国务院批准施行。（第十七条第四款）

为了科学合理地确定一般行业和领域经营者集中的具体申报标准，我们委托中国社科院数量经济与技术经济研究所组织有关经济学专家对经营者集中的申报标准问题进行专题研究。专题研究主要选择了美国、加拿大、德国、日本和我国台湾等26个国家和地区的企业并购申报标准为样本数据，并以多数国家采用的企业境内销售额以及全球销售额为基准数据建立计量经济模型，利用统计回归方法进行测算，提出了我国经营者集中的申报标准的建议：全球销售额和国内销售额标准分别为120亿元人民币和8亿元人民币。同时，根据国家统计局提供的2005年12月份月报数据和2004年全国经济普查数据，我国规模较大的企业中，年销售额在8亿元以下的企业占绝大多数，而年销售额在9亿~50亿元、51亿~99亿元和100亿元以上的企业数，分别为不超过6 000家、1 000家和300家，主要集中在制造业、采掘业、电力、煤气、交通运输、仓储和邮政业、建筑业、批发和零售业等行业。另据统计，2005年，在上海证券交易所上市的818家公司中，年销售额在8亿元以下的有370家，占45.1%；年销售额在9亿~50亿元的有361家，占44.0%；年销售额在51亿~99亿元的有44家，占5.4%；年销售额在100亿元以上的有43家，占5.2%。我们经认真研究认为，专家建议的经营者集中申报标准比较合适。按照这个标准，绝大多数企业并购一般不必申报，有利于企业在国家产业政策的指导下实行重组、兼并、联合，提高产业集中度和在国际上的竞争力。同时，又能够将规模较大企业的并购，特别是将容易导致市场支配地位的跨国并购纳入申报范围，符合国际通行做法，有利于防止和制止排除、限制竞争的经营者集中行为。

六、关于反垄断机构的设置及其职能

在反垄断法中如何规定我国反垄断机构的设置，是普遍关心的问题。对此，我们充分听取了国务院有关部门和专家学者的意见。各方面一致认为，反垄断法关于我国反垄断机构设置的规定既要考虑现实可行性，维持有关部门分别执法的现有格局，保证反垄断法公布后的实施；又要具有一定的前瞻性，为今后机构改革和职能调整留有余地。建议在反垄断法中只明确规定反垄断执法机构的职责及其工作程序，对具体承担反垄断执法职责的机构由国务院另行规定。同时，为了协调反垄断执法，保证反垄断执法的统一性、公正性和权威性，有必要设立国务院反垄断委员会，由国务院相关部门负责人以及法学、经济学专家组成，主要职责是：组织领导反垄断工作；就国家反垄断政策进行研究，向国务院提出建议；协调重大反垄断案件的处理以及协调反垄断执法机构的工作等。我们在认真研究上述意见的基础上，就这一问题向国务院作了请示，经国务院领导同意，草案在总则中明确规定国务院设立反垄断委员会，负责领导、组织、协调反垄断工作。考虑到建立全国统一、竞争有序的市场体系的要求和反垄断执法的特点，草案将反垄断执法作为中央事权，明确规定由国务院规定的承担反垄断执法职责的机构负责反垄断执法工作。为了便于严格统一执法，草案还规定了国务院反垄断执法机构根据工作需要，可以授权省、自治区、直辖市人民政府相应的机构负责有关反垄断执法工作。（第五条）并在“反垄断机构”一章中，对国务院反垄断委员会和国务院反垄断执法机构的具

体职责、反垄断执法机构调查涉嫌垄断行为的程序、要求以及可以采取的措施等作了具体规定。(第六章)

七、其他需要说明的问题

1. 关于对滥用行政权力排除、限制竞争的处理

反垄断法对行政机关和法律、法规授权的具有管理公共事务职能的组织滥用行政权力排除、限制竞争问题如何规定，一直存在分歧。有的意见认为，虽然目前行政性限制竞争的现象在我国还不同程度存在，但这种行为在性质上属于行政权力的不当行使，主要不是依靠反垄断法能够解决的问题。行政性限制竞争问题的根本解决，需要进一步深化经济体制改革和行政管理体制改革，转变政府职能，加强对行政权力运行的规范和监督，培育市场主体依法独立经营的自主意识。同时，还要采取包括党纪、政纪以及必要的法律手段在内的综合性措施。鉴于《反不正当竞争法》、《产品质量法》以及《国务院关于禁止在市场经济活动中实行地区封锁的规定》等现行法律、行政法规对行政性限制竞争的处理已经作了规定，关键是要进一步加强监督、严格执法，反垄断法可不必再作重复规定。为了表明国家对这个问题的重视和坚决反对的态度，反垄断法对禁止行政性限制竞争可以作原则性规定。也有的意见认为，目前实践中，行政性限制竞争问题还较为普遍，这类行为扭曲竞争机制，损害经营者和消费者合法权益，妨碍全国统一、公平竞争市场体系的建立和完善，社会各界对此普遍关注，并期望通过反垄断法对行政性限制竞争进行有效规制。反垄断法作为保护竞争的专门性、基础性法律，必须切实解决影响我国市场竞争的突出问题。因此，反垄断法应当设专章对禁止行政性限制竞争作出具体规定，这是现阶段我国国情所决定的。

我们对上述意见认真分析、研究后认为，两方面的意见都有一定道理。考虑到目前行政性限制竞争在我国还确实存在，对市场竞争的影响也是客观现实，社会各界对此普遍关注。因此，虽然从理论上和国际通行做法看，行政性限制竞争主要不是由反垄断法解决的问题，反垄断法也很难从根本上解决这个问题。但是，从我国实际出发，在反垄断法这一保护竞争的专门性、基础性法律中对禁止行政性限制竞争作出明确、具体的规定，既表明国家对行政性限制竞争的重视和坚决反对的态度，又能够进一步防止和制止行政性限制竞争的行为。据此，草案在原则规定行政机关和法律法规授权的具有管理公共事务职能的组织不得滥用行政权力，排除、限制竞争的同时（第六条第一款），还专设一章对禁止行政性限制竞争作了具体规定，明确禁止实践中较为典型的六类滥用行政权力排除、限制竞争的行为，包括：以任何方式限定或者变相限定单位

和个人只能经营、购买、使用指定的经营者提供的商品；妨碍商品在地区之间自由流通和充分竞争；以设定歧视性资质要求、评审标准或者不依法发布信息等方式，排斥或者限制外地经营者参加本地的招标投标活动；以采取同本地经营者不平等待遇等方式，排斥或者限制外地经营者在本地投资或者设立分支机构；强制经营者从事本法规定的垄断行为以及制定含有排除、限制竞争内容的规定（第五章），并规定了相应的法律责任。（第五十条）同时，为了给今后的改革和进一步完善有关法律制度留有余地，草案还规定，国家依法加强和完善对行政权力运行的规范和监督，并通过深化改革，转变政府职能，防止和消除滥用行政权力排除、限制竞争的行为。（第六条第二款）

2. 关于反垄断机构与有关部门或者监管机构的关系

根据现行有关法律、行政法规的规定和部门职责分工，有关部门或者监管机构也负有相应的反垄断执法职责，反垄断法需要处理好反垄断机构与有关部门或者监管机构的关系。按照既充分发挥有关部门或者监管机构的作用，又维护反垄断执法的统一性和权威性，并与有关法律、行政法规相衔接的原则，对依照有关法律、行政法规规定由有关部门或者监管机构调查处理的垄断行为，草案明确规定由有关部门或者监管机构调查处理，同时要求其将调查处理结果通报国务院反垄断委员会；有关部门或者监管机构对垄断行为未调查处理的，反垄断执法机构可以调查处理，但调查处理时应当征求有关部门或者监管机构的意见。（第四十四条）

3. 关于滥用知识产权行为的适用

各国反垄断法一般都规定正当行使知识产权的行为不适用反垄断法，这是保护知识产权所必须的。但知识产权也存在权利行使不正当的问题。实践中，掌握知识产权的大公司常常通过强制性一揽子许可、在许可合同中附加不合理条件、利用市场支配地位收取不合理许可费等手段，限制竞争、谋求垄断，妨碍技术创新和技术进步，损害消费者权益。因此，在保护知识产权的同时，也必须防止和制止滥用知识产权排除、限制竞争的行为，这是目前各国普遍面临的问题。随着知识产权问题越来越趋于国际化，有的国家一方面非常强调保护知识产权，特别是要求其他国家承担保护知识产权的国际义务，另一方面又将滥用知识产权排除、限制竞争的行为纳入反垄断执法范围，或者直接规定反垄断法适用于滥用知识产权排除、限制竞争的行为。考虑到在我国也不同程度地存在这类问题，特别是考虑到滥用知识产权已经成为大公司、大企业谋求垄断地位的重要手段，因此，我国反垄断法应当将滥用知识产权排除、限制竞争的行为纳入适用范围，为防止和制止滥用知识产权排除、限制竞争提供法律依据。根据各方面一致意见，草案在明确规定经营者依照有关知识产权的法律、行政法规规定行使知识产权的行为不适用本法的同时，又将经营者滥用知识产权，排除、限制竞争的行为纳入本法的适用范围。(第五十四条)

《中华人民共和国反垄断法（草案)》和以上说明是否妥当，请审议。

附录二

中华人民共和国反垄断法（草案）

（全国人大第一次审议稿）

第一章　总　则

第一条　为了保护市场竞争，防止和制止垄断行为，提高经济运行效率，维护经营者、消费者合法权益和社会公共利益，促进社会主义市场经济健康发展，制定本法。

第二条　中华人民共和国境内经济活动中的垄断行为，适用本法；中华人民共和国境外的垄断行为，对境内市场竞争产生排除、限制影响的，适用本法。

对本法规定的垄断行为，有关法律、行政法规另有规定的，依照其规定。

第三条　本法规定的垄断行为包括：

（一）经营者达成垄断协议；

（二）经营者滥用市场支配地位；

（三）具有或者可能具有排除、限制竞争效果的经营者集中。

前款第（一）项所称垄断协议，是指排除、限制竞争的协议、决定或者其他协同行为。

第四条　本法所称经营者，是指在相关市场内从事商品生产、经营或者提供服务的自然人、法人和其他组织。

本法所称相关市场，是指经营者在一定时期内就相关商品或者服务（以下统称商品）进行竞争的范围或者区域。

第五条　国务院设立反垄断委员会。国务院反垄断委员会负责领导、组织、协调反垄断工作。

国务院规定的承担反垄断执法职责的机构（以下统称国务院反垄断执法机构）依照本法规定，负责反垄断执法工作。

国务院反垄断执法机构根据工作需要，可以授权省、自治区、直辖市人民政府相应的机构，依照本法规定负责有关反垄断执法工作。

第六条　行政机关和法律、法规授权的具有管理公共事务职能的组织

（以下简称公共组织）不得滥用行政权力，排除、限制竞争。

国家依法加强和完善对行政权力运行的规范和监督，并通过深化改革，转变政府职能，防止和消除滥用行政权力排除、限制竞争的行为。

第二章　垄断协议

第七条　禁止具有竞争关系的经营者达成下列垄断协议：

（一）固定、维持或者变更商品价格的；

（二）限制商品的生产数量或者销售数量的；

（三）分割销售市场或者原材料采购市场的；

（四）限制购买新技术、新设备或者限制开发新技术、新产品的；

（五）联合抵制交易的；

（六）反垄断执法机构认定的其他垄断协议。

第八条　禁止经营者在交易活动中限定向第三人转售商品的价格或者设定其他交易条件，排除、限制竞争。

第九条　禁止经营者在招标、投标过程中串通投标，排除、限制竞争。

第十条　经营者能够证明达成的协议是为实现下列目的之一，并且不会严重限制相关市场的竞争，能够使消费者分享由此产生的利益的，不适用本法第七条、第八条的规定：

（一）为改进技术、研究开发新产品的；

（二）为提高产品质量、降低成本、增进效率，统一产品规格、标准的；

（三）为提高中小经营者经营效率，增强中小经营者竞争力的；

（四）为实现节约能源、保护环境、救灾救助等社会公共利益的；

（五）为保障对外贸易和经济合作中的正当利益的；

（六）在经济不景气时期，为缓解销售量严重下降或者生产明显过剩的。

第十一条　本章禁止的垄断协议自始无效。

第三章　滥用市场支配地位

第十二条　禁止经营者滥用市场支配地位，排除、限制竞争。

本法所称市场支配地位，是指一个经营者或者数个经营者作为整体在相关市场内具有能够控制商品价格、数量或者其他交易条件，或者能够阻碍、影响其他经营者进入相关市场能力的市场地位。

第十三条　认定经营者具有市场支配地位，应当依据下列因素：

（一）该经营者在相关市场的市场份额，以及相关市场的竞争状况；

（二）该经营者控制销售市场或者原材料采购市场的能力；

（三）该经营者的财力和技术条件；

（四）其他经营者对该经营者在交易上的依赖关系及其程度；

（五）其他经营者进入相关市场的难易程度；

（六）与该经营者市场支配地位有关的其他因素。

第十四条 有下列情形之一的，可以推定经营者具有市场支配地位：

（一）一个经营者在相关市场的市场份额达到1/2以上的；

（二）两个经营者作为整体在相关市场的市场份额达到2/3以上的；

（三）三个经营者作为整体在相关市场的市场份额达到3/4以上的。

有前款第（二）项、第（三）项规定的情形，其中有的经营者市场份额不足1/10的，不应当推定该经营者具有市场支配地位。

第十五条 经营者滥用市场支配地位的行为包括：

（一）以不公平的高价销售商品或者以不公平的低价购买商品；

（二）没有正当理由，以低于成本的价格销售商品；

（三）没有正当理由，拒绝与交易相对人进行交易；

（四）强制交易相对人与其进行交易，或者没有正当理由，限定交易相对人只能与其进行交易或者只能与其指定的经营者进行交易；

（五）违背交易相对人意愿，搭售商品或者在交易时附加其他不合理的交易条件；

（六）没有正当理由，对条件相同的交易相对人在交易价格等交易条件上实行差别待遇；

（七）反垄断执法机构认定的其他滥用市场支配地位的行为。

第四章　经营者集中

第十六条 经营者集中是指下列情形：

（一）经营者合并；

（二）经营者取得其他经营者足够数量的有表决权的股份或者资产；

（三）经营者通过合同等方式取得对其他经营者的控制权或者能够对其他经营者施加决定性影响。

前款第（二）项规定的足够数量的有表决权的股份或者资产的具体标准，由国务院反垄断执法机构会同国务院有关部门规定。

第十七条 参与集中的所有经营者在全球范围内上一年度的销售额超过120亿元人民币，并且参与集中的一个经营者在中华人民共和国境内上一年度的销售额超过8亿元人民币的，参与集中的经营者应当事先向国务院反垄断执法机构申报；未向国务院反垄断执法机构申报的，经营者不得实施集中。

计算前款规定的销售额，应当将与该经营者具有控制或者从属关系的经营者的销售额一并计算。

银行、保险以及其他特殊行业或者领域经营者集中的申报标准，国务院可以另行规定。

国务院反垄断执法机构可以根据经济发展水平和市场竞争状况，对本条第一款规定的经营者集中的申报标准进行调整，报国务院批准后施行。

第十八条 经营者集中有下列情形之一的，可以不向国务院反垄断执法机构申报：

（一）参与集中的一个经营者拥有其他每个经营者 50% 以上有表决权的股份或者资产的；

（二）参与集中的每个经营者 50% 以上有表决权的股份或者资产被同一个未参与集中的经营者拥有的。

第十九条 经营者向国务院反垄断执法机构申报集中，应当提交下列文件、资料：

（一）申报书；

（二）集中对相关市场竞争状况影响的说明；

（三）集中协议；

（四）参与集中的经营者经注册会计师审计的上一会计年度财务会计报告；

（五）国务院反垄断执法机构规定的其他文件、资料。

申报书应当载明参与集中的经营者的名称、住所、经营范围、在全球范围内上一年度销售额、在中国境内市场的资产总额和上一年度的销售额、在相关市场的市场份额以及集中的交易额、预定实施集中的日期等事项。

第二十条 经营者提交的文件、资料不完备的，应当在国务院反垄断执法机构规定的期限内补交文件、资料。经营者逾期未补交文件、资料的，视为未申报。

第二十一条 国务院反垄断执法机构应当自收到经营者提交的符合本法第十九条规定的文件、资料之日起 30 日内，对申报的经营者集中进行初步审查，作出是否实施进一步审查的决定，并书面通知经营者。国务院反垄断执法机构作出决定前，经营者不得实施集中。

国务院反垄断执法机构作出不实施进一步审查的决定或者逾期未作出决定的，经营者可以实施集中。

第二十二条 国务院反垄断执法机构决定实施进一步审查的，应当自决定之日起 90 日内审查完毕，作出是否禁止经营者集中的决定，并书面通知经营者；作出禁止经营者集中的决定，应当说明理由。审查期间，经营者不得实施集中。

有下列情形之一的，国务院反垄断执法机构经书面通知经营者，可以延长前款规定的审查时限，但延长的时限最长不超过60日：

（一）经营者同意延长审查时限的；

（二）经营者提交的文件、资料不准确，需要进一步核实的；

（三）经营者申报后有关情况发生重大变化的。

国务院反垄断执法机构逾期未作出决定的，视为对经营者集中不予禁止。

第二十三条 审查经营者集中，应当考虑下列因素：

（一）参与集中的经营者在相关市场的市场份额及其对市场的控制力；

（二）相关市场的市场集中度；

（三）经营者集中在相关市场内排除、限制竞争的可能性；

（四）经营者集中对市场进入、技术进步的影响；

（五）经营者集中对消费者和其他有关经营者的影响；

（六）经营者集中对国民经济发展和社会公共利益的影响；

（七）国务院反垄断执法机构认为应当考虑的其他因素。

第二十四条 经营者集中具有或者可能具有排除、限制竞争效果的，国务院反垄断执法机构应当作出禁止经营者集中的决定。但是，经营者能够证明经营者集中可以改善竞争条件和竞争状况，并且对竞争产生的有利因素明显大于不利因素，或者经营者集中符合公共利益要求的，国务院反垄断执法机构可以作出对经营者集中不予禁止的决定。

国务院反垄断执法机构对经营者集中不予禁止的，可以决定对经营者集中附加限制性条件。

第二十五条 国务院反垄断执法机构应当将禁止经营者集中的决定或者对经营者集中附加限制性条件的决定，及时向社会公告。

第五章 滥用行政权力排除、限制竞争

第二十六条 行政机关和公共组织不得滥用行政权力，以任何方式限定或者变相限定单位和个人只能经营、购买、使用指定的经营者提供的商品。

第二十七条 行政机关和公共组织不得滥用行政权力，实施下列行为，妨碍商品在地区之间自由流通和充分竞争：

（一）对外地商品设定歧视性收费项目、实行歧视性收费标准，或者规定歧视性价格；

（二）对外地商品采取与本地同类商品不同的技术要求、检验标准，或者

对外地商品采取重复检验、重复认证等歧视性技术措施，限制外地商品进入本地市场；

（三）采取专门针对外地商品的审批、许可等手段，限制外地商品进入本地市场；

（四）采取设置关卡或者其他手段，阻碍外地商品进入或者本地商品运出。

第二十八条 行政机关和公共组织不得滥用行政权力，以设定歧视性资质要求、评审标准或者不依法发布信息等方式，排斥或者限制外地经营者参加本地的招标投标活动。

第二十九条 行政机关和公共组织不得滥用行政权力，以采取同本地经营者不平等待遇等方式，排斥或者限制外地经营者在本地投资或者设立分支机构。

第三十条 行政机关和公共组织不得滥用行政权力，强制经营者从事本法规定的垄断行为。

第三十一条 行政机关不得滥用行政权力，制定含有排除、限制竞争内容的规定。

第六章 反垄断机构

第三十二条 国务院反垄断委员会由国务院有关部门、机构的负责人和若干专家组成。国务院反垄断委员会议事方式、工作规则由国务院规定。

第三十三条 国务院反垄断委员会履行下列职责：

（一）研究拟订有关竞争政策；

（二）组织调查、评估市场总体竞争状况，并发布评估报告；

（三）监督、协调国务院反垄断执法机构、国务院有关部门和监管机构的反垄断执法工作；

（四）协调重大反垄断案件的处理；

（五）国务院规定的其他职责。

第三十四条 国务院反垄断执法机构履行下列职责：

（一）制定、发布有关反垄断指南和具体措施；

（二）调查、评估市场竞争状况；

（三）调查处理涉嫌垄断行为；

（四）制止垄断行为；

（五）受理、审查经营者集中的申报；

（六）国务院规定的其他职责。

第三十五条 任何单位和个人对涉嫌垄断行为，都有权向反垄断执法机构报告。反垄断执法机构应当为报告人保密。

报告采用书面形式并提供相关事实和证据的，反垄断执法机构应当进行必要的调查。

第三十六条 反垄断执法机构调查涉嫌垄断行为，可以采取下列措施：

（一）进入被调查的经营者的营业场所或者其他有关场所进行检查；

（二）询问被调查的经营者、利害关系人或者其他有关单位和个人，要求其说明有关情况；

（三）查阅、复制或者要求被调查的经营者、利害关系人或者其他有关单位和个人提供有关单证、协议、会计账簿、业务函电、电子数据等文件、资料；

（四）查封、扣押相关证据；

（五）查询、冻结经营者的银行账户。

采取前款规定的措施，应当向反垄断执法机构主要负责人书面报告，并经批准。

第三十七条 反垄断执法机构调查涉嫌垄断行为，执法人员不得少于2人，并应当出示执法证件。

执法人员进行询问和调查，应当制作笔录，并由被询问人或者被调查人签字。

第三十八条 反垄断执法机构及其工作人员对依法履行职责中知悉的商业秘密负有保密义务。

第三十九条 被调查的经营者、利害关系人或者其他有关单位和个人应当配合反垄断执法机构依法履行职责，不得拒绝、阻碍反垄断执法机构的调查。

第四十条 被调查的经营者、利害关系人有权陈述意见，提出申辩。反垄断执法机构应当对被调查的经营者、利害关系人提出的事实、理由和证据进行核实。

第四十一条 反垄断执法机构对涉嫌垄断行为调查核实后，认为构成垄断行为的，应当依法作出处理决定，并可以向社会公布。

第四十二条 对反垄断执法机构调查的涉嫌垄断行为，被调查的经营者予以承认，并承诺在一定期限内采取具体措施消除垄断行为后果的，反垄断执法机构可以决定中止调查。中止调查的决定应当载明被调查的经营者承诺的具体内容。

反垄断执法机构决定中止调查的，应当对经营者履行承诺的情况进行监督。经营者履行承诺的，反垄断执法机构可以决定终止调查，并可以决定减轻或者免除处罚。

有下列情形之一的，反垄断执法机构应当恢复调查：

（一）经营者未履行承诺的；

（二）作出中止调查决定所依据的事实发生重大变化的；

（三）中止调查的决定是基于经营者提供的不完整或者不真实的信息作出的。

第四十三条 经营者、利害关系人对反垄断执法机构作出的决定不服的，可以依法申请行政复议；对行政复议决定不服的，可以依法提起行政诉讼。

第四十四条 对本法规定的垄断行为，有关法律、行政法规规定应当由有关部门或者监管机构调查处理的，依照其规定。有关部门或者监管机构应当将调查处理结果通报国务院反垄断委员会。

有关部门或者监管机构对本法规定的垄断行为未调查处理的，反垄断执法机构可以调查处理。反垄断执法机构调查处理时，应当征求有关部门或者监管机构的意见。

第七章 法律责任

第四十五条 经营者违反本法规定，达成并实施垄断协议的，由反垄断执法机构责令停止违法行为，处上一年度销售额1%以上10%以下的罚款，并没收违法所得；尚未实施垄断协议的，可以处200万元以下的罚款。

经营者主动向反垄断执法机构报告达成垄断协议的有关情况并提供重要证据的，反垄断执法机构可以酌情减轻或者免除对该经营者的处罚。

第四十六条 经营者违反本法规定，滥用市场支配地位，排除、限制竞争的，由反垄断执法机构责令停止违法行为，处上一年度销售额1%以上10%以下的罚款，并没收违法所得。

第四十七条 经营者违反本法规定实施集中的，由国务院反垄断执法机构处100万元以上500万元以下的罚款，并可以责令停止实施集中或者责令限期处分股份、资产，转让营业以及采取其他必要措施恢复到经营者集中前的状态。

第四十八条 对本法第四十五条、第四十六条、第四十七条规定的罚款，反垄断执法机构确定具体罚款数额时，应当考虑违法行为的性质、程度和持续的时间等因素。

第四十九条 经营者实施垄断行为，给他人造成损失的，依法承担民事责任；构成犯罪的，依法追究刑事责任。

第五十条 行政机关和公共组织滥用行政权力，实施排除、限制竞争行为的，由上级机关责令改正；情节严重的，由同级或者上级机关对直接负责的主管人员和其他直接责任人员，依法给予处分。法律、行政法规对行政机关和公共组织滥用行政权力实施排除、限制竞争行为的处理另有规定的，依照其规定。

第五十一条 违反本法规定，有下列行为之一的，由反垄断执法机构责令改正，对个人可以处 2 万元以下的罚款，对单位可以处 50 万元以下的罚款；情节严重的，对个人处 2 万元以上 20 万元以下的罚款，对单位处 50 万元以上 500 万元以下的罚款；构成违反治安管理行为的，由公安机关依法给予治安管理处罚；构成犯罪的，依法追究刑事责任：

（一）拒绝或者阻碍调查的；

（二）拒不提供有关材料、信息或者提供虚假材料、信息的；

（三）隐匿、销毁、转移证据的。

第五十二条 反垄断执法机构工作人员在执法过程中，滥用职权、玩忽职守、徇私舞弊或者泄露执法过程中知悉的经营者的商业秘密，构成犯罪的，依法追究刑事责任；尚不构成犯罪的，依法给予处分。

第八章 附 则

第五十三条 行业协会等组织实施的排除、限制竞争的行为，适用本法。

第五十四条 经营者依照有关知识产权的法律、行政法规规定行使知识产权的行为，不适用本法；但是，经营者滥用知识产权，排除、限制竞争的行为，适用本法。

第五十五条 农业生产者及其专业经济组织在农产品生产、加工、销售、运输、储存等经营活动中实施的不严重限制竞争的合作、联合或者其他协同行为，不适用本法。

第五十六条 本法自 年 月 日起施行。

附录三

全国人大法律委员会关于《中华人民共和国反垄断法（草案）》修改情况的汇报

全国人民代表大会常务委员会：

十届全国人大常委会第二十二次会议对反垄断法（草案）进行了初次审议。会后，法制工作委员会将草案印发各省（区、市）、中央有关部门和部分企业、研究机构征求意见。法律委员会、财经委员会和法制工作委员会联合召开座谈会，听取有关部门的意见。法律委员会、法制工作委员会召开座谈会，到一些地方调研，听取部分行业协会、地方有关部门和企业、专家的意见，并就草案修改中的主要问题同财经委员会和国务院法制办、商务部、工商总局、国家发改委、国务院国资委等部门交换意见，共同研究。法律委员会于6月12日召开会议，根据常委会组成人员的审议意见以及各有关方面的意见，对草案进行了逐条审议。财经委员会和国务院法制办、商务部、工商总局的负责同志列席了会议。6月19日，法律委员会召开会议，再次进行了审议。现将草案主要问题的修改情况汇报如下：

一、有些常委会组成人员、全国人大代表和地方、部门提出，我国反垄断立法必须从我国国情出发，与社会主义市场经济相适应，在国家宏观调控指导下，统筹协调反垄断与实施国家产业政策和其他经济政策的关系，保护和促进公平有序的市场竞争。法律委员会经同财经委员会和国务院有关部门研究，为体现上述原则，建议在总则中增加一条规定："国家制定和实施与社会主义市场经济相适应的竞争规则，加强和完善宏观调控，健全统一、开放、竞争、有序的市场体系。"（草案二次审议稿第四条）

二、有些常委会组成人员和地方、部门、行业协会、企业提出，制定反垄断法，应当从我国现阶段经济发展的实际情况出发，既要防止经营者过度集中形成垄断，又要有利于国内企业通过依法兼并做大做强、发展规模经济，提高产业集中度，增强竞争力。法律委员会经同财经委员会和国务院有关部门研究，建议在草案规定的对经营者集中实行反垄断审查制度的同时，在总则中增加一条规定："经营者可以通过公平竞争、自愿联合，依法实施集中，扩大经

营规模，提高市场竞争能力。”（草案二次审议稿第五条）

三、有些常委会组成人员和地方、部门提出，许多国家的反垄断法并不禁止企业取得市场支配地位，而只是禁止滥用市场支配地位损害消费者和其他经营者的合法权益。我国的反垄断法也应当明确体现这一原则，以既有利于增强国有经济在关系国家安全和国民经济命脉的重要行业和关键领域的控制力，促进国内企业做大做强；也有利于预防和制止具有优势地位的企业滥用市场支配地位，损害消费者和其他经营者的合法权益。法律委员会经同财经委员会和国务院有关部门研究，建议在总则中增加一条规定：“具有市场支配地位的经营者，不得滥用市场支配地位，排除、限制竞争。”（草案二次审议稿第六条）

四、有些常委会组成人员和全国人大代表提出，对国有经济占控制地位的关系国民经济命脉和国家安全的行业以及依法实行专营专卖的行业的经营者的合法经营活动，国家应予保护；同时，应对其产品和服务的价格，依照价格法、消费者权益保护法等法律、行政法规的规定，加强监管和调控，维护消费者利益，促进技术进步。法律委员会经同财经委员会和国务院有关部门研究，建议在总则中增加一条规定：“国有经济占控制地位的关系国民经济命脉和国家安全的行业以及依法实行专营专卖的行业，国家对其经营者的合法经营活动予以保护，并对经营者的经营行为及其商品和服务的价格依法实施监管和调控，维护消费者利益，促进技术进步。”“前款规定行业的经营者应当依法经营，诚实守信，严格自律，接受政府和社会公众的监督，不得利用其自然垄断地位或者专营专卖地位损害消费者利益。”（草案二次审议稿第七条）

五、有些常委会组成人员和部门、行业协会、企业提出，面对经济全球化的挑战，我们的行业和企业应当立足全球市场，增强整体实力，提高国际竞争力。行业协会应当充分发挥行业自律作用，引导本行业经营者依照本法和价格法、反不正当竞争法等法律、行政法规的规定，开展公平有序的竞争，维护正常的市场竞争秩序。法律委员会经同财经委员会和国务院有关部门研究，建议在总则中增加一条规定：“行业协会应当加强行业自律，引导本行业经营者依法竞争，维护市场竞争秩序。”（草案二次审议稿第十一条）

六、草案第九条规定，禁止经营者串通投标，排除、限制竞争。有些地方和部门提出，招标投标法对禁止串通投标已作了明确规定；草案第七条关于禁止经营者达成排除、限制竞争的协议和其他协同行为的规定，也同样适用于经营者串通投标的行为，对此可不再另作规定。法律委员会经同财经委员会和国务院有关部门研究，建议删去草案第九条。

七、草案第十条对经营者达成的协议不作为垄断协议予以禁止的情形作了规定。有些常委会组成人员和部门提出，根据我国的实际情况并借鉴其他一些国家的反垄断法律规定，对经营者之间为实行专业化分工协作而达成的协议不应作为垄断协议予以禁止。法律委员会经同财经委员会和国务院有关部门研究，建议在草案第十条规定的对经营者协议不予禁止的情形中，增加“为实行专业化分工”的情形；同时，为与其他法律及国务院的有关规定相衔接，增加“法律和国务院规定的其他情形”。（草案二次审议稿第十五条第二项、第七项）

八、草案第十七条对经营者集中须向反垄断执法机构进行申报的具体标准作了规定。有些常委会组成人员和地方、部门、行业协会和企业对这一规定提出不同意见：有的认为申报标准定得过低；有的认为申报标准不宜定得过高；有的提出应当分行业规定不同的申报标准；有的提出应在申报标准中增加经营者所占市场份额等指标。法律委员会经同财经委员会和国务院有关部门研究，认为：申报标准定得过低，企业合并动辄就要申报审批，不利于国内企业通过兼并做大做强；申报标准定得过高，又不利于防止因过度集中特别是外资对国内企业的并购形成垄断。鉴于各方面对申报的具体标准意见很不一致，法律委员会建议，对经营者集中的具体申报标准由国务院作出规定并适时调整。（草案二次审议稿第二十条）

九、有些常委会组成人员、全国人大代表和部门提出，对外资并购我国内企业，除应依照本法的规定进行反垄断审查外，还应按照国家有关规定进行国家安全审查。目前有关行政法规、规章已对外资并购国内企业的国家安全审查问题作了规定，国务院并正在进一步完善这个制度。法律委员会经研究，建议在草案第四章中增加一条规定：“对外资并购国内企业或者以其他方式参与经营者集中，涉及国家安全的，按照国家有关规定进行审查。”（草案二次审议稿第二十九条）

十、有的常委会组成人员和部门提出，按照草案第四十三条的规定，对反垄断执法机构作出的决定不服的，应先申请行政复议，对复议决定不服的，才可以提起行政诉讼。而按照行政复议法、行政诉讼法规定的原则，对行政决定不服的当事人，可以先申请行政复议，也可以直接提起行政诉讼。法律委员会经同国务院法制办研究认为，考虑到对经营者集中的审查涉及的因素复杂，专业性强，当事人对国务院反垄断执法机关作出的禁止经营者集中的决定不服的，应当先申请行政复议，对复议决定不服的，再向法院提起行政诉讼，这样规定比较恰当。据此，法律委员会建议将草案第四十三条修改为：“对反垄断执法机构作出的决定不服的，可以依法申请行政复议或者提起行政诉讼；但是，对禁止经营者集中的决定不服的，应当先依法申请行政复议。对行政复议决定不服的，可以依法提起行政诉讼”。（草案二次审议稿第四十四条）

此外，还对草案作了一些文字修改。

草案二次审议稿已按上述意见作了修改。法律委员会建议本次常委会会议继续审议。

草案二次审议稿和以上汇报是否妥当，请审议。

全国人大法律委员会

2007年6月24日

附录四

全国人大法律委员会关于《中华人民共和国反垄断法（草案）》审议结果的报告

全国人民代表大会常务委员会：

常委会第二十八次会议对反垄断法（草案二次审议稿）进行了审议。会后，法律委员会、法制工作委员会为修改完善草案，同有关部门交换意见，进行研究。法律委员会于8月9日召开会议，根据常委会组成人员的审议意见和有关方面的意见，对草案进行了审议。国务院法制办、商务部、工商总局的负责同志和财政经济委员会有关同志列席了会议。8月21日，法律委员会召开会议，再次进行了审议。法律委员会认为，为了保护公平有序的市场竞争，促进社会主义市场经济的健康发展，制定反垄断法是必要的。草案经过常委会两次审议修改，符合我国社会主义市场经济的性质和发展要求，符合我国现阶段经济发展的特点，已经比较成熟；同时，提出以下主要修改意见：

一、草案二次审议稿第十八条规定，经营者有本条所列情形之一的，可以推定其具有市场支配地位。有的常委委员和全国人大代表提出，经营者如提出相反的证据，足以证明其不具有市场支配地位的，不应当认定其具有市场支配地位。法律委员会经同财政经济委员会和国务院法制办研究，建议在本条中增加一款作为第三款，规定："被推定具有市场支配地位的经营者，有证据证明不具有市场支配地位的，不应当认定其具有市场支配地位。"（草案三次审议稿第十八条第三款）

二、草案二次审议稿第二十九条规定："对外资并购国内企业或者以其他方式参与经营者集中，涉及国家安全的，按照国家有关规定进行审查。"有的常委委员提出，对外资并购国内企业或以其他方式参与经营者集中，涉及国家安全的，既要依照反垄断法的规定按照其占有的市场份额等因素进行经营者集中审查，防止形成垄断；又要按照国家有关规定进行国家安全审查，防止危害我国家安全。本法对此应规定得更明确一些。法律委员会经同财政经济委员会和国务院法制办等部门研究，建议将这一条修改为："对外资并购国内企业或者以其他方式参与经营者集中，涉及国家安全的，除依照本法规定进行经营者

集中审查外，还应当按照国家有关规定进行国家安全审查。”（草案三次审议稿第三十条）

三、草案二次审议稿第五十六条规定：“对本法规定的垄断行为，有关法律、行政法规规定应当由有关部门或者监管机构调查处理的，依照其规定。有关部门或者监管机构应当将调查处理结果通报国务院反垄断委员会。”有些常委委员提出，草案“总则”中已规定，对本法规定的垄断行为，由国务院规定的承担反垄断执法职责的机构调查处理。至于某些特定行业和领域的反垄断执法工作，法律、行政法规规定由有关部门、机构负责的，宜由国务院在确定反垄断执法机构时通盘考虑，本法对此可不再另作规定。法律委员会经同财政经济委员会研究，建议删去这一条。

四、关于本法的施行日期。国务院法制办提出，本法规定了一些新的反垄断制度，专业性、技术性较强，为了保证这些制度的正确实施，需要研究制定一系列可操作的配套规定。同时，国务院还需要依照本法建立反垄断委员会，明确承担反垄断执法职责的机构及其具体职责等。为了做好本法实施的各项准备工作，经报国务院领导同意，建议将实施本法的准备时间规定为一年左右。法律委员会经同财政经济委员会研究，建议规定：“本法自2008年8月1日起施行。”（草案三次审议稿第五十七条）

此外，还对草案二次审议稿作了一些文字修改。

草案三次审议稿已按上述意见作了修改，法律委员会建议本次常委会会议审议通过。

草案三次审议稿和以上报告是否妥当，请审议。

全国人大法律委员会

2007年8月24日

附录五

全国人大法律委员会关于《中华人民共和国反垄断法（草案三次审议稿）》修改意见的报告

——2007 年 8 月 29 日在第十届全国人民代表大会常务委员会第二十九次会议上

全国人大法律委员会主任委员　杨景宇

全国人民代表大会常务委员会：

本次常委会会议于 8 月 24 日下午对反垄断法（草案三次审议稿）进行了分组审议。普遍认为，这个法律草案已经比较成熟，建议进一步修改后，提请本次会议表决通过；同时，有些常委会组成人员又提出了一些修改意见。法律委员会于 8 月 26 日召开会议，认真研究了常委会组成人员的意见，对草案进行了审议。财政经济委员会和国务院法制办、商务部、国家工商总局的负责同志列席了会议。法律委员会认为，这个法律草案是可行的；同时，提出以下主要修改意见：

一、草案三次审议稿第九条对国务院反垄断委员会的职责作了规定。有些常委委员提出，反垄断委员会是议事协调机构还是实体性机构，性质不清楚；为了加强反垄断委员会的权威性，保障本法的有效执行，应赋予反垄断委员会更充分的权力。法律委员会经同财政经济委员会和国务院法制办等部门研究认为，按照草案的规定，反垄断执法工作由国务院规定的反垄断执法机构负责，国务院反垄断委员会是履行“组织、协调、指导”反垄断工作职能的议事协调机构，本身并不独立行使行政权力、作出行政决定。是否要将反垄断委员会规定为能够独立行使行政权力的国务院组成部门或直属机构，涉及国务院机构调整和职能划分，对此还需要总结实践经验，进一步研究。在目前情况下，设立作为议事协调机构的反垄断委员会，在国务院统一领导下，负责组织、协调、指导反垄断执法工作，对于保证反垄断执法的统一性，是适宜的。草案三次审议稿第九条关于国务院反垄断委员会职责的规定，与该机构的性质是适应的。据此，法律委员会建议，对草案三次审议稿第九条的规定，以不作修改为

宜。（建议表决稿第九条）

二、草案三次审议稿第三十二条规定，行政机关和法律、法规授权的具有管理公共事务职能的组织，不得有本条所列的四项滥用行政权力、妨碍商品在地区之间自由流通的行为。有的常委委员提出，有的行政机关和法律、行政法规授权的具有管理公共事务职能的组织滥用行政权力，搞地区封锁的行为，不止这四项，应当规定得更全面一些。法律委员会经同财政经济委员会和国务院法制办等部门研究，建议在本条规定的禁止性行为中增加一项："妨碍商品在地区之间自由流通的其他行为"（建议表决稿第三十三条第五项）

三、草案三次审议稿第五十条规定，行政机关和法律、法规授权的具有管理公共事务职能的组织滥用行政权力，实施排除、限制竞争行为的，由上级机关对直接负责的主管人员和其他直接责任人员依法给予处分。有的常委委员提出，对有这类违法行为的行政机关和公共组织，反垄断执法机关也可以建议其上级机关依法作出处理。法律委员会经同财政经济委员会和国务院法制办等部门研究，建议增加规定：对有本条违法行为的，"反垄断执法机构可以向有关上级机关提出依法处理的建议。"（建议表决稿第五十一条）

四、草案三次审议稿第五十四条规定："行业协会等组织实施的排除、限制竞争的行为，适用本法。"有些常委委员提出，本法应明确禁止行业协会组织经营者从事串通涨价等本法所禁止的垄断行为，对违反这一规定的行业协会等团体，应追究法律责任。法律委员会经同财政经济委员会和国务院法制办等部门研究，建议在草案三次审议稿第二章中增加规定："行业协会等社会团体不得组织经营者从事本章禁止的垄断行为。"（建议表决稿第十六条）；并在第四十五条中增加一款作为第三款，规定："行业协会等社会团体违反本法规定组织经营者达成垄断协议的，反垄断执法机构可以处五十万元以下的罚款；情节严重的，社会团体登记管理机关可以依法撤销登记。"（建议表决稿第四十六条）。同时，相应删去第五十四条。

此外，还对草案三次审议稿作了一些文字修改。

草案建议表决稿已按上述意见作了修改，法律委员会建议本次常委会会议通过。

草案建议表决稿和以上报告是否妥当，请审议。

附录六

中华人民共和国反垄断法

(2007 年 8 月 30 日第十届全国人民代表大会常务委员会第二十九次会议通过)

目录

第一章　总　则

第一条　为了预防和制止垄断行为，保护市场公平竞争，提高经济运行效率，维护消费者利益和社会公共利益，促进社会主义市场经济健康发展，制定本法。

第二条　中华人民共和国境内经济活动中的垄断行为，适用本法；中华人民共和国境外的垄断行为，对境内市场竞争产生排除、限制影响的，适用本法。

第三条　本法规定的垄断行为包括：

（一）经营者达成垄断协议；

（二）经营者滥用市场支配地位；

（三）具有或者可能具有排除、限制竞争效果的经营者集中。

第四条　国家制定和实施与社会主义市场经济相适应的竞争规则，完善宏观调控，健全统一、开放、竞争、有序的市场体系。

第五条　经营者可以通过公平竞争、自愿联合，依法实施集中，扩大经营规模，提高市场竞争能力。

第六条 具有市场支配地位的经营者，不得滥用市场支配地位，排除、限制竞争。

第七条 国有经济占控制地位的关系国民经济命脉和国家安全的行业以及依法实行专营专卖的行业，国家对其经营者的合法经营活动予以保护，并对经营者的经营行为及其商品和服务的价格依法实施监管和调控，维护消费者利益，促进技术进步。

前款规定行业的经营者应当依法经营，诚实守信，严格自律，接受社会公众的监督，不得利用其控制地位或者专营专卖地位损害消费者利益。

第八条 行政机关和法律、法规授权的具有管理公共事务职能的组织不得滥用行政权力，排除、限制竞争。

第九条 国务院设立反垄断委员会，负责组织、协调、指导反垄断工作，履行下列职责：

（一）研究拟订有关竞争政策；

（二）组织调查、评估市场总体竞争状况，发布评估报告；

（三）制定、发布反垄断指南；

（四）协调反垄断行政执法工作；

（五）国务院规定的其他职责。

国务院反垄断委员会的组成和工作规则由国务院规定。

第十条 国务院规定的承担反垄断执法职责的机构（以下统称国务院反垄断执法机构）依照本法规定，负责反垄断执法工作。

国务院反垄断执法机构根据工作需要，可以授权省、自治区、直辖市人民政府相应的机构，依照本法规定负责有关反垄断执法工作。

第十一条 行业协会应当加强行业自律，引导本行业的经营者依法竞争，维护市场竞争秩序。

第十二条 本法所称经营者，是指从事商品生产、经营或者提供服务的自然人、法人和其他组织。

本法所称相关市场，是指经营者在一定时期内就特定商品或者服务（以下统称商品）进行竞争的商品范围和地域范围。

第二章 垄断协议

第十三条 禁止具有竞争关系的经营者达成下列垄断协议：

（一）固定或者变更商品价格；

（二）限制商品的生产数量或者销售数量；

（三）分割销售市场或者原材料采购市场；

（四）限制购买新技术、新设备或者限制开发新技术、新产品；

（五）联合抵制交易；

（六）国务院反垄断执法机构认定的其他垄断协议。

本法所称垄断协议，是指排除、限制竞争的协议、决定或者其他协同行为。

第十四条　禁止经营者与交易相对人达成下列垄断协议：

（一）固定向第三人转售商品的价格；

（二）限定向第三人转售商品的最低价格；

（三）国务院反垄断执法机构认定的其他垄断协议。

第十五条　经营者能够证明所达成的协议属于下列情形之一的，不适用本法第十三条、第十四条的规定：

（一）为改进技术、研究开发新产品的；

（二）为提高产品质量、降低成本、增进效率，统一产品规格、标准或者实行专业化分工的；

（三）为提高中小经营者经营效率，增强中小经营者竞争力的；

（四）为实现节约能源、保护环境、救灾救助等社会公共利益的；

（五）因经济不景气，为缓解销售量严重下降或者生产明显过剩的；

（六）为保障对外贸易和对外经济合作中的正当利益的；

（七）法律和国务院规定的其他情形。

属于前款第一项至第五项情形，不适用本法第十三条、第十四条规定的，经营者还应当证明所达成的协议不会严重限制相关市场的竞争，并且能够使消费者分享由此产生的利益。

第十六条　行业协会不得组织本行业的经营者从事本章禁止的垄断行为。

第三章　滥用市场支配地位

第十七条　禁止具有市场支配地位的经营者从事下列滥用市场支配地位的行为：

（一）以不公平的高价销售商品或者以不公平的低价购买商品；

（二）没有正当理由，以低于成本的价格销售商品；

（三）没有正当理由，拒绝与交易相对人进行交易；

（四）没有正当理由，限定交易相对人只能与其进行交易或者只能与其指定的经营者进行交易；

（五）没有正当理由搭售商品，或者在交易时附加其他不合理的交易条件；

（六）没有正当理由，对条件相同的交易相对人在交易价格等交易条件上实行差别待遇；

（七）国务院反垄断执法机构认定的其他滥用市场支配地位的行为。

本法所称市场支配地位，是指经营者在相关市场内具有能够控制商品价格、数量或者其他交易条件，或者能够阻碍、影响其他经营者进入相关市场能力的市场地位。

第十八条 认定经营者具有市场支配地位，应当依据下列因素：

（一）该经营者在相关市场的市场份额，以及相关市场的竞争状况；

（二）该经营者控制销售市场或者原材料采购市场的能力；

（三）该经营者的财力和技术条件；

（四）其他经营者对该经营者在交易上的依赖程度；

（五）其他经营者进入相关市场的难易程度；

（六）与认定该经营者市场支配地位有关的其他因素。

第十九条 有下列情形之一的，可以推定经营者具有市场支配地位：

（一）一个经营者在相关市场的市场份额达到二分之一的；

（二）两个经营者在相关市场的市场份额合计达到三分之二的；

（三）三个经营者在相关市场的市场份额合计达到四分之三的。

有前款第二项、第三项规定的情形，其中有的经营者市场份额不足十分之一的，不应当推定该经营者具有市场支配地位。

被推定具有市场支配地位的经营者，有证据证明不具有市场支配地位的，不应当认定其具有市场支配地位。

第四章 经营者集中

第二十条 经营者集中是指下列情形：

（一）经营者合并；

（二）经营者通过取得股权或者资产的方式取得对其他经营者的控制权；

（三）经营者通过合同等方式取得对其他经营者的控制权或者能够对其他经营者施加决定性影响。

第二十一条 经营者集中达到国务院规定的申报标准的，经营者应当事先向国务院反垄断执法机构申报，未申报的不得实施集中。

第二十二条 经营者集中有下列情形之一的，可以不向国务院反垄断执法机构申报：

（一）参与集中的一个经营者拥有其他每个经营者百分之五十以上有表决

权的股份或者资产的；

（二）参与集中的每个经营者百分之五十以上有表决权的股份或者资产被同一个未参与集中的经营者拥有的。

第二十三条 经营者向国务院反垄断执法机构申报集中，应当提交下列文件、资料：

（一）申报书；

（二）集中对相关市场竞争状况影响的说明；

（三）集中协议；

（四）参与集中的经营者经会计师事务所审计的上一会计年度财务会计报告；

（五）国务院反垄断执法机构规定的其他文件、资料。

申报书应当载明参与集中的经营者的名称、住所、经营范围、预定实施集中的日期和国务院反垄断执法机构规定的其他事项。

第二十四条 经营者提交的文件、资料不完备的，应当在国务院反垄断执法机构规定的期限内补交文件、资料。经营者逾期未补交文件、资料的，视为未申报。

第二十五条 国务院反垄断执法机构应当自收到经营者提交的符合本法第二十三条规定的文件、资料之日起三十日内，对申报的经营者集中进行初步审查，作出是否实施进一步审查的决定，并书面通知经营者。国务院反垄断执法机构作出决定前，经营者不得实施集中。

国务院反垄断执法机构作出不实施进一步审查的决定或者逾期未作出决定的，经营者可以实施集中。

第二十六条 国务院反垄断执法机构决定实施进一步审查的，应当自决定之日起九十日内审查完毕，作出是否禁止经营者集中的决定，并书面通知经营者。作出禁止经营者集中的决定，应当说明理由。审查期间，经营者不得实施集中。

有下列情形之一的，国务院反垄断执法机构经书面通知经营者，可以延长前款规定的审查期限，但最长不得超过六十日：

（一）经营者同意延长审查期限的；

（二）经营者提交的文件、资料不准确，需要进一步核实的；

（三）经营者申报后有关情况发生重大变化的。

国务院反垄断执法机构逾期未作出决定的，经营者可以实施集中。

第二十七条 审查经营者集中，应当考虑下列因素：

（一）参与集中的经营者在相关市场的市场份额及其对市场的控制力；

（二）相关市场的市场集中度；

（三）经营者集中对市场进入、技术进步的影响；

（四）经营者集中对消费者和其他有关经营者的影响；

（五）经营者集中对国民经济发展的影响；

（六）国务院反垄断执法机构认为应当考虑的影响市场竞争的其他因素。

第二十八条 经营者集中具有或者可能具有排除、限制竞争效果的，国务院反垄断执法机构应当作出禁止经营者集中的决定。但是，经营者能够证明该集中对竞争产生的有利影响明显大于不利影响，或者符合社会公共利益的，国务院反垄断执法机构可以作出对经营者集中不予禁止的决定。

第二十九条 对不予禁止的经营者集中，国务院反垄断执法机构可以决定附加减少集中对竞争产生不利影响的限制性条件。

第三十条 国务院反垄断执法机构应当将禁止经营者集中的决定或者对经营者集中附加限制性条件的决定，及时向社会公布。

第三十一条 对外资并购境内企业或者以其他方式参与经营者集中，涉及国家安全的，除依照本法规定进行经营者集中审查外，还应当按照国家有关规定进行国家安全审查。

第五章 滥用行政权力排除、限制竞争

第三十二条 行政机关和法律、法规授权的具有管理公共事务职能的组织不得滥用行政权力，限定或者变相限定单位或者个人经营、购买、使用其指定的经营者提供的商品。

第三十三条 行政机关和法律、法规授权的具有管理公共事务职能的组织不得滥用行政权力，实施下列行为，妨碍商品在地区之间的自由流通：

（一）对外地商品设定歧视性收费项目、实行歧视性收费标准，或者规定歧视性价格；

（二）对外地商品规定与本地同类商品不同的技术要求、检验标准，或者对外地商品采取重复检验、重复认证等歧视性技术措施，限制外地商品进入本地市场；

（三）采取专门针对外地商品的行政许可，限制外地商品进入本地市场；

（四）设置关卡或者采取其他手段，阻碍外地商品进入或者本地商品运出；

（五）妨碍商品在地区之间自由流通的其他行为。

第三十四条 行政机关和法律、法规授权的具有管理公共事务职能的组织不得滥用行政权力，以设定歧视性资质要求、评审标准或者不依法发布信息等

方式，排斥或者限制外地经营者参加本地的招标投标活动。

第三十五条 行政机关和法律、法规授权的具有管理公共事务职能的组织不得滥用行政权力，采取与本地经营者不平等待遇等方式，排斥或者限制外地经营者在本地投资或者设立分支机构。

第三十六条 行政机关和法律、法规授权的具有管理公共事务职能的组织不得滥用行政权力，强制经营者从事本法规定的垄断行为。

第三十七条 行政机关不得滥用行政权力，制定含有排除、限制竞争内容的规定。

第六章 对涉嫌垄断行为的调查

第三十八条 反垄断执法机构依法对涉嫌垄断行为进行调查。

对涉嫌垄断行为，任何单位和个人有权向反垄断执法机构举报。反垄断执法机构应当为举报人保密。

举报采用书面形式并提供相关事实和证据的，反垄断执法机构应当进行必要的调查。

第三十九条 反垄断执法机构调查涉嫌垄断行为，可以采取下列措施：

（一）进入被调查的经营者的营业场所或者其他有关场所进行检查；

（二）询问被调查的经营者、利害关系人或者其他有关单位或者个人，要求其说明有关情况；

（三）查阅、复制被调查的经营者、利害关系人或者其他有关单位或者个人的有关单证、协议、会计账簿、业务函电、电子数据等文件、资料；

（四）查封、扣押相关证据；

（五）查询经营者的银行账户。

采取前款规定的措施，应当向反垄断执法机构主要负责人书面报告，并经批准。

第四十条 反垄断执法机构调查涉嫌垄断行为，执法人员不得少于二人，并应当出示执法证件。

执法人员进行询问和调查，应当制作笔录，并由被询问人或者被调查人签字。

第四十一条 反垄断执法机构及其工作人员对执法过程中知悉的商业秘密负有保密义务。

第四十二条 被调查的经营者、利害关系人或者其他有关单位或者个人应当配合反垄断执法机构依法履行职责，不得拒绝、阻碍反垄断执法机构的调查。

第四十三条 被调查的经营者、利害关系人有权陈述意见。反垄断执法机构应当对被调查的经营者、利害关系人提出的事实、理由和证据进行核实。

第四十四条 反垄断执法机构对涉嫌垄断行为调查核实后，认为构成垄断行为的，应当依法作出处理决定，并可以向社会公布。

第四十五条 对反垄断执法机构调查的涉嫌垄断行为，被调查的经营者承诺在反垄断执法机构认可的期限内采取具体措施消除该行为后果的，反垄断执法机构可以决定中止调查。中止调查的决定应当载明被调查的经营者承诺的具体内容。

反垄断执法机构决定中止调查的，应当对经营者履行承诺的情况进行监督。经营者履行承诺的，反垄断执法机构可以决定终止调查。

有下列情形之一的，反垄断执法机构应当恢复调查：

（一）经营者未履行承诺的；

（二）作出中止调查决定所依据的事实发生重大变化的；

（三）中止调查的决定是基于经营者提供的不完整或者不真实的信息作出的。

第七章　法律责任

第四十六条 经营者违反本法规定，达成并实施垄断协议的，由反垄断执法机构责令停止违法行为，没收违法所得，并处上一年度销售额百分之一以上百分之十以下的罚款；尚未实施所达成的垄断协议的，可以处五十万元以下的罚款。

经营者主动向反垄断执法机构报告达成垄断协议的有关情况并提供重要证据的，反垄断执法机构可以酌情减轻或者免除对该经营者的处罚。

行业协会违反本法规定，组织本行业的经营者达成垄断协议的，反垄断执法机构可以处五十万元以下的罚款；情节严重的，社会团体登记管理机关可以依法撤销登记。

第四十七条 经营者违反本法规定，滥用市场支配地位的，由反垄断执法机构责令停止违法行为，没收违法所得，并处上一年度销售额百分之一以上百分之十以下的罚款。

第四十八条 经营者违反本法规定实施集中的，由国务院反垄断执法机构责令停止实施集中、限期处分股份或者资产、限期转让营业以及采取其他必要措施恢复到集中前的状态，可以处五十万元以下的罚款。

第四十九条 对本法第四十六条、第四十七条、第四十八条规定的罚款，反垄断执法机构确定具体罚款数额时，应当考虑违法行为的性质、程度和持续的时间等因素。

第五十条 经营者实施垄断行为，给他人造成损失的，依法承担民事责任。

第五十一条 行政机关和法律、法规授权的具有管理公共事务职能的组织滥用行政权力，实施排除、限制竞争行为的，由上级机关责令改正；对直接负责的主管人员和其他直接责任人员依法给予处分。反垄断执法机构可以向有关上级机关提出依法处理的建议。

法律、行政法规对行政机关和法律、法规授权的具有管理公共事务职能的组织滥用行政权力实施排除、限制竞争行为的处理另有规定的，依照其规定。

第五十二条 对反垄断执法机构依法实施的审查和调查，拒绝提供有关材料、信息，或者提供虚假材料、信息，或者隐匿、销毁、转移证据，或者有其他拒绝、阻碍调查行为的，由反垄断执法机构责令改正，对个人可以处二万元以下的罚款，对单位可以处二十万元以下的罚款；情节严重的，对个人处二万元以上十万元以下的罚款，对单位处二十万元以上一百万元以下的罚款；构成犯罪的，依法追究刑事责任。

第五十三条 对反垄断执法机构依据本法第二十八条、第二十九条作出的决定不服的，可以先依法申请行政复议；对行政复议决定不服的，可以依法提起行政诉讼。

对反垄断执法机构作出的前款规定以外的决定不服的，可以依法申请行政复议或者提起行政诉讼。

第五十四条 反垄断执法机构工作人员滥用职权、玩忽职守、徇私舞弊或者泄露执法过程中知悉的商业秘密，构成犯罪的，依法追究刑事责任；尚不构成犯罪的，依法给予处分。

第八章 附 则

第五十五条 经营者依照有关知识产权的法律、行政法规规定行使知识产权的行为，不适用本法；但是，经营者滥用知识产权，排除、限制竞争的行为，适用本法。

第五十六条 农业生产者及农村经济组织在农产品生产、加工、销售、运输、储存等经营活动中实施的联合或者协同行为，不适用本法。

第五十七条 本法自 2008 年 8 月 1 日起施行。

后　记

2007年8月30日，第10届全国人大常委会第29次会议审议通过了《中华人民共和国反垄断法》。该法将自2008年8月1日起实施。为了帮助广大读者深入学习和领会反垄断法，我们撰写了这本《中华人民共和国反垄断法详解》。参加本书撰写的都是我国反垄断法领域的专家和学者。本书具体的写作分工是：

王晓晔：前言，第一章，第二章第十四条；

吴玉岭：第二章第十三条、第十五条、第十六条和第八章；

文学国：第三章；

黄晋：第四章；

聂孝红：第五章；

李国海：第六章和第七章

全书由王晓晔审稿。

全书关于反垄断法的阐释按照该法的"章"和"条"进行安排。为了便于广大读者查阅和学习，我们给这部法律的每一条都增加了小标题。本书的显著特点是它的学术性，即除了我国《反垄断法》的规定，还说明了这些规定的理论依据、外国相关法律、国际著名案例以及我国反垄断法尚需改进之处。为了有助于广大读者全面了解我国反垄断立法的情况，本书除收录了《中华人民共和国反垄断法》，还收录了国务院提交全国人大常委会审议的《反垄断法（草案）》、国务院法制办关于这个草案的说明以及全国人大法律委员会关于《反垄断法（草案）》第一次~第三次审议情况和修改意见的报告。

本书力求做到"高水准"和"适用性"、"知识性"和"研究性"相结合。但是，由于写作时间仓促和学识所限，本书难免存在疏漏和不妥之处，敬请读者不吝赐教。本书撰写过程中得到了知识产权出版社的大力支持，特别是龚卫女士对于本书的筹划和出版起到了关键性作用，在此表示深深的谢意。

2007年11月23日于北京潘家园